Geheimnisse des menschlichen Gehirns

Richard M. Restak

Geheimnisse des menschlichen Gehirns

Ursprung von Denken, Fühlen, Handeln

Pawlak

Titel der amerikanischen Originalausgabe: The Brain
Bantam Books, New York

Aus dem Amerikanischen übertragen von Ingrid von Ulm-Erbach.

Lizenzausgabe 1991 für
Manfred Pawlak Verlagsgesellschaft mbH,
Herrsching
Umschlaggestaltung: Bine Cordes, Weyarn
Printed in Germany
ISBN 3-88199-783-0

Inhalt

Vorwort

Sie wissen, daß das Gehirn das einzige Organ ist, das über sich selber nachdenken kann; allerdings nur, wenn der betreffende Gehirn-Besitzer dazu bereit ist. Ich gratuliere Ihnen, weil Sie dieses Buch in die Hand genommen haben. Zumindest überlegen Sie gerade, ob Sie mehr über Ihr Gehirn wissen wollen! Das ist außergewöhnlich, denn die meisten Menschen wollen zwar gerne wissen, was ihr Nachbar tut, aber die Arbeitsweise ihres Gehirns interessiert sie nur wenig. Dies finde ich traurig, vor allem deshalb, weil die Gehirnforschung der letzten Jahrzehnte so viel Faszinierendes zutage gefördert hat. Und weil der Autor dieses Buches es ausgezeichnet versteht, diese Ergebnisse leicht verständlich aufzubereiten.

Nun dauert es normalerweise Jahrzehnte, bis Ergebnisse aus dem Elfenbeinturm in Bücher gelangen, die man ohne Vorkenntnisse lesen kann! Daher entsprechen die Ergebnisse zwangsläufig oft nicht dem allerneuesten Stand. Dieses Buch ist anders: Es liefert Ihnen die neuesten Erkenntnisse der Gehirnforschung aus den frühen achtziger Jahren und ist somit noch sehr relevant.

Zwar gibt es inzwischen zur Linkshirn- und Rechtshirn-Thematik neuere Ansätze, die darauf hinweisen, daß »das alles« doch etwas komplizierter ist, aber ich schlage vor, diesen Denk-Ansatz einfach als Denk-Modell zu verstehen (vgl. mein Buch *Stroh im Kopf? – Anleitung fürs Gehirn).* Wie meine Seminar-Erfahrungen zur Optimierung der Kopfarbeit zeigen: Als Denk-Modell ist der Gedanke nach wie vor von enormer Kraft, d.h. das Modell hilft uns, mit unseren geistigen Fähigkeiten besser umzugehen.

Ich freue mich außerordentlich, daß dieses Buch nun als Paperback erhältlich ist, denn ich empfehle es seit Jahren denjenigen meiner Seminarteilnehmer, die mehr wissen wollen; wie Sie ja auch, denn deshalb nahmen Sie dieses Buch doch zur Hand, oder? Viel Entdeckerfreude wünsche ich Ihnen!

Vera F. Birkenbihl

Einführung

Das menschliche Gehirn gleicht in seinem Aussehen einer weichen, tief gefurchten Walnuß und wiegt nur etwas weniger als 1600 Gramm (etwas mehr als drei Pfund). Doch trotz seines unscheinbaren Äußeren kann das Gehirn mehr Informationen speichern als sämtliche Bibliotheken der Welt. Es ist für unsere niedrigsten Regungen, verstiegensten Ideen, unsere Gedankengänge verantwortlich, ja selbst dafür, warum wir zuweilen nicht denken, sondern lediglich handeln. Die Arbeitsweise des Organs, das fähig ist, einen »Hamlet« oder die »Amerikanische Freiheitsurkunde« (Bill of Rights) oder die Tragödie von Hiroshima zu schaffen, bleibt weiterhin äußerst rätselhaft. Wie ist es aufgebaut? Wie entwickelte es sich? Wenn wir mehr über das Gehirn herausfinden, wissen wir dann auch mehr über uns selbst? Sind wir eigentlich etwas *anderes* als unser Gehirn?

Einige dieser Fragen werden wohl unbeantwortet bleiben, andere (Ist das Gehirn der Verstand?) wahrscheinlich sogar für immer. In den letzten Jahren jedoch erzielte die Neurologie bemerkenswerte Fortschritte. Auf der Grundlage dessen, was wir heute wissen, begannen die Neurologen, Mutmaßungen darüber anzustellen, daß unser Menschsein eines Tages durch chemische und elektrische Aktivitäten in unserem Gehirn definiert werden könne. Aber die meisten von uns schrecken vor dem Gedanken zurück, daß unsere Hoffnungen, unsere Träume, unser Vergnügen und unser Streben eines Tages durch Begriffe aus der Neurochemie und Neurophysiologie ausgedrückt werden könnten. Unser Verstand, unser freier Wille, unsere Kreativität – all dies deutet auf das Vorhandensein von mehr als nur einer Zusammenballung von Zellen, die wir mit »Gehirn« bezeichnen.

In diesem Buch, das nach der amerikanischen Fernsehreihe »Das Gehirn« entstand, wollen wir diesen Fragen nachgehen und versuchen, Ihnen die äußeren Grenzen unseres derzeitigen Wissens über das Gehirn zu vermitteln sowie aufzeigen, was wir in naher und ferner Zukunft erwarten können.

Da das Gehirn eine wirkliche Herausforderung darstellt, versuchen die Neurologen, seine Geheimnisse auf verschiedenen Wegen zu erforschen und aufzudecken. Zum einen arbeiten sie intensiv daran, die Verbindungen zwischen den Neuronen, der Grundeinheit des Gehirns, sowie der Neuronen untereinander herauszufinden. Da es zwischen zehn bis hundert Milliarden dieser Nervenzellen gibt (die genaue Anzahl ist bisher nicht bekannt), liegt es auf der Hand, daß ein bloßes »Verkabelungsdiagramm« nicht die Antworten liefern wird, nach denen wir suchen.

Die Neuronen kommunizieren untereinander über elektrische und chemische Botschaften. Heute können diese Botschaften entschlüsselt werden. Die Neurologen jedoch, die sich damit befassen, sind dabei mit einem Paradoxum konfrontiert: Sie verwenden ihr eigenes Gehirn, um das Gehirn zu erfassen und zu begreifen. Anders ausgedrückt: Versucht das Gehirn, sich selbst zu verstehen. Dieses Ziel zu erreichen ist weit dringlicher als etwas über die am weitesten entfernten Galaxien zu erfahren oder Einblick in die subatomare Welt der Körperphysik zu gewinnen. Kein Ergebnis kann uns zufriedenstellen, solange wir nicht erkennen, *wie* wir erkennen. So wie unsere Menschenkenntnis auf dem Wissen um unsere eigene Persönlichkeit basiert, ist die »Realität« durch unser Wissen über die physische Grundlage aller Erkenntnis, das menschliche Gehirn, beschränkt.

Hier sind einige der wohl interessantesten Gebiete der derzeitigen Gehirnforschung:

Visuelle Wahrnehmung und Bewegung

Im Menschen sind erstaunliche Kräfte verborgen. Beobachten Sie nur, wie sich die Hände eines Boxers zu Fäusten ballen und dann innerhalb Bruchteilen von Sekunden auf dem Körper des Gegners mit niederschmetternder Wirkung landen. Das Gehirn, das solche Aktivitäten steuert, kann aber auch überaus fein abgestimmte Bewegungsabläufe »programmieren«: die Pirouette einer Primaballerina, die unwahrscheinlich kurze Berührung des Fingers eines Konzertpianisten auf den Tasten des Flügels.

Jeden Tag führen wir unglaublich komplexe Bewegungen aus. Sogar etwas so Einfaches wie »Gehen« verlangt von unserem Gehirn einen präzisen elektrischen und chemischen Arbeitsvorgang. Jeder Muskel wird zu einem genau festgelegten Augenblick in Bewegung gesetzt. Wird dieser Ablauf auch nur geringfügig geändert, stolpern wir im wahrsten Sinne des Wortes über unsere eigenen Füße.

Aus Studien an Patienten mit »gestörten Bewegungsabläufen« können wir viel über die normale Bewegung erfahren. Wozu? Zur Entwicklung von Heilmethoden für viele alte Menschen, die an Parkinsonscher Krankheit leiden – einer Störung, die den Betroffenen zum Gefangenen seines eigenen Körpers macht, weil er sich nicht mehr so bewegt, wie er eigentlich sollte. Diese Studien dienen auch dazu, die Leistungen von Sportlern zu steigern und Muskelverspannungen abzubauen, die bei Athleten zu Verletzungen und bleibenden Schäden führen können.

Arbeitet das Auge wie eine Kamera? Wie wird die Komplexität der Außenwelt im Gehirn angemessen gespeichert und umgewandelt? Die Neurologen bemühen sich, eine Antwort auf all diese Fragen über die verschiedensten Forschungsbereiche zu finden. Bei einem der vielversprechendsten Experimente wurden Elektroden innerhalb der Zellen entlang der visuellen Bahnen des Gehirns eingepflanzt. Diese Aufzeichnungen der elektrischen Aktivität enthüllen ein System von unglaublicher Komplexität. Selbst die geringsten Abweichungen in den Umrissen einer speziellen Zone des Sehfelds eines Menschen kann eine völlig neue Gehirnzellengruppierung ins Spiel bringen. Die Erforschung von Sicht und Bewegung kann auch einen wesentlichen philosophischen Beitrag zu Themen wie »der freie Wille« oder »der Unterschied zwischen instinktivem und bewußtem Verhalten« leisten.

Dem Gehirn zugrunde liegende Rhythmen

Kein Lebewesen lebt in einem Vakuum, und wir bilden da keine Ausnahme. Unser Körper unterliegt dem ständigen Einfluß von Zyklen wie Tag und Nacht, den verschiedenen Jahreszeiten, den Gezeiten, magnetischen Kräften, der Schwerkraft und, wie manche behaupten, sogar solchen Kräften wie den Mondphasen. Das menschliche Gehirn reagiert auf diese Zyklen durch eigene spiegelbildliche Zyklen: Schlafen und Wachen, die Ebbe und Flut der Hormone, wiederkehrende Stufen von Aufmerksamkeit und Leistungsfähigkeit. Auch unsere Emotionen folgen Zyklen, die, geraten wir aus dem Gleichklang, zu Formen von Geisteskrankheiten führen können.

Derzeit forschen die Neurologen danach, wie all diese »biologischen Uhrwerke« zusammengesetzt sind, wie sie wieder »aufgezogen« werden und wie sie »ablaufen«.

Geisteskrankheit

Untersuchungen von Neurologen ergeben, daß viele Geisteskrankheiten aus Veränderungen der normalen Gehirnfunktion resultieren. Eine Psychose ist häufig von Verlagerungen des Gleichgewichts der Neurotransmitter oder Änderungen des elektrischen Spannungsmusters im Gehirn begleitet, das bei einer Besserung des Zustands des Patienten wieder zu einem normalen System aufgebaut werden kann. Können Geisteskrankheiten auch als Veränderungen im Gehirn erklärt werden?

Die Neurologen sind an einem Wissensstand angelangt, der eine Beantwortung dieser Frage bald ermöglichen wird.

Die Nervenzellen: Grundlage für Lernen und Denken

Die derzeitige Gehirnforschung deutet die erstaunliche Möglichkeit an, daß wir auf molekularer Ebene wahrscheinlich sehr ähnlich funktionieren wie so niedrige Organismen wie beispielsweise eine Seeschnecke. In allen lebenden Organismen werden Erinnerungen in ihrem Gehirn je nach ihrer Bedeutung für den Kampf ums Überleben gelagert. Ein Tier »erinnert« sich an seine räuberischen Feinde und zieht sich beim ersten Anzeichen der Annäherung des Verfolgers zurück. Erinnerungen sind auch mit der Intensität der emotionalen Erfahrung gekoppelt. Man muß einem Kind nur einmal sagen, daß es den heißen Herd nicht anfassen solle.

Das elektrische und das chemische Gehirn

Ein Blitz während eines schweren Gewitters hat ein furchterregendes Äquivalent im menschlichen Gehirn – den epileptischen Anfall. Sogar eine nur geringfügige elektrische Fehlfunktion im Gehirn kann ein normales Leben fast unmöglich machen. Mit diesem Problem werden viele Millionen Epileptiker täglich konfrontiert. Die Untersuchung von Epileptiker-Gehirnen ist die Basis der Neurologen zu erkennen, was in unserem normalen Gehirn die elektrischen Entladungen hemmt und uns vor epileptischen Anfällen schützt.

Spezielle Funktionsbereiche des Gehirns

Es gibt offensichtliche Beweise dafür, daß gewisse Teile unseres Gehirns dann am besten arbeiten, wenn sie mit gewissen Aktivitäten befaßt sind. So ist die linke Hemisphäre beispielsweise für die Sprache und verbale Äußerungen, die rechte hingegen mehr für räumliche Wahrnehmungen und Emotionen zuständig. Dies ist jedoch keine feste Regel. Zahlreiche Ausnahmeerscheinungen veranlaßten die Neurologen, ihre Meinung über die Vorgänge im Gehirn nochmals zu überdenken und neu festzulegen.

Endorphine, die natürlichen »Drogen«

Wie reagiert das Gehirn, wenn wir uns verletzen? Allem Anschein nach erzeugt es verschiedene chemische Stoffe, die in Phasen extremen physischen Schmerzes und auch bei geistigem Streß schmerzlindernd wirken. Diese Endorphine (morphinartige Substanzen) weisen ihre eigenen Rezeptoren im Gehirn auf. Das Wissen über diese Endorphine trug zur Entwicklung von schmerzstillenden Medikamenten ohne suchterregende Nebenwirkungen bei. Die Neurologen hoffen, daß ihre Untersuchungen dazu führen werden, die Ursachen von Drogensucht besser verstehen und dadurch wirksamere Behandlungsmethoden herausfinden zu können.

»Geographische« Aufzeichnung von Gehirnaktivitäten

Je nach Aktivität und Zeitpunkt benötigt das Gehirn Glukose (Zucker) und Sauerstoff. Das Lesen dieses Satzes beispielsweise führt zu einem erhöhten Glukose- und Sauerstoffverbrauch in der visuellen Kortex. Wenn Sie Ihre Augen schließen und für einen Moment daran denken, diese Buchseite umzublättern, erhöht sich dadurch die Stoffwechselaktivität in den frontalen Zonen des Gehirns. Seit der Entwicklung von radioaktiven Isotopenindikatoren (Tracern - ein Spezialverfahren zum Aufspüren von Molekülen radioaktivierter Glukose) wurde die geographische Aufzeichnung von Gehirnaktivitäten möglich. Auch elektrische Impulse des Gehirns und in nicht allzu ferner Zukunft sogar die magnetischen Felder des Gehirns können so dargestellt werden.

Allmählich nähern wir uns auch dem Ziel, physische Veränderungen des Gehirns in ihrem tatsächlichen Zeitablauf, das heißt von Augenblick zu Augenblick, beobachten zu können. Doch trotz all dieser Fortschritte herrscht unter den Neurologen beträchtliche Unstimmigkeit darüber, ob es jemals möglich sein wird, einen »gestörten Gedanken« mit einem »gestörten Molekül« gleichzusetzen.

Das Bewußtsein

Keiner von uns weiß wirklich, was Bewußtsein ist. Seine wirkliche Bedeutung und sein wahrer Inhalt stellen vielleicht das größte Rätsel im menschlichen Gehirn dar. Neurologen versuchen jetzt, diesem Geheimnis auf die Spur zu kommen, indem sie sich darauf konzentrieren, was im Gehirn während verschiedener Phasen vor sich geht. So fanden die Wissenschaftler erst vor kurzem das komplizierte Zusammenwirken verschiedener Kräfte heraus, die alle nach einem genau festgelegten Plan ablaufen müssen, wollen wir eine ruhige Nacht mit erholsamem Schlaf verbringen. Die Untersuchung von Menschen mit gespaltener Persönlichkeit zeigt einen anderen Weg, um den Zusammenhang zwischen dem menschlichen Gehirn und dem Bewußtsein zu verstehen. Besitzt eine Person mit mehreren unterschiedlichen Persönlichkeiten verschiedene Gehirnaktivitätsmuster, je nachdem, welche Persönlichkeit zum jeweiligen Augenblick vorherrschend ist? Falls ja, müssen wir viele unserer Vorstellungen revidieren. Auch die sozialen und legalen Konsequenzen dürfen wir darüber nicht vergessen. Begeht eine gespaltene Persönlichkeit im einen Bewußtseinszustand ein Verbrechen, wie kann dieser Mensch dann zur Verantwortung gezogen werden, wenn später wieder eine andere Persönlichkeit dominiert?

Obwohl in diesem Buch noch viele andere Aspekte der Gehirnforschung behandelt werden, können Ihnen die oben aufgezählten Themen doch bereits einen Eindruck von ihrer Vielfalt vermitteln.

1. Das Gehirn – sein innerer Aufbau

Bevor wir uns auf die Diskussion von Einzelheiten einlassen, wollen wir einen groben Überblick über den Begriff »Gehirn« geben. Was ist ein »Gehirn«? Erstaunlicherweise ist es sehr schwierig, »Gehirn« klar und eindeutig zu umreißen. Abhandlungen über das Gehirn liefern uns selten eine nützliche Definition. Eine zum Beispiel beginnt folgendermaßen: »Das Gehirn besteht aus individuellen Einheiten – den Nervenzellen und den Zellen des Nervenstützgewebes.« Dies ist jedoch sehr global ausgedrückt. Das Gehirn ist eine Ansammlung von Nervenzellen, ja, sie bilden das Gehirn.

Eine genauere und allumfassendere Definition des Gehirns finden wir im Lexikon: »Der Teil des vertebralen Zentralnervensystems, der das Organ für Denken und neurale Koordination bildet, einschließlich aller höheren Nervenzellen, die von den Sinnesorganen stimuliert werden und diese Stimuli deuten und in Beziehung bringen mit gespeicherten Eindrücken, um so motorische Impulse zu bilden, die letztendlich alle vitalen Aktivitäten kontrollieren. Dieser Teil setzt sich aus Nervenzellen zusammen; die einzelnen Vorgänge sind in Schichten und Zellkernen aus grauem »Material« sowie aus gedehnten Flächen, Kreuzungen und Bündeln aus weißem »Material« gemeinsam mit verschiedenen stützenden und nährenden Strukturen aufgebaut, die vom Schädel umschlossen sind, und mit dem Rückenmark durch das Foramen magnum, mit den Schädelnerven durch verschiedene andere Öffnungen verbunden.«

Diese Definition ist nicht nur allumfassend, sie ist auch überwältigend. Für unseren Zweck kann das Gehirn ganz einfach als Teil des zentralen Nervensystems innerhalb des Schädels festgestellt werden. Der restliche Teil des zentralen Nervensystems befindet sich im Rückenmark.

Hebt man die harte Knochendecke des Schädels ab, findet man zuerst drei Membrane, die alle lateinische Bezeichnungen tragen: die äußere Dura Mater (harte Hirnhaut), dann die Arachnoidea (Spinnenhaut) und schließlich die Pia Mater (weiche Gehirnhaut).

Die Dura Mater ist eine harte fasrige umhüllende Membran und befindet sich direkt unter der Schädeldecke.

Die Arachnoidea überbrückt die zahlreichen Spalten im Gehirn, und einige phantasiereiche Neurologen früher Zeit verglichen sie mit den Leitern in einem Spinnennetz.

Die Pia Mater ist so strapazierfähig und elastisch wie ein Gymnastikanzug und so gebildet, daß sie sich jeder Unregelmäßigkeit der Hirnoberfläche anpaßt.

Zwischen der Pia Mater und der Arachnoidea fließt Rückenmarksflüssigkeit, die sich in einem weitverzweigten Flußnetz dahinwindet und jede einzelne Gehirnschlucht ausfüllt. Dennoch beträgt die gesamte Rückenmarksflüssigkeit im Gehirn nur 120 Milliliter, eine Menge, die kaum ausreicht, eine normale Teetasse zu füllen.

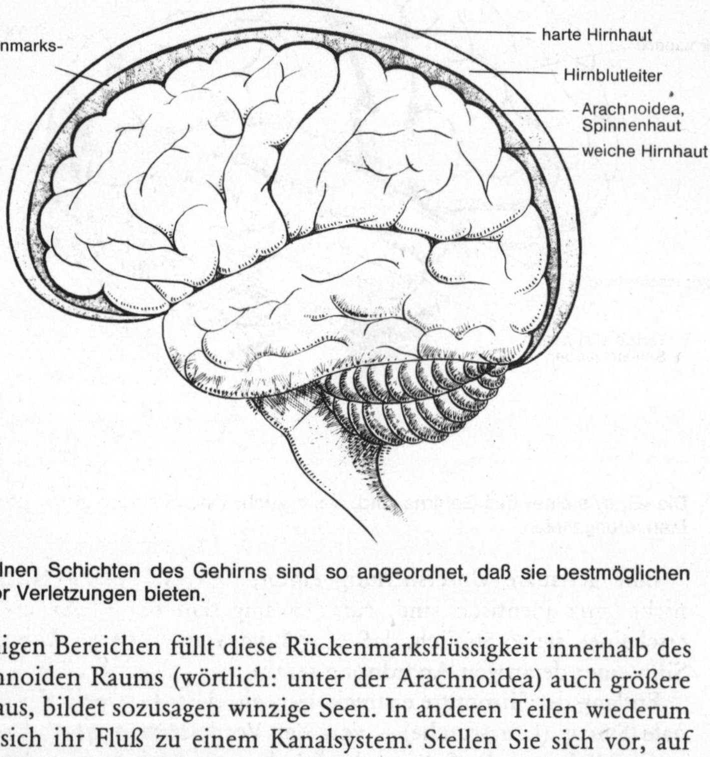

Die einzelnen Schichten des Gehirns sind so angeordnet, daß sie bestmöglichen Schutz vor Verletzungen bieten.

In einigen Bereichen füllt diese Rückenmarksflüssigkeit innerhalb des subarachnoiden Raums (wörtlich: unter der Arachnoidea) auch größere Räume aus, bildet sozusagen winzige Seen. In anderen Teilen wiederum verengt sich ihr Fluß zu einem Kanalsystem. Stellen Sie sich vor, auf diesem Wasserweg dahinzusegeln. Jede Kurve, jede Abzweigung in diesem Miniaturvenedig würde die Sicht auf eine neue Sehenswürdigkeit, auf eine Fläche der Hirnrinde, freigeben, jede mit einem Namen, der ihr liebevoll von einem längst verstorbenen Neurologen, der dadurch Unsterblichkeit erreichen wollte, verliehen wurde. Viele dieser Gyri (Grate) und Sulci (Täler) tragen Namen, die sogar bis in die Renaissance zurückreichen.

Aus Gründen, die eigentlich kein Neurologe so richtig versteht, besitzen wir zwei Hirnhälften. Genauer gesagt erwecken diese beiden Hemisphären fast den Anschein, als hätte jemand einen Spiegel entlang unserer Schädelmitte eingefügt, so daß eine Hemisphäre die andere widerspiegelt.

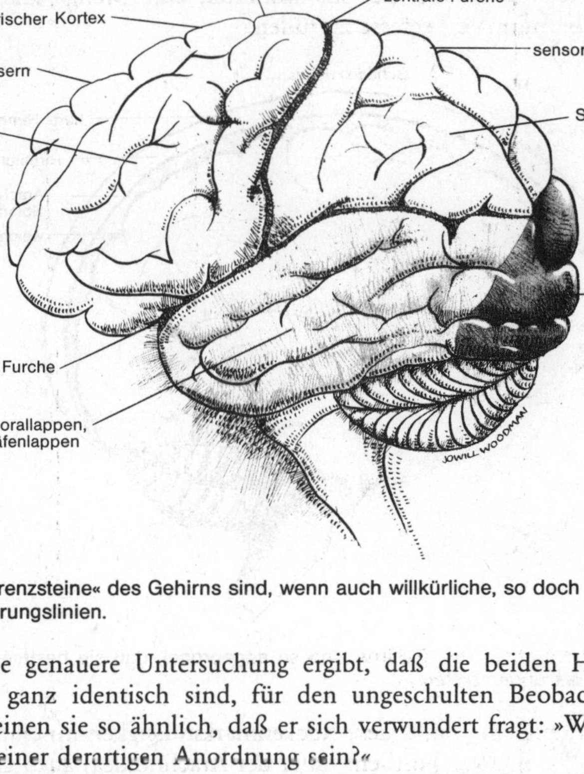

Die »Grenzsteine« des Gehirns sind, wenn auch willkürliche, so doch sehr nützliche Markierungslinien.

Eine genauere Untersuchung ergibt, daß die beiden Hemisphären nicht ganz identisch sind, für den ungeschulten Beobachter jedoch erscheinen sie so ähnlich, daß er sich verwundert fragt: »Was kann der Sinn einer derartigen Anordnung sein?«

Entlang der Hirnmitte erstreckt sich ein tiefer Graben – der longitudinale Sulcus (Längsfurche) – von der Vorderseite nach rückwärts. Ein zweiter Sulcus – die Sylviussche Furche – verläuft entlang der äußeren Seite jeder Hemisphäre etwa in Höhe des Kiefergelenks. Eine weniger deutliche Rinne – die Zentralfurche – verläuft von oben nach unten über den äußeren Teil der Hemisphäre und geht dann in die Sylviussche Furche über. Ihre Bedeutsamkeit begründet sich in der Verwendung durch die Neurologen: Sie diente ihnen zur Aufteilung der zerebralen Hemisphären nach künstlichen Kriterien:

Frontallappen (Stirnlappen): die Gesamtfläche vor der Zentralfurche.

Parietallappen (Scheitellappen) und Okzipitallappen (Hinterhauptlappen): die Hirnrinde hinter der Zentralfurche, wobei der Parietallappen vor dem Okzipitallappen angeordnet ist und in diesen übergeht.

Der Temporallappen (Schläfenlappen): die gesamte Fläche unter der Sylviusschen Furche.

Bei unserer Segelbootfahrt durch den subarachnoiden Raum, wie wir vorhin vorschlugen, hätten wir folgende Richtungsanweisungen: Segeln Sie rückwärts zum Hinterhauptlappen, dann hinunter zum Schläfenlappen, vorwärts zum Stirnlappen und nun hinauf zum Scheitellappen. Sobald Sie jedoch diese vier Grundkontinente betreten, werden Sie feststellen, daß jeder von ihnen sein eigenes einzigartiges Gebiet bildet. Wenn man in die Karibik segelt, erwartet man, Inseln zu finden. Ebenso weist das Gehirn seine eigenen landschaftlichen Besonderheiten auf.

Im Stirnlappen erstreckt sich von der Zentralfurche nach vorn der präzentrale Gyrus, Hauptfläche für die Bewegung der entgegengesetzten Körperhälfte. Wird er zerstört, führt dies zu Lähmung. Weiter vorn befindet sich der prämotorische Kortex. Hier werden schwierige motorische Bewegungen veranlaßt. Noch weiter vorn sind die präfrontalen Fasern, die eine hemmende Kontrolle auf unsere Aktivitäten ausüben (sie weisen uns beispielsweise an, während des Tennisspielens nicht zu reden). Bei Verletzung der Präfrontallappen (vordere Stirnlappen) kann es sein, daß wir ohne hemmende Kontrolle agieren, es sei denn, die Funktion der Präfrontallappen würde von außen übernommen (jemand würde uns zuflüstern zu schweigen).

Der Scheitellappen beinhaltet die hauptsächliche sensorische Hirnrinde, den »fühlenden« Teil des Gehirns, der von sämtlichen sensorischen Rezeptoren seine Impulse erhält. Der Scheitellappen ist gleich einem wohlgestalteten englischen Garten sorgfältig angeordnet, wobei jede Fläche des postzentralen Gyrus einem bestimmten Teil des Körpers entspricht.

Dies bedeutet jedoch nicht, daß das »Fühlen« auf den Scheitellappen beschränkt ist. Wir können Berührung, Schmerz und Druck auch in Gebieten weiter unten am Hirnstamm erfahren. Aber dabei wird unser Lokalisierungsvermögen fehlerhaft. Ein Patient mit Scheitellappenverletzung wird zwar auf einen Nadelstich in seiner Hand reagieren, aber er wird nicht wissen, daß die Nadel in seine Hand statt, sagen wir, in seinen Fuß sticht. Um dies festzustellen, muß der Scheitellappen intakt sein.

Bewegen wir uns vom zentralen Sulcus (Zentalfurche) abwärts, stoßen wir auf den Schläfenlappen. Diese Gegend dient zum Hören und als

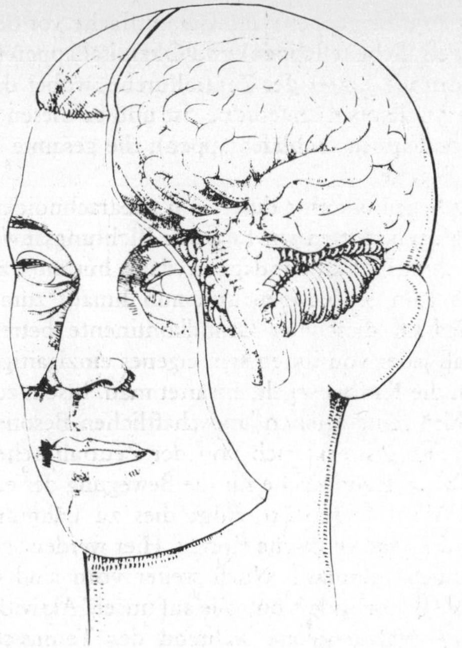

Die erste der vier folgenden Zeichnungen dient uns als Orientierungshilfe bei unserer Reise durch das Gehirn und seine Hauptgebiete.

Gedächtnis. Ebenso befinden sich hier die Sinne für Zeit und Individualität. Déjà vu - Erfahrungen, bei denen wir einen gewissen Augenblick unserer Vergangenheit wiederzuerleben scheinen, können durch elektrische Stimulierung des Schläfenlappens hervorgerufen werden. Aber manchmal verursacht die Stimulierung den entgegengesetzten Effekt: eine »jamais vu - Erfahrung«, wobei vertraute Dinge und Menschen als fremd und jenseitig erscheinen. Insgesamt ist der Schläfenlappen der faszinierendste Teil der zerebralen Hemisphären; hauptsächlich aufgrund seiner Verbindung mit den darunterliegenden Gehirnflächen, die wir mit anderen Lebewesen gemeinsam haben. Aufgrund der Verbindung des Schläfenlappens mit dem »tierischen Hirn« (limbisches System) können wir Gefühle der Angst, des Ärgers, der Lust und auch einfache Formen der Eifersucht empfinden.

Etwas hinter dem Schläfenlappen befindet sich das Sehzentrum, die okzipitalen Flächen, in denen die komplexen Umwandlungen von

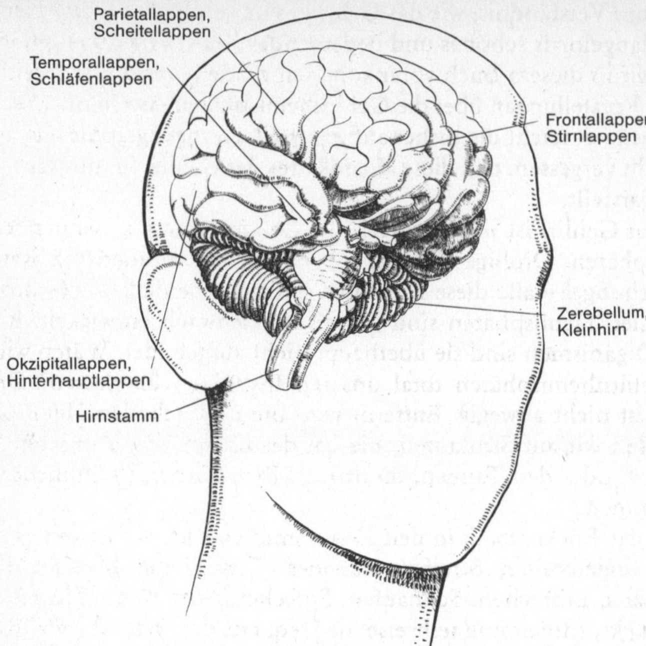

Die wesentlichen äußeren Strukturen des Gehirns.

Signalen stattfinden, die durch unsere Augen eingefangen und über die Sehnerven weitergeleitet werden. Eine Hinterkopfverletzung, bei der ein Teil des Okzipitallappens (Hinterhauptlappen) abgetrennt wird, führt zur Erblindung. Tatsächlich ließen Verletzungsfolgen durch Wurfgeschosse und Speere die Neurologen zuerst auf die Bedeutung der Hinterhauptlappen aufmerksam werden – eine der wenigen positiven Errungenschaften unseres uralten Hangs zu kriegerischen Auseinandersetzungen.

Zwei Hemisphären und vier Lappen; getrennte Kontinente, die durch drei Furchen miteinander verbunden sind – das ist die Haupteinteilung der Gehirnhemisphären. Aber wie jeder Reisende weiß, begegnet man auf einem Erdteil unzählig vielen verschiedenen Sitten und Kulturen. Oft sind die Besonderheiten schwerer zu bestimmen als Geographen zugeben wollen. Auch die Neurologen mußten lernen, weniger dogmatisch zu sein: Von einer Laboruntersuchung an einem Tier, dem man das Sehvermögen durch Abtrennen der Hinterhauptlappen raubt, führt ein weiter

Weg zum Verständnis, wie das Gehirn es uns ermöglicht, die »Pietà« von Michelangelo als schönes und bedeutendes Kunstwerk zu empfinden. Je mehr wir in diesem Buch vorankommen werden, desto mehr werden wir unsere Vorstellungen über die Gehirnhemisphären erweitern. Aber in der Zwischenzeit reicht die bisher aufgezeigte Gehirngeographie aus, solange wir nicht vergessen, daß diese »Landkarte« das Gehirn für uns sehr vereinfacht darstellt.

Unser Gehirn ist nicht einfach die Gesamtsumme unserer zerebralen Hemisphären. Drollige Katzen, tobende Stiere, mörderische Raubtiere im Dschungel – alle diese Kreaturen besitzen ebenfalls ein Gehirn. Ihre zerebralen Hemisphären sind jedoch nur schwach entwickelt. In manchen Organismen sind sie überhaupt nicht ausgebildet. Wären wir ohne die Gehirnhemisphären total unseren Instinkten überlassen? Der Gedanke ist nicht abwegig. Entfernt man unsere zerebralen Hemisphären, so stoßen wir auf Strukturen, die bei der Katze, die zu unseren Füßen schnurrt, oder den Tauben, die wir im Park füttern, in ähnlicher Form vorkommen.

Wo das Rückenmark in den Hirnstamm eintritt, verbreitert es sich in einen fingerbreiten Streifen lebendes Fleisch, die Medulla (Mark). Schlucken, Erbrechen, Schnaufen, Sprechen, Singen, die Steuerung des Blutdrucks, Atmen und teilweise die Frequenz des Herzschlags – das alles sind Aufgaben, die in diesem Abschnitt ausgeführt werden. Schneidet man den Hirnstamm unterhalb der Medulla durch, sinkt der Blutdruck auf Null ab, die Atmung stoppt, und innerhalb einer Minute tritt der Tod ein. Durch diese Medulla gehen sämtliche Nervenfasern ins Rückenmark über. Daß sich diese Fasern in der Medulla überschneiden, erklärt, warum die beiden Gehirnhemisphären letztlich die ihnen entgegengesetzten Körperhälften kontrollieren. Morphium und Nikotin wirken direkt in der Medulla. Auch der Poliovirus tat hier früher seine Wirkung. In den fünfziger Jahren dieses Jahrhunderts benötigten Poliopatienten die Eiserne Lunge, damit diese die Funktion der verletzten Medulla übernahm.

Unmittelbar oberhalb der Medulla befindet sich der zweite Teil des Hirnstamms, die Pons. Dieses lateinische Wort bedeutet »Brücke«. Tatsächlich ist in diesem Teil des Hirnstamms ein breites Faserband zu erkennen: Es fungiert als Nervenverbindung zwischen der Hirnrinde und dem Kleinhirn.

Die Pons geht über in das Mittelhirn, das direkt über ihr liegt. Dieses Mittelhirn ist die kleinste Abteilung des Hirnstamms, kleiner also als Pons und Medulla. *Mitt*woch, *Mitt*ernacht, *Mitt*sommer, jedes dieser

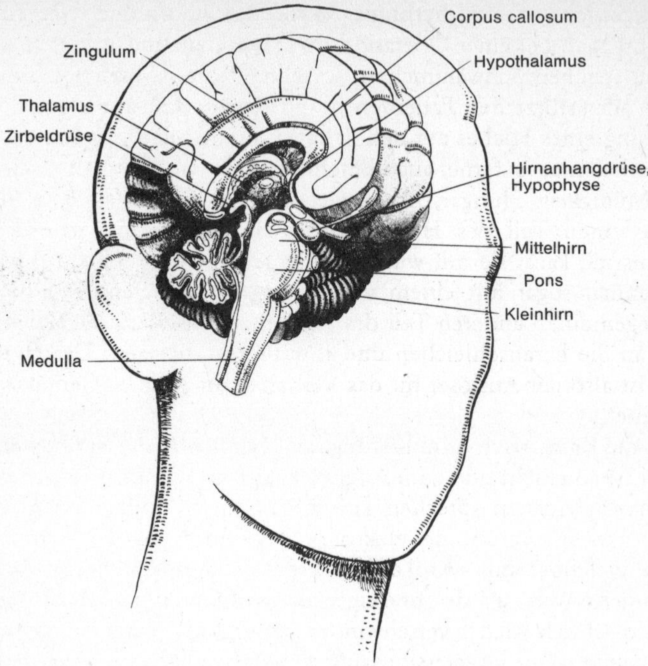

Diese Sicht auf ein Segment des Gehirns zeigt einige seiner inneren Strukturen.

Worte beinhaltet etwas nicht abgeschlossenes, unvollständiges. Das gleiche gilt für das *Mitt*elhirn. Es ist zwar nicht so großartig wie die zerebralen Hemisphären, aber doch herausragender als Medulla und Pons. Das Mittelhirn ermöglicht aufgrund vier kleiner Colliculi (Hügelchen) am rückwärtigen Teil elementare Formen des Sehens und Hörens.

Noch weiter oben (wobei wir uns in Zentimetern bewegen) stoßen wir auf ein Dienzephalon (Zwischenhirn) genanntes Gebiet, das den Hypothalamus und den Thalamus beinhaltet. Das Wort Thalamus stammt aus dem Griechischen und bedeutet »Liegebett«. Tatsächlich sind die Gehirnhemisphären sehr bequem darauf gelagert. Jede Information passiert den Thalamus auf dem Weg zum Großen Analysator, die sich darüber wölbenden zerebralen Hemisphären. Mit Ausnahme des Geruchs werden alle Sinnesimpulse durch den Thalamus übermittelt.

Dicht unterhalb des Thalamus liegt der Hypothalamus, das Kontrollzentrum für Nahrungsmittelaufnahme, Endokrinspiegel, Flüssigkeitsgleichgewicht, Sexualrhythmus sowie das autonome Nervensystem. Berührt man bei einer Operation den Hypothalamus nur ganz kurz mit einem weichen Schwämmchen, so schnellt die Körpertemperatur nach oben oder stürzt den Patienten in ein Koma, das länger anhält als die Wirkung eines Hiebes auf den Schädel durch einen Straßenräuber. Der Hypothalamus ist ferner auch Befehlszentrale von Motivationszuständen wie Müdigkeit, Hunger, Ärger, Gelassenheit. Stimuliert man bei einer Katze einen Teil des Hypothalamus mit einem kurzen elektrischen Stromstoß, kann sie mit wütendem Fauchen, aufgestelltem Buckel und manchmal sogar mit einem wilden Angriff reagieren. Stimuliert man hingegen einen anderen Teil des Hypothalamus, wird die gleiche Katze sich an Sie heranschleichen und Ihre Finger ablecken. Der Hypothalamus ist also der Auslöser für das Verhalten, das unsere Gemütszustände begleitet.

Ist die Katze nach Stimulierung des Hypothalamus wirklich ärgerlich, wenn sie so faucht und zum Angriff übergeht? Weitere Versuche, auf die wir jetzt gleich zu sprechen kommen, deuten auf ein Nein hin. Die Wutreaktion aufgrund der elektrischen Stimulierung des Hypothalamus ist vergleichbar mit »Krokodilstränen«. Neurologen nennen sie auch »simulierte Wut«, da sie ohne eigentlichen Anlaß plötzlich auftreten und ebenso schnell wieder verschwinden kann. Auch beim Menschen kann »simulierte Wut«, Aggressionsausbrüche als Folge von Tumoren innerhalb der Faserbahnen auftreten, die vom Hypothalamus nach unten führen.

Wie schwer ist wohl der Hypothalamus? Nur vier Gramm; das sind weniger als ein Dreihundertstel des gesamten Gehirns! Seine Oberfläche beträgt weniger als ein Prozent des gesamten Gehirnvolumens. Aber trotz dieser so gar nicht beeindruckenden Größenmaße ist der Hypothalamus an der Regulierung äußerst entscheidender Vorgänge im menschlichen Körper beteiligt. Und er lehrt uns, daß es nicht nur eines Zirkels oder Lineals bedarf, um das Gehirn zu verstehen.

Über dem Hypothalamus und in enger Verbindung dazu befindet sich eine Kante aus Rindenstrukturen, das limbische System (Limbus ist das lateinische Wort für Rand oder Kante). Ebenso wie der Hypothalamus ist das limbische System an unseren Emotionen und ihren äußeren Erscheinungen beteiligt. Wollte man den Einfluß des Hypothalamus vom limbischen System trennen, so kann man dies mit dem Versuch vergleichen, eine Porträtdarstellung zu bewahren, wobei man gleichzeitig versucht, die Leinwand des Bildes abzutrennen. James Papez, der als erster vermutete, daß das limbische System einen Nervenkreislauf für unsere

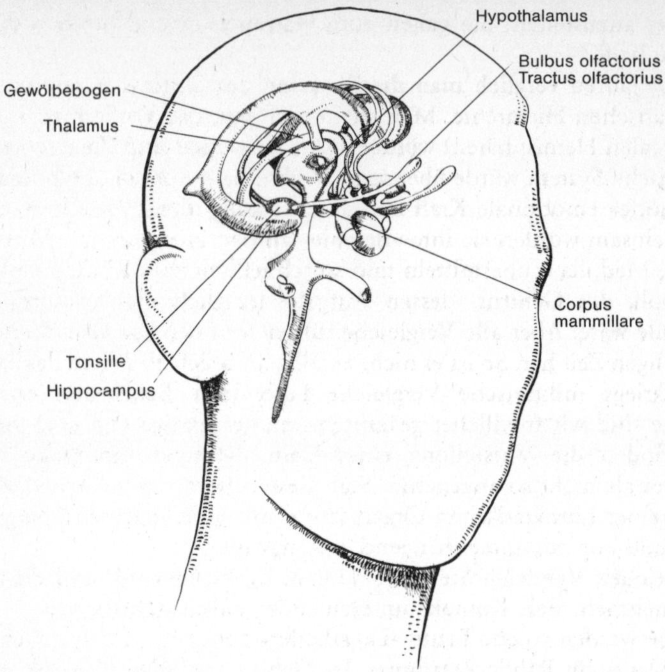

Tief im Innern des Gehirns stoßen wir auf Bestandteile des limbischen Systems, dem »großen Vermittler« unserer Emotionen.

Emotionen bildet, drückte es folgendermaßen aus: Zwischen Hirnrinde und Hypothalamus muß eine Verbindung bestehen, da die Emotionen ins Bewußtsein dringen und die Gedanken die Emotionen beeinflussen.

Nehmen wir einmal folgendes Beispiel: Ihre Wohnung ist kalt, da der Hausmeister die Heizung ausgehen ließ. Als erstes bewirkt der Hypothalamus, daß sich Ihre Blutgefäße zusammenziehen, um die Körperwärme zu erhalten. Etwa gleichzeitig laufen in Ihren zerebralen Hemisphären eine Reihe logischer Überlegungen ab. Der Hausmeister ist für die Beheizung des Gebäudes verantwortlich ... Er ist seiner Pflicht nicht nachgekommen ... Jetzt ist die Heizung aus, und die Temperatur in der Wohnung sinkt sehr schnell. Gleichzeitig ruft das limbische System eine emotionale Reaktion auf die Situation hervor: Wut über die Nachlässigkeit des Hausmeisters sowie den Entschluß, die Dinge wieder in Ordnung zu bringen. Durch das Zusammenspiel von Hirnrinde und limbischem System formt sich eine Antwort, die darauf abzielt, die Heizung wieder anzustellen: Sie gehen zum Hausmeister und machen ihm die Hölle heiß.

Vor Jahren verglich man die Funktion des Gehirns häufig mit einer militärischen Hierarchie. Man stellte sich vor, das Vorderhirn (oder die zerebralen Hemisphären) würden Pläne entwerfen und Ziele setzen. Das limbische System würde über seine Verbindung mit dem Hypothalamus die nötige emotionale Kraft zur Durchsetzung dieser Ziele hervorrufen. Gemeinsam würden sie ihre »Befehle« an den Hirnstamm – Mittelhirn, Pons, Medulla – übermitteln und so schließlich zum Rückenmark, dem Fußvolk des Gehirns, dessen Aufgabe lediglich die Ausführung der Befehle wäre. Aber alle Vergleiche rühren von den sozialen Werten der jeweiligen Zeit her. So ist es nicht zufällig, daß sich zu Zeiten des Zweiten Weltkriegs militärische Vergleiche besonderer Beliebtheit erfreuten. Heute sind wir friedlicher gesinnt (zumindest einige von uns), und wir empfinden die Vorstellung eines kleinen Heeres innerhalb unseres Kopfes als nicht so angenehm. Statt dessen bevorzugen wir die Vorstellung einer bürokratischen Organisation mit verschiedenen übergreifenden und eng zusammenhängenden Rangstufen.

Welchen Vergleich Sie auch wählen, irgend jemand muß die Arbeit übernehmen, den Kontakt untereinander aufrechtzuerhalten. In einer Armee werden solche Leute »Lagerhelfer« genannt, in der zivilen Welt »Fachleute für Public Relations«. Im Gehirn wird dieses Zuarbeiten von einer Zentralgruppe mit dem Sammelbegriff Basalganglien übernommen. Ebenso wie die Public Relations-Spezialisten treten die Basalganglien nur an die Öffentlichkeit, wenn etwas schiefläuft. Wenn Sie sich mit einem Neurologen über Basalganglien unterhalten, sprechen Sie sicherlich von Störungen in Systemen, die eigentlich reibungslos funktionieren sollten.

Ein noch unerfahrener Schauspieler, der einen alten Mann von etwa 80 Jahren darstellen soll, gibt automatisch ein Zerrbild wieder: gekrümmte Haltung, steife Bewegungen, Zittern des Gesichts und der Hände, mühselig langsames Denken und Sprechen. Tatsächlich treten diese Anzeichen bei normalem Altern nicht auf. Gibt ein Schauspieler einen alternden Menschen so wieder, hat er seine Hausaufgaben nicht gründlich erledigt. Er hat sich lediglich das Erscheinungsbild von alten Menschen mit erkrankten Basalganglien eingeprägt.

Im deutschen Sprachraum wird das Zerebellum Kleinhirn genannt: verkleinertes Gehirn. Gewichtsmäßig entspricht das Kleinhirn nur einem Achtel des gesamten Gehirns. Wie beim Hypothalamus läßt seine Größe nicht auf seine Bedeutung schließen. Ohne Kleinhirn könnte ich in diesem Moment die Bewegung des Füllers auf dem Papier nicht kontrollieren. Und Sie könnten dieses Buch nicht halten, würden es fallenlassen. Wollen Sie die Reichweite des Kleinhirns ermessen, so gehen Sie in eine Ballettvorstellung oder beobachten Sie einen internationalen Tennisstar beim Match oder studieren sie die Hand- und Fingerbewegungen eines Konzertpianisten. Man behauptete einmal von einem früheren amerikanischen Präsidenten, er könne nicht gleichzeitig Kaugummi kauen und dabei gehen. Sollte dies wahr gewesen sein, so war sein Kleinhirn die Ursache hierfür.

Sie haben jetzt bereits einen groben, aber doch recht praktischen Abriß der Hauptflächen des menschlichen Gehirns erhalten. Aber wie bei allen Skizzen müssen die Details eingefügt werden. Das Einsetzen dieser Einzelheiten beschäftigte Tausende von Neurologen, seit Beginn des 17. Jahrhunderts bis heute.

Niemand hat bislang die gesamte Topographie erfaßt, keinem wird dies jemals gelingen. Aber wir müssen irgendwo einen Anfang machen. Hier eine kurze Zusammenfassung: Von unten nach oben gesehen besteht das zentrale Nervensystem aus Rückenmark, Hirnstamm (Medulla, Pons, Mittelhirn, Zwischenhirn), Kleinhirn und den zerebralen Hemisphären. Dabei setzt sich das Rückenmark in der Medulla fort, die Medulla in der Pons, die Pons im Mittelhirn und dieses im Zwischenhirn. Pons und Mittelhirn werden vom Kleinhirn überbrückt. Unter den zerebralen Hemisphären sind die Basalganglien verborgen. Diese sind in unglaublich komplexer Weise mit allem verbunden. Das limbische System umgibt den oberen Hirnstamm und trennt ihn dabei gleichzeitig von der bogenförmigen Ausdehnung der Gehirnhemisphären.

In funktionelle Begriffe umgesetzt weist das Gehirn folgende Anordnung auf:

Das *Rückenmark* erhält über Haut und Muskeln all unsere Informationen. Es erteilt motorische Bewegungsbefehle.

Der *Hirnstamm,* die Verlängerung des Rückenmarks, erhält Informationen von der Haut und den Muskeln des Kopfes und Nackens und ist für diese Muskelbewegungen zuständig. Im Hirnstamm befinden sich auch die Sinneszentren: Gehör, Gleichgewicht, eigentlich alles außer Geruch und Sehvermögen. Diese beiden Ausnahmen sind direkt mit dem limbischen System beziehungsweise der Hirnrinde verbunden. Daher üben auch Geruch und Sehen so starke Wirkung auf uns aus. Sie berichten sozusagen direkt dem »Hauptquartier«, wie sich unsere Freunde vom Militär ausdrücken würden.

Kleinhirn und Basalganglien koordinieren und regulieren gemeinsam sämtliche Bewegungen unseres Körpers.

Das *Zwischenhirn* (Thalamus, Hypothalamus und andere Strukturen) dient als Relais-Station zur Weitergabe von Informationen (Empfindungen) und Bewegungen. Es beinhaltet ferner (im Hypothalamus) wichtige Kontrollzonen zur Integrierung von Vorgängen in unserem Körper, deren wir uns normalerweise nicht bewußt werden: Temperatur, Blutdruck, Herzschlag, Atmung usw.
Die *zerebralen Hemisphären* sind für unsere höchsten begrifflichen und motorischen Funktionen zuständig.

Diese grundlegende Aufteilung bildet die Basis all dessen, worüber wir in diesem Buch diskutieren werden und was Neurologen je erforschen werden.

Viele unserer Einblicke in die Natur des Gehirns gehen auf die alten Griechen zurück. Der scharfsinnigste Beobachter war ein griechischer Arzt namens Galen, der im 2. Jahrhundert vor Christus lebte. Er eignete sich Kenntnis über den Aufbau des Gehirns an, indem er sorgfältig die Köpfe von Tieren auf Bauernhöfen sowie die von Affen sezierte. Im späteren Alter wurde Galen zum Leibarzt der Gladiatoren in seiner Heimatstadt Pergamon ernannt. Diese Erfahrung ermöglichte es ihm, die Auswirkungen von Verletzungen des Gehirns aus erster Hand zu beobachten.

In seinen Schriften und Reden griff Galen die Lehrsätze des Philosophen Aristoteles heftig an: Aristoteles vertrat die Ansicht, das Herz und nicht das Gehirn sei Zentrum für die Gedanken und Gefühle der Menschen. Als Beweis seines Standpunkts führte Galen einfache Experimente durch, in denen er aufzeigte, daß ein auf das Gehirn eines Tieres ausgeübter Druck Lähmungen hervorrufen kann, während Druck aufs Herz keinerlei Wirkung zeigte.

Leider konnte Galens Neugier seine griechischen Zeitgenossen nicht zu weiteren Untersuchungen anregen, so daß seine Ideen über die Bedeutung des Gehirns mit ihm begraben wurden. Über die nächsten tausend Jahre wurden nur wenige Fortschritte erzielt.

Die alten Griechen waren davon überzeugt, daß alle Lebewesen ihre Lebenskraft aus einem *Pneuma* (Luft) aus dem Kosmos bezogen. Wachstum, Bewegung und schließlich Denken würden durch Veränderungen dieses Pneumas ermöglicht. Bei den Menschen kamen diese Veränderungen aufgrund eines ausgefeilten Systems zustande. Nach Einnahme und Verdauung von Speisen wurden diese der Leber zugeführt, wo sie dann mit dem »natürlichen Geist« durchtränkt wurden. Dieser wurde dann ans Herz weitergeleitet, wo ihm »Lebensgeist« eingeflößt wurde. Endlich gelangt diese humorale Mischung ins Gehirn, wo sie dann in den Hirnkammeröffnungen in den »animalischen Geist« umgewandelt wurde.

Diese Idee einer Substanz, dem »animalischen Geist«, der im Gehirn angesiedelt war und von da aus über ein weitverzweigtes Netz hohler Nervenfasern im ganzen Körper verteilt wurde, hielt sich bis ins 16. Jahrhundert. Jede dieser Hirnkammeröffnungen wurde als Quelle einer oder mehrerer Gehirnfunktionen betrachtet.

Zu Beginn des 14. Jahrhunderts wurde in den medizinischen Instituten in Italien das Sezieren des menschlichen Körpers gestattet. Zuerst wurde diese Erlaubnis nur wenigen berufsmäßigen Anatomen erteilt. Sie durften ihr Handwerk nur bei besonderen Gelegenheiten ausüben. So genehmigte zum Beispiel die Universität von Bologna pro Jahr nur je einmal das Sezieren eines männlichen und eines weiblichen Körpers. Nachdem gewisse Zeit verstrichen war, kam man von der Regelung nur einer Sezierung pro Jahr ab und ging zu einer freieren Regelung über, bis eines Tages diese Art der Untersuchung so weitverbreitet war, daß man sogar Vertreter anderer Berufsstände wie beispielsweise den Künstler Leonardo da Vinci in den Sezierlaboratorien antreffen konnte. (Er nahm für sich sogar in Anspruch, mehr als 100 Körper seziert zu haben!)

Nachdem Leonardo da Vinci 1504 einen Wachsabdruck von einem Ochsenhirn genommen hatte, erklärte er, die erste Hirnkammeröffnung sei verantwortlich für Phantasie und gesunden Menschenverstand, die zweite für das Urteilsvermögen und die dritte schließlich für das Gedächtnis. Andere konnten sich dieser Meinung nicht anschließen, sondern erklärten, daß die erste Hirnkammeröffnung den fünf Sinnesorganen am nächsten sei und somit den Sensus communis (gesunden Menschenverstand) beinhalte.

Im 17. Jahrhundert standen bereits genaue Beschreibungen des allgemeinen Gehirnaufbaus zur Verfügung. Entsprechende Kenntnisse ergaben sich aus Gehirnen von Leichen. Da das Gehirn ungefähr die Konsistenz einer weichen Avocado aufweist, suchte man nach einem Verfahren, diese Masse zu erhärten. Dies erreichte man, indem man das Gehirn in einen mit Wein gefüllten Bottich eintauchte. Später wurden chemische Stoffe hinzugefügt, die einige Bestandteile weicher werden ließen und andere erhärteten. Diese Verfahren ermöglichten es, den Verlauf von Fasern von ihrem Ursprung in der Hirnrinde bis zum Rückenmark hinunter zu verfolgen, wobei man feststellte, daß das Gehirn keine homogene Struktur sei, sondern eine über der gesamten Oberfläche gelagerte graue Substanz enthalte. Darunter befindet sich eine große Menge weißer Substanz (Nervenfasern), die tief in ihrem Innern wiederum kleine Inseln subkortikaler grauer Substanz (die Basalganglien) aufwies.

Aber trotz dieser Fortschritte herrschte weiterhin beträchtliche Uneinigkeit über die Rolle des Gehirns bei Geistesaktivitäten. Bei einigen hielt sich die Vorstellung der Vorrangstellung des Herzens. Ihre Argumentation lautete etwa folgendermaßen: Wenn das Herz zu schlagen aufhört, erkaltet der Körper, woraus zu schließen ist, daß das Herz die Wärme erzeugt. Ferner förderte die Anordnung der vom Herzen ausgehenden Blutgefäße die Ansicht, das Herz sei der Ursprung der Seele. Schließlich ist »Anima« das lateinische Wort für Seele, und das Herz erweckt nun einmal den Anschein, es würde den Körper »animieren«.

Noch 1616 erwog William Harvey, der Entdecker der Blutzirkulation, ob nun das Herz oder das Gehirn das »ehrenwertere« Organ sei.

So schrieb er, »das Gehirn gilt allgemein als Regent aller Körperteile, dennoch ist die Stellung des Herzens unbestritten; sein Einfluß ist größer. Außerdem findet man das Herz in allen Kreaturen, die ein Hirn haben möchten.«

1664 veröffentlichte Thomas Willis sein Buch »Cerebri Anatome« (Anatomie des Gehirns) mit Illustrationen des späteren Architekten der St. Paul's Kathedrale in London, Sir Christopher Wren. Willis und Wren bildeten vielleicht das außergewöhnlichste Team in der Geschichte der Erforschung des Gehirns. Willis' bedeutendster Beitrag zu unserem gegenwärtigen Verständnis des Gehirns rührt von seiner Begeisterung her, das Gehirn durch gründliches Sezieren zu erforschen. Wren, der bereits an seinen Plänen für das Sheldonian Theater in Oxford arbeitete, hatte kürzlich ein Verfahren zum Injizieren von Substanzen in den Blutkreislauf von Tieren entwickelt. Diese Neuerung, der Vorläufer der ersten erfolgreichen Bluttransfusion bei Menschen, stellte eine praktische Methode zur Darstellung des Blutverlaufs im Gehirn dar. Willis und Wren injizierten ein mit indischer Tinte vermischtes Konservierungsmittel (vermutlich Wein) in die zum Gehirn führenden Blutgefäße. Das Ergebnis war eine erstaunliche Abbildung des Verlaufs dieser Blutgefäße. Noch bedeutender als die durch dieses Verfahren erhaltenen Darstellungen (die Wren durch seine hervorragenden Zeichnungen der Nachwelt erhielt) war die Veränderung der Einstellung Willis' in seinen Überlegungen zum Gehirn. 1664 endlich ließ Thomas Willis von seiner Überzeugung der Vorrangstellung der Hirnkammeröffnungen zugunsten der Gehirnsubstanz selbst ab. »Es bleibt uns nun noch, von den Hirnkammeröffnungen zu sprechen. Da sie lediglich Hohlraum sind, der aus dem Auffalten ihrer äußeren Umgrenzung entstand, sehe ich – ebensowenig wie Astronomen, die an den leeren Raum im All gewöhnt sind – keine Notwendigkeit, darüber einen Vortrag zu halten.«

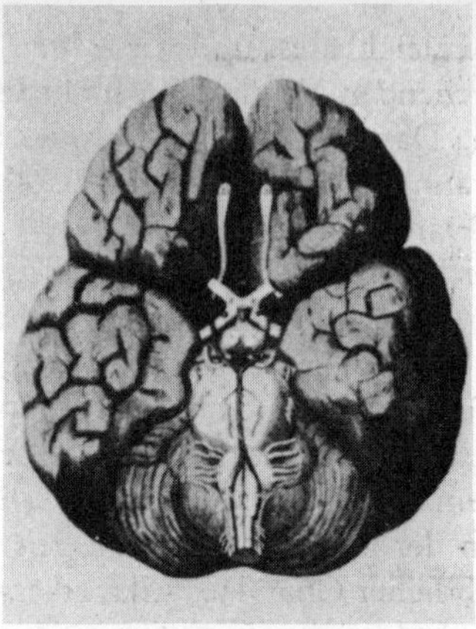

Ansicht der Gehirnbasis. Diese Zeichnung wurde von Christopher Wren geschaffen. Sogar am heutigen Standard gemessen ist die Genauigkeit seines Werks beeindrukkend.

Willis' Erkenntnis der Bedeutung der Gehirnsubstanz anstelle der bisher hervorgehobenen, mit Flüssigkeit gefüllten Hirnkammeröffnungen erwies sich als entscheidend für die Entwicklung der modernen Neurologie. Die Zeichnungen in »Cerebri Anatome« von Christopher Wren sind so unglaublich genau, daß sie sogar den heutigen Anforderungen standhalten. Leider erlitten die Beschreibungen und Auslegungen Willis' im Laufe der Geschichte ein weniger günstiges Schicksal. Einige Teile des Gehirns, so die beiden zerebralen Hemisphären, veranlaßten ihn zu einem militärischen Vergleich. »Dadurch ist das Gehirn – gleich einer Burg, die in viele Türme oder Verteidigungsanlagen aufgeteilt ist – stärker und ist schwieriger einzunehmen.« Dann wieder nimmt er Bezug auf die Geographie, indem er die von einer Arterie getrennten beiden Gehirnhälften »als von einem Grenzfluß in zwei Provinzen getrennt« beschreibt.

Bevor wir Willis jedoch zu heftig kritisieren, wollen wir daran erinnern, daß jedes Zeitalter seine eigenen Metaphern über das Gehirn entwickelt. In den Jahren zwischen 1930 und 1940 wurde das Gehirn mit einer Telefonanlage (die damals als fortschrittlichstes Kommunikationssystem galt) verglichen. Heute sprechen wir beim Gehirn von einem Computer. Aus Gründen, die wir gleich näher erläutern werden, ist das Gehirn ebensowenig ein Computer wie eine Burg oder ein Pfad für animalische Geister. Das Gehirn ist ganz einfach das Gehirn. Im ganzen Universum gibt es nichts annähernd vergleichbares, und wir sollten uns durch das Heranziehen von vereinfachenden Vergleichen nicht in unserem Verständnis einschränken lassen. Das berühmteste Beispiel für den Schaden, der dadurch entstehen kann, lieferte uns der im ausgehenden 18. Jahrhundert lebende Neurologe Franz Josef Gall.

Gall war der Ansicht, das Gehirn sei ein Instrument des Verstandes und besitze daher eine Anzahl von Zentren mit ihnen eigenen »Fähigkeiten«. Er war mehr und mehr davon überzeugt, diese Zentren durch Betasten von Unebenheiten auf dem Schädel lokalisieren zu können. Diese Ansicht beruhte auf einer Beobachtung in seiner Kindheit, wonach Studenten mit einem guten Gedächtnis oft »hervortretende« Augen hatten. Gall war von der Idee besessen, daß geistige Eigenschaften aufgrund gewisser körperlicher Charakteristika erkennbar seien. Zur Unterstützung seiner Theorie besuchte Gall Krankenhäuser, Schulen, Gefängnisse und Asyle – wo immer er Individuen mit außergewöhnlichen Talenten oder Unzulänglichkeiten auffinden konnte. Ein besonderes Augenmerk galt jedoch Menschen mit deformierten oder unförmigen Schädeln. Sein Leben lang klammerte sich Gall an die Ansicht, eine Untersuchung des Schädels sei gleichwertig einer Beobachtung des sich darunter befindlichen Gehirns. Auf der Grundlage von Tausenden von Untersuchungen von »Schädelbeulen« erschuf Gall die Pseudowissenschaft der Phrenologie (Wissenschaft vom Schädel). Seine Argumentation lief darauf hinaus, daß alle geistigen Eigenschaften, sogar Intelligenz und Moral, von getrennten »Organen« oder »Zentren« im Gehirn gesteuert würden.

Heute erkennen wir all dies als Unsinn. Durch ein Abtasten des Schädels erfahren wir sehr wenig über das darunterliegende Gehirn. Viele geistig behinderte Patienten haben große Köpfe, und es besteht kein Zusammenhang zwischen Genius und der Größe oder der Form des Gehirns. Unwissentlich verursachte Gall jedoch die größte Veränderung in der Einstellung gegenüber dem menschlichen Gehirn seit Thomas Willis' Erkenntnis von der Bedeutung der Hirnsubstanz im Vergleich zu den darunter liegenden Hirnkammern. Nachdem Gall die Phrenologie erfunden hatte, griffen maßvollere Neurologen das Thema auf und begannen allmählich, unser gegenwärtiges Verständnis des Gehirnaufbaus zu formulieren. Aber dazu mußte erst einmal die Grundeinheit des menschlichen Gehirns, die Nervenzelle (Neuron), erforscht werden.

»Der Aristokrat unter den Körperstrukturen, mit riesigen Armen, die sich wie Fühlarme eines Oktopusses zu den Provinzen an der Grenze zur äußeren Welt ausstrecken, um auf die ständigen Gefahren von physikalischen und chemischen Kräften zu lauern.« Mit diesen Worten beschrieb Santiago Ramón y Cajal, ein spanischer Künstler und Neurologe des 19. Jahrhunderts, die Nervenzelle. Inspiration zu seiner poetischen Beredsamkeit war 1871 die Entdeckung, daß Neuronen mit einem speziellen Silberpräparat selektiv farblich kenntlich gemacht werden konnten. Zwar wird durch diese Methode nur eine von etwa 100 Zellen ausgewählt, aber sie überzieht dennoch den ganzen Nervenzellenkörper mit all seinen Prozessen mit einer Rinde.

Als die Neurohistologie (das Studium des mikroskopischen Aufbaus des Gehirns) noch in den Kinderschuhen steckte, gab es hitzige Debatten darüber, ob die Nervenzellen voneinander getrennt waren oder ob alle Gehirnzellen an ein Netzwerk oder Geflecht gebunden waren. Camillo Golgi, ein weiterer berühmter Neuroanatom, unterstützte die zweite Theorie. Cajal bevorzugte die Ansicht, die Neuronen seien voneinander getrennt. Des Nachts, nachdem er viele Stunden damit zugebracht hatte, in ein Mikroskop zu starren, zeichnete er seine Beobachtungen über die Neuronen auf einem kleinen Block auf, den er auf seinem Nachttischchen hatte. Seine Zeichnungen, die noch heute erhalten sind, zeigen das Neuron, »den Aristokraten unter den Körperstrukturen« als eine gesonderte Struktur. Endlich gelang es Cajal zur allgemeinen Zufriedenheit, die Existenz einer Nervenverbindungsstelle (der Synapse) zwischen den

Zwei Neuronen mit synaptischer Verbindung

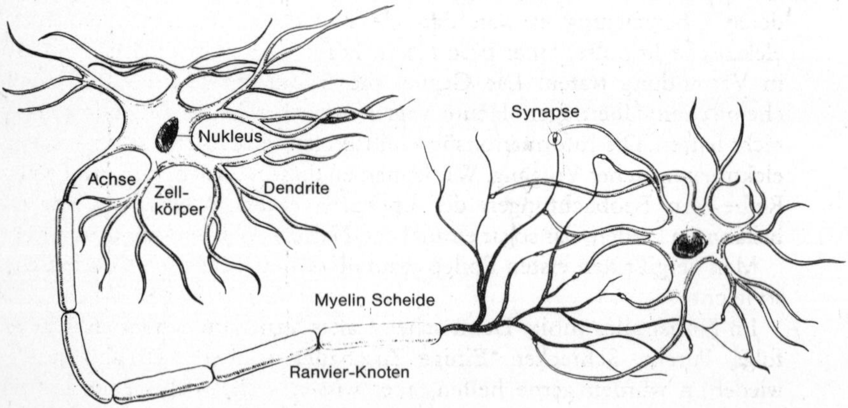

Zwei Neuronen mit synaptischer Verbindung.

Nervenzellen nachzuweisen, wodurch die Theorie des »Netzwerks« ein für alle mal beiseitegelegt wurde.

Eine Nervenzelle besteht aus einem Zellkörper, der den Nukleus, eine lange Faser (das Axon oder auch Achsenzylinder) und eine unterschiedliche, aber sehr große Anzahl sich verzweigender Fasern (die Dendrite) enthält, die sich anderen Nervenzellen entgegenstrecken. Aufgabe der Dendrite ist es, die Oberfläche des Neurons zu vergrößern und so die Aufnahmefähigkeit der Nervenzelle gegenüber dem Einfluß anderer Zellen zu verbessern.

Ein Nervenimpuls wird vom Nervenkörper aus entlang des Axons übertragen und endet dann in zahlreichen Dendriten oder in den Zellkörpern anderer Neuronen.

Jede dieser mindestens zehn Milliarden Nervenzellen im menschlichen Gehirn weist über tausend Synapsen – Kontaktstellen zwischen den Nervenzellen – auf, bei einigen Neuronen innerhalb der Hirnrinde bis zu zweihunderttausend. Die gesamte Anzahl an Verbindungsstellen innerhalb des weitverzweigten Netzwerks des Neuronensystems des Gehirns ist wahrhaft astronomisch – sie ist größer als die Zahl von Einzelteilchen im uns bekannten Universum.

Aber anatomische Verbindungen zwischen den Nervenzellen geben uns keine ausreichende Erklärung darüber, wie das Gehirn funktioniert. Welche Art von »Botschaft« wird über die Nervenfasern übertragen? Wie wird die Information umgewandelt. – Wieder einmal lieferte uns die Geschichte zwei Ansichten darüber: Auf der einen Seite gab es jene, deren Überzeugung es war, daß die Neuronen untereinander durch elektrische Impulse, einer besonderen Form »animalischer Elektrizität«, in Verbindung traten. Die Gegner dieser Ansicht favorisierten einen chemischen Überträger. Heute wissen wir, daß beide Seiten teilweise recht hatten. Die Informationsübermittlung innerhalb des Gehirns ist ein elektrochemischer Vorgang. Wir kamen zu dieser Einsicht aufgrund einer Reihe von Beobachtungen der Epilepsie, einem bereits seit langem bekannten Leiden, das sogar einmal den Namen »heilige Krankheit« trug.

Man vergißt den ersten Epilepsieanfall, dessen Zeuge man wird, nicht so leicht.

Im Nu ist alles ruhig. Dann scheint alles auseinanderzufallen. Chaos folgt, Furcht, Schrecken. Einige Zuschauer wenden sich ab, andere wiederum würden gerne helfen, aber wissen nicht wie, wieder andere starren schaulustig auf den Betroffenen. Ein Sturz; plötzliche Bewußtlosigkeit, der vielleicht ein Schrei vorangeht; Zuckungen, heftige Körperkontraktionen; Geräusche, heftiges Aufbäumen, und dann – ebenso plötzlich wie alles begann – ist alles vorüber. Der typische Epilepsieanfall dauert nur wenige Sekunden, fast immer jedoch weniger als eine Minute.

Bis zum heutigen Tage sind sich die Neurologen nicht sicher, warum bei einigen Menschen diese Anfälle auftreten, bei anderen jedoch nicht. Starker Verdacht besteht jedoch, daß Epilepsie tief im Gehirn verursacht wird und nur auf einer geringfügigen Änderung der Gehirnstruktur beruht.

Man könnte eine interessante historische Erzählung schreiben, in der die Epilepsie Hauptthema ist. Es wird berichtet, daß Alexander der Große von dieser Krankheit betroffen war. Dies mag einer der Gründe für sein Charisma gewesen sein. Für die meisten Griechen stellte Epilepsie ein von Gott auferlegtes Leiden dar. Andere Griechen wiederum hatten eine etwas zynische Einstellung. »Mir scheint, diese Krankheit ist ebensowenig göttlich wie jede andere. Sie hat ihre natürlichen Ursachen wie andere auch. Die Menschen empfinden sie nur deshalb als göttlich, weil sie sie einfach nicht begreifen können. Wenn sie alles, was sie nicht verstehen können, als göttlich bezeichnen, dann gäbe es an Göttlichem kein Ende.« So äußerte sich Hippokrates, der Vater der Medizin.

In späteren Zeitaltern gab es ebenso bizarre Vorstellungen über die Epilepsie. So glaubte man zum Beispiel allgemein, der Mond beeinflusse die Häufigkeit der Anfälle, wobei sie bei Vollmond am zahlreichsten auftreten würden. Menschenblut galt als wirksames Gegenmittel. Der römische Historiker Plinius der Ältere schildert Epileptiker, die nach Linderung für ihre Leiden suchten, indem sie Blut vom Mund sterbender Gladiatoren saugten.

Der griechische Arzt Galen war der Ansicht, die Epilepsie rühre aus einem Stagnieren der kalten Körperflüssigkeiten (Schleim und schwarze Galle) innerhalb der Gehirnöffnungen her. Die Veranlagung der Epileptiker, plötzlich zu Boden zu fallen, veranlaßte einen Beobachter, den Terminus caducus (der Gestürzte) einzuführen, und bald wurde die Krankheit als Passio caduca (Fallsucht) bezeichnet. Aufgrund dieser Beobachtungen schlug man eine besondere Kur vor: die Anwendung von Mistelzweigen. Man wählte dieses Heilmittel wegen der Eigenschaft der Blätter, sich im Herbst den Bäumen anzuklammern und nicht wie andere Blätter zu Boden zu fallen.

Während der nächsten tausend Jahre blieben Wissen und Verständnis um die Epilepsie unverändert. Während der Renaissance wurden Epileptiker sogar als Hexenmeister verbrannt. Einige Jahrhunderte später wurden sie in Salem, Massachusetts zu »Schurken« umbenannt, wo die Epileptiker wegen ihrer engen Beziehung zu Hexen und Teufeln auf

Scheiterhaufen hingerichtet wurden. Bis in die Mitte des 17. Jahrhunderts verharrte man in diesem Denken, und es erfolgten keinerlei neue Vorschläge, die unserem heutigen Verständnis der Epilepsie nahekämen. Zunächst mußte sich die Menschheit der Elektrizität und ihrer Rolle in der Biologie bewußt werden.

Daß es ein Tier gab, das elektrischen Strom erzeugen konnte, wußte man bereits im Alten Ägypten. Auf den Darstellungen von Fischerszenen an den Wänden der ägyptischen Grabkammern kehrten regelmäßig Bilder des elektrischen Nilkatzenwels, der einen Stromstoß von mehr als 450 Volt erzeugen konnte, wieder. Jedoch blieb die Ursache der elektrischen Kraft dieses Fisches stets ein Rätsel.

Als einer der ersten befaßte sich der Essayist Montaigne mit dem Gefühl der Taubheit, das von einer Stromentladung des Fisches hervorgerufen wurde: »Ein Zitteraal besitzt die Fähigkeit, nicht nur alle Glieder zu betäuben, die mit ihm in direkte Berührung kommen, sondern auch durchs Fangnetz hindurch in den Händen der Fischer eine starke Trägheit hervorzurufen . . . Dies ist eine wundersame Kraft.«

Als erster demonstrierte der italienische Anatom Luigi Galvani im ausgehenden 18. Jahrhundert die Reaktion von lebendem Gewebe auf Elektrizität. Dem Gerücht nach machte er die Entdeckung durch eine Reihe von Experimenten, wobei einige sogar in der etwas unwahrscheinlichen Atmosphäre von Abendgesellschaften, die von seiner Frau Lucia gegeben wurden, durchgeführt wurden. Ein solches Experiment nach dem Abendessen bestand beispielsweise darin, einen zerteilten Frosch auf den Tisch zu legen, wobei ein Draht von dessen Kopf zu einer Metallstange auf dem Balkon gezogen wurde. Ein weiterer Draht erstreckte sich vom Fuß des Frosches zu einem nahegelegenen Ziehbrunnen. Dieser etwas bizarre Aufbau wurde kurz vor Ausbruch eines aufziehenden Gewitters zusammengestellt. Sobald es blitzte, zuckten die Muskeln des Frosches zusammen – sehr zur Überraschung und Verwunderung von Galvanis Gästen.

In einem anderen Versuch trennte Galvani einen Muskel aus einem Froschschenkel und brachte den darin befindlichen Nerv an der Schnittstelle eines weiteren Muskels an. Der zweite Muskel zuckte zusammen. Galvani folgerte daraus, daß das Nervengewebe etwas der Elektrizität des Blitzes ähnliches enthielt, und gab ihm die Bezeichnung »animalische Elektrizität«. Er nahm an, das Gehirn sei die Energiequelle im Körper und ihre Kraft sei in den Nerven bis zur späteren Entladung aufgestaut. Diese Idee lief konform mit dem Denken der damaligen Zeit: Elektrizität ist eine dünne Flüssigkeit, die »fließt«. Erst nach Konstruktion des ersten

Galvanometers etwa um 1820 war es möglich, das Vorhandensein eines schwachen elektrischen Stroms im Hirngewebe nachzuweisen.

Bis man jedoch Einzelheiten über die Erzeugung und Verbreitung des elektrischen Stroms erkannte, dauerte es noch bis zum Jahr 1930, nämlich bis zur Entdeckung der besonderen anatomischen Beschaffenheit eines Tintenfisches, der im Atlantischen Ozean lebt.

Der Schwimmkörper dieses Tintenfisches, ein breiter tubenförmiger Anhang, besteht aus einem übergroßen Axon, das um vieles länger ist als die größte menschliche Nervenfaser. Als man Elektroden in das Axon des Tintenfisches einführte, zeigte sich, daß das Neuron im Ruhezustand verschiedene Ladungen auf seiner äußeren Membran aufweist: positive Ladungen an der Außenseite, negative Ladungen an der Innenseite der Membran. Jede Kommunikation zwischen den Nervenzellen beruht auf der Veränderung dieses ursächlichen Ruhepotentials. So wird zum Beispiel Berührung von den Rezeptoren der Haut folgendermaßen in elektrische Energie umgewandelt: Das Drücken der Hautrezeptoren löst die elektrische Energie aus, die entlang dem Rezeptor fließt. Diese »Generatorspannung« ist örtlich begrenzt, und ihre Wirkung verringert sich bei wachsender Entfernung. Auch sind ihre Stärke und Dauer je nach Intensität des ursprünglichen Auslösers unterschiedlich. Eine leichte Berührung verursacht ein schwaches Signal, stärkerer Druck über eine größere Hautoberfläche eine höhere Generatorspannung. Ist die so entstandene Spannung ausreichend stark, löst sie eine Aktionsspannung aus, die sich ohne Verringerung der elektrischen Energie auf ihrem Weg entlang der Nervenfasern schneller ausbreitet. Diese Aktionsspannung, der Grundmechanismus der Kommunikation innerhalb des Gehirns, ermöglicht es, daß Impulse bei hoher Geschwindigkeit über weite Entfernungen übertragen werden. Ob es der örtlichen Generatorspannung gelingt, eine Aktionsspannung hervorzurufen, hängt davon ab, ob ein gewisser kritischer Erregungszustand erreicht wird.

Kein Neuron ist genau wie das andere. Sie unterscheiden sich sowohl in ihrer Form als auch in ihrer Auslöseschwelle. Die Nervenzelle schaltet sich nur dann ein, wenn eine gewisse Hemmschwelle überschritten ist. Ist der Stimulus zu schwach, erzeugt das Neuron keine Aktionsspannung. Einige der Dendriten der Nervenzellen verhindern eine Aktivierung. Andere Dendritenverbindungen wirken erregend und neigen dazu, zur Erzeugung des Aktionspotentials beizutragen. In manchen Fällen gleichen sich die antreibenden und hemmenden Einflüsse so aus, daß die Nervenzelle in ihrem Ruhezustand verharrt.

So betrachtet scheint die Informationsweitergabe innerhalb des Gehirns den Zwischenverbindungen in einem Computer sehr ähnlich: Durch ein drahtähnliches Netzwerk von untereinander verbundenen Fasern ist eine Zelle an die andere angehängt. Aber bald schon ist der Vergleich mit dem Computer nicht mehr vertretbar. Das Nervensignal muß eine Kluft von etwa einem Millionstel Zentimeter Breite, die sogenannte synaptische Spalte, überwinden. Und genau hier wird die Botschaft einer Nervenzelle von einem elektrischen in ein chemisches Signal umgewandelt.

Es gibt vielleicht zwischen zehn und hundert Billionen Synapsen im Gehirn, und jede arbeitet wie eine kleine Rechenmaschine und registriert alle als elektrische Impulse ankommenden Signale. Sind bei der ersten Nervenzelle eine ausreichende Anzahl Signale eingetroffen, setzt diese einen chemischen Stoff, den Neurotransmitter, der entlang der präsynaptischen Membran in Bläschenform gelagert ist, frei. Diese Bläschen, die strukturellen Einheiten der Nervenübertragung, werden in Päckchen losgeschickt.

Stellen Sie sich die präsynaptische Membran mit Abschußrampen besetzt vor, in deren Umgebung kleine Bläschen in zielloser Bewegung umherirren. Kommt die Aktionsspannung hinzu, senden die Bläschen ihre gelagerten Neurotransmitter in die synaptische Spalte. Der Transmitter überquert diese nun und gelangt zu einem speziellen Rezeptor an der postsynaptischen Membran der zweiten Zelle. Hier findet eine weitere Registrierung und Verteilung statt. Die ankommenden Päckchen werden bestimmten Rezeptoren an der postsynaptischen Membran zugeteilt. Jeder Nervenüberträgerstoff hat seinen eigenen Rezeptor und wird keinen Ersatz akzeptieren. Azetylcholin hat einen Rezeptor, Noradrenalin hat einen anderen. Auf diese Weise wird der Nachrichtencode auf seinem Weg von einer Nervenzelle zur nächsten von elektrischen in chemische und dann wieder in elektrische Signale umgewandelt.

Die Neurotransmission ist ein vielschichtigerer Vorgang als reine Nerven-»Stimulierung«. Jedes Signal, das über die Synapse zu einer anderen Nervenzelle gesandt wird, bedeutet nicht notwendigerweise einen Befehl zum Start. Es kann auch ein hemmender Neurotransmitter beteiligt sein, der die zweite Zelle am Start zu hindern sucht. Tatsächlich ist Zurückhaltung und nicht Erregung das Merkmal von Gehirnen höher entwickelter Organismen. Sollte mehr als ein winziger Bruchteil unserer Milliarden Neuronen Aktionsspannung freigeben, würden wir einen lang anhaltenden epileptischen Anfall erleiden. Deshalb ist eines der Mittel, die Epilepsie unter Kontrolle zu halten, die Hemmschwelle im Gehirn zu erhöhen.

Die Überfülle, die in unserem Nervensystem herrscht, schafft eine weitere sehr komplexe Anordnung. Viele Zellen können zur Weiterleitung gewisser Signale zusammenarbeiten. Der Verlust eines Bruchteils dieser Neuronen mag keine wahrnehmbare Wirkung haben. Der Verlust von ein paar Neuronen mehr mag nur geringfügige Veränderungen hervorrufen. Möglicherweise jedoch kann der Verlust einer gewissen kritischen Anzahl von Nervenzellen die Fähigkeit des Gehirns, hereinkommende Signale zu verarbeiten, verringern.

Die Neuronen haben an vielen verschiedenen Vorgängen Anteil. So setzen sie beispielsweise spontan Energie frei und senden dadurch unvorhergesehene Päckchen mit Neurotransmittern auf ihren Weg über die synaptische Spalte. Obgleich diese Zufälligkeiten wenig Wirkung auf die allgemeine Gehirnfunktion ausüben, spiegeln sie dennoch das empfindliche Gleichgewicht im Gehirn wider. Zusammenfassend kann man feststellen, daß der Weg der Nervzellimpulse eine Mischung aus Vorhersehbarem und Unvorhersehbarem, aus Stabilem und Instabilem ist. Man kann die Situation auch sehr gut mit den Abläufen der klassischen Physik im Gegensatz zur Quantenphysik vergleichen.

Die normale Welt der Sinneswahrnehmungen folgt den in etwa festen Regeln, wie wir sie in der klassischen Physik ausreichend beschrieben finden. Im submolekularen Bereich jedoch wird die Vorhersehbarkeit durch die den submolekularen Teilchen eigene Zufälligkeit verhindert. Im Gehirn kann der allgemeine Funktionsablauf angemessen beschrieben werden, zumindest jedoch die einfacheren Vorgänge wie elementare Empfindungen. Dies ist jedoch nicht mehr möglich, sobald ein Beobachter einen umfassenderen Einblick in die Gehirnaktivität erwartet und die Teilnahme von Millionen oder Milliarden von Neuronen gleichzeitig bestimmen will.

Bis hierher entspricht die Struktur unseres Gehirns der Komplexität des Funktionierens unseres Verstandes. Manche unserer Handlungen verlangen Entscheidungen innerhalb von Bruchteilen von Sekunden: Wegziehen des Fußes von einem Reißnagel auf dem Boden des Schlafzimmers. Andere erfordern lebenslanges Überlegen: Einstein kämpfte mehr als dreißig Jahre auf der Suche nach seiner Relativitätstheorie. Dazwischen finden wir Abstufungen von Stärke, Macht, Genauigkeit und Mutterwitz: Der Knockout-Schlag eines Karatekämpfers mit schwarzem Gürtel oder die empfindsame Genauigkeit eines Fachmanns für Uhrenreparaturen. Ein Gehirn muß eine unwahrscheinliche Bandbreite und Vielzahl von Reaktionen und Antworten bereithalten. Wir müssen wissen, wann anfangen, wann aufhören, abwägen, wieviel oder wie wenig oder wie oft, wie stark oder wie schwach. Entsprechend leiten die stärksten Nervenfasern Impulse mit einer Geschwindigkeit von hundert Metern pro Sekunde weiter, was einer Geschwindigkeit von fast 360 Kilometern pro Stunde entspricht. Andere Fasern sind etwas langsamer, ihre Transportgeschwindigkeit beträgt zwischen 25 und 30 Metern pro Sekunde. Sie liegen damit unter der Geschwindigkeitsbegrenzung von hundert Kilometern pro Stunde auf amerikanischen Schnellstraßen. Sogar bei höchster Geschwindigkeitsstufe verläuft die Gehirnübertragung langsamer als eine Reise im Düsenflugzeug oder eine Kabel- oder elektronische Übertragung. Verglichen damit sind die Gehirnerzeugnisse, das Gehirn selbst, langsam – erstaunlich, quälend, frustrierend langsam. Dies ist jedoch erforderlich, damit unsere Gedanken uns nicht vorauseilen, damit wir unsere Muskelkontraktionszeiten nicht unterschreiten und dadurch über unsere eigenen Füße fallen. Die Empfänglichkeit des Gehirns ist auf die »durchschnittlich zu erwartenden Lebensumstände« in ihrer Veränderlichkeit im Laufe der Jahre ausgerichtet. Das Gehirn muß entsprechend in der Lage sein, sowohl auf die Gefahr durch einen im hohen Gras lauernden sprungbereiten Tiger zu reagieren wie auch auf eine einem Verrechnungsscheck beizufügende Nachricht mit dem Inhalt »bedauerlicherweise müssen wir Ihnen mitteilen, daß wir Ihre Dienste nicht mehr länger in Anspruch nehmen können«.

Glück, Ärger, Humor, die richtige Antwort zur rechten Zeit – das Gehirn muß all dies bewältigen können, einfach weil es Bestandteil des menschlichen Lebens ist. Man darf annehmen, daß viele Anforderungen des täglichen Lebens in einer Wechselbeziehung zu den Einrichtungen in unserem Gehirn stehen: schnell leitende Fasern, langsame Fasern, erregende neurochemische Stoffe, hemmende neurochemischen Stoffe, andere mit beschleunigenden Fähigkeiten, wieder andere, deren Eigenschaften wir bis heute noch nicht verstehen.

Wie konnte sich ein Organ wie das Gehirn, das zwischen zehn und hundert Milliarden Zellen enthält, je aus einer einzelnen Zelle, dem Ei, entwickeln. Einige werden ganz lässig antworten, daß alles genetisch vorprogrammiert sei, wobei sie vergessen, daß der Begriff »Programm« so lange ohne Bedeutung ist, solange es keinen Programmierer gibt. Aber unsere Einstellung »alles ist durch die Gene vorgegeben« bringt noch weitere Schwierigkeiten in unserem Bemühen mit sich, die Entwicklung des Gehirns zu verstehen.

Es gibt ewa 10^{15} Neuronenverbindungen im menschlichen Gehirn, während die genetische Information nur etwa 10^5 Gene umfaßt. Offensichtlich tragen sowohl das innere wie auch das äußere Umfeld ihren Teil bei. Und damit gelangen wir zu der alten Streitfrage »von innen oder von außen bedingt«, diesen quälenden Dualismus, der uns in all unserem Denken begleitet: erbliche Belastung im Gegensatz zu »bedingt durch das äußere Umfeld«; freier Wille im Gegensatz zu Bestimmung; und seit Descartes Gehirn im Gegensatz zu Verstand. Bei unseren Bemühungen, Licht ins Dunkel zu bringen, sollten wir jedoch nicht außer acht lassen, daß das Gehirn vom Zeitpunkt der Empfängnis an von denselben Prozessen beeinflußt wird, die sich auch auf das Wachstum und die Entwicklung anderer Körperorgane auswirken.

Im menschlichen Embryo kann man bis zur dritten Woche nichts finden, was dem Gehirn gleicht. Danach entfaltet sich aus einer Zellfläche, die den Embryo umhüllt, das Gehirn zusammen mit dem übrigen zentralen Nervensystem. Diese Fläche, die Neuralplatte, beinhaltet 125 000 Zellen, ein gewaltiger Anstieg seit der ursprünglichen einzelnen Zelle, die sich aus der Befruchtung eines Eies mit einem Sperma gebildet hatte. Verglichen mit dem Endziel von zehn bis hundert Milliarden Zellen sind 125 000 Zellen jedoch lediglich ein Anfang. Aber bei der Beurteilung von Potential sollte man vorsichtig sein. Die herrliche Kathedrale von Chartres bestand am Anfang auch nur aus ein paar aufeinandergehäuften Steinen.

Die Neuralplatte faltet sich zu einem hohlen Rohr mit der entsprechenden Bezeichnung Neuralrohr, aus dessen hohlem Ende die drei wichtigsten Protuberanzen des menschlichen Gehirns entstehen, die Vorläufer von Vorderhirn (unsere zentralen Hemisphären), Mittelhirn und Hinterhirn (Pons und Medulla). Das Neuralrohr (auch Zentralkanal genannt) bleibt für die ganze Lebensdauer erhalten und bildet das Hirnkammernsystem.

Erinnern Sie sich noch an Luftballons, die nach dem Aufblasen die Form eines Kaninchens oder eines anderen geliebten Tieres unserer Kindertage annahmen? War der Ballon ohne Luft, bedurfte es viel Phantasie sich vorzustellen, daß er jemals eine bestimmte Form annehmen würde.

Denken Sie sich das Gehirn wie einen solchen Ballon. Seine endgültige Gestalt hängt jedoch nicht von der Ausdehnung des Zentralkanals, sondern vom Wachstum der Nervenzellen und der Stützzellen ab. Bei unserem Ballonvergleich wäre das in etwa so, als würde die äußere Membran immer dicker werden und in keinem Verhältnis zur inneren Höhlung mehr stehen, bis irgendwann die innere Höhlung im Vergleich zu den Außenwänden des Ballons fast verschwunden wäre. Die Gehirnzellen entlang der Wände vervielfachen sich und dehnen sich nach oben, nach außen und nach unten aus, wobei der Zentralkanal das Innere des neugeschaffenen Territoriums bildet.

Wachstum und Endform des Gehirns hängen von der Multiplikationsrate der Gehirnzellen ab, die während der neun Monate bis zur Geburt etwa 250 000 neue Nervenzellen pro Minute beträgt.

In den allerersten Entwicklungsstadien sind die Zellen des Embryos noch »unbelastet« und können Bestandteile der Haut, Muskeln etc. im menschlichen Körper werden: Waren Zellen des Embryos als Gehirnzellen vorgesehen, so verwandeln sie sich, wenn man sie von ihrer ursprünglichen Position entfernt und sie an eine andere Stelle eines zweiten Embryos verpflanzt, in die für diese Stelle entsprechenden Zellen. Was einmal als Nervenzelle vorgesehen war, kann so in eine Zelle umgeformt werden, die den Darm auskleidet. Wird derselbe Eingriff jedoch nur wenige Tage später vorgenommen, gelingt er nicht mehr: Übertragene Nervenzellen wachsen nur als solche auf, ganz egal, wo sie sich befinden. Dieser »Verpflichtungsprozeß« beruht auf dem Einfluß von einem oder mehreren chemischen Stoffen, die in einer Schicht des noch ganz jungen Embryos freigesetzt werden.

Der Neurobiologe Eric Kandel spricht von zwei konkurrierenden Theorien zum Wachstum und der Entwicklung von Zellen im menschlichen Gewebe. Auf der einen Seite sind da die »Vertreter des strengen Aufbaus«, die an das Vorhandensein eines umfassenden Gen- und Entwicklungsprogramms in synaptischer Formation glauben. Für diese Wissenschaftler läßt die Komplexität des menschlichen Gehirns, die Genauigkeit seiner Nervenzellenverbindungen und die unglaubliche Geschwindigkeit der Entwicklung des menschlichen Gehirns nur den Schluß auf ein genetisches Programm zu. Aber aus Gründen, die wir bereits erwähnt haben – die Anzahl der Nervenzellenverbindungen verglichen mit der bescheidenen Anzahl Gene in den menschlichen Zellen – läßt die Überzeugung der »Vertreter des strengen Aufbaus« eine Menge Fragen über die Entwicklung des menschlichen Gehirns offen.

Auf der anderen Seite gibt es die »gemäßigten Vertreter eines beschränkten Entwicklungsprogramms«. Deren Theorie greift auf Ansichten zurück, die Psychologen vor etwa 50 Jahren vertraten, wenn sie auf der Bedeutung von äußeren Einflüssen bei der Stimulierung der Gehirnentwicklung beharrten. Zwar klingt dies alles sehr vernünftig und demokratisch angehaucht, es läßt jedoch die Frage offen, warum sich das Gehirn trotz der unterschiedlichen Umwelt, in der die Menschen auf den verschiedenen Erdteilen leben, so gleichförmig entwickelt. Lassen wir einmal extreme Bedingungen wie Hungersnot, Vergiftung, Sauerstoffentzug außer acht, so wird ein Neuropathologe bei einer Autopsie in Neu Delhi in etwa den gleichen Gehirnaufbau vorfinden wie einer, der seine Autopsie mitten in Manhattan, New York, durchführt. Wenn das Umfeld so wichtig ist, warum sind dann alle Gehirne annähernd gleich aufgebaut?

Die Meinungen der Vertreter des strengen Gehirnaufbaus im Vergleich zu ihren gemäßigten Gegnern verdeutlichen wieder einmal die vielen Debatten, die im Laufe der Jahrhunderte stattfanden, seit die Menschen das erste Mal den funktionellen Ablauf im Gehirn hinterfragten. Es gab Zeiten, wo sich die Neurologen darüber stritten, was wohl wichtiger sei, das Gehirn oder das Herz. Etwas später gingen die Meinungen über die Frage, ob das Neuron eine einzelne Zelle oder Teil eines weitverzweigten Netzwerks sei, auseinander. Aus heutiger Sicht wird deutlich, daß all diese intellektuellen Wettstreitereien deshalb nicht entschieden werden konnten, weil auf gewisse Weise jede Partei recht hatte. Vorausgesetzt, das Gehirn ist der Sitz des »Geistes«, so wird doch bei einem nur wenige Minuten andauernden Herzstillstand die Streitfrage Gehirn gegen Herz nur noch akademisch und hat eigentlich bloß noch für den Pathologen, der die Autopsie durchführt, Bedeutung.

Wenn es richtig ist, daß die Nervenzellen getrennt sind, so ist es ebenso richtig, daß sie sich verzweigen, in unglaublich komplexe Muster, die sich gegenseitig beeinflussen und voneinander abhängig sind.

Warum neigen Neurologen der Vergangenheit wie auch der Gegenwart dazu, einseitige Theorien aufzustellen, die Meinungsgegner anzugreifen und Thesen über das Gehirn aufzustellen, die sie bei weniger hitzigen Wortgefechten als zu vereinfacht beurteilen würden? Wollten wir eine Antwort auf diese Frage finden, würden wir uns bald im dornigen Dikkicht von Nobelpreisen, Urkundenverleihungen, innerbetrieblichen Rangkämpfen, Egos, Eingebildetsein, dem Streben nach Macht usw. verirren. Gehirnwissenschaftler unterscheiden sich in nichts vom Rest der Welt. Sie wollen recht haben; sie wollen die Ersten sein; sie wollen, daß Menschen und ganz besonders ihresgleichen eine hohe Meinung über sie haben.

1906 teilten sich Santiago Ramón y Cajal und Camillo Golgi den Nobelpreis in Physiologie und Medizin. Was war das Thema von Golgi's Dankesrede? Natürlich eine Tirade gegen Cajal's Einzelneuronentheorie, die mit Spitzen gegen Cajal selbst noch zusätzlich angereichert war. Wenn man aus dem Verhalten von Cajal, Golgi und anderen etwas lernen kann, so dies, daß bei einer Streitfrage um das Gehirn die Wahrheit sich normalerweise aus Aspekten beider Seiten zusammensetzt.

Wir benötigen eine vereinte Theorie über die Gehirnentwicklung, die sowohl die Ansichten der gemäßigten Vertreter eines beschränkten Entwicklungsprogramms wie auch der des strengen Aufbaus beinhaltet. Solange es keine derartige Synthese gibt, bleibt den Neurologen nicht viel mehr übrig als so genau wie möglich die Entwicklung im Gehirn zu beschreiben.

Ein erster Schritt auf einem langen Weg ist die vom Neuralrohr ausgehende starke Zellvermehrung. Entweder Neuronen oder stützende Gliazellen bilden den größten Zellanteil im menschlichen Gehirn. Bei voller Reife haben die Gliazellen die Aufgabe, Nährstoffe auszutauschen und einen optimalen Abstand zwischen den Nervenzellen zu wahren.

Allgemeine Regel ist, daß die Nervenzellen im Gehirn nicht an ihrem Ursprungsort entlang des Neuralrohrs (die zukünftigen Ventrikel) verweilen, sondern einer oft verblüffend entfernt gelegenen Endposition zustreben. Für diese Wanderung stülpen sie einen Teil ihres Zellkörpers, den Wachstumskonus, nach außen in die sie umgebende Außenwelt. Dieser Konus räumt alle eventuellen Hindernisse beiseite und setzt die Zelle in Bewegung. Die Zellen in der Hirnrinde werden bei ihrer Wanderung von besonderen radialen Fasern, die die Strecke zwischen dem Fortpflanzungsbereich entlang des Neuralrohrs und der Endposition innerhalb der Kortikalplatte überspannen, geleitet. Zeitablauf und Kontrolle dieser Wanderung sind auf hervorragende Weise geregelt. So bilden zum Beispiel die zuerst eintreffenden Fasern eine Schicht, während die später ankommenden Ruheplätze näher der kortikalen Oberfläche einnehmen.

Nach ihrer Wanderung treten die Nervenzellen ins nächste Stadium ein: Wachstum und Reife. Einige Neuronen sind als motorische Zellen ausersehen, andere als sensorische, wieder andere, und dies ist die Mehrheit, haben keine feste Bestimmung und dienen als Bindeglieder zwischen den motorischen und sensorischen Zellen. In Übereinstimmung mit diesen funktionalen Unterschieden gibt es verschiedene Wachstumsraten.

Die größeren motorischen Zellen innerhalb der Hirnrinde reifen zuerst, dann folgen die Neuronen, die in die lokalen Kreisläufe eingebunden sind (Interneuronen). Im Gegensatz zu der relativ kurzen Zeitspanne bis zur Geburt einer Nervenzelle (in etwa die ersten hundert Tage des menschlichen Gehirns) kann sich die Reifezeit über die ganze Lebensdauer erstrecken. Die Reifezeit der kortikalen Nervenzellen hängt mit der Bildung des kortikalen Kreislaufs zusammen, wobei das Entstehen dieser synaptischen Verbindungen einem Wettbewerb gleicht.

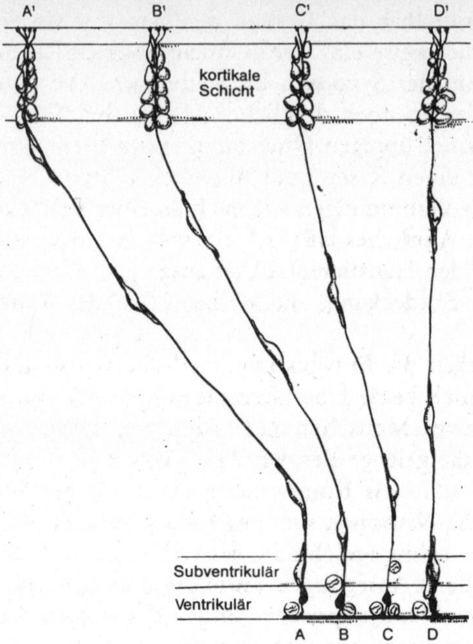

Neuronen wandern von ihrer Ausgangsposition entlang der ventrikulären Wand zu ihrem Ziel. Dieser Vorgang ist äußerst kompliziert. Die zuerst eintreffenden Neuronen bilden eine Schicht, während die nachfolgenden Nervenzellen Plätze näher der kortikalen Oberfläche einnehmen.

Gordon M. Shepherd, Professor für Neurologie an der Yale Universität, meinte einmal: »Der Überlebenskampf des Organismus in der äußeren Welt spiegelt den Wettkampf der Neuronen in der inneren Welt zur Bildung der Kreisläufe, die ihren größten Wirkungsbereich in der Außenwelt haben, wider.«

Durch die Bildung der Synapsen nähert sich der Gehirnaufbau langsam den Vorstellungen der Vertreter eines beschränkten Entwicklungsprogramms. Die Erhöhung der Anzahl von Synapsen korrespondiert mit der Komplexität und der Anzahl der Zytoplasmafortsätze, wobei dieser Vorgang von Stimuli der Außenwelt abhängt. Empfängt das Gehirn keine Anregung von außen, verringert sich die Anzahl der Zytoplasmafortsätze und mittelbar das Gefüge der synaptischen Verbindungen. Zieht man beispielsweise ein Tier in einem dunklen Raum groß, verringert sich die Zahl der Synapsen im Sehbereich. Die Unterschiede im Gehirnaufbau werden noch deutlicher sichtbar bei Tieren, die in einer kargen statt in einer üppigen Umgebung aufwachsen. Ein paar Spielsachen mehr oder einen Rasen zum Austoben führt zu einem Ansteigen der synaptischen Verbindungen wie auch zu einer Verdickung der Hirnrinde des Tieres. Ähnliches läßt sich bei wilden Tieren beobachten, die im Vergleich zu den Haustieren stärker ausgebildete kortikale Schichten aufweisen, eine Entdeckung, die übrigens Charles Darwin als erster machte.

Die Abhängigkeit der Entwicklung des Gehirns von äußeren Einflüssen sollte eigentlich keine Überraschung sein. Auch ein nur gelegentliches Beobachten von Menschen und Tieren zeigt, daß ein abwechslungsreiches Umfeld die geistige Beweglichkeit fördert.

Jede Synapse kann als Komponente einer inneren Welt betrachtet werden, in der die Neuronen sich gegenseitig auf eine Art beeinflussen, die von der Entwicklungsgeschichte des Gehirns, seiner Beanspruchung, einer Vielfalt äußerer Anregungen sowie zahlreichen sensorischen Erfahrungen abhängen. Der synaptische Aufbau des Gehirns kann das ganze Leben lang – und nicht nur während der ersten Monate – durch das äußere Umfeld geändert werden.

Bei der Geburt beträgt das Gewicht des menschlichen Gehirns – wobei das Gehirn einer Totgeburt auf einer Waage gemessen wurde – ungefähr 350 Gramm, nach einem Lebensmonat 420 Gramm, und nach einem Jahr hat es die Hälfte des Gewichts eines Erwachsenengehirns von 1400 Gramm erreicht. Im Alter von sieben Jahren weist es bereits annähernd Größe und Gewicht des Gehirns eines ausgewachsenen Menschen auf. Von diesem Zeitpunkt an ist das Gehirn nicht mehr von einem weiteren Wachsen oder einer weiteren Neuronenbildung abhängig. Außerdem beenden die Neuronen ihren Zellteilungsvorgang bei der Geburt. Da jedoch im Laufe eines Lebens mehr und mehr Neuronen absterben, bedeutet dies, daß die noch verbleibenden Nervenzellen zusätzliche Arbeit übernehmen, also mehr leisten.

Wie bei anderen komplexen Vorgängen kann auch die Entwicklung und Reifung des Gehirns während verschiedener Stadien plötzlich stoppen. Durch Untersuchungen der Ergebnisse solcher »Zusammenbrüche« können Neurologen jedoch erfahren, was bei einer normalen Entwicklung abläuft. Beim Mongolismus (dem Langdon-Down-Syndrom) sind die Zytoplasmafortsätze winzig, dünner als normal und anzahlmäßig weniger – was darauf hindeutet, daß die Gestalt der Zytoplasmafortsätze in etwa als Gradmesser des Gehirngefüges dienen kann.

Leistungsfähigere Gehirne sind durch eine reichhaltige Wechselwirkung der Neuronen und eine Vielzahl synaptischer Verbindungen gekennzeichnet. Bedeutet dies aber, daß sich das Gehirn eines Genies durch die Anordnung seiner Nervenzellen unterscheidet? Zum gegenwärtigen Zeitpunkt können wir diese Frage nur mit einem klaren Nein beantworten. Die heutigen Verfahren ermöglichen uns keine derartigen Unterscheidungen. Es gibt auch ausreichend Grund zur Ansicht, daß Genies vom Rest der Bevölkerung allein aufgrund der Untersuchung ihres Gehirns niemals unterschieden werden können. Der »Genius« eines Vincent van Gogh ist ein anderer als der eines Albert Einstein. Beim Malen werden andere Zonen des Gehirns beansprucht als bei der höheren Mathematik und Physik. Es ist möglich, daß im Falle von Unterschieden in der Organisation des Gehirns dies zu Veränderungen der kortikalen Wechselwirkungen innerhalb gewisser Gebiete führen könnte, aber der Beweis dafür steht noch lange aus. Anders ausgedrückt: die Fähigkeit, den dreidimensionalen Raum sichtbar wahrzunehmen, steht wahrscheinlich im Zusammenhang mit einer besser ausgebildeten synaptischen Wechselwirkung innerhalb der Gehirnzonen, die für die visuellen Erfahrungen zuständig sind. Eine alternative Erklärung des »Genius« könnte die Veränderungen des Aufbaus der Assoziationsbereiche, das heißt die Teile der Hirnrinde, die nicht unmittelbar mit den sensorischen oder motorischen Funktionen verbunden sind, betonen. Und es besteht auch noch die Möglichkeit, daß »Genius« überhaupt nicht Sache organisatorischer Unterschiede der Hirnrinde ist, sondern von der neurochemischen Übertragung abhängt.

Die Ausstrahlung eines Violinkonzerts hängt weniger vom Instrument als von seinem Interpreten ab. Solange die Violine sorgfältig gewählt und sauber gestimmt (das »durchschnittlich erwartete Umfeld«) ist, bestimmt der Violinspieler die Qualität der Wiedergabe. Im Laufe all unserer Betrachtungen und Überlegungen zum menschlichen Gehirn werden wir immer wieder auf den Dualismus Form gegen Funktion, Aufbau gegen Tätigkeit stoßen. Das Gehirn weist eine physikalische Struktur von einschüchternder Komplexität auf, eine auf unseren Schultern errichtete Kathedrale von Chartres. Es ist jedoch auch Mittelpunkt für ein Staunen erweckendes Zusammenspiel von Aktivitäten: elektrische Codes, neurochemische Botschaften und winzige, aber starke elektromagnetische Felder. Was davon ist für den Aufbau und die Entwicklung des Gehirns am wichtigsten? Diese Frage wäre gleichzusetzen mit: »Was ist wichtiger für das Brandenburgische Konzert? Bach, eine Stradivari oder ein Violinsolist Ihrer Wahl?«

2. Sehen und Bewegung

Wenn Sie ein Fernsehgerät vom Bildschirm bis zur Röhre in seine Einzelteile zerlegen, so werden Sie nirgends eine Miniaturabbildung der Welt entdecken. Und wenn wir einen Schädel öffnen, um ein Gehirn zu untersuchen, so finden wir doch nur ein rosafarbenes Organ von der Festigkeit einer Avocado. In beiden Fällen werden Gegenstände nicht als solche vom Fernsehgerät oder dem Nervensystem aufgenommen, sondern zu symbolischen Darstellungen umgeformt: glühende Pünktchen auf dem Bildschirm oder aktiv funktionierende Neuronen in unserem Gehirn.

Bei weiteren Versuchen, das Sehvermögen dem Fernsehen gleichzusetzen, stoßen wir auf Probleme. Vieles von dem, was wir »sehen«, erhält seine Wichtigkeit erst durch seine Bedeutung für uns. Eine Verkehrsampel, die an einer Kreuzung plötzlich von Grün auf Rot umschaltet, stellt nicht einfach nur einen Farbwechsel dar, sondern ist für uns zugleich der Befehl anzuhalten. Bewegt sich das hohe Gras in der Serengetiebene, so kann dies vom Wind verursacht sein, es kann jedoch auch die einzige Warnung für uns sein, daß sich ein Löwe gerade zum Absprung bereitmacht.

Will man daher das Sehvermögen genau erklären, müssen wir die symbolischen Aspekte unserer visuellen Wahrnehmungen festsetzen. Kurz gesagt, in unserem Kopf müssen Symbole vorhanden sein, die die Dinge, wie wir sie sehen, wiedergeben, Symbole, die von den Dingen, die sie darstellen, weit entfernt sind, wie beispielsweise die Farbe Rot und der Befehl, unser Auto sofort anzuhalten. Sehen – eigentlich sogar Wahrnehmung ganz allgemein – bedeutet die Umwandlung von Objekten der Außenwelt in symbolische Darstellungen, die in die Aktivitätsmuster unserer Nervenzellen im Gehirn verschlüsselt eingegeben sind.

Bei kurzer Überlegung werden wir andere deutliche Unterschiede zwischen den Fernsehbildern und den visuellen Bildern in unserem Kopf erkennen. Vereinfacht bedeutet dies: Es gibt oft große Abweichungen zwischen dem, was wir sehen und dem, was wir vor Augen haben. Der Spaß in Spiegelkabinetten beruht auf optischen Verzerrungen durch kunstvoll angeordnete Spiegel. Optische Illusionen wie in der hier gezeigten Abbildung machen uns deutlich, daß wir nicht einfach die Muster von Hell und Dunkel erkennen; wir bemerken Gegenstände, die, wenn wir nicht genau aufpassen, sich als dem tatsächlich vorhandenen

Gegenstand völlig entgegengesetzt erweisen. Werden wir uns der optischen Illusion bewußt, tritt eine Wahrnehmungsveränderung ein, und wir sind plötzlich in der Lage, das zu sehen, was »wirklich vorhanden« ist. Manche Trugbilder bleiben jedoch weiterhin Sinnestäuschungen, auch wenn wir ihren wahren Charakter erkennen. So hält sich die Täuschung der Ehefrau/Schwiegermutter-Zeichnung beispielsweise hartnäckig, auch wenn wir uns noch so sehr bemühen, ihr nicht zu verfallen, und nur eine Version ins Auge fassen. Trugbilder wie die Arbeiten von M.C. Escher behalten ihre sinnestäuschende Wirkung, auch wenn wir sie noch so gründlich betrachten. Diese Beispiele zeigen, daß unsere Augen mehr leisten als nur ein Bild an unser Gehirn rückzukoppeln.

Man könnte das Sehvermögen als eine Form von Dechiffrierung treffender beschreiben. Das Auge absorbiert Licht und unterscheidet mittels spezieller Zapfenzellen in der Netzhaut verschiedene Wellenlängen, die den Farben entsprechen. Hinter der Netzhaut überkreuzen sich die visuellen Wege in den beiden Augen mit den inneren Fasern und wechseln auf die entgegengesetzte Seite. Dieser Wechsel ermöglicht stereoskopisches dreidimensionales Sehen. Schließlich wird der visuelle Stimulus über verschiedene Wegstationen bis zur Area striata (Sehrinde)

Das Ehefrau/Schwiegermutter-Trugbild kann entweder als eine hübsche junge Frau mit Pelz mit nach rechts abgewandtem Gesicht oder als eine verbissene alte Frau, die nach links unten blickt, gesehen werden.

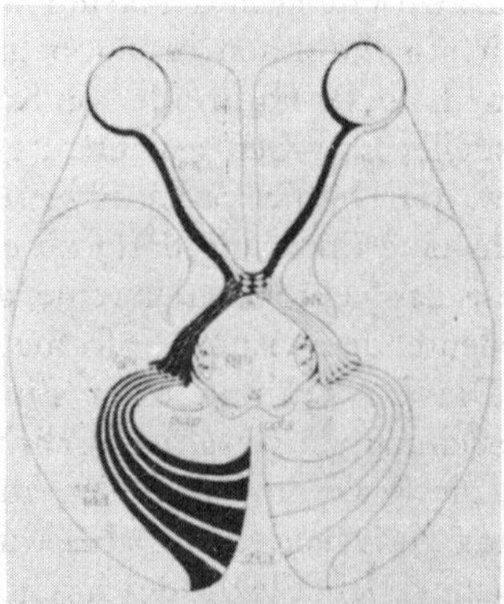

Unsere binokulare, dreidimensionale Sicht wird durch Überkreuzen der optischen Nervenfasern innerhalb des Gehirns, wie auf dieser Zeichnung dargestellt, ermöglicht.

im Hirnhintergrund übermittelt. Auf diesem Weg wird Licht (besonders ein schmales Band mit elektromagnetischer Strahlung) in elektrische und chemische Signale umgewandelt. Durch die Umkehrung in der Augenlinse ist das Endprodukt ein auf den Kopf gestelltes Abbild, das innerhalb des Neuronennetzwerks des Gehirns verschlüsselt ist. Die Dechiffrierung dieses Codes erwies sich als eine der herausforderndsten und lohnenswertesten Aufgaben moderner Neurobiologie.

Überdenken Sie als ersten Schritt zur Entschlüsselung des visuellen Vorgangs einen Augenblick lang einige der Dinge, die beim Sehvorgang ablaufen. Zunächst fällt auf, daß unser Sehapparat am besten funktioniert, wenn sich Kontraste zeigen. Rollt ein weißer Tennisball am weißen Drahtzaun, der das Spielfeld eingrenzt, aus, ist es gut möglich, daß wir ihn übersehen. Diese alltägliche Beobachtung erhielt in den fünfziger Jahren experimentelle Unterstützung durch die Entdeckung, daß Zellen innerhalb der Retina mehr auf den Kontrast zwischen einzelnen Lichtpunkten als auf die absolute Helligkeit durch eine Lichtquelle reagieren. Auf der Basis dieser Feststellung entwickelte der Neurobiologe Horace Barlow die – für die damalige Zeit recht außergewöhnliche (und unmöglich nachweisbare) – Theorie, daß einzelne Neuronen innerhalb der visuellen Hirnrinde fähig sind, Grundzüge in Form von Umrissen, Mustern und Farben zu erkennen.

David Hubel und Torsten Wiesel bestätigten mit einer Forschungsarbeit, für die ihnen der Nobelpreis verliehen wurde, daß die Neuronen innerhalb der Hirnrinde von Katzen besonders auf geometrische Umrisse visueller Eingaben reagieren: gerade Kanten, helle oder dunkle Streifen usw. Man hoffte, durch Erweiterung dieser Umrißtheorie des Sehvermögens eine Erklärung dafür zu erhalten, wie wir sehen, und zwar auf der Basis der Neuronenhierarchie, die zunehmend abstrakte und zunehmend bedeutendere visuelle Informationen verschlüsselt.

Die Entwicklung einer Einzelzellen-Aufnahmetechnik war für die Forschung ein gewaltiger Schritt nach vorn. Diese Technik ermöglichte es, die Reaktion von Zellen auf Ereignisse und Menschen ihrer Umgebung zu registrieren. Dabei wurde ein einzelnes Neuron mit einer aufzeichnenden Elektrode durchbohrt. Einmal scherzten die Neurologen über das Vorhandensein einer »Großmutterzelle« und meinten damit eine ganz bestimmte Zelle, die immer dann ins Spiel kam, wenn wir auf unsere Großmutter trafen.

Aber die Theorie des Sehvermögens, wonach je eine spezifische Zelle für jeden der Millionen Gegenstände und Menschen zuständig ist, denen wir im Laufe eines Lebens begegnen, ist nicht so einfach. Unsere Großmutter sieht etwas anders aus, sobald sie ihre Frisur ändert. Nehmen wir einmal an, wir bemerken sie plötzlich, wie sie ein paar Häuser weiter auf der Straße vor uns geht. Wie lange benötigen wir, um sie von hinten zu erkennen? Ein Wiedererkennen unter derartigen Umständen hängt sicherlich nicht von der Aktivierung der »Großmutterzellle« ab. Wahrscheinlicher ist, daß flexible Neuronenmuster sich gegenseitig so beeinflussen, daß wir das wesentliche Merkmal »Großmutter« herausfinden.

Auch Künstler dachten lange Jahre in diese Richtung. So überlegte der englische Künstler Anthony Green zum Thema Sehen folgendes: »Ich glaube, daß man an jeden Gegenstand, an den man sich erinnert, auf sehr persönliche Weise zurückdenkt. Eine Hand ist handlich, ein Haar ist haarig, ein Haus ist häuslich. Und ich bin überzeugt, daß wir diese Fähigkeit in uns tragen, daß wir sie unter der Rubrik »Persönlichkeit des Gegenstands« ablegen. Nehmen wir doch eine Gabel. Es führt zu nichts, eine Gabel zu malen, die aussieht, als wäre sie aus Gummi gefertigt. Eine Gabel ist etwas Hartes. Sie weist einen gewissen Glanz auf, der ihr ihre »Persönlichkeit« verleiht. Sie hat drei oder vier Spitzen. Sie ist spitzig. Dasselbe gilt für Ohren, Nase, Mund, Barthaare, Türen, was Sie wollen.«

In den letzten beiden Jahrzehnten dachten viele Neurologen über die »Handlichkeit von Händen« und über die »Haarigkeit von Haaren« nach. Dieses Forschungsgebiet, allgemein als das »Objekt-Erkennungsproblem« bekannt, basiert auf folgender Annahme: Wenn wir auf dem sich darstellenden Hintergrund der Neuronenaktivität nur die Aspekte, die mit Beschreibungen, beispielsweise der »Großmutter«, zu tun haben, herausfiltern, so kann diese Kenntnis in einer Maschine verschlüsselt werden. Das Endergebnis kann eine prothetische Vorrichtung für Blinde oder, und dies ist ein trauriger Aspekt, eine verbesserte Waffe zum Montieren auf einen Panzer sein, mit deren Hilfe man sekundenschnelle Entscheidungen über die »freundlichen Absichten« von Soldaten und Panzern der Nachbarländer treffen kann.

Jüngere Forschungen zur Lösung des »Objekt-Erkennungsproblems« basiert auf einer anderen und meiner Meinung nach realistischeren Annäherung an unser Sehvermögen. Stellen Sie sich zum Beispiel einen Karikaturisten vor, wie er mit flinker Hand meine Großmutter aus dem Kopf zeichnet. Wie sehr kann er sie entstellen, bis ich schließlich nicht mehr in der Lage bin, sie zu erkennen? Zweifelsohne hängt dies zumindest teilweise davon ab, wie oft ich meiner Großmutter begegnete, wie oft ich sie sowohl persönlich als auch auf Bildern sah. Aber ungeachtet dieser Veränderungen muß das Gehirn fähig sein, eine strukturelle Beschreibung des Gesichts meiner Großmutter zu verschlüsseln. Diese Beschreibung muß über eine einfachere strukturelle Darstellung – Gesichter im allgemeinen – gelegt werden.

Die Frage, wie sehr ein Gesicht verfremdet werden kann, bevor es unkenntlich wird, ist nicht ohne praktische Bedeutung. Plastische Chirurgen, die schwer traumatisierte Patienten behandeln, begegnen diesem Problem täglich. Sie bemühen sich ständig, keine so dramatischen Veränderungen vorzunehmen, daß wir durch bloßes Sehen die Person nicht mehr wiedererkennen würden. Struktur der einzelnen Gesichtszüge (Größe der Nase, Kinnform, Dünne der Lippen) *insgesamt* scheint es zu ermöglichen, daß wir einen Menschen wiedererkennen trotz Betrachtung zu verschiedenen Tageszeiten oder auf Entfernung oder trotz Alter usw. Etwas anders ausgedrückt gelangen wir so zu einer Theorie, die den Prinzipien der Gestaltpsychologie ähnelt: »Das wahrnehmbare Ganze ist mehr als die Summe seiner Einzelteile.« Mit anderen Worten bedeutet dies, daß bei der visuellen Wahrnehmung die Einzelteile nicht als getrennte Einheiten, sondern eher als Zusammenspiel zur Erzeugung einer Gestalt behandelt werden.

Nehme ich zum Beispiel ein Foto Ihrer Schwiegermutter und zeichne auf ihren Kopf ein Paar Hörner, habe ich sie damit in einen Teufel verwandelt, der für mich eine völlig andere Gestalt darstellt. Nun kommt es auf die Erfahrungen an, die Sie mit Ihrer Schwiegermutter machten. Sie können durchaus behaupten, daß sie nur wenig verändert wurde (was natürlich beweist, daß die Gestalt in der Betrachtung von einer Person zur nächsten sich stark unterscheiden kann entsprechend deren eigenen persönlichen Erlebnissen). Aber lassen wir diese etwas abnormen Gestaltformen beiseite – die meisten Menschen stimmen dem zu, daß es die besondere Form der Teile ist, die die Gestalt von Dingen wie ein Stuhl oder ein Tisch oder ein Fußballstadion ausmacht. Es geht nicht darum, daß die einzelnen Teile nicht abgeändert werden können, manchmal sogar sehr stark, sondern daß eine gewisse Anzahl von Wesenszügen notwendig ist, damit wir alle damit einverstanden sind, daß es sich um einen Stuhl und nicht um eine Leiter handelt.

Nehmen wir einmal so etwas Simples wie den Buchstaben L. Auf den ersten Blick scheint ein einziger Buchstabe ein Beispiel für Einfachheit zu sein. Um mit Gertrude Stein zu sprechen: Ein L ist ein L ist ein L. Der Buchstabe L beinhaltet fast unbegrenzte Möglichkeiten. Dies ist ein wesentliches Argument gegen die Meinung, irgendwo im Gehirn befände sich eine Zelle, die auf die Erkennung des Buchstaben L spezialisiert sei. Es wäre unmöglich, eine Anhäufung von Photorezeptorzellen zusammenzustellen, die nur bei Auftauchen eines L in Aktion treten würden.

Das visuelle Erlebnis: ein Sonntagnachmittag

Wie wird Sehen im menschlichen Gehirn verarbeitet? Zwei Theorien verleihen uns derzeit einen wertvollen Einblick in den Sehablauf.

Die erste Theorie stammt von David Hubel und Torsten Wiesel. Danach ist jedes Bild, das wir sehen, aus einer Vielzahl von Strichen, Kanten und Linien zusammengesetzt. »Es mag überraschen, daß die Zellen der Sehrinde eine Vorliebe für Linien besitzen, wo wir doch nicht ständig Linien sehen. Wir sehen Gegenstände«, stellt Wiesel dazu fest. »Aber wenn Sie nur eine Minute nachdenken, werden Sie erkennen, daß die Gegenstände selbst aus hellen und dunklen Umrissen bestehen. Und dann fragt die Sehrinde ›Ist da ein Umriß? Falls ja, wie verläuft er?‹ Das heißt, nicht die Linien werden erkannt, sondern die Umrisse und ihr Verlauf. Diese Information sagt Ihnen vielleicht schon ausreichend, was Sie wissen müssen, wenn Sie eine Szene betrachten.«

Die zweite Theorie stammt von einem Team von Wissenschaftlern unter Vorsitz von Dr. Russell De Valois von der Universität von Kalifornien in Berkeley. Durch Verwendung von Glukose machte Dr. De Valois die aktivsten Zellen während des Sehprozesses sichtbar. Seiner Meinung nach reagieren einige Zellen statt nur auf Linien, Striche oder Kanten auf völlig andere Stimulierungsarten. »Wie verhält es sich denn bei schwierigeren Mustern wie zum Beispiel den Kräuselwellen in einem Schwimmbad oder einem Wasserfall oder einer Wolke oder dem menschlichen Gesicht? Mir erscheint es sehr schwierig, diese komplexen Muster in Stäbchenfiguren unter Bestimmung all ihrer Ecken und Enden aufzuteilen. Andererseits können Sie jedes Muster, und sei es noch so schwierig zusammengefügt, in seine Einzelteile zerlegen, seine räumliche Veränderung oder seine verschiedenen Frequenzen aufteilen.«

Hier ist wichtig festzustellen, daß die Ergebnisse von Dr. De Valois der Theorie von Hubel und Wiesel nicht widersprechen. Eher kann man sagen, daß seine Untersuchungen noch einen Schritt weitergehen. Einige Nervenzellen reagieren sehr empfindlich auf Lichtfrequenzen oder Unterschiede der Oberfläche oder Farbabstimmungen, wie zum Beispiel auf die feinen Effekte von Sonnenstrahlen auf Wasser oder auf den Prismenstrudel auf der Oberfläche – und dabei scheinen Kanten keine wesentliche Rolle zu spielen.

Es gibt ganz einfach zu viele Variationsmöglichkeiten für den Buchstaben L. Daraus wird deutlich, daß man, will man das Sehvermögen begreifen, ein einfacheres System als das menschliche, eines, das weniger mit Symbolik und Logik zu tun hat, untersuchen muß. Dazu bietet sich besonders der Formosakrebs, ein Tier, das über Jahrmillionen unverändert blieb, an.

Frühe Untersuchungen des Formosakrebses wurden an der Rockefeller Universität vorgenommen, wo sie heute unter der Leitung von Dr. Ehud Kaplan weitergeführt werden. Zwar weist der Formosakrebs mehrere Augenpaare auf, jedoch interessiert uns nur ein besonderes Paar: zwei große Facettenaugen an den beiden Seiten. Bei sorgfältigem Sezieren ist es möglich, die gesamte Länge des Sehnervs des Krebses, einen kaum sichtbaren, spinnwebartigen Faden, der vom Auge zum Gehirn führt, herauszutrennen. Während der Filmaufnahmen zur Fernsehreihe »Das Gehirn« wurde im Rahmen eines Experiments der Nerv um eine Elektrode gewickelt, mit deren Hilfe man elektrische Signale, die über den Nerv liefen, feststellen kann. Diese Signale wurden verstärkt und über einen Lautsprecher gesendet.

Wurde ein starkes Lichtstrahlbündel auf einen Teil des Facettenauges gerichtet, stieg die Entladerate des Sehnervs sofort an – ein klarer Beweis, daß das Auge durch Umwandlung von Lichtimpulsen in elektrische Impulse arbeitet. Wurde jedoch mehr Licht durch Hinzuschalten der Deckenlampe abgegeben, sank die Entladerate. Läßt dieses merkwürdige Ergebnis darauf schließen, daß das Auge eines Formosakrebses auf schwaches Licht besser reagiert als auf sehr helles Licht? Eine Verfeinerung des Experiments zeigte, was wirklich ablief.

Bewegt sich ein Schatten langsam über das Auge, so wird ein Schwall elektrischer Impulse genau in dem Augenblick, wo die Schnittkante des Schattens das Auge quert, verzeichnet. Helles Licht führt wieder zu einem Absinken der Entladerate des Nerves. Wie sich herausstellt, reagiert das Auge nicht auf hell oder dunkel, dafür jedoch heftig auf die Berührungspunkte der beiden Lichtstärken.

In der freien Wildbahn signalisieren die Grenzen von hell und dunkel die Schnittkanten von Gegenständen oder verräterischen Gestalten. Ein im Gras dahinschleichender Löwe kann vielleicht nur durch helle Flekken vor dem dunklen Hintergrund ausgemacht werden. Erfolgreiche Tarnung hängt davon ab, so mit dem Hintergrund zu verschmelzen, daß man keine verräterischen Schnittkanten entdecken kann.

Man sagt, das menschliche Sehen laufe ähnlich ab. Wenn wir eine Fotographie von uns betrachten, so reagieren unsere Augen auf die

Schnittkanten auf der Ablichtung. Entsprechend hängt das Erkennen der eigenen Großmutter auf einer Fotographie nicht so sehr von der Aktivierung der »Großmutterzelle« ab als vielmehr vom Erkennen der Schnittkanten, die in einer Zusammenstellung von Licht und Dunkel aufgebaut sind, und die mit der eigenen »Großmutter« übereinstimmen.

Gewisse Vorgänge scheinen genügend Allgemeingültigkeit aufzuweissen, daß wir begründet annehmen können, sie würden bei allen sehenden Kreaturen so ablaufen, ganz unabhängig davon, wie einfach oder kompliziert der Organismus auch sein mag. Die Augen reagieren auf die Schnittkanten. Elektrische Signale verlassen die Augen über den Sehnerv und wandern dann zum Gehirn. Auf ihrer Reise halten sie an Wegstationen (dem äußeren Kniehöcker oder dem Colliculus superior oder manchmal an beiden), bevor sie endlich an der visuellen Hirnrinde ankommen. Bei Organismen mit zwei Hemisphären empfängt jede von ihnen die Hälfte des Bildes. Irgendwie werden diese Hälften zusammengefügt, und wir »sehen« zum Beispiel ein Gesicht. Wie ist dieses Gesicht, das gemeinsame Produkt unseres visuellen Systems, im Gehirn verschlüsselt?

Die Verschlüsselung findet nach einer Reihe von Gesetzen im Gehirn statt. So werden die visuellen Stimuli nach Nähe gruppiert. Die Punktzeilen der Abbildung werden eher als drei Punktepaare statt einfach als sechs Punkte empfunden. Wird eine Serie von Punkten von oben nach unten zusammengepreßt, sieht man eine Längsreihe; werden sie von einer Seite zur anderen gedrängt, erscheinen die Punkte als Querreihe. In jedem Fall ist jedoch die gleiche Punktezahl abgebildet, ihre Anordnung scheint aber unterschiedlich zu sein. Dieser Gruppierungsvorgang läuft nach einer Serie ungeschriebener und meistens unbemerkter Wahrnehmungsgesetze ab. Beim Betrachten der Punkte lösen unsere Augen und unser Gehirn ein Muster aus der Punkteanordnung heraus, das dann einen Namen erhält: eine Querreihe, eine Längsreihe usw. Dabei müssen wir hervorheben, daß diese Wahrnehmungen nicht von der Sprache abhängen. Ein kleines Kind, das noch keinerlei Erfahrungen mit Quer- oder Längsreihen gemacht hatte und diese sprachlich noch nicht unterscheiden kann, wird die Anordnung der Punkte dennoch in der gleichen Weise wahrnehmen.

Bis zu einem gewissen Maß untermauern diese Wahrnehmungsgesetze die Ideen des Philosophen Immanuel Kant. Seiner Meinung nach sind Raum und auch Zeit allgemeine Aspekte des Bewußtseins, die bereits vor besonderen Wahrnehmungen vorhanden sind. Diesen Kategorien Raum und Zeit fügte er später noch die Zahl und die Menge hinzu. Nach Kant sind alle diese Kategorien eigener Beitrag des Verstandes – wir würden sagen des Gehirns – zur Wahrnehmung. In der Fachsprache der Neurobiologie ausgedrückt ist unser Gehirn »vorprogrammiert«, die Welt auf eine ganz bestimmte Weise zu sehen.

Am Massachusetts Institut für Technologie in Cambridge, Massachusetts, arbeiteten Wissenschaftler in den letzten zehn Jahren daran, normales Sehen per Computer zu simulieren. Grundidee für diese Forschungstätigkeit ist, daß einem Computer Entzifferungs- und Verschlüsselungsmethoden gewisser in der Umwelt vorkommender Muster – ähnlich den Gruppierungen, wie sie in unserem visuellen System ablaufen – beigebracht werden können. Diese Wissenschaftler verfolgen verschiedene Forschungsrichtungen: Farbe, Bewegung und dreidimensionales stereoskopisches Sehen. Geistiger Vater dieser Forschung war David Marr, ein junger Computerwissenschaftler, der im Jahr 1981 an Leukämie starb.

Die Punkte in diesem Diagramm sind alle gleich groß, dennoch »sehen« wir sie unterschiedlich: Gruppe A als drei Paare, Gruppe B entweder als Längs- oder Querreihen, Gruppe C als eine Serie von Längsreihen, Gruppe D als eine Serie von Querreihen.

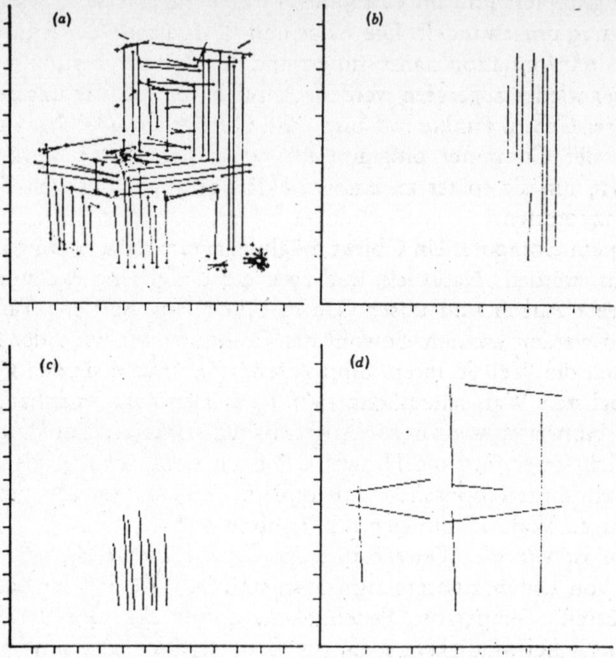

Seine Arbeit wird heute von seinen Studenten am Massachusetts Institut für Technologie fortgeführt – in ihnen lebt seine Begeisterung weiter.

Auch in diesem frühen Forschungsstadium wird deutlich, daß ein Computer dazu gebracht werden kann, ähnlich unserem Gehirn Gruppierungen zu erkennen. Wenn wir beispielsweise eine Längs- oder Querreihe von Punkten »sahen«, erkannte etwas in unserem Gehirn nicht nur die Punkte, sondern entdeckte auch eine Struktur, eine zusammenfassende Anhäufung der Einzelmerkmale. In der Computersprache ausgedrückt formten wir die rohen visuellen Daten in eine symbolische Darstellung irgendwo im Neuronennetzwerk unseres Gehirns um. Computer sind bereits in der Lage, auf Bewegung zu reagieren und eine Figur sorgfältig aus dem Hintergrund herauszulösen. Eine auf gewisse Weise bewegte Punktereihe wird als dreidimensionaler Gegenstand und nicht einfach als Punkte auf einer flachen Oberfläche wahrgenommen.

Im oben stehenden Diagramm wird aufgezeigt, wie ein Computer die Umrisse eines Stuhls herauszieht. Bei dieser Darstellung, die einem früheren Werk von David Marr entnommen ist, werden Elemente mit ähnlicher Richtung zusammengefaßt. Jede Anhäufung wird dann als

Einheit gruppiert und im Computer in eine angemessene symbolische Darstellung umgewandelt. Die einzelnen Bestandteile der Figur werden in digitale Information transformiert und dann gespeichert, und so kann sie später wieder abgerufen werden. Ähnlich der Art, wie unsere Augen und unser Gehirn Punkte in Längs- und Querreihen oder Paare gruppieren, ist der Computer programmiert, »wahrnehmbare« Merkmale zu erkennen, um sie später zu einer erstklassigen symbolischen Beschreibung anzuordnen.

Kann ein Computer ein Objekt möglicherweise nicht erkennen? Kann er genarrt werden? Natürlich, und zwar auf die gleiche Art und Weise, wie unsere Augen und unser Gehirn durch eine optische Täuschung getrogen werden können. Sowohl der Computer wie auch der Mensch versuchen die Welt in ihrem Sinn zu erfassen, indem sie den Gesetzen der »höchsten Wahrscheinlichkeit« folgen. Der Zusammenhang liefert uns oft Hinweise, was wir vor Augen haben. Hilft uns der Zusammenhang nicht oder sind die Hinweise leidlich doppeldeutig wie bei den früher erwähnten optischen Trugbildern, so können alle möglichen eigenartigen Wahrnehmungen das Ergebnis sein.

Sehen ist wie die Wettervorhersage. Zuerst wird eine beträchtliche Menge von Daten zusammengetragen und in verschiedene Kategorien verschlüsselt: Temperatur, Feuchtigkeit, Luftdruckangaben, Windrichtung und -geschwindigkeit, sogar der Grad der Luftverschmutzung. Auf ähnliche Weise sammeln die Augen alle möglichen Angaben: Licht, Farbe, Bewegung, Tiefe usw. Wie Wind oder Temperatur nicht direkt eingesammelt oder gelagert werden, so befindet sich auch keine Farbe, Bewegung oder auch Licht im Inneren des Gehirns. Statt dessen werden diese Eigenschaften in Codes oder Symbole, die die hereinkommende Information darstellen, transformiert. Auf einem hohen Verschlüsselungsniveau wird die gesamte Wetterinformation zum »Wetterbericht«, der Synthese aller Einzeldaten, verdichtet und wird so zur symbolischen Wiedergabe des möglichen Regens oder Sonnenscheins.

Jedes sensorische System ist beschränkt auf ein relativ enges Feld physikalischer Stimuli, auf die es besonders anspricht.

Das Auge reagiert auf elektromagnetische Energie nur in einem sehr beschränktem Rahmen: Wellenlängen zwischen 400 und 700 Nanometer, bei besonders klarer Sicht zwischen 500 bis 560 Nanometer. Wir sehen nicht alles in unserer Außenwelt, sondern nur die Aspekte der »Realität«, die mit den physikalischen Begrenzungen unseres visuellen Systems übereinstimmen. Deshalb unterliegt unser »Sehen« wirklichen Beschränkungen: einer engen »Bandfilter-Sensibilität« auf Strahlenenergie. Sie tendiert dazu, visuelle Bilder nach Kontrast, Nähe usw. zu gruppieren. Diese Beobachtungen werden kombiniert mit Beschaffenheit, Bewegung und vielleicht anderen, noch nicht entdeckten Bestandteilen, um so das »Sehen« zu ermöglichen.

Wenn Sie sich eine Person oder ein Ereignis in Erinnerung rufen, sehen Sie vor Ihrem geistigen Auge ein Bild, das Sie drehen oder wenden können, Sie können es von jedem beliebigen Winkel aus betrachten. Hinzu kommt, daß das visuelle Bild auf eine Weise im Gehirn aufgenommen wird, die nicht streng visuell ist. Sehen wir einen Gegenstand, so bilden wir eine ganz bestimmte Vorstellung, wie sich der Gegenstand anfühlt oder wie schwer er sein mag. Gewisse Scherzartikel entstanden aufgrund der Neigung unseres Gehirns, visuelle Bilder mit dem möglichen Gewicht der dargestellten Gegenstände zu assoziieren. Felsbrocken aus Styropor scheinen ein enormes Gewicht aufzuweisen, und doch kann man sie ganz leicht aufheben und ohne Gefahr nach jemandem werfen – zur großen Überraschung aller.

Säuglinge werden sich gegen näherkommende Gegenstände mit Händen und Füßen wehren. Wie wissen sie ohne vorherige Erfahrung, daß Verteidigung notwendig ist? Zwar kennen die Neurologen noch keine Einzelheiten, aber alles deutet darauf hin, daß die Integrationsfähigkeiten von Sicht, Größe und Beschaffenheit von Geburt an vorhanden sind. Dies zeigt eine aufregende Möglichkeit auf. Ist es vielleicht wahrscheinlich, den ursprünglichen Input über das Auge zu umgehen und den Vorgang später zu beginnen, näher zum visuellen Gehirn? Würde daraus das Sehen resultieren? Zuerst erscheint eine solche Frage lächerlich, Sehen ist Sehen. Wie kann ein Mensch sehen, ohne die Augen zu gebrauchen? Die Möglichkeit des Sehens, das über andere Rezeptoren als das Auge vermittelt wurde, mag weniger unmöglich scheinen, wenn wir ein paar einfache Experimente durchführen, die die Grundstruktur von Sicht, Geräusch und Berührung aufzeigen.

Sammeln Sie ein paar Münzen, darunter Markstücke, Fünfzigpfennigstücke, Zehnpfennigstücke und ein paar einzelne Pfennige. Stecken Sie die Münzen in Ihre Tasche, greifen Sie hinein und holen Sie eine nach der anderen wieder hervor, wobei Sie versuchen, jede einzelne von ihnen lediglich durch Betasten zu identifizieren. Nachdem Sie sie bestimmt haben, überprüfen Sie Ihr Urteil, indem Sie nachsehen. Sicherlich werden Sie die Aufgabe leicht finden.

Nun ändern Sie den Versuch etwas ab: Legen Sie die Münzen flach auf einen Tisch oder eine andere feste Oberfläche, schließen Sie Ihre Augen und berühren Sie die Oberfläche der Münzen mit der Kuppe Ihres Zeigefingers. Nehmen Sie die Münzen nicht auf, berühren Sie nur die Oberfläche. Sie werden feststellen, daß Sie die Markstücke nicht von den Pfennigen unterscheiden können. Glauben Sie mir nicht einfach, sondern probieren Sie es aus. Worauf beruht diese Verschiedenheit?

In jeder der beiden Situationen verwenden wir den Begriff »Berührung« unterschiedlich. Nur bei der zweiten Versuchsanordnung, bei der die Münzen auf einem Tisch ausgebreitet sind, verlassen wir uns einfach auf eine Berührung. Die Münzen in unserer Tasche befingern wir – wir drehen sie um und rollen sie zwischen unseren Fingern, was man eine haptische Berührung nennt. Das Betasten führt zu einer Wahrnehmungseinheit aus Druck, Bewegung, Widerstand und Lage des Gegenstands. Wir stellen so eine Art dreidimensionale Wiedererrichtung des Gegenstands in unserem Gehirn her und ermöglichen dadurch ein fehlerloses Identifizieren. Aber das bloße Berühren gibt wenig Information.

Das Identifizieren von Münzen durch Betasten und die Überprüfung des Ergebnisses durch Ansehen ist ein Beispiel für die kreuzweise Übertragung sensorischer Informationen. Es ist möglich, ein ziemlich genaues Bild, wie etwas aussieht, auf andere Weise als durch bloßes Sehen anzufertigen. Letztendlich stellen wir jedoch durch Sehen fest, wie groß etwas ist. Ein Loch im Zahn erscheint uns wie ein gewaltiger Krater, wenn wir es mit der Zungenspitze abtasten. Befühlen wir es mit der Fingerspitze, bemerken wir das Loch kaum. Erst beim Zahnarzt zeigt uns ein Blick in seinen speziellen Spiegel, wie groß das Loch »wirklich« ist.

Aber der Zusammenhang zwischen Sehen und Betasten liefert uns ein zwingendes Beispiel für kreuzweise Übertragung. Ein erfahrener Spieler mit gezinkten Karten erkennt eine Karte ganz einfach, indem er seine Fingerspitzen auf deren Rückseite entlanggleiten läßt, bis er die markierte Spielkarte an einer kleinen Erhöhung erkennt. Wenn Sie sich das nächste Mal auf eine Entscheidung durch Münzenwerfen einlassen, versichern Sie sich, daß Ihr Gegner die Münze nicht zwischen Daumen und Zeigefinger auffängt. Die meisten Menschen können nämlich bereits nach wenigen Minuten des Übens Vorder- und Rückseite von Münzen unterscheiden.

Die Fähigkeit, andere Mittel zur sensorischen Identifizierung anzuwenden, ist keinesfalls auf Zauberer, Bauchredner und professionelle Spieler beschränkt. Die Brailleschrift, eine tastbare Lesehilfe für Blinde, nützt die Fähigkeit der Fingerspitzen, leicht erhöhte Punkte in verschiedenen Abständen zu unterscheiden. Die Lesefertigkeit eines Blinden über die Fingerkuppen ist sehr beeindruckend, sie wird jedoch drastisch eingeschränkt, wenn andere Teile des Fingers dazu verwendet werden. Die Unterschiedlichkeit der Sensibilität der Hand beruht auf der jeweils verschiedenen Dichte der Rezeptoreinheiten. Sie ist an den Fingerspitzen am größten und verringert sich langsam in Richtung Handgelenk. Allgemein ist die sensorische Unterscheidungsfähigkeit in den Gebieten des Körpers am besten ausgebildet, die die meisten Rezeptoren enthalten. Deshalb sind Zunge und Fingerspitzen »sensibler« als der Handrücken oder die Fußsohle und die Ferse.

Wie wir in späteren Kapiteln dieses Buches sehen werden, kann man Landkarten der Hirnrinde erstellen, die den Prozentsatz des Kortex aufzeigen, der einem bestimmten Teil des Körpers entspricht. Darin haben die Hand (und ganz besonders die Fingerspitzen) und die Zunge einen wesentlich höheren Anteil, als man von ihrer Größe allein erwarten würde. Die Hand beansprucht eine größere Fläche der Hirnrinde als die Arm-Außenseite oder die untere Rückenhälfte. Deshalb fällt es uns leicht, einen Gegenstand, den wir in der Hand halten, zu identifizieren, während wir blind raten, wenn derselbe Gegenstand an unseren Rücken oder Arm gepreßt wird.

Wenn Sie versuchen, einen Pfennig zu erkennen, indem Sie ihn nicht anschauen, sondern lediglich zwischen den Fingern hin- und herrollen, aktivieren Sie Ihre Hautrezeptoren und schaffen so ein visuelles Bild. Offensichtlich sind die Rezeptoren für Berühren und Betasten mit den visuellen Rezeptoren verbunden, um eine derartige Wahrnehmungseinheit herzustelllen.

Überlegen Sie einmal, was passiert, wenn Sie jemanden beim Durchqueren eines Raumes sehen und hören. Das visuelle Bild dieser Person bewegt sich auf Ihrer Netzhaut und unterliegt wesentlichen Veränderungen in Größe, Gestalt und Richtung. Das akustische Bild wechselt ebenfalls. Je weiter sich die Person entfernt, desto schwächer wird das Geräusch ihrer Schuhe; bewegt sie sich von Ihrer linken auf Ihre rechte Seite, wandert der Ton ebenfalls von Ihrem linken zu Ihrem rechten Ohr. Dennoch ist die Art und Weise, wie Sie sehen und hören, kein Durcheinander von Bildern und Geräuschen, sondern eine Wahrnehmungseinheit; nämlich die Person, eine bestimmte erkennbare Person, die den Raum durchquert. Wie erklärt sich die Beständigkeit der Wahrnehmung angesichts sich verändernder und wechselnder sensorischer Eingaben? Das ist eines der bisher nicht gelösten Rätsel des menschlichen Gehirns. Zweifelsohne gibt es vereinigende Faktoren, die zu visuellen Ersatzgeräten herangezogen werden können, um Patienten wie dem Philosophen Professor Gerard Guarniero, der von Geburt an blind war, zu helfen.

Das von Professor Guarniero benützte visuelle Ersatzgerät verwendet eine Fernsehkamera, die der Professor auf den Gegenstand, den er »sehen« möchte, richtet. Das Licht, das von dem Gegenstand ausgeht, dringt in die Kamera ein, von wo es auf eine Reihe stumpfer Nadeln, die entlang Professor Guarniero's Rücken angebracht sind, übermittelt wird. Bei Licht oder Lichtkontrasten vibriert eine Nadel. Obwohl sich die vibrierende Nadel wie ein Prickeln auf der Haut anfühlt, wird sie trotzdem als visuelles Bild empfunden aufgrund der Tatsache, daß Professor Guarnieri eine Kamera bedient, die er in der Hand hält. Auf gewisse Weise wird das Gehirn genarrt, da Kameras normalerweise Impulse übermitteln, die unser Gehirn in visuelle Wahrnehmungen umwandelt. Wird der Output der Kamera jedoch zur Stimulierung der Haut benützt, wird das Ergebnis als ein visuelles Bild und nicht als eine Berührung interpretiert.

»Als ich anfing, die Kamera zu benützen, hatte ich das Gefühl, die Bilder, die die Kamera aufnahm, würden sich auf meiner Haut befinden«, erinnert sich der Professor. »Aber später minderte sich die ›gefühlte‹ Eigenschaft der Empfindungen bis zu einem Punkt, an dem ich die Dinge, die ich über das Kamerasystem sah, nicht mehr als auf meiner Haut befindlich empfand. Plötzlich hatte ich ein neues Sinnesorgan hinzugewonnen, da ich nun Dinge, die weit entfernt waren, wahrnehmen konnte, während ich vorher stets auf ein Betasten der Gegenstände beschränkt war.«

Professor Guarniero's sensorische Ersatzerfahrungen werfen eine Reihe interessanter philosophischer Fragen auf. Wenn »visuelle« Wahrnehmung durch fühlbare Stimulierung der Haut geändert werden kann, bedeutet dies dann, daß die Nervenzellen eines Teils des Gehirns unter entsprechenden Umständen dazu gebracht werden können, andere Aufgaben zu übernehmen? Aristoteles vermutete bereits: »Denn die Wahrnehmung von Größe, Gestalt, Unebenheit, Glätte, Schärfe und Stumpfheit eines festen Körpers ist die gemeinsame Aufgabe aller Sinne und wenn nicht aller, so zumindest die gemeinsame Aufgabe von Sehen und Berühren.«

Aristoteles war sich der Bedeutung des menschlichen Gehirns nicht bewußt. Deshalb begründete er seine Theorien mit eigenen Beobachtungen und eigenen Erfahrungen. So erkannte er beispielsweise, daß Umriß und Anzahl von mehreren Sinnen wahrgenommen werden: Wir können zwei Gegenstände sehen oder berühren, zwei Geräusche hören usw. Aristoteles folgerte, daß die Fähigkeit der verschiedenen Sinne, Dinge wie Anzahl, Dauer und Intensität wahrzunehmen, im Vorhandensein eines Sensus communis, einem lateinischen Begriff, aus dem die englischsprachigen Länder ihren common sense (gesunden Menschenverstand) ableiten, begründet ist.

Aristoteles' Sensus communis kann in die Sprache der Neurobiologie übertragen werden, wenn man Wahrnehmung als einen Prozeß betrachtet, der aus einem Aktivitätenmuster in einer großen Anzahl untereinander verbundener Nervenzellen besteht. Kein Wahrnehmungsmuster und keine Wahrnehmungsqualität kann einzig auf der Basis einer kleinen Anhäufung spezialisierter Neuronen, die beständig aufeinander reagieren, erklärt werden. Statt dessen sind Neuronen innerhalb eines komplexen Netzwerks ständig miteinander in Verbindung; als Ergebnis erhalten wir eine Wahrnehmungseinheit – eine den Raum durchquerende Person statt einer sich ständig verändernden Mischung von Geräuschen und visuellen Mustern. Außerdem scheint es wahrscheinlich, daß das Integrieren multisensorischer Information innerhalb des sensorischen Systems seinen Ursprung hat. Bei Katzen zum Beispiel reagieren die Zellen des Colliculus superior, eines bedeutenden visuellen Rezeptors, auch auf Stimulieren durch Hören. Reine Töne, Tonschwingungen und sogar einfache Geräusche aktivieren bereits diese Zellen. Tatsächlich reagieren etwa 80 % dieser Zellen der tieferen Schichten des Colliculus superior, die in maximaler Weise auf Licht antworten, auch auf Geräusch oder Berührung. Auch in der visuellen Hirnrinde finden sich Zellen mit doppeltem Aufgabenbereich. Elektrische Stimulierung des Colliculus inferior (eine wichtige Wegstation auf der Hörstrecke) bei Katzen erzeugt Bewegung der Augen sowie der äußeren Ohrmuscheln.

Bei all den dargestellten Beispielen zeigten sich die Zellen im Durchschnitt zwar empfänglicher in ihrer ursprünglichen Erscheinungsform (Sehen in der Sehrinde, Hören in der Hörrinde), sie würden sich jedoch trotzdem entladen, sind andere Stimuli wie zum Beispiel eine Berührung ausreichend intensiv. Diese Ergebnisse deuten darauf hin, daß ein beträchtlicher Teil der Nervenzellen als Mittler allgemeiner sensorischer Eigenschaften fungiert: Gestalt, Größe, Bewegung, Stillstand und vielleicht sogar Anzahl.

Sowohl die Haut wie auch die visuellen Rezeptoren der Hirnrinde reagieren sehr sensibel auf Linien und Schnittkanten und auf spezielle Ausrichtung. Gegenstände auf der Haut können leicht erkannt werden, wenn ihre Kanten sich in die Haut eindrücken. Dies ähnelt sehr den »Umriß-Detektoren« der Sehrinde, auf welcher Linien besonderer Ausrichtung sehr leicht wahrgenommen werden. Ist vielleicht eine Kantensensibilität bei bestimmten Ausrichtungen der gemeinsame Faktor, der für ein Funktionieren von Sehen und Tastsinn verantwortlich ist?

Lassen Sie uns Überlegungen zum Begriff »Kontrast« anstellen. Wir nehmen alle Empfindungen sehr genau wahr, wenn sie in starkem Kontrast zu ihrem Hintergrund stehen. Wir werden das Lichtbündel eines Blitzlichts in einem verdunkelten Raum sofort erkennen, während wir es bei mittäglichem Sonnenschein nicht wahrnehmen. Das Fallen eines Baumes im Wald hören wir an einem ruhigen Tag meilenweit, während eines Gewittersturms werden wir jedoch sicherlich nichts davon bemerken.

Intensität ist eine andere allgemeine Eigenschaft, die sich über mehrere Sinnesorgane erstreckt. Fordert man Schulkinder auf, Farben Geräusche zuzuordnen, so verbinden sie regelmäßig violette und blaue Farbtöne mit tiefen Tonfrequenzen und grüne und gelbe mit hohen Tonfrequenzen. Der Philosoph John Locke beschrieb einmal einen »wissensdurstigen« Blinden, der eines Tages plötzlich behauptete, er verstehe nun die Bedeutung von Scharlachrot, worauf sein Freund ihn fragte, was Scharlachrot denn sei. Der Blinde entgegnete ihm: »Wie der Klang einer Trompete«. Gleicht die Farbe Scharlachrot in irgendeiner besonderen Weise dem Klang einer Trompete? Der Dichter Algernon Swinburne drückte es folgendermaßen aus: »Der Klang von Trompeten ist Blitzen gleich, die durch das Dunkel der Töne zucken.«

Auch andere Dichter und Komponisten waren von der Grundeinheit Licht und Klang überzeugt. Im 18. und 19. Jahrhundert wurden regelmäßig vielseitige Konzerte abgehalten, bei denen Musik mit Licht und manchmal sogar mit Gerüchen kombiniert wurde. 1725 erfand Louis-Bertrand Castel die erste Lichtorgel der Welt. Drückte man deren einzelne Tasten, riefen sie sowohl ein farbiges Licht wie auch einen Ton hervor. Höhepunkt dieser multisensorischen Musik bildete wahrscheinlich Alexander Skrjabin's »Prometheus«, ein Werk für Klavier, Chor und Lichtorgel. Ich erwähne diese historischen Merkwürdigkeiten nur, weil sie aufzeigen, wie schon vor Hunderten von Jahren vorweggenommen wurde, daß verschiedene Neuronen unter entsprechenden Umständen auf mehr als einen sensorischen Input reagieren können.

Säuglinge, die nur wenige Tage alt sind, weisen bereits ein bemerkenswertes Auswahlvermögen auf, wenn sie nach Gegenständen greifen. Zeigt man ihnen zwei Bälle, wovon der eine recht klein ist und für die kindliche Hand faßbar, der andere für ein müheloses Festhalten zu groß ist, wird das Kind ohne Zögern nach dem kleineren Ball greifen. Visuelle Information über die Größe scheint mit Berühren und Befühlen auch ohne vorherigen Kontakt in Wechselbeziehung zu stehen. Neugeborene drehen ihren Kopf nach der Quelle eines Geräuschs, was klar macht, daß die Umwandlung der sensorischen Information von Hören in Sehen ohne vorherige entsprechende Erfahrung geschieht. Aber was passiert, wenn Sehen, Hören und Fühlen einander widersprechende Informationen weitergeben? Wie löst das Gehirn den Konflikt bei Situationen, in denen die verschiedenen Empfindungen in Widerspruch zueinander stehen?

Während der Dreharbeiten zur Fernsehserie, auf der dieses Buch basiert, wurde ein Experiment ausgeführt, das diese Punkte klären sollte. Hauptdarsteller war Susannah Fiennes, eine Kunststudentin, die, so konnte man annehmen, besonders trainiert auf Betrachten und Sehen war. Wie würde die Wirkung sein, wenn man Susannah eine Brille, deren Gläser die Welt für sie auf den Kopf stellen würden, aufsetzte. Da die Linsen vor Susannahs Augen jedes Bild umkehrten, bevor es ans Gehirn weitergeleitet wurde, sollte diese Brille im Kopf eigentlich alles von Anfang an richtig stellen. Welche Wirkung würde dies auf Susannahs visuelle Wahrnehmung von der Welt um sie herum haben?

Anfänglich erschien Susannahs Welt umgedreht. Sie war unfähig, Milch aus einem Krug in eine Tasse zu schütten. »Ich konnte meine Hände überhaupt nicht mehr koordinieren, da ich meine Hände nicht sah . . . alles war völlig entgegengesetzt, sehr fremd.« Aber nachdem sie sich eine Zeitlang in ihrer seltsam verkehrten Welt bewegt hatte und dabei vorsichtig die Stellungen ihrer Hände und Füße wieder erlernt hatte, war Susannah am dritten Tag soweit zu versuchen, ihren Namen zu schreiben. Der Versuch schlug jedoch fehl. Nach nochmals vier Tagen, in denen sie weiterhin das Leben mit den Umkehrlinsen erprobt hatte (Gehen, Fahrrad fahren, Arbeiten im Haushalt usw.), startete sie einen neuen Versuch. Diesmal war sie erfolgreich. Nach Ablauf einer Woche war Susannah fähig, ihre veränderte visuelle Information ihrem Bewegungsmuster anzupassen. Nachdem sie die Welt um sich herum ergründet hatte, gelang es ihr, Berührung und Bewegung zu reorganisieren und in Einklang mit ihren neuen und grundlegend veränderten visuellen Wahrnehmungen zu bringen.

Also ist Sehen eng mit Bewegung verbunden. Susannah Fiennes mußte im wahrsten Sinn des Wortes wieder erlernen, die Informationen über ihre verschiedenen Sinnesorgane zu koordinieren. Da Sehen vorrangig ist, »sah« sie die Welt zuerst umgekehrt und war prompt von der daraus resultierenden Verwirrung, Fehlorientierung und leichter Panik gelähmt. Aber wie ein Kind, das in seinem Kinderwagen mit einem Ball spielt, war auch Susannah bald in der Lage, was sie fühlte, mit dem, was sie sah, zu koordinieren. Nach einer Weile begann die Welt für sie allmählich wieder »Sinn zu ergeben«. Man kann nun mutmaßen, daß sich Sicht und Bewegung neu ausrichten, diesmal nach einer neuen Reihe von Regeln.

Die genauen Details über das, was in Susannah Fiennes Gehirn ablief, sind bis heute Vermutungen. Klar ist jedoch, daß ihr visueller Input in ihre Gesamtdeutung der Welt um sie herum integriert wurde, geradeso wie die vibrierenden Nadeln für Professor Guarniero zu »visuellen Empfindungen« wurden. Susannah und Professor Guarniero machen deutlich, wie unser Gehirn fähig ist, verschiedene Empfindungen zum Aufbau einer zusammenhängenden Wirklichkeit zu verwenden. Dabei kombiniert es die Eingaben der verschiedenen Sinnesorgane und berichtigt manchmal visuelle Verzerrungen aufgrund von Berühren und Betasten. Sehen ist also nur ein Teil unserer gesamten Erforschung der Umwelt. Wir sind nicht nur sehende Kreaturen, sondern wir bewegen uns auch als Reaktion auf die Welt um uns herum. Diese zwei getrennten Prozesse – Sehen und Bewegen – bilden somit ein in direktem Bezug miteinander stehendes Ganzes. Nachdem wir uns bisher auf das Sehen konzentrierten, wollen wir nun die für die Bewegung erforderlichen Mechanismen erforschen.

Eigentlich ist jede Bewegung ein Rätsel. Wollen wir zum Beispiel Gehen analysieren, so wird bald deutlich, daß es auf einem motorischen Programm beruht, das unmittelbar dann in Aktion tritt, sobald wir die auslösende Entscheidung getroffen haben, uns von einem Ort zum anderen zu bewegen. Auch wenn wir die Anfangshandlung des Gehens »wollen«, haben wir doch wenig mit den praktischen Aspekten der Durchführung dieser Tätigkeit zu tun. Dies wird anschaulich verdeutlicht, wenn wir versuchen, bewußt nachzuvollziehen, wie wir unsere Füße beim Tanzen oder Tennisspielen bewegen. Eine plumpe Ausführung ist uns fast immer gewiß, wenn wir versuchen, Bewegungen bewußt zu kontrollieren, die wir normalerweise automatisch ausführen. Schon allein dieser Hinweis deutet auf ein zentrales Programm für diese Tätigkeit, das sich irgendwo in unserem Nervensystem befindet.

Vor fünfzig Jahren isolierten sowjetische Wissenschaftler einen Teil des Hirnstamms, die Bewegungsregion des Mittelhirns (mesenzephalische lokomotorische Region oder MLR), die bei Stimulierung normale Gehbewegungen bei Katzen hervorrief. Diese Demonstration war deshalb besonders unheimlich, weil bei diesen Katzen vorher der Hirnstamm von den oberen Gehirnteilen chirurgisch abgetrennt worden war. Erhöhte man die Stimulierungsraten, wechselten die Katzen vom Gehen in eine Art Trott oder Galopp über. Diese Veränderungen in den Bewegungen der Katzen schienen von nichts anderem abzuhängen als der Stimulaanzahl an der Mittelhirnbewegungsregion.

Heute sind die Neurologen der Meinung, daß die MLR ein Befehlssystem für Bewegung darstellt, jedoch selbst keine zentralen Programme zum Gehen beinhaltet. Den Beweis dafür lieferten Experimente, bei denen lediglich das Rückenmark mit den Gliedern verbunden wurde, nachdem es durch einen chirurgischen Eingriff vom Rest des Nervensystems abgetrennt wurde. Bei diesen Experimenten können die Beine der Katze zum Gehen gebracht werden, und zwar mit einer Geschwindigkeit, die von der beim Versuch verwendeten Tretmühle abhängt. Dasselbe gilt auch für Katzen, bei denen die Operation zur Isolierung ihres Rückenmarks wenige Wochen nach ihrer Geburt durchgeführt wurde. Auf der Grundlage derartiger Experimente sind die Neurologen zuversichtlich, daß sich das Zentralprogramm zum Gehen innerhalb des Rückenmarks befindet. Aber dies ist nur ein Teil der Geschichte.

Es ist offensichtlich, daß sich Gehen in einer Tretmühle vom Gehen in der wirklichen Welt unterscheidet. Hier gibt es unterschiedliches Gelände. Einen Hügel zu erklimmen erfordert ein anderes Repertoire von Muskelbewegungen als denselben Hügel hinunterzuwandern. Wenn wir gegen den Wind, der über Chicago's Michigansee bläst, gehen, bemühen wir uns, das Gleichgewicht zu halten, lange bevor wir überhaupt daran denken, vorwärts zu schreiten. Eine Untersuchung der verschiedenen Gangarten, auch wenn sie vom informellen Beobachtungsposten eines Straßencafés aus angestellt wird, zeigt Geheigenheiten auf, die ebenso individuell sind wie Fingerabdrücke oder einzelne Elektroenzephalogramme. Studenten der Kinetik – dem Studium der Grundeinheiten der Körperbewegung innerhalb des Vorgangs menschlicher Wechselwirkungen – vertreten die Ansicht, daß die Gangart wichtige Rückschlüsse auf unseren Seelenzustand zuläßt, ob wir zum Beispiel gerade glücklich oder traurig sind. Unsere Sprache unterstützt diese Meinung: Wir »hüpfen vor Freude«, wenn wir glücklich sind, oder wir »trotten dahin«, wenn wir traurig sind. Der Psychiater Wilhelm Reich begründete sogar seine Methode der »Charakteranalyse« mit Beobachtungen der Gangart seiner Patienten. Aus diesem Grunde wird offensichtlich, daß das Studium von Katzen, die nach operativer Isolierung ihres Rückenmarks in einer Tretmühle gehen, uns wahrscheinlich wenig über unser eigenes Gehen enthüllt, ganz zu schweigen über die wundervollen Bewegungen eines Ballettänzers.

Dies bedeutet jedoch nicht, daß Menschen nicht auch automatisch gehen. Die von Professor Sten Grillner und seinen Kollegen am Karolinska Institut in Stockholm durchgeführten Untersuchungen an Neugeborenen zeigen, daß bereits bei der Geburt die Fähigkeit zu gehen vorhanden ist – das heißt sie ist eher ererbt als erlernt.

Vor der Geburt wird in unserem Nervensystem ein Basismuster eingeprägt, das wir zu benützen lernen, wenn wir zum ersten Mal ohne Hilfe anderer gehen können. Ein drei- oder vierjähriges Mädchen kann, anders als ein Kleinkind, sein ganzes Gewicht auf seine Beine verlegen, so daß andere Bewegungen (wie ein Schwingen der Arme) gleichzeitig stattfinden können. Aber sein Gehirn kann dennoch teilweise von ererbten Bewegungsmustern abhängen. Ihr Gang zeigt weiterhin gewisse Babyeigenheiten auf – ihre Zehen berühren beispielsweise vor der Ferse den Boden.

Im Tierreich kann man überall eingebaute Bewegungsmuster – die von inneren motorischen Mustern abhängen – beobachten. Vor einem Jahrhundert etwa wurde zum erstenmal die Gangart eines Pferdes photographiert. Der Photograph Eadweard Muybridge zeigte dabei den Bewegungsablauf von Pferdebeinen. Vor Erscheinen dieser Photos wurden Pferde stets in einer Schaukelpferd-Haltung mit voll ausgestreckten Vorder- und Hinterbeinen abgebildet. Tatsächlich bewiesen die Photographien Muybridge's, daß ein Pfernd seine Beine in verschiedenen Zeitrhythmen bewegt. Die Beine eines gehenden Pferdes (oder eines gehenden Menschen) bewegen sich nach dem Pendelprinzip – sobald einmal erhoben, schwingt jedes Bein ohne Anstrengung in den nächsten Schritt.

Einige Bewegungen erfordern lediglich eine sehr einfache Folge von Neuronenverbindungen, um die Bewegung vollständig werden zu lassen. Das klassische »Kniezucken« ist eine geschlossene Schleife der Knierezeptoren mit dem Rückenmark. Klopft der Arzt mit einem Reflexhammer auf das Knie des Patienten, schnellt das Knie automatisch nach oben. Dies ist ein gutes Beispiel für einen Reflex: Bewegung geschieht automatisch und ist so vorhersehbar wie ein Feuer, wenn man ein brennendes Zündholz an einen Heuhaufen hält. He höher die Anzahl der Neuronenverbindungen ist, desto weniger automatisch werden die Reflexe. Überlegen Sie einmal Ihre Entscheidung, einen langweiligen Film zu verlassen. Wieviele Neuronenverbindungen sind bei einem solchen Schritt mit einbezogen?

In den vergangenen Jahren verlegten die Neurologen ihre Aufmerksamkeit von Einzelreflex-Bewegungen wie dem Kniezucken hin zu sehr schwierigen motorischen Handlungen, die bewußter Entscheidungen bedürfen. Der nachfolgende Absatz beschreibt ein Experiment des Neurophysiologen Edward Evarts vom amerikanischen Nationalinstitut für Gesundheit (National Institute of Health).

Bei einem Affen werden Vorbereitungen zu Gehirnaufzeichnungen getroffen, indem man eine geschlossene Aufnahmekappe über eine

Öffnung seines Schädels anbringt. Dann wird eine Mikroelektrode in eine Einzelzelle innerhalb der motorischen Hirnrinde des Affen eingeführt. Der auf einem Stuhl festgebundene Affe erhält nun die Aufgabe, einen Hebel in einer vorgegebenen Position zu halten. Dann lehrt man den Affen, auf rotes oder grünes Licht zu reagieren. Als Belohnung erhält er Fruchtsäfte. Das rote Licht bedeutet »bereitmachen, den Hebel zu ziehen«, während das grüne Licht »bereitmachen, den Hebel zu drücken« signalisiert. Wichtiger als die motorische Leistung des Affen (tatsächliches Ziehen oder Drücken des Hebels) ist die elektrische Aktivität in der einzelnen Zelle. Die Zelle erhöht ihre Entladung als Antwort auf die Anweisung »ziehen« und verringert sie auf die Anweisung »drücken« hin. Ferner finden diese Veränderungen der Zellaktivitäten *vor* den tatsächlichen motorischen Reaktionen (das heißt vor dem Ziehen und Drücken des Hebels) statt. Anders ausgedrückt ändert die Einzelzelle ihre Entladerate, bevor es überhaupt einen Hinweis gibt, in welche Richtung sich der Affe bewegen wird. Bis dahin findet die Aktivität der einzelnen motorischen Zelle nur intern statt: Sie tritt auf, bevor der Hebel bewegt wird, lange vor jeder Muskelanspannung des Affen, die normalerweise der Hebelbewegung vorangehen würde. Wie ist dies möglich?

Evarts stellt seine Ergebnisse als Beweis für das Vorhandensein »zentral programmierter Bewegungsmuster« dar. Das Licht fungierte als Stimulus für das Gehirn, einen »vorbereitenden Zustand für eine bestimmte Richtung der zentral programmierten Bewegung« herzustellen. Aber die einzelne Zelle stellte nur eine Komponente dieses Kreislaufs dar. Was waren die anderen Komponenten, und was lief zwischen der »internen Reaktion« und der tatsächlichen Hebelbewegung durch den Affen ab? Um ausreichend Einblick zur Beantwortung dieser Frage zu erhalten, müssen wir einige frühere Untersuchungen über die Kontrollfunktion des Gehirns bei Bewegungen heranziehen. Wir müssen nicht allzu weit zurückgreifen, um eine wirklich bedeutende Information über das menschliche Gehirn zu erhalten.

Während des preußisch-dänischen Krieges 1864 beobachtete der deutsche Arzt Theodor Fritsch beim Verbinden einer Kopfwunde, daß das Berühren der zerebralen Hemisphäre Zuckungen an der entgegengesetzten Körperseite hervorrief. Er diskutierte seine Entdeckung mit Eduard Hitzig, einem in Berlin niedergelassenen praktischen Arzt, worauf sie sich gemeinsam entschlossen, Fritsch's Beobachtungen durch Experimente zu überprüfen. Da beiden kein wissenschaftliches Labor zur Verfügung stand, beschlossen sie, ihre Untersuchungen am Ankleidetisch von Hitzig's Ehefrau durchzuführen. Trotz der Einfachheit des

Versuchsverfahrens stimmten die Ergebnisse mit der ursprünglichen Beobachtung von Theodor Fritsch überein: Elektrische Stimulierung der kortikalen Oberfläche bei Hunden rief Kontraktionen der Muskeln der entgegengesetzten Körperseite hervor.

Aufgrund ihrer Beobachtungen waren Fritsch und Hitzig der Meinung, daß Teile des Körpers von Zonen der ihnen entgegengesetzten Hirnteile kontrolliert werden. Ähnliches hatte bereits der griechische Arzt Hippokrates festgestellt, als er bemerkte, daß eine Schwertwunde auf einer Kopfseite eines Soldaten Lähmungen an der ihr entgegengesetzten Körperseite hervorrief.

Waren die Entdeckungen von Fritsch und Hitzig die ersten wissenschaftlichen Beweise für das, was wir heute zerebrale Lokalisierung (verschiedene Zonen des Gehirns sind für bestimmte Aktivitäten verantwortlich) nennen, so gelang es den beiden Männern jedoch nicht, das volle Ausmaß ihrer Ergebnisse zu überschauen. Dies glückte John Hughlings Jackson, einem ihrer Zeitgenossen der eine Reihe eigener, zufälliger Beobachtungen in eine Theorie über die Gehirnfunktionen erweiterte, die heute noch gültig ist.

Jackson war ein eigenartiger, verschlossener Mensch. Seine Lebensgeschichte gleicht keiner eines Neurologen vor oder nach ihm. Als Sohn eines Bauern war er weitgehend Autodidakt. Aber er war ein exakter und begnadeter Beobachter, und, wie es das Schicksal vorgesehen hatte, mit einer Frau verheiratet, die an einer Art Epilepsie litt, die heute Jackson's Namen trägt.

Epileptische Anfälle vom Jackson-Typ sind durch Attacken in sehr beschränkten Teilen des Körpers gekennzeichnet. Charakteristischerweise beginnen sie in der Hand, erstrecken sich dann zum Handgelenk, Ellenbogen, Schulter und manchmal bis ins Gesicht. Dann geht der Anfall ins Bein derselben Körperseite über und endet dort möglicherweise.

Aufgrund der Beobachtungen der epileptischen Anfälle seiner Frau, insbesondere deren Neigung, auf ganz bestimmte Weise von einem Körperteil zum anderen zu »wandern«, kam Jackson zu einer Schlüsseltheorie über die Gehirnorganisation. Er folgerte, daß die Hirnrinde in verschiedene Sektoren unterteilt sei, die die motorische Energie für die verschiedenen Körperteile lieferten. Er war auch der erste, der darauf hinwies, das Gehirn besäße eine ihm eigene interne Geographie. Es erschien ihm wahrscheinlich, daß während der Anfälle seiner Frau die epileptischen Entladungen sich von der Hand aufwärts in Richtung Handgelenk, dann zur Schulter usw. bewegen würden.

Da sich das Muster nie änderte, war die Folgerung zwingend, manche Zonen in der Anordnung des Gehirns seien einander überaus regelmäßig nahe zugeordnet, wobei sie näher zusammenliegen (Handgelenk – Hand) oder weiter voneinander entfernt (Handgelenk – Fuß) sein können.

Zu der Zeit, als Jackson zum ersten Mal den Vorschlag machte, war die Idee des Vorhandenseins einer für Bewegung verantwortlichen »motorischen Hirnrinde« revolutionär. Auf der Grundlage von Gehirnautopsieuntersuchungen bei Patienten, die an Schlaganfällen oder Tumoren gelitten hatten, waren die Neurologen davon überzeugt, daß die zerebralen Hemisphären für das Denken zuständig seien. Nun mußte alles neu überdacht werden. »Es scheint eine unüberwindliche Ablehnung für die Idee, daß Bewegungen von den zerebralen Hemisphären ausgehen, vorhanden zu sein«, schrieb Jackson. »Anlaß dafür, so glaube ich, ist, daß die Gehirnwindungen *nicht* als zuständig für *Bewegung*, sondern zuständig für Ideen gehalten werden.«

Für John Hughlings Jackson war die Gehirntätigkeit nicht streng in automatisch und freiwillig unterteilt. Während eines epileptischen Anfalls seiner Frau zitterte ihre Hand unkontrolliert, sie verlor jedoch nicht das Bewußtsein. Obzwar sie den Anfall gerne stoppen »wollte«, gelang es ihr nicht. Zu diesem Zeitpunkt setzten die epileptischen Anfälle die motorischen Kontrollzentren für die Hand außer Funktion. Als Ergebnis dessen waren nur »automatische«, unfreiwillige und unbeholfene Handbewegungen möglich. Nach Abklingen des Anfalls jedoch nahm die Hand ihre Funktion allmählich wieder auf und war nach gewisser Zeit wieder in der Lage, alle früheren Tätigkeiten durchzuführen.

Sechzig Jahre später fanden Jackson's Ideen Bestätigung durch den kanadischen Neurochirurgen Wilder Penfield, der die Hirnrinde von Patienten, die sich einer neurochirurgischen Operation unterziehen mußten, elektrisch stimulierte. Wie Jackson bereits angedeutet hatte, stellte er fest, daß das Gehirn nach funktionalen Linien angeordnet war. Dies war eine bemerkenswerte Bestätigung von Jacksons's Behauptung, daß die von ihm beobachteten epileptischen Anfälle einem ganz bestimmten Muster folgten.

Penfield's Operationssaal-Experimente ermöglichten auch die Konstruktion eines motorischen Homunkulus, eigentlich eine Karikatur der Körperoberfläche, mit Unterteilungen, die Körperteilen zugewiesen wurden und sich nicht nach deren Größe, sondern nach ihrem Beitrag zu schwierigen Bewegungen richteten.

Hätte Jackson nichts weiter als die Formulierung des Prinzips zerebraler Lokalisierung vollbracht, würde er heute als einer der großen Neuerer für unser Verständnis des menschlichen Gehirns gelten. Aber Jackson erreichte viel mehr, als Folge dessen sich für einen Arzt ein sehr ungewöhnliches Interessengebiet, nämlich die Philosophie ergab. Im Laufe seiner anfänglichen medizinischen Laufbahn geriet Jackson in den Einfluß des britischen Philosophen Herbert Spencer. Jackson schöpfte aus seiner Untersuchung einen tiefen Glauben in die Evolution und fügte diesen später seinen eigenen Theorien über das Gehirn bei. So dachte er sich das Gehirn nach einem hierarchischen Schema aufgebaut, dessen niedrigere Zentren sich schrittweise entwickelten und sich dann in höhere komplexere Strukturen einfügten. Auf der Suche nach einer Metapher zur Beschreibung seiner Ideen stieß Jackson auf einen weiteren Gedankenbereich Herbert Spencers, das soziale System.

Jackson verglich das Gehirn mit einer Regierung, die nur durch Unterdrückung niedrigerer Machtbereiche mit geringerer Berechtigung wie Aufrührer, Anarchisten usw. am Ruder bleibt. Stürzt die Regierung, übernehmen diese niedrigeren Autoritätsstufen die Macht. Bei diesem Vergleich üben die höheren Zentren eine hemmende Kontrolle auf die niedrigeren Zentren aus, wobei diese Kontrolle nur dann zu Tage tritt, wenn in den höheren Zentren eine Katastrophe geschieht. Jackson's Durchbruch beruhte auf seiner Vermutung, daß eher Hemmung statt Erregung das Kennzeichen eines gesunden Gehirns sei. Wie sich herausstellt, entlädt sich nur eine kleine Anzahl Neuronen in einem bestimmten Augenblick. Viele der restlichen Neuronen werden von anderen Neuronen am Entladen aktiv gehemmt.

Vielleicht ist es zutreffend, daß John Hughlings Jackson mit seinem fortdauernden Interesse an philosophischen Fragen die Neurologen hätte anregen sollen, eine ganze Reihe zutiefst beunruhigender Fragen in Angriff zu nehmen.

Einer der Grundpfeiler westlicher Philosophie ist der Glaube an die freie Willensentscheidung. Wenn ich beschließe, meine Hand zu bewegen, bewege ich sie. Wenn ich meine Hand nicht bewegen möchte, halte ich sie ruhig. Aber während eines epileptischen Anfalls bewegt sich meine Hand, trotz aller Anstrengungen, dies nicht zu tun. Meine Hand kann nach einem Anfall auch eine Zeitlang gelähmt sein, nicht meinem Wunsch entsprechend reagieren, sondern schwach und nutzlos an der Seite herunterhängen. Wenn ich beschließe, meinen Bleistift zu nehmen und diesen Satz zu schreiben, wo in meinem Gehirn ist dann der Ursprung des Impulses? Die Suche nach einer Antwort ließ Neurologen unzählige Forschungswege beschreiten, wobei manche von ihnen jedoch in Sackgassen endeten.

Denken Sie noch einmal an das Experiment von Edward Evarts, das ich ein paar Seiten vorher beschrieben hatte. Man beobachtete eine einzelne motorische Zelle im Gehirn eines Affen, die sich entlud, bevor eine äußere Bewegung des Affen erkennbar war. Dies war ein Beispiel für motorische Aktivität, die vollständig *intern* blieb. Evarts' Mutmaßung über ein zentrales motorisches Programm läßt die Frage nach dem Ursprung der Entscheidung des Affen, den Hebel zu ziehen oder zu drükken, unbeantwortet.

Um Einblick in die Gehirnmechanismen, die einer koordinierten Handlung zugrunde liegen, zu gewinnen, erweiterte Evarts seine Methode zur Aufzeichnung von Einzelzellen von der Hirnrinde auf die Basalganglien und das Kleinhirn. Die Basalganglien bestehen aus einer Reihe von Strukturen unterhalb der Hirnrinde tief innerhalb der Hirnsubstanz. Diese Ganglien (der Begriff stammt aus dem 19. Jahrhundert und bedeutet eine große Gruppe von Nervenzellen) sind nicht nur innerhalb ihres eigenen Netzwerks (Putamen, Nukleus caudatus, Globus pallidus, Nukleus subthalamicus, Thalamus) untereinander verbunden, sondern bilden zusätzlich doppelte Verbindungen in Gebieten der Hirnrinde und des Hirnstamms. Auch vermutet man, daß sich Fasern dem Kleinhirn entgegenstrecken, das wiederum verschiedene Teile der Basalganglien aktiviert.

Es ist nicht ganz einfach, sich den Reichtum und die Komplexität der Verbindungen zwischen Hirnrinde, Basalganglien und Kleinhirn vorzustellen. Die Frage, wo in diesem komplexen System eine motorische Handlung ihren Anfang nimmt, konnte bisher noch nicht beantwortet werden. Die Hirnrinde bietet sich geradezu an. Schließlich ist sie der Ursprung der motorischen Zellen, die bei Stimulierung Bewegung hervorrufen. Außerdem wissen wir bereits durch die von Evarts ausgeführten ersten Experimente von der Beobachtung, daß Kortexzellen sich kurz vor der »Entscheidung« des Affen, den Hebel zu betätigen, entluden (ich habe das Wort »Entscheidung« in Anführungszeichen gesetzt, um die Ungewißheit über den im Gehirn des Affen ablaufenden Vorgang zu verdeutlichen. Sicherlich ist das Ziehen oder Drücken eines Hebels nicht die Art »Entscheidung«, wie wir sie beispielsweise mit dem Entschluß, ein Jurastudium zu ergreifen, in Verbindung bringen.).

Wie sich herausstellt, wird die »Entscheidung«, den Hebel zu bewegen, von Entladungen in *allen drei Gehirnzonen* begleitet: Hirnrinde, Basalganglien und Kleinhirn. Ferner starten diese Entladungen schon, bevor man irgendeine Bewegung feststellen kann. Kurz gesagt: Es gibt kein »ausführendes Zentrum«, in dem ein motorisches Programm seinen Anfang nimmt und sich dann in weiteren Gehirnzonen ausbreitet. Statt dessen wird der Impuls durch weit voneinander entfernt gelegene Gehirnzonen (kortikale, subkortikale Verbindungen sowie Verbindungen der Basalganglien und des Kleinhirns) *verbreitet*. Dieses Konzept ist wirklich bemerkenswert und entzieht natürlich unseren vereinfachten Schemata der Gehirnanordnung jegliche Grundlage.

Evarts' Arbeit befreit uns zwangsweise von unserer Vorstellung, daß höhere Funktionen (Entscheidungen, Willenshandlungen usw.) ausschließlich in einem Bereich, zum Beispiel in der motorischen Hirnrinde, angesiedelt sind. Statt dessen bestehen Verbindungen der Hirnrinde mit vielen Zentren, die über das ganze Nervensystem verteilt sind, wovon viele in den Gehirnen von Kreaturen festgestellt werden können, die schon seit prähistorischen Zeiten existieren. »So unterliegt die motorische Hirnrinde des Säugetiers, stammesgeschichtlich ein neuer Teil des Gehirns, den gleichen Gesetzen der Reflexhandlungen, die auch die älteren Komponenten des Gehirns kennzeichnen«, sagt Evarts.

Nehmen Sie als Beispiel für die Bedeutung des Verteilsystems meine Handlung, diesen Absatz zu schreiben. Da ich Rechtshänder bin, halte ich meinen Bleistift mit der rechten Hand. Dies läßt eine Gruppe Muskeln in meiner rechten Hand, meinem Unterarm und meiner Schulter tätig werden. Diese stehen in Wechselbeziehungen zu meinen Nackenmuskeln, die in einem bestimmten Winkel gedreht werden müssen, damit ich das Papier vor mir sehen kann. Aber nehmen wir einmal an, ich hätte gestern bei einer Karateübung meine Hand verletzt. Mir stehen verschiedene andere Schreibmöglichkeiten zur Verfügung. Ich könnte, wäre ich nicht in allzu großer Eile, einfach meine linke Hand gebrauchen. Sollte dies nicht klappen, könnte ich auch eine Schreibmaschine holen und die Tasten der einzelnen Buchstaben mit der linken Hand drücken. Ich könnte ebenso einem Stenographen oder einem Tonbandgerät zur späteren Niederschrift diktieren. Jede dieser »Schreib«-Methoden beansprucht völlig unterschiedliche Gehirnzonen. Das vereinigende Element all dieser verschiedenen Aktivitäten ist natürlich meine *Absicht* den Absatz zu schreiben. Anders ausgedrückt bildet meine Absicht das zugrundeliegende Thema, über das zahllose Variationen der Gehirnaktivität gespielt werden können. Einen Absatz dieses Buches zu schreiben, beinhaltet sowohl stereotype Muskelbewegungen (schließlich gibt es nicht allzu viele Arten, einen Bleistift richtig zu halten) als auch ein paar freiwillige Komponenten, die sinnvollerweise nicht lokalisiert werden können. Das Zusammenspiel von freiwilliger und Reflexaktivität verleiht dem menschlichen Gehirn Größe und Macht. Weder sind wir allein durch Reflexe angetriebene Organismen (ich kann ja auch entscheiden, heute lieber meine Karateübungen wieder aufzunehmen, da mir so gar nicht nach Schreiben ist), noch sind wir in unserem Verhalten völlig uneingeschränkt (will ich einen Absatz dieses Buches verfassen, gibt es nur eine beschränkte Anzahl Möglichkeiten, wie ich dies anstellen kann).

Es scheint, daß das Gehirn nach funktionellen Richtlinien aufgebaut ist, die von Ziel und Zweck abhängen. Das Bemühen, die Gehirnzone zu lokalisieren, die für diesen Satz verantwortlich zeichnet, käme dem Versuch gleich, den eigenen Schatten einfangen zu wollen. Der Zweck ist das Produkt eines aufgeteilten Systems, in dem die neueren Gehirnteile (wie die Gehirnrinde) mit den phylogenetisch älteren Gehirnzonen (die subkortikalen Basalganglien) gekoppelt sind.

Die Bedeutung dieser älteren »niedrigeren« Zonen des Gehirns treten bei Krankheiten wie der Huntingtonschen Chorea auf, deren Begleiterscheinung eine Reihe ungewollter Bewegungen ist (zum Beispiel können sich Arme und Schultern eines Patienten krümmen und biegen, ohne daß ein Ende abzusehen ist). Jede einzelne dieser Bewegungen könnte unter entsprechenden Umständen nützlich sein. Bei der Huntingtonschen Chorea jedoch will der Patient die Bewegungen gar nicht, sondern ist als hilfloses Opfer seinen Muskeln ausgeliefert. Eine der von dieser Krankheit betroffenen Zonen ist der Nukleus caudatus, ein Teil der Basalganglien.

Hemiballismus ist eine weitere neurologische Erkrankung, die von ungewollten Bewegungen gekennzeichnet ist. Ein daran leidender Patient wird ohne vorherige Warnung eine ruckartige Bewegung ausführen, die sehr an das Schütteln der Arme des Abwurfspielers beim Baseball erinnert. Aber im Gegensatz zu diesem Abwurfspieler versucht der an Hemiballismus Erkrankte alles, um diese Bewegungen zu unterdrücken.

Sowohl bei der Huntingtonschen Chorea wie auch beim Hemiballismus haben die unfreiwilligen Bewegungsabläufe dem Willen die Kontrolle entrissen. Die von diesen beiden Krankheiten betroffenen Menschen werden von einer Reihe unangenehmer Bewegungen geschüttelt, die außerhalb ihrer Kontrolle liegen. In gewisser Weise wird der Kranke Zuschauer seiner eigenen Person, seines eigenen motorischen Programms, das wie ein Ungeheuer in einem Horrorfilm ein Eigenleben ergriff.

1982 lieferte ein 25 Jahre alter in Paris lebender Franzose einen weiteren Beweis für die Bedeutung der »niedrigeren« Gehirnzonen für gewollte Bewegungen. Er wurde Opfer eines Unfalls, bei dem er eine Kohlenmonoxid-Vergiftung erlitten hatte. Er erlangte zwar das Bewußtsein wieder, aber gleichzeitig blieb eine tragische Schädigung erhalten: völliger Verlust der Selbstaktivierungskräfte. Wäre er sich selbst überlassen gewesen,

CAT – Scanner (Computer – gesteuerte axiale Tomographie)

Normale Röntgenstrahlen unterliegen gewissen Beschränkungen. So liefert eine Röntgenaufnahme keine dreidimensionale Abbildung. Ferner unterscheidet sie nicht zwischen zwei Strukturen gleicher Dichte. Zur Überwindung dieser Einschränkungen wurde ein Gerät zur Computer-Achsentomographie, kurz CAT-Scanner, entwickelt. Dieser technische Fortschritt ermöglicht es, in einer vom Computer erstellten Rekonstruktion das Gehirn in Einzelschichten zu zerlegen. Dazu wird der Patient mit dem Kopf in die »Höhle« eines besonders gestalteten Aufzeichnungsgeräts eingeschlossen. Über dem Kopf befindet sich eine Röntgenröhre, die um einen Längspfad rotiert. Bei jeder Umdrehung des Scanners werden Röntgenstrahlbündel abgegeben, die den Kopf durchdringen. Entsprechend der Dichte seiner verschiedenen Bestandteile absorbiert das Gehirngewebe die Strahlung (weiße Substanz unterscheidet sich von grauer Substanz; normales Gehirngewebe weist eine andere Dichte auf als krankes Gehirngewebe). Hat der Röntgenstrahl das Gehirn durchleuchtet, wird er von sensiblen Kristallstrahlendetektoren aufgefangen und in ein elektronisches Signal umgewandelt. Dann führt der Computer eine sehr diffizile Messung der Röntgenstrahlabsorption, das heißt ursprünglich abgegebene Strahlenmenge abzüglich der am Strahlendetektor gemessenen Menge, durch. Die Differenz stellt die vom Gehirn absorbierte Menge dar. Durch Veränderung des Strahleneinfallwinkels erhält man Messungen des Gehirngewebes aus den verschiedensten Richtungen und in gegeneinander versetzten Schichten.

Zwar stellt der CAT-Scanner einen enormen Fortschritt zur Darstellung der Gehirnstruktur dar, er liefert jedoch keinerlei Information über die Gehirnfunktionen. So betrachtet ist eine Computertomographie eher eine statische denn eine dynamische Abbildung. Um die Veränderungen des lebenden Gehirns über einen längeren Zeitraum beobachten zu können, ist ein PET-Scanner erforderlich, der die Gehirnaktivität und nicht nur den Gehirnaufbau mißt.

(Siehe Abbildung Seite 74).

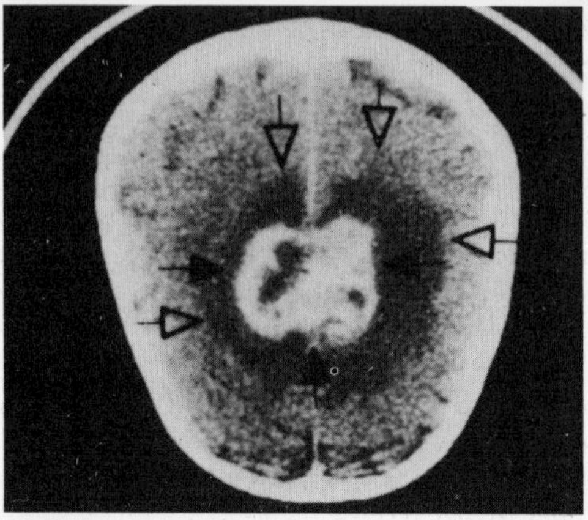

Diese Computeraxialtomographie zeigt einen großen Tumor mit unregelmäßigen Rändern (siehe Pfeile), der von einer Flüssigkeit (offene Pfeile) umgeben ist. Das Geschwür lähmte die linke Körperseite des Patienten. Diese Bilder zeigen das Gehirn von oben (Draufsicht).

hätte dieser Mann den ganzen Tag im Bett verbracht und sich weder bewegt noch geredet. Wenn jedoch jemand zu ihm sprach oder ihn auch nur berührte, sprang er in seine normale physische, intellektuelle und emotionale Rolle.

Gespräche mit dem Patienten ergaben, daß in den Perioden seiner Inaktivität sein Verstand mit Gedanken und Impulsen schier überfloß, er diese jedoch nicht in die Tat umsetzen konnte. In seiner Hilflosigkeit, dieser Besessenheit zu widerstehen, saß er für Stunden unbeweglich da und wiederholte im Kopf eine Reihe stets wiederkehrender Gedanken, deren Fluß erst stoppte, wenn jemand zu ihm sprach oder ihn körperlich stimulierte.

Das Computer-Achsentomogramm des Patienten zeigte eine Verletzung des Globus passidus, einer Zone der Basalganglien, die normalerweise nicht mit willentlicher Bewegung in Verbindung gebracht wird. In diesem Fall beraubte die Zerstörung des Globus pallidus den unglücklichen Mann der vitalen Kontrolle über sein Leben. Er konnte tatsächlich weder spontan Handlungen ausführen noch seinen Gedanken Ausdruck verleihen. Was diesen tragischen Patienten für unsere Zwecke so interessant werden läßt, ist der dadurch erbrachte Beweis, daß ohne Hilfe der Basalganglien der Wunsch, gewisse Bewegungen auszuführen, zu keinem Ergebnis führt.

1976 zeichnete Dr. H. H. Kornhuber, ein deutscher Neurophysiologe, mit Hilfe eines Elektroenzephalogramms Signale gewisser Schädelpunkte bei freiwilligen gesunden Versuchspersonen auf, während diese eine Reihe vorgeschriebener Aufgaben durchführten. Beim interessantesten Versuch Kornhuber's mußten die Testpersonen ganz einfach ihren Zeigefinger abbiegen, wobei sie weder irgendwie gehindert noch irgendwie besonders stimuliert wurden. Sie krümmten ihre Finger, wenn sie sich selbst dafür entschieden. Die Fingerbewegung wurde elektronisch aufgezeichnet, um so den genauen Zeitpunkt des Bewegungsmoments zu erhalten. Mit Hilfe des Computers wurden Durchschnittswerte ermittelt, um plötzlich auftretende »Hintergrundgeräusche« von Ergebnissen, die nicht damit in Verbindung standen, im Gehirn auszuschalten. Dadurch wurde es ermöglicht, das Hirnpotential, das sich einzig auf das Bewegen des Fingers bezog, zu isolieren. Wichtigste Fragen dabei waren: Kann ein elektrisches Signal dabei festgestellt werden, bevor sich der Finger bewegt? Falls ja, von welchem Teil der zentralen Hemisphäre geht das Signal aus?

Kornhuber ermittelte, daß etwa eineinhalb Sekunden vor der Fingerbewegung eine Veränderung der Gehirnaktivität stattfindet. Ferner ist dieses Bereitschaftspotential, wie es genannt wird, nicht auf die Hirnrindenzone, die mit Fingerbewegung in Verbindung gebracht wird, beschränkt. Statt dessen kann man das Bereitschaftspotential auf der Oberfläche beider Gehirnhemisphären messen.

Dieser Versuch Kornhuber's liefert den Beweis, daß bereits ein beträchtliches Maß an Vorgängen im Gehirn vor dem eigentlichen Bewegungsmoment stattfand. Während eine einfache Reaktion auf einen Stimulus etwa 0,1 Sekunden braucht, startet die Gehirnaktivierung in Form von Bereitschaftspotential, die einer Bewegung vorausgeht, 1,5 Sekunden vor dem bewußten Anfang ihrer Ausführung.

Kornhuber's Experiment liefert uns verschiedene bemerkenswerte Schlußfolgerungen. Erst einmal müssen wir die alte Vorstellung revidieren, das Gehirn folge den Befehlen des Verstandes und erzeuge Bewegung. Während dieser kurzen, aber lebenswichtigen bruchteiligen Zeitspanne formuliert das Gehirn ein »motorisches Programm« und beginnt dann mit seiner Ausführung. Auf diese Weise arbeiten große Teile des Gehirns vor der Bewegung – eigentlich vor dem wissentlichen Willensakt, der dazu führt, zu einer Bewegung anzusetzen. Dies erscheint jedoch nur dann paradox, wenn man darauf beharrt, der Verstand sei vom Gehirn getrennt und die Beziehung der beiden sei ähnlich der eines befehlshabenden Offiziers zu seinen Untergebenen. Diese Auffassungsproblematik verschwindet jedoch, wenn wir zu der Erkenntnis gelangen, daß »wir unser Gehirn sind«, oder mit den Worten des Gehirnforschers Eric Harth ausgedrückt: »Die Macht, sein eigenes Verhalten festzustellen, ist nicht in der Macht einer Einheit (dem Verstand) über eine zweite (dem Körper) begründet, sondern im Einfluß, den das Gehirn auf sich selbst ausübt.«

Zweite Folgerung aus Kornhuber's Experiment ist die Erhärtung von Evarts' Ansicht, daß eine bestimmte Bewegung nicht nur von einer Zone des Gehirns ausgeht. »Unterzog man motorische Akte oder Wahrnehmungen gründlicher Untersuchung, konnte man feststellen, daß eine große Zahl von Nervenzellen in verschiedenen Teilen des Gehirns miteinbezogen war. Aus diesem Grund scheint es auch wahrscheinlich, daß der Vorgang aufmerksamen Bewußtseins notwendigerweise eine große Anzahl Zellen verschiedener Gehirnregionen mit einbezieht«, bemerkte der Nobelpreisträger Ragnar Granit, ein Neurophysiologe.

Zwar ist die Hirnrinde zweifellos die Hauptzone des Bewußtwerdungsprozesses, der eine Bewegung begleitet, aber der ursprüngliche Bewegungsimpuls kann ohne intern erstellte motorische Programme nicht in die Tat umgesetzt werden, wobei diese wiederum von Beiträgen von Gehirnzonen tief unterhalb der zerebralen Hemisphären abhängen. Ich kann ganz bewußt den Willen haben, einen Bleistift aufzuheben; der Mechanismus, durch den diese Handlung in die Tat umgesetzt wird, bleibt jedoch außerhalb meines Bewußtseins. Diese Unfähigkeit, bewußten Kontakt mit den »motorischen Programmen« herzustellen, hat wichtige philosophische Auswirkungen auf die Theorien des freien Willens. In diesem Augenblick kann ich die besondere Zusammenstellung von Muskelreaktionen, die ins Spiel kommen, wenn ich meinen Namen schreibe, nicht »wollen«. Ich kann lediglich beschließen, meinen Namen zu schreiben und die Handlung ihren eigenen unerforschlichen Weg nehmen lassen. Wir wissen jetzt, daß diese Wege Feedbacks von der Hirnrinde zu den Sinneszonen des Kortex, den Thalamus hinunter beinhalten, wobei die subkortikalen Zonen und besonders die Basalganglien ihren Beitrag leisten.

Das Ausmaß, in dem dieser Vorgang zu bewußter Erkenntnis gelangen kann, ist in der Tat sehr gering. Tatsächlich wissen wir sehr wenig über uns selbst im Hinblick auf den Mechanismus, wie Wille in bestimmte Bewegungen umgewandelt wird. Trotzdem: Wir sind nur wir selbst, wenn wir handeln. So bietet uns die gegenwärtige Gehirnforschung doch recht viel; zwar ist ihr Beitrag zur Lösung gewisser philosophischer und psychologischer Rätsel nicht zu groß, sie zeigt uns jedoch, daß Philosophen und Psychologen die falsche Art von Fragen stellten.

Es gibt ebensowenig im Gehirn der Menschen ein Zentrum für willentliche Bewegung, wie es im Gehirn des Schwans ein Zentrum für die Schönheit und Komplexität seines Fluges gibt. Insofern ergibt der Glaube, daß wir durch Studieren des Gehirns dazu gelangen, uns selbst zu verstehen, nur Sinn, wenn unsere Forschung auf die Enthüllung ausgerichtet ist, wie Absicht in den Mustern unserer Neuronenorganisation verschlüsselt und bei Bedarf in Bewegung umgesetzt werden kann. Diese Anordnung schließt zahlreiche Zentren und Ebenen unseres Gehirns mit ein. Wie stehen sie untereinander in Beziehung, was ist das Ausmaß ihrer gegenseitigen Einflußnahme, mit welchen Mitteln kommt die Bewegung zustande? Diese Fragen bleiben weiterhin unbeantwortet. Der erste Schritt zur Lösung dieser Rätsel ist, zu erkennen, daß die Grenzen zwischen freiwilliger und unfreiwilliger Bewegung nicht so scharf gezogen sind, wie uns bisher immer glauben gemacht wurde.

Die Feststellung, daß viele unserer uns am stärksten bewußten Aktivitäten, darunter solche, die wir uns ganz besonders zugute schreiben (zum Beispiel unser Tennisspiel) bedeutende unfreiwillige Komponenten aufweisen, ist faszinierend. Und es gibt guten Grund zur Annahme, daß es insgesamt vorteilhafter für uns ist, viele Bewegungen auszuführen, ohne sich ihrer bewußt zu werden.

Taisen Deshimaru, ein japanischer Kriegskünstler, stellt zu seinen Angriffstechniken folgendes fest: »Es gibt keine Wahl. Es geschieht unbewußt, automatisch, natürlich. Es darf kein Gedanke aufkommen, denn für Gedanken ist Denkzeit erforderlich und das bedeutet Fehler . . . Nimmst Du Dir Zeit zu denken: ›Ich muß jetzt diese oder jene Technik anwenden‹, wirst Du niedergeschlagen, während Du noch denkst.«

Eine ähnliche Abhängigkeit von automatischen Abläufen findet man beim Tennis, Ballett, Fußball und im Boxsport. Eigentlich läuft die Aufregung um ein sportliches Ereignis häufig auf die Frage hinaus, ob die Wettkämpfer ausreichend trainiert sind, um auf jede Herausforderung richtig zu reagieren. Sagen wir von einem Spieler, er sei nicht in Höchstform, so meinen wir damit seine Neigung, nicht völlig aus sich herauszugehen, Bruchteile von Sekunden zu zögern, jedenfalls genug Zeit, um die Siegeschance verstreichen zu lassen. Zwar stellt man über die geistigen Fähigkeiten eines erfolgreichen Athleten derzeit viele Mutmaßungen an, aber selten befindet sich unter den Kommentatoren einer, der darauf hinweist, daß unbewußt gelenkte *unfreiwillige Bewegungen* den Superstar vom normalen Fußgänger unterscheiden.

Die gegenwärtige Gehirnforschung liefert Beweismaterial für die Ansicht über die Bedeutung »motorischer Programme« bei Athleten – wobei diese Ansicht mindestens bis 1890 zurückverfolgt werden kann. Damals schrieb A.T. Dudley in einem Artikel, der in *Harvard Monthly* erschien, über »die geistigen Fähigkeiten eines Athleten«:

»Entscheidendes Merkmal eines guten Spielers ist: Er vertraut auf sein Training und seine Erfahrung, er verläßt sich während eines schwierigen Spiels ganz auf seine Impulse und überlegt sich nicht jede einzelne Bewegung ... Ein erstklassiger Spieler wägt nicht ab, sondern handelt so, wie seine Impulse es ihm eingeben; er übertrifft sich ständig und spielt umso besser, je stärker der Druck ist, dem er ausgesetzt ist.«

Um unsere Diskussion über Sehen und Bewegung auf einen Nenner zu bringen: Überlegen Sie sich einmal einige der Vorgänge im Gehirn eines Starathleten. Betrachten Sie einen Sprung des weltbesten Kunstspringers Greg Louganis.

Ein erfolgreicher Sprung von Greg hängt von der präzisen Ausführung einer Reihe von Muskelbewegungen ab, wobei jede von ihnen zeitlich genauestens abgestimmt sein muß, um visuelle, motorische und sensorische Anweisungen gleichzeitig zu kombinieren. Die kleinste Abweichung des motorischen Ablaufs kann zu einem Fehler mit Lähmungen und schlimmstenfalls dem Tod als Folge führen. Bei der Ausführung einer derart komplexen Übung hat der Springer keinerlei Zeit zu überlegen, wann und wie er einen Arm oder ein Bein bewegen muß. Ebensowenig kann er das schnelle Wechseln der Bewegungen der Augen, Hände und Beine bewußt koordinieren. Ein »automatisches Programm« ist notwendig, das nach einem gewissen Trainingszeitraum die erforderlichen Bewegungen ohne die geringste Verzögerung koordiniert. Zur Durchführung dieser hervorragenden Leistung wird ein beachtenswertes Organ verwendet: das Zerebellum (Kleinhirn).

Obwohl das Kleinhirn Teil des menschlichen Gehirns ist, weist es eine ihm eigene Gehirnzellenanordnung auf. Es hat aber noch weitere besondere Eigenschaften. In ihm befindet sich die vollständige motorische und sensorische Vertretung des Körpers. Wird diese empfindliche Struktur beschädigt, so erfolgt daraufhin nicht Muskelschwäche oder irgendeine feststellbare Wahrnehmungsveränderung. Vielmehr verliert eine Person mit verletztem Kleinhirn die Fähigkeit, so offensichtlich einfache Dinge wie entlang einer geraden Linie zu gehen, auszuführen; der Patient mag betrunken erscheinen, auch wenn er kein alkoholisches Getränk zu sich genommen hatte. Ist die Erkrankung des Kleinhirns erheblich, kann der Patient nicht einmal mehr in der Lage sein, ohne Hilfe anderer aufrecht zu sitzen. Augen- und Handbewegungen werden ihrer Koordinationsfähigkeit beraubt, so daß eine einfache Geste wie das Kratzen der Nasenspitze zum heftigen fehlgeleiteten Schlag ins Gesicht ausarten kann. Das Kleinhirn ist also für die Koordination von Muskelspannkraft, Haltung und Bewegung der Augen und Hände verantwortlich. Dazu erhält es sensorische Informationen von jedem Teil des Körpers, die dann an seinem vorderen und hinteren Ende zusammengefügt werden.

Der Kleinhirnvorderlappen kann durch die aufgestaute Wirkung von Alkoholgenuß über viele Jahre hinweg zerstört werden. Da diese Zone für die Stabilität der Beine und des Rumpfes verantwortlich ist, stolpert der typische Alkoholiker umher und ist nicht in der Lage, aufrecht auf einem Stuhl zu sitzen. Wird der Schaden mehr seitlich im Zerebellum verursacht, dann schwingen die Hände und Arme wild am Ziel vorbei, wenn der Patient etwas mit den Armen zu erreichen versucht. Eine weniger schwerwiegende Verletzung der Armzone im Kleinhirn ruft subtilere Veränderungen hervor. Ein Patient beschrieb die Schwierigkeiten mit seiner rechten Kleinhirnhemisphäre in folgenden Worten: »Die Bewegungen meiner linken Hand laufen unbewußt ab, aber jede Bewegung meines rechten Arms muß ich mir genau überlegen. Ich gerate leicht in eine Sackgasse und muß nachdenken, bevor ich manchmal von vorn anfange.«

Die Welt wäre wirklich trist, wenn jede Aktivität tatsächlich über das Bewußtsein gelenkt würde, bevor sie ausgeführt werden kann. Aber dank unseres Kleinhirns, das eine wesentliche Rolle bei der »Programmierung« der Einzelheiten spielt, die für die automatische Ausführung geschickter Bewegungen erforderlich sind, wurde uns diese Mühe erspart. Ohne das Zerebellum wäre Greg Louganis niemals in der Lage, die Leiter zum Sprungturm hinaufzusteigen, geschweige denn, in perfekter Haltung dort oben zu stehen und das Signal zum Absprung abzuwarten.

Während Greg den Augenblick zum Start abwartet, erhält sein Kleinhirn über die sensorischen Kanäle, die über den ganzen Körper verteilt sind, Impulse gemeinsam mit Informationen aus der Hirnrinde. Wissenschaftler glauben, daß bereits die Absicht, eine Bewegung auszuführen, insbesondere eine so komplexe wie einen Kunstsprung, die Aktivierung der motorischen Assoziationszonen der Hirnrinde auslöst. Von hier werden zuerst Impulse direkt ins laterale Kleinhirn geleitet, wo ein »Programm« abgefaßt und über mindestens einen Vermittler, den Thalamus, zurück in die zerebralen Hemisphären, in diesem Fall die motorische Hirnrinde, übertragen wird. Die motorische Hirnrinde entspricht dem Geschäftsführer eines Unternehmens, der zwar die Anweisungen erteilt, aber häufig die jeweiligen Ausführungen seinen Untergebenen überläßt. In diesem Vergleich übernimmt die Rolle der »Untergebenen« ein anderer, sich mehr in der Mitte befindlicher Teil des Zerebellums, der über die Befehle der motorischen Hirnrinde, die die Bewegung von Augenblick zu Augenblick gestaltet, informiert wird. Manchmal müssen Anpassungen an die jeweilige Situation vorgenommen werden, im Falle von Greg Louganis an die strenge Federung des Sprungbretts, das Nachgeben des Sprungbretts und das »Gefühl« für die Situation.

Da aber nur wenige von uns im Turmspringen erfahren sind, gehen wir für einen Augenblick zu einem vertrauteren Beispiel für die Kontrolle durch das Kleinhirn über: das Tennisspiel. In einem Interview formulierte Dr. Masao Ito, ein japanischer Kleinhirnexperte, einige der Vorgänge in unserem Gehirn, insbesondere in unserem Kleinhirn, während eines anstrengenden Tennismatches folgendermaßen:

»Das Kleinhirn unterstützt den Tennisspieler auf vielfältige Weise. Zuerst einmal muß der Spieler, sieht er den Ball in der Ferne auf sich zukommen, sehr schnell herausfinden, wo und wann der Ball in seiner Spielhälfte auftrifft. Diese Vorhersage kann von der Hirnrinde übernommen werden. Aber der sehr schnelle Schwung des Tennisschlägers in die richtige Ausgangsstellung, um den Ball wirklich zurückzuschlagen, muß vom Zerebellum vorgenommen werden. Laufen, Springen und das Schwingen der Arme müssen gut koordiniert werden. All diese Funktionen sind Aufgabe des Kleinhirns. Um den Ball in die gewünschte Richtung zu schlagen, sind sehr geschickte Handbewegungen erforderlich. Auch diese Fertigkeit muß das Kleinhirn durch Üben, durch seine Lernfähigkeit erwerben. Auf all diese Art und Weise hat das Kleinhirn großen Anteil am Tennisspiel. Die verschiedenen Aufgaben werden vermutlich von den unterschiedlichen Kleinhirnzonen ausgeführt, die in der Tat zahlreiche funktionelle Einheiten aufweisen.«

Sowohl das Kleinhirn als auch die Hirnrinde des Menschen (wie schon John Hughlings Jackson betonte) arbeiten, indem sie ungewollte Entladungen hemmen, um so geeignetere Muster der Neuronenentladung zu schaffen. Diese Neuronenmuster werden über das Kleinhirn programmiert, das, so Dr. Ito, wie ein Bordcomputer eines Flugzeugs, der den Piloten beim Flug unterstützt, funktioniert.

Nach Dr. Ito »steuert ein Pilot ein Flugzeug, indem er die Düsenmaschine mit Hilfe eines Computers kontrolliert. Bei unseren Bewegungsabläufen kontrolliert die Hirnrinde – wie der Pilot – zahlreiche Muskeln mit Hilfe des Zerebellums, das unser bilogischer Computer ist. Vergleichen Sie jedoch den Menschen mit einem Roboter, werden Sie feststellen, daß die Bewegungen des Roboters viel eckiger und ungelenker sind als die des Menschen. Das kommt daher, daß im Roboter nur ein einziger Computer vorhanden ist, während der Mensch etwa dreißigtausend Computer im Kleinhirn aufweist.«

Versuchen Sie einmal als Beispiel für die vom Zerebellum ausgeführten Aktivitäten folgenden einfachen Test: Halten Sie Ihren Zeigefinger waagerecht etwa fünfzehn Zentimeter vor Ihrem Gesicht und beginnen Sie, so schnell Sie nur können, Ihre Hand von einer Seite zur anderen zu bewegen. Der Finger ist nur noch als Schatten zu sehen, nicht wahr? Nun versuchen Sie, Finger und Hand nicht zu bewegen, während Sie Ihren Kopf so schnell Sie nur können hin- und herdrehen. Weniger undeutlich, nicht wahr? Das Verschwimmen der Konturen wird hauptsächlich durch den Vestibulookularreflex (VOR) verhindert, der vom vestibularen Zentrum (Gleichgewichtszentrum) im inneren Ohr ausgeht und hilft, die Augen auf ein bestimmtes Ziel gerichtet zu halten, während der Kopf sich dreht.

Biegt ein Rennfahrer beispielsweise in eine Haarnadelkurve ein, wird er seinen Kopf vermutlich nach links oder rechts gewendet haben. Diese Drehung muß er schnell korrigieren, wenn er ein Verschwimmmen der Konturen und einen Unfall als Folge vermeiden will. Die sofortige Wiederfixierung des Auges wird von einer kleinen Fläche des Zerebellums kontrolliert. Diese führt die Augen in ihre Ausgangsstellung zurück und fixiert so das Bild im Sehfeld.

Bei Tierversuchen stellten Dr. Ito und andere Forscher eine kleinere Fläche im Zerebellum fest, die für den Vestibulookularreflex verantwortlich ist. Wird dieses Zentrum zerstört, verlieren die Tiere ihre Fähigkeit, plötzliche Kopfbewegungen exakt auszugleichen. Die Dinge verschwimmen ebenso wie unser Finger, als wir ihn sehr schnell vor unserem Gesicht hin- und herbewegten.

Ein stabiles Bild von der Welt zu haben, ist von Person zu Person von unterschiedlicher Bedeutung. Wenn auch das Überleben des Rennfahrers davon abhängt, so stellen andere Beschäftigungen vergleichsweise wenig Anforderungen an den Vestibulookularreflex. Zum Lesen dieses Absatzes muß Ihr Auge in der Lage sein, Zeile für Zeile abzutasten. Sind Sie am Ende einer Zeile angelangt, wechselt Ihr Auge sofort auf die linke Seite und geht eine Zeile tiefer. Manchen Menschen mit Leseschwierigkeiten bereitet dies Probleme, ja, sie lesen viel besser mit einem Auge als mit beiden Augen gleichzeitig. Deshalb kann diese Art Leseschwierigkeit verbessert werden, indem man den Lesenden ermuntert, jeweils ein Auge mit einer Klappe abzudecken.

Zeitlupenaufnahmen von Vögeln zeigen, daß ihr Kopf nahezu bewegungslos verharrt, während der restliche Körper sich in verschiedenen Haltungen und Stellungen bewegt. Wahrscheinlich können Vögel dadurch sehr empfänglich für Bewegungen sein, ohne selbst stillstehen zu müssen. Diese feine Abstimmung geschieht über Verbindungen zum Gleichgewichtszentrum.

Das Bewahren des Gleichgewichts, sei es nun bei einem Vogel, der auf einem Ast entlangspaziert, oder bei Greg Louganis, der vom Sprungturm springt, hängt von einigen verschiedenen Arten von sensorischen Informationen ab. Die Signale werden an Axionen entlang von speziellen Sensoren in den Gelenken, in der Haut und in den Muskeln übermittelt. Ferner ist Sehen für den Orientierungssinn im Raum erforderlich. Probieren Sie doch einmal aus, wie lange Sie bei geschlossenen Augen auf einem Bein stehen können. Dennoch reichen diese einzelnen bisher genannten Komponenten nicht aus, daß das Gehirn die verschiedenen Änderungen im Umfeld abschätzen kann.

Deshalb entwickelten sich im Lauf der Jahrmillionen der Evolution spezielle Organe. Im unteren Hirnstamm aller Wirbel befindet sich ein Schwerkraftsanzeiger, der Otolith (Hörstein). Daran knüpfen sich ein oder mehrere Kanäle, die sogenannten Bogengänge, zur Ermittlung von Drehungen. Diese Strukturen bilden zusammen das vestibuläre Organ, das Orientierungsinformation in den Hirnstamm weiterleitet. Im Laufe der Evolution stülpte sich dieses Organ nach Außen und wurde so das Hörorgan.

Das vestibulospinale System besteht aus Fasern, die sich zu den Muskeln von Nacken, Rumpf und den Gliedern erstrecken. Diese Reflexe dienen als Stabilisatoren. Während normaler Aktivitäten sind die vestibulospinalen Reflexe für korrigierende Bewegungen, die den Kopf ständig in seine Ursprungslage zurückdrehen, verantwortlich. Ferner bestehen Verbindungen zwischen dem Vestibulariskern, dem Hirnstamm, den Augenmuskeln (über den Vestibulookularreflex oder kurz VOR) und dem Kleinhirn (tractus vestibulocerebellaris).

Jahrelang überlegten die Neurologen, was wohl geschähe, würde man die verschiedenen vestibulären Kanäle der Schwerelosigkeit aussetzen. In einem derartigen Rahmen gäbe es keine normalen Richtungshinweise und auch keine Schwerkraft. Wie würden sich die Menschen in einem solchen Umfeld verhalten?

Sollten Sie wieder in einen Vergnügungspark gehen, so beobachten Sie einmal das Durchschnittsalter der Leute, die an den wilderen Fahrten teilnehmen. Je älter wir werden, desto weniger vertragen viele von uns plötzliche Veränderungen der Lage des Körpers im freien Raum. Dies ist auch teilweise der Grund, warum viele Akrobaten und Drahtseilkünstler im allgemeinen sehr jung sind. Kinder genießen das Herumwirbeln, Drehen und Schwingen, während viele Erwachsene, besonders ältere Menschen, dies als äußerst unangenehm empfinden. Aufgrund dieser Überlegungen hatten die Neurologen schwere Bedenken über die Auswirkungen von Reisen in den Weltraum.

Würden die Astronauten Symptome von Seekrankheit entwickeln? Diese Frage war von großer Bedeutung. Würden die Astronauten die starken Orientierungsänderungen durch die Raumfahrt nicht verkraften, könnte das ganze Raumfahrtprogramm gefährdet werden. (Haben Sie schon einmal versucht, bei Seekrankheit zu arbeiten oder wenigstens einfache Tätigkeiten zu verrichten?) Glücklicherweise ist das vestibuläre System sehr flexibel, und es fiel den Astronauten nicht allzu schwer, sich der neuen Umgebung anzupassen. Dr. Joseph Kerwin, der erste Arzt an Bord eines Raumschiffes, beschrieb seine Erfahrungen mit der Schwerelosigkeit während des Fluges von Skylab II 1973 folgendermaßen:

»Ich würde sagen, es gab überhaupt kein Gleichgewichtsgefühl, weder für die Horizontale noch für die Vertikale. Ich hatte überhaupt keine Vorstellung mehr, wo sich die Erde befand, es sei denn, ich sah sie zufällig. Ich besaß keinerlei räumliche Beziehung mehr zu den einzelnen Kabinen des Raumschiffs, wußte nicht mehr, was oben und was unten war. Was man für oben hält, ist eben oben. Nach einigen Tagen der Gewöhnung spielt man ständig damit. Es verleiht ein wunderbares Gefühl der Macht über den Raum um uns. Ein Schließen der Augen ließ alles verschwinden. Dann wurde der eigene Körper selbst zum Planeten, und man wußte nicht mehr, wo die Außenwelt war.«

Die rasche Anpassungsfähigkeit der Astronauten an die schwerelose Umgebung ist der Plastizität des menschlichen Gehirns zu verdanken. Raumfahrt war eine völlig neue Erfahrung. Trotz der hohen Belastung paßte sich das vestibulare System an und, was noch wichtiger ist, reorientierte sich beim Wiedereintritt in die Erdatmosphäre.

Testversuche nach Rückkehr der Astronauten enthüllten Schwierigkeiten bei der Durchführung so einfacher Aufgaben wie mit geöffneten Augen auf einer schmalen Schiene zu stehen. Bei geschlossenen Augen war das Ergebnis noch schlechter. Alle Versuche wurden nach einigen Tagen jedoch wieder normal ausgeführt. Diese Ergebnisse zeigen, daß lange Zeiträume der Schwerelosigkeit die Haltungsmechanismen beeinträchtigen, diese sich jedoch bald normalisieren, wenn sie den gewohnten Schwerkraftsbedingungen wieder ausgesetzt sind. Ein ähnlicher Vorgang findet statt, wenn man nach einer mehrtägigen Schiffahrt wieder festes Land betritt. Während der ersten paar Stunden spürt man schwankende Bewegungen des Bodens, aber nach einer gewissen Zeit, die sich von ein paar Stunden bis zu ein paar Tagen erstrecken kann, passen sich das Gleichgewichtssystem und seine Verbindungen an, und der Boden unter den Füßen erscheint wieder fest.

Eines der Wunder des menschlichen Gehirns ist die Koordination von Sehen und Bewegung. Funktioniert das Gehirn jedoch nicht richtig, so können schreckliche Dinge passieren. Erinnern Sie sich an den Komiker Terry Thomas, ein Mann, der einst die ganze Welt zum Lachen brachte? Eines Tages erzählte ihm sein Arzt, er leide an der Parkinson'schen Krankheit. Diese ist von einem Dopaminmangel gekennzeichnet. Normalerweise fungiert Dopamin als Bote zwischen den Gehirnzellen (ein Neurotransmitter). Teilt eine Zelle einer anderen etwas mit, so wird eine winzige Menge Dopamin in die Kluft zwischen den beiden Zellen freigesetzt, dann von einem speziellen Dopaminrezeptor auf einer zweiten Zelle aufgenommen, worauf diese zweite Zelle aktiviert wird.

Fehlt Dopamin, wie bei Terry Thomas, läuft alles falsch. Viele Zellen können nicht aktiviert werden und können entsprechend keine Ladungen abgeben. Dies zeigt ganz spezielle und ungünstige Auswirkungen bei Patienten mit »Parkinson«. Die Bewegungen werden langsamer, manchmal tritt ein Zittern auf, und die Patienten scheinen vorwärtszuschlürfen. Ziemlich bald folgt der Verlust der Elastizität und Beweglichkeit der wichtigsten Gelenke.

»Jetzt sind meine Ohrläppchen mein bestes Stück« bemerkte Thomas einmal mit bitterem Humor. »Sie sind immer noch fest und muskulös. Der restliche Körper ist auf die eine oder andere Weise von diesem Syndrom befallen.«

Terry Thomas beschrieb mit sehr treffenden Worten, wie es sei, einen Körper, der von Parkinson befallen ist, durch eine Türöffnung hindurch zu manövrieren. »Es ist, als seien die Füße am Boden festgeklebt. Ich versuchte sogar hindurchzutanzen, und manchmal klappte das auch. Und dann sagte ich mir, aha, also so geht's, dann machst du's eben so, und wenn du's dann am nächsten Tag wieder probierst, fällst du hin, fällst einfach auf dein Hinterteil.«

Eine Zeitlang schien es, als sei eine Heilung des Parkinson möglich. In den späten sechziger Jahren gelang Chemikern die synthetische Erzeugung eines chemischen Vorläufers von Dopamin: L-dopa. Man stellte fest, daß viele der Symptome nachließen, wenn ein Patient eine ausreichend hohe Dosis L-dopa einnahm. Leider war die Besserung nicht von

Dauer. Man benötigte eine immer größere Dosis des Medikaments, um immer weniger zu erreichen.

Außerdem käme ein Überfluten des Gehirns mit L-dopa dem Versuch gleich, das öffentliche Transportsystem einer großen Stadt dadurch verbessern zu wollen, daß man jedem seinen eigenen Bus zur Verfügung stellt. Im Nu würden sämtliche Schnellstraßen mit Fahrzeugen verstopft sein, die den normalen Straßenverkehr privater Autos oder Motorräder stören würden. Zuviel L-dopa kann die übrigen Neurotransmitter ebenso beeinträchtigen wie ein eigener Bus für jeden den übrigen Verkehrsfluß. Es gibt aber noch weitere Schwierigkeiten.

Die Wirkung des Medikaments läßt oft nach, manchmal zum ungünstigsten Zeitpunkt, worauf der Patient in einem Zustand der Immobilität erstarrt. Außerdem wirkt sich L-dopa sehr auf die Stimmung des Patienten aus. Depressionen und unerklärliche Hochgefühle können mit Schlaf und geistiger Stabilität abwechseln. Und dann herrscht da noch der Verdacht – wobei es bis jetzt wirklich nur ein Verdacht ist – daß das Medikament die Zerstörung der Gehirnzellen, die natürliches Dopamin produzieren, beschleunigt. Deshalb suchten die Wissenschaftler nach Wegen, geringe Dopamindosen den Zonen, in denen es benötigt wurde, zu verabreichen.

Dr. Anders Bjorklund von der Universität von Lund in Schweden gelang es, Dopaminzellen eines Rattanembryos in eine ausgewachsene Ratte zu übertragen. Er begann sein Experiment, indem er durch chirurgischen Eingriff einen Teil des Mittelhirns, das die Zellen zur Dopaminproduktion enthält, abtrennte. Diese Zellen sind dicht aufeinander gelagert. Auf einer etwa einen halben Millimeter großen Fläche befinden sich mehr als 30 000 Zellen mit Dopamin.

»Meine Vorstellung ist, daß diese Dopamin enthaltenden Nervenzellen die beschädigten Zellen des operierten erwachsenen Tieres ersetzen und hoffentlich so die motorische Funktion dieser Tiere wiederherstellen«, erklärte Bjorklund während der Dreharbeiten zur Serie »Das Gehirn«.

Nach Einsammeln der Dopamin produzierenden Zellen pflanzte Bjorklund diese in Ratten ein. Einige dieser Implantate machten die motorischen Abnormalitäten der Ratten erfolgreich rückgängig und bildeten so eine entsprechende »Heilmethode« für eine Krankheit bei Ratten, die dem Parkinson beim Menschen sehr ähnelt.

Bjorklund bemerkte hierzu: »Die wesentliche Erkenntnis, die wir aus diesen Experimenten gewonnen haben, ist, daß Embryonalzellen, die man in einem sehr frühen Stadium ihrer Entwicklung entfernt, ihr

Entwicklungsprogramm in der neuen Umgebung eines geschädigten Gehirns fortsetzen können.«

An dieser Stelle ist es wichtig, darauf hinzuweisen, daß weder Bjorklund noch sonst irgendjemand auf der Welt eine »Gehirntransplantation« durchführt. Es wird lediglich ein Teil – wenn auch ein bedeutsamer Teil – des Gehirns von einem Tier auf ein anderes verpflanzt, um die Unfähigkeit des geschädigten Gehirns, den neurochemischen Stoff Dopamin zu produzieren, auszugleichen. Nicht, daß dieses Verfahren von philosophischer oder ethischer Problematik frei ist – einige Leute widersetzen sich bereits der Einmischung ins Gehirn, da es der strukturelle Unterbau für den Verstand und möglicherweise auch für die Seele ist.

»Bei diesem Thema, so glaube ich, ist es wichtig, sich darüber klar zu werden, daß wir heute bereits die Manipulation des Nervensystems akzeptieren«, sagt Bjorklund. »Mit jeder Droge, die sich auf die Gehirnfunktionen auswirkt, findet doch bereits eine Art der Manipulation statt. Und vielfach sind sie eine wesentlich weniger kontrollierbare Form der Manipulation unseres Verstandes, als dies Zelltransplantationen jemals wären.«

Bjorklund macht jedoch auch sofort deutlich, daß Transplantate nicht notwendigerweise eine Heilmethode gegen die Parkinson'sche Krankheit seien. Es gibt immer noch zu viele nicht kontrollierbare Variablen. Wo befinden sich die Dopaminzellen zur Verwendung für die Transplantation? Was macht man bei einer Abwehrreaktion auf das Transplantat? Zwei Patienten unterzogen sich bereits einer Zellenverpflanzung. Nils Bergendahl, dem die Operation nicht den gewünschten Erfolg brachte, sagte, er wäre jederzeit zu einem neuen Versuch bereit, würden ihn die Ärzte dazu auffordern. Greta Skoglof ist der Meinung, sie könne sich seither besser bewegen und sie spüre insgesamt, daß die Operation ein Erfolg gewesen sei. Diese beiden schwer beschädigten Menschen, die ersten, die sich einer Gehirntransplantationsoperation unterzogen, helfen den Wissenschaftlern in ihrem Verständnis, wie Bewegung im Gehirn vermittelt wird und was geschieht, wenn dieses unglaublich komplexe System zusammenbricht.

Noch außergewöhnlicher als sein Zusammenbruch und der Versuch der Neurologen, ihn zu beheben, sind die wunderbaren Leistungen des Gehirns, wenn es richtig arbeitet: ein Glas Wasser hochzuheben oder, wie Greg Louganis, ein perfekter Sprung von einem zehn Meter-Sprungturm.

Häufige Fragen zum Gehirn

Frage: Ist es wahr, daß wir nur ein Zehntel unseres Gehirns benützen?
Antwort: Die Behauptung, wir würden nur etwa ein Zehntel unseres Gehirns benützen, rührt wahrscheinlich von der Beobachtung her, daß sich Menschen von Verletzungen großer Teile ihres Gehirns erholen können, ohne sichtbare Veränderungen in ihrem Verhalten zu zeigen. Andererseits steht auch fest, daß die Zerstörung eines sehr kleinen Teils anderer Gehirnzonen (zum Beispiel die Sehzone) eine verheerende Wirkung haben kann.

Keiner weiß genau, wieviele Neuronen das menschliche Gehirn enthält. Allein aus diesem Grund ist es unmöglich zu bestimmen, welcher Prozentsatz zu einem bestimmten Zeitpunkt anzusetzen ist. Auch die neuzeitliche Technologie reicht nicht aus, die enorme Anzahl Neuronen, die an der einfachsten Tätigkeit beteiligt sind, zu messen. Eine ehrliche Antwort auf die Frage ist: Wir wissen es ganz einfach nicht.

Frage: Wie ist das Verhältnis zwischen Intelligenz und Größe des Gehirns? Ist das Gehirn eines Genies größer als das eines durchschnittlich begabten Menschen?

Antwort: Es gibt keinerlei Beweis über einen Zusammenhang zwischen »größerem Gehirn« und höherer Intelligenz. Tatsächlich können wir manchmal das Gegenteil beobachten: Einige Formen geistiger Behinderung können mit einem größeren Gehirn zusammenhängen.

Frage: Ist es wahr, daß man mit jedem Glas Alkohol 100 000 Gehirnzellen abtötet?

Antwort: Alkohol als Neurotoxin (Nervzellentöter) bleibt umstritten. Mit Ausnahme von Absinth konnte bei keinem alkoholischem Getränk ausreichend nachgewiesen werden, es handle sich um ein Neurotoxin. Zweifellos gibt es jedoch einen Zusammenhang zwischen Alkohol und Gehirnschädigung. Alkohol liefert beispielsweise Kalorien, die den Appetit eines Menschen verringern. Deshalb ernähren sich viele Alkoholiker unzureichend und nicht ausgewogen. Der Mangel an Vitamin B-Komplexen führt zur direkten Zerstörung von Gehirnzellen, insbesondere in den Zonen, die für Gedächtnis und Koordination zuständig sind. Kann ein Alkoholiker dazu überredet werden, normal zu essen, durch zusätzliche Vitamine gestützte Mahlzeiten zu sich zu nehmen, so scheint es möglich, viele schädliche Wirkungen von Alkohol zu vermeiden.

Ständiges Alkoholtrinken, besonders in großen Mengen, führt ferner zu metabolischen Veränderungen im Gehirn. Plötzliches Absetzen von Alkohol führt zu Entzugserscheinungen – dem Delirium tremens, wobei es wahrscheinlich ist, daß wiederholte Anfälle von Delirium tremens zu bleibenden Schäden im Gehirn führen.

3. Rhythmus und Antrieb

Das menschliche Gehirn ist gleichzeitig das mächtigste und das hilfloseste biologische Organ. Das Gehirn kann zwar sehr komplizierte theoretische Systeme der Philosophie ausarbeiten, es wird jedoch auch von seiner inneren und äußeren Umwelt tiefgreifend beeinflußt. Sinkt der Sauerstoff- oder Glukose(Zucker)-spiegel im Blut, hört das Gehirn auf zu funktionieren. Gemeinsam mit allem Lebenden muß sich das Gehirn auch an eine Umwelt anpassen, die von mächtigen Rhythmen bestimmt ist: Tag und Nacht, Sommer und Winter, Ebbe und Flut. In den letzten Jahren fanden Wissenschaftler heraus, daß eine Methode des Gehirns, sich diesen Wechseln anzupassen, darin besteht, seine eigenen starken Rhythmen zu bilden.

Heute wissen wir, daß diese Rhythmen für eine Anpassung von entscheidender Bedeutung sind. Eine Unterbrechung dieser Rhythmen im Menschen kann, wie wir gleich sehen werden, zu ernsthaften Folgen führen, von einem Rückgang der Arbeitsproduktivität bis zur Sterilität, ja sogar bis zu mörderischer Wut.

Die bedeutendsten Umwelteinflüsse auf die biologischen Rhythmen sind die planetarischen Bewegungen. Durch die Rotation der Erde um ihre polare Achse entsteht der beherrschende Rhythmus von Tag und Nacht (die »zirkadiane Periodik« von der Dauer etwa eines Tages). Die Drehung der Erde um die Sonne führt das Fortschreiten der Jahreszeiten mit sich. Durch die komplizierten Bewegungen des Mondes in Beziehung zur Erde und zur Sonne entsteht der Mondmonat, und durch die Auswirkungen der Schwerkraft von Mond und Sonne entstehen die Zyklen von Ebbe und Flut.

Forschungsarbeiten während des letzten Vierteljahrhunderts ergaben, daß diese vier rhythmischen Vorgänge in allen lebenden Organismen Anpassungen mit selbsterzeugten biologischen Rhythmen hervorriefen. Oft kann man diese Rhythmen an den Veränderungen, die sie im Verhalten verursachen, erkennen.

- Jedes Jahr schwimmt ein silbriggrüner, etwa zehn Zentimeter langer Fisch, der in der Gegend von San Pedro in Kalifornien häufig vorkommt, bei höchstem Flutstand an die Küste. Ausgelöst wird seine Wanderung durch Veränderungen im Wasserdruck aufgrund des Ebbe-Flut-Rhythmus. Nachdem er durch eine Welle an Land gespült wurde, paart sich der kalifornische Ährenfisch und legt Eier nach Befruchtung durch das Männchen direkt unter die Sandoberfläche. Dann schwimmt der Fisch wieder zurück in den Ozean. Zwei Wochen später, wieder bei Flut, schlüpfen die jungen Fische aus den Eiern und werden ins Meer hinausgetragen.

- Die Brutzeit des sibirischen Hamsters fällt mit den Veränderungen der Größe der Hoden des Männchens zusammen, die jedes Jahr in Einklang mit den Jahreszeiten Frühjahr und Herbst wachsen und schrumpfen. Bei einigen Erpeln treten Veränderungen der Genitalgröße auf, auch wenn man sie künstlich in völliger Dunkelheit oder ständigem Licht hält. Schafe, die drei Jahre lang nur im Hellen aufwachsen, sind zur gleichen Zeit trächtig wie ihre Artgenossen, die unter natürlichen Lichtbedingungen leben. Diese Enten und Schafe weisen einen eingebauten Sexualrhythmus auf. Sie haben äußere Umweltrhythmen in ihr eigenes genetisches Programm aufgenommen.
- Viele Vogelarten sind Zugvögel und fliegen unbeirrt Jahr für Jahr zum gleichen geographischen Ort.
- Winzige submikroskopische Flagellanten (eine Algenart) blinken im Meer auf und ab entsprechend einem besonderen Rhythmus.
- Pflanzen bewegen sich in deutlicher Übereinstimmung mit den Zyklen von Licht und Dunkelheit.

Wichtigster äußerer Schlüssel zur Festsetzung der biologischen Rhythmen ist das Licht. Tiere unterscheiden sich in Tag- oder Nachttiere und teilen ihre Ruhe- und Aktivitätsperioden nach Morgen- und Abenddämmerung ein. Licht in Form von kurzen Tagen sagen dem Bären lange bevor die Abende kalt werden, wann er seinen Winterschlaf vorbereiten muß. Im Frühjahr regt Licht die Hormonproduktion bei Präriehunden an und beginnt so den Zyklus ihrer Arterhaltung. Bei fast jedem Landtier ist Licht der wichtigste Zeitgeber, mit großem Abstand gefolgt von Temperatur.

Bei den Menschen ist die Lage weitaus komplizierter. Die Herstellung von Kerzen und später die Nutzung von Elektrizität befreite uns von der Abhängigkeit der Zeitansage durch die Sonne. Wir haben in der Tat das Licht als bedeutenden Faktor aus unserem Leben entfernt, so daß die Wissenschaftler geraume Zeit glaubten, daß Licht wenig Einfluß auf unsere innere Uhr habe und Schlaf statt dessen der Schlüssel zu allem sei. Dies trifft jedoch nicht mehr zu. Starkes Licht wird nun als einer der zahlreichen Beiträge zur Lenkung oder Modifizierung unserer internen Rhythmen anerkannt.

Eine Art, sich Rhythmen klarzumachen, ist sich vorzustellen, wie ein Musikstück immer langsamer wird, bis man am Ende nur noch unverständliche Töne hört. Nehmen wir einmal an, Sie hören die amerikanische Nationalhymne – nach ein paar Minuten hören Sie nur noch ein paar endlos in die Länge gezogene Noten. Sie würden den Grundrhythmus der Hymne nicht mehr wahrnehmen und sie deshalb nicht mehr als solche erkennen.

Ähnlich sind sich die meisten Menschen der inneren Rhythmen unserer täglichen biologischen Vorgänge nicht bewußt. Wenn wir jedoch einige dieser Rhythmen messen und graphisch darstellen – wie zum Beispiel unsere tägliche Körpertemperatur oder unseren Schlafrhythmus –, kommt dies einem Beschleunigen in der Musik gleich. Plötzlich hören wir den Rhythmus und erkennen die Klänge als Teil der Nationalhymne.

Stellen Sie sich einmal vor, wie es wäre, einen 24-Stunden-Tag auf zwei Minuten zu reduzieren, als eine Zeitrafferaufnahme von Spielen, dann Essen, dann Schlafen oder Arbeiten. Würde jemand eine Videoaufnahme von Ihrem Tagesablauf machen und diese dann sehr schnell abspielen, würden Sie vielleicht anfangen, die Grundrhythmen Ihres Lebens zu erkennen. Aber Sie würden feststellen, daß die Zeitrahmen Ihrer Rhythmen variieren. Einige dauern wenige Sekunden, andere Minuten, Stunden, Tage, Wochen oder noch länger.

Der Blutdruck weist eine Fluktuation bis zu 20 Prozent während der verschiedenen Tag- und Nachtzeiten auf, wobei er am Morgen am niedrigsten und am Nachmittag am höchsten ist.

Die Zahl der weißen Blutkörperchen, die Antikörper im Blut gegen Infektionen, verändern sich um bis zu 50 Prozent von einem Zeitpunkt zum anderen. Ein derartiges Schwanken hat praktische Auswirkungen: Ein Medikament mit dem unerwünschten Nebeneffekt der Verringerung der Anzahl weißer Blutkörperchen kann eine starke Infektion hervorrufen, wird es zur falschen Tageszeit eingenommen.

Die Anwendung von Krebsmitteln bei Mäusen zeigten unterschiedliche Wirkungsgrade in Abhängigkeit von ihrer Verabreichung in bezug auf den zellulären Rhythmus. Auch bei Krebs im Menschen wurde die Beobachtung gemacht, daß Strahlenbehandlung bessere Ergebnisse zeigte, wenn der Tumor die höchste Tagestemperatur erreicht hatte.

Gewichtszunahme und -abnahme hängt häufig damit zusammen, zu welcher Tageszeit man ißt. Unter Diättherapeuten auf der ganzen Welt gilt der Grundsatz, daß die schwersten Mahlzeiten früh am Tag eingenommen werden sollten. Die höchste Gewichtszunahme tritt nach einem sehr kalorienreichen Mahl, das am späten Abend gegessen wurde, ein. Unsere Fähigkeit, Alkohol zu vertragen, variiert nach ähnlichen Regeln: Ein Drink am frühen Abend wirkt weniger »vergiftend« als einer nach Mitternacht.

Zwar wird das Vorhandensein der ultradianen Periodik (häufiger als ein Tag) nicht angezweifelt, doch herrscht beträchtliche Verwirrung über ihre Bedeutung. Was ist der »Grund« für einen kürzeren ultradianen Rhythmus, der in einem Zeitabstand von, sagen wir, zwanzig Minuten bis sechs Stunden abläuft?

Dr. Serge Daan von der zoologischen Abteilung der Groningen Staatlichen Universität in Haren, Holland, studierte kurzzeitige Aktivitätsrhythmen. Er ist der Ansicht, daß viele von ihnen an Nahrungsaufnahme und an metabolische Bedürfnisse phasengebunden sind. Die Nahrung kann je nach äußeren Gegebenheiten karg oder üppig sein. Deshalb finden wir bei grasenden Tieren ein regelmäßiges Rhythmusmuster beim Füllen ihres Magens, das sie vor Mangel schützt. Hinzu kommt, daß die Nahrung schwer verwertet werden kann, nimmt man sie auf einmal zu sich.

Eine noch interessantere Erklärung für ultradiane Periodik betrifft das Vorhandensein von Verfolger-Vermeidungsmustern. Bei Wühlmäusen, Daan's besonderem Forschungsfeld, birgt die Nahrungssuche ein tödliches Risiko durch ihre Verfolger in sich. Da diese Risiken aufgrund unvorhersehbarer Faktoren variieren können, ist es allgemeine Verhaltensweise der Wühlmäuse, sich Tag für Tag an einen festen Zeitplan zu halten. Durch die mengenmäßige Sicherheit verringert sich die Wahrscheinlichkeit, daß eine bestimmte Wühlmaus getötet wird.

»Eine Wühlmaus, die gemeinsam mit ihren Artgenossen ihre Nahrung zu sich nimmt, hat eine etwas größere Aussicht, dabei nicht gefaßt zu werden als eine Maus, die alleine zu einem anderen Zeitpunkt frißt«, meinte Daan. »Dieser Rhythmus scheint die Sicherheitsvorkehrung des Organismus, daß mehrere Variablen psychologischer und motivierender Zustände ein angemessenes Gleichmaß erzielen, zu sein, um so eine optimale Verhaltenskoordination zu erzielen... Dies könnte eine Erklärung für die Regelung der zirkadianen Periodik der Nahrungsaufnahme bei Wühlmäusen sein.«

Während einer weiteren Feldstudie an der Westküste von Spitzbergen beobachtete Serge Daan das Verhaltensmuster drei Wochen alter Lummen (tauchende Seevögel), die von ihren Brutplätzen auf den Klippen ins Meer sprangen. Sogar bei konstantem Tageslicht hüpften sie in einem vierstündigen Rhythmus von den Felsen herab. Dieser Zeitabstand entsprach dem niedrigsten Stand der Raubaktivitäten ihrer Feinde (vier

Arten arktischer Füchse), es war die Zeit, in der früher erbeutete »Lummenmahlzeiten« in den Gedärmen der Füchse noch verdaut wurden. Die Füchse waren ganz einfach an weiteren Lummen weniger interessiert.

Zusammengefaßt entdeckte Daan, daß ein gewisses Verhalten (die ins Meer springenden Lummen) phasengebunden war an die Perioden, in denen das Todesrisiko am geringsten war. Wie wurde dieser Rhythmus errichtet? Wo im genetischen Programm der Lummen verbirgt sich solche Weisheit? Und wie wird es im Gehirn in eine Nachricht umgewandelt, die einer neugeborenen Lumme sagt, wann der Sprung sicher ist? Bis heute finden wir auf solche Fragen keine Antwort, sie sind jedoch äußerst interessant.

Das Vorhandensein solch »vernünftigen« und sogar »intelligenten« Verhaltens läßt auf einen »Verstand« schließen. Sicherlich, betrachtet man das Verhalten der Lummen von der Sicht der unter den gegebenen Umständen bestmöglichen Handlungsweise, so könnte es kaum besser

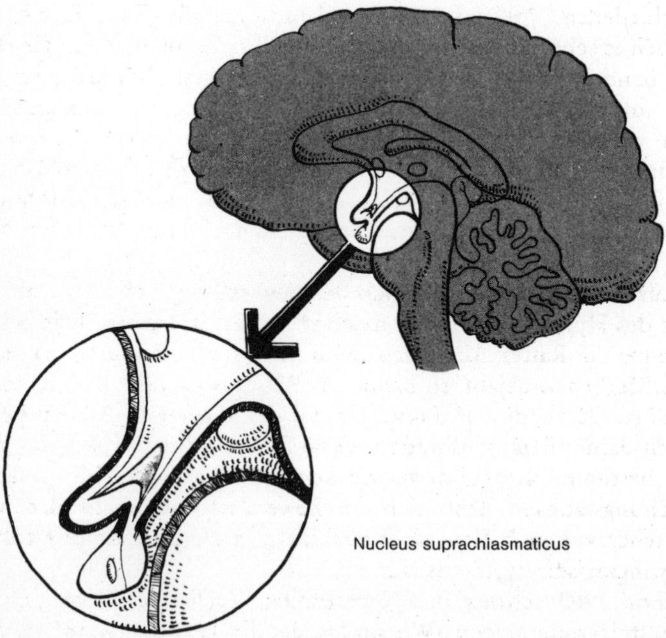

Der Nucleus suprachiasmaticus, die Meisteruhr der Natur, befindet sich innerhalb des Hypothalamus.

sein. Wären Sie gezwungen, schwieriges Gelände überwinden zu müssen, täten Sie gut daran, die Informationen sich zu beschaffen, die die Lummen bereits intuitiv besitzen. Wer sind meine Feinde? Wie kann ich sie am besten vermeiden? Besitzt die junge Lumme dafür ein rudimentäres Bewußtsein? Wir werden diese interessante Spekulation später wieder aufgreifen.

Stellen Sie sich vor, Sie stehen in einem Raum, in dem Hunderte von Uhren unabhängig voneinander ticken. Dieses Ticken wird zu einer Kakophonie, die an Ohren und Nerven zerrt. Denken Sie sich nun die Einführung einer Art Superuhr, die diese chaotischen Rhythmen zu einem einzigen zusammenfaßt, so wie ein Konzertprogramm für Klavier die zyklischen Melodien und Themen zusammenfügt, die eine vollständige musikalische Komposition bilden.

Die Wissenschaftler glauben, bei den meisten Säugetieren solch eine »Superuhr« in einem winzigen Zentrum des Hypothalamus entdeckt zu haben, den sogenannten Nucleus suprachiasmaticus (SCN), eine deutlich erkennbare Neuronengruppe, die einen Nukleus von insgesamt 28 verschiedenen Nuklei im Hypothalamus umfaßt. Zwei Eigenschaften machen es sehr wahrscheinlich, daß es sich bei dem SCN um die »Superuhr« handelt. Erstens weist er einen eigenen klar koordinierten Rhythmus auf, einen endogenen Rhythmus, den er auch aufrechterhalten kann, wenn die Gewebe um ihn herum ihre Rhythmen verlieren. Zweitens ist der SCN die Empfangsstation für die vom Auge zum Hypothalamus fließende Information. Auf diesem Nervenweg werden Mitteilungen über die Umweltgegebenheiten von Licht und Dunkelheit ans Gehirn weitergeleitet.

Beim Menschen befindet sich der Nucleus suprachiasmaticus in der Tiefe des Hypothalamus und nicht an seiner Oberfläche (wie beispielsweise bei der Ratte). Aber auch wenn man das Vorhandensein des SCN beim Menschen bejaht, so bleibt das Rätsel, wozu er dient, noch lange ungelöst. Dutzende von Forschern auf der ganzen Welt bemühen sich derzeit darum herauszufinden, welche Prozesse des Körpers von Rhythmen bestimmt sind und wie sie kontrolliert werden. Im Laufe ihrer Forschungstätigkeit häuft sich der Beweis zur Annahme, daß sowohl Menschen wie auch Tiere nicht nur einen, sondern mehrere Oszillatoren (Schwingungserzeuger) besitzen.

Schon 1960 schrieb der Neurobiologe Colin S. Pittendrigh seine Schlußfolgerung nieder: »Wir sind in der Tat gezwungen, unsere derzeitige Ansicht, daß unser Problem darin bestehe, die »endogenen Rhythmen« oder die »innere Uhr« zu isolieren und zu analysieren, aufzugeben, da wir mit der Tatsache konfrontiert sind, daß der Organismus aus einer Vielzahl von quasi-autonomen Schwingungserzeugungssystemen besteht.«

Die Forschungsergebnisse der Neurobiologen während der nächsten 25 Jahre stützen Pittendrigh's Ansicht, daß in verschiedenen Teilen des Gehirns verschiedene Oszillatoren vorhanden seien. Das heißt, gibt es eine Superkontrolle wie den SCN beim Menschen, so kann sie direkt nur gewisse Rhythmen kontrollieren, während sie gleichzeitig als koordinierender Schwingungserzeuger fungiert und die Aktivitäten verschiedener anderer Oszillatoren, die funktionell damit verbunden sind, leiten und vereinen.

Aber wieviele verschiedene Rhythmen gibt es im menschlichen Gehirn? Was ist ihr Zweck? Wie sind sie organisiert? Der Durchbruch bei unserem Verständnis dieser Rhythmen gelang, als die Forscher ihre Versuchspersonen unter Bedingungen sensorischer Isolierung zu studieren begannen. Einer der Hinweise, daß es Zeit sei, zu Bett zu gehen, ist der Sonnenuntergang und die heraufziehende Dunkelheit. Aber nehmen wir einmal an, eine Person befindet sich in einem Raum ohne Fenster und ohne Uhr. Nehmen wir an, es seien keine Hinweise vorhanden, wann es Zeit ist zu essen, zu arbeiten oder zu ruhen.

1960 wurden die ersten Versuche zur Schaffung einer derartigen künstlichen Außenwelt vorgenommen: in einem unterirdischen Bunker in München und in tiefen Höhlen irgendwo in Frankreich. Heute werden noch besser entwickelte Studien der Körperrhythmen in oberirdischen Laboratorien und geräuschisolierten Kammern durchgeführt, in denen die Wissenschaftler die Körperrhythmen der Versuchssubjekte aufzeichnen, ja sogar diese Zyklen durch ausgewählte Veränderungen der Versuchssituation modifizieren können.

In dieser wahrnehmungsfreien Umwelt zeigen die Testsubjekte freilaufende Rhythmen, die sich dem 24 Stunden-Zyklus zwar annähern, aber je nach ihrer Spezies mehr oder weniger davon abweichen. Menschen beispielsweise weisen Rhythmen auf, die im Durchschnitt eine Stunde länger als der 24stündige Normalzyklus sind.

Nach längerer Zeit der Isolierung von den normalen Zeitindikatoren pendeln sich die meisten Menschen auf einen 25 Stunden-Zeitraum der Ruhe und Aktivität ein. In den meisten Fällen halten die Stoffwechsel- und Verhaltenszyklen des Körpers damit Schritt. Aber nicht jeder zeigt einen 25 Stunden-Takt. Manche Versuchssubjekte gleiten in einen 48-50 Stunden-Zyklus – das doppelte des normalen Rhythmus – und sind 33-36 Stunden wach und ruhen zwischen 15 und 12 Stunden. In den meisten

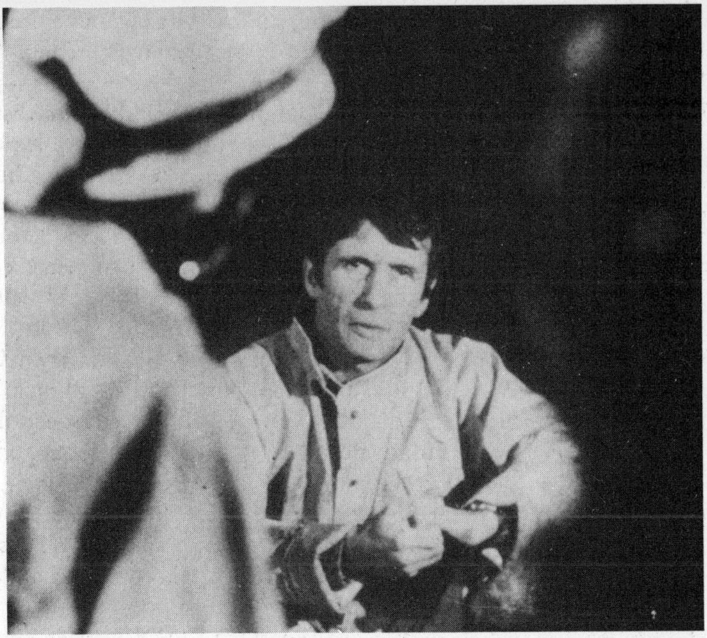

Michel Siffre nach Beendigung eines sechs Monate dauernden Höhlenexperiments.

Fällen geht die Verdoppelung der Länge eines »typischen Tages« unbemerkt vonstatten. Dies kann sogar bei erfahrenen Höhlenexperimentierenden wie Michel Siffre auftreten, der 1962 und dann noch einmal 1972 sechs Monate in einer Höhle verbrachte.

»Da ich ja Wissenschaftler war, dachte ich, ich könnte meine Daten und Reaktionen besser kontrollieren. Und tatsächlich konnte ich es nicht. Ich wurde völlig verwirrt zwischen dem 24 Stunden-Zyklus und dem 48 Stunden-Zyklus.«

Aber Siffre war nicht der einzige Höhlenexperimentierende, der seine Schlaf-Wach-Zeiten verdoppelte. 1966 nahm ein Raucher, der zwei Packungen in einem Tag verbrauchte, an einem Höhlenexperiment teil. Nachdem er auf einen 48 Stunden-Rhythmus übergewechselt hatte, rauchte er weiterhin zwei Packungen, jedoch zwei Packungen innerhalb von zwei Tagen (48 Stunden). Dies mag auf den ersten Blick als angenehmer Weg zum Einschränken des Zigarettenkonsums erscheinen, aber Höhlenexperimente führen zu viele andere Belastungen für die physische und geistige Gesundheit mit sich, um sich als Entzugsmöglichkeit für

Menschen zu qualifizieren, die mit dem Rauchen aufhören wollen. Siffre ist beispielsweise davon überzeugt, daß er fünf Jahre benötigte, um sich von den psychologischen Auswirkungen seines Höhlenexperiments zu erholen: der vollständigen Isolierung, der Stille, des in Schlaf verfallen und wieder aufwachen ohne Hinweise auf die Zeit, den Paniken. Er vergleicht seine Erfahrungen mit den Praktiken der Gehirnwäsche, er ist nicht bereit, seine Versuche gegen eine Million Dollar bar auf den Tisch zu wiederholen und warnt, daß man durch die Isolierung eines Menschen von seinen normalen Zeitindikatoren diesen »völlig brechen« könne.

Unsere normalen Wach- und Schlafrhythmen in einem Turnus von 24 Stunden scheinen eine stabilisierende Wirkung auf unsere physische und psychische Gesundheit auszuüben. Eine Unterbrechung dieses Rhythmus kann ihre Ursache in anderen Körperrhythmen, die aus ihrer gewohnten Synchronie ausbrechen und ein neues Muster annehmen, haben – vergleichbar einem Symphoniker, der während des Spiels durch eine dicke Mauer von seinem Orchester getrennt wird.

Ein ähnlicher Wechsel findet statt, wenn Forscher versuchen, ihre Versuchssubjekte einem Tagesrhythmus anzupassen, der entweder länger als 27 Stunden oder kürzer als 23 Stunden ist. Bald schon geraten andere Rhythmen, die auf einen 24-25 Stundenrhythmus aufgebaut sind, aus ihrem gewohnten Ruhe-Aktivitätstakt. Aus diesen Untersuchungen schlossen die Forscher, daß unsere gewohnten Rhythmen unter normalen Umständen sehr leicht von unserem internen 25 Stunden-Rhythmus in den durch die Erde vorgegebenen 24 Stunden-Rhythmus überwechseln können – wobei diese Abweichung durch Einflüsse wie Temperatur, Licht, Mahlzeiten, Arbeitszeiten und nicht zu vergessen das gesellschaftliche Leben gelenkt wird. (Wenn ich vor der Haustür meiner Freundin mit einer Flasche Champagner und einem Dutzend roter Rosen in der Hand stehe, beziehe ich die Neun, die meine Uhr anzeigt, viel eher auf den Abend als auf den Morgen.) Aber der Fähigkeit des Gehirns, die Körperrhythmen zu ändern, sind auch Grenzen gesetzt. Wird uns ein drastischerer Rhythmuswechsel von etwa fünf Stunden durch eine Reise über den Atlantik abverlangt, bricht die Synchronisation zusammen, und ein oder mehrere »untergeordnete« Oszillatoren des Körpers brechen aus und errichten Rhythmen, die sich mit ihren inneren Signalen mehr in Einklang befinden.

Die Müdigkeit nach Reisen bei Überschreiten von Zeitzonen, der sogenannte Jet lag, wird zumindest teilweise damit erklärt, daß sich unsere innere Uhr daran »erinnert«, daß es zuhause Zeit zum Schlafengehen sei. Deshalb treffen Langstreckenreisende, die Zeitzonen überschreiten, entsprechende Vorbereitungen für die Anpassungsschwierigkeiten. Müssen sie wichtige Entscheidungen treffen, so gewähren sie ihren internen Rhythmen einige Tage Zeit, sich an die Umstellung zu gewöhnen, die beispielsweise ihre Aufmerksamkeit und Stimmung beeinträchtigen kann. (Bei einem Zeitzonenunterschied von fünf Stunden benötigen all unsere »Körperuhren« durchschnittlich drei Tage, um sich an die neue Zeit anzugleichen.)

Die meisten von uns können in »Lerchen«, Frühaufsteher, die morgens am besten arbeiten können, und »Nachteulen«, denen der Tagesbeginn schwerfällt, aber, sobald sie einigermaßen in Schwung kommen, bis in die frühen Stunden des nächsten Morgens schaffen können, aufgeteilt werden. Diese unterschiedliche Lebensart hängt sowohl mit der Persönlichkeit als auch mit der Körpertemperatur zusammen.

Die Lerche ist meist introvertiert und weist am frühen Morgen einen Temperaturanstieg auf. Im Gegensatz dazu ist die Nachteule extrovertiert und verzeichnet einen nur leichten Temperaturanstieg am späten Abend. Aber gleichgültig, ob wir nun Lerchen oder Nachteulen sind, leiden wir alle an verringerter Aufmerksamkeit gegen ein Uhr morgens, an der sogenannten Verdauungsmüdigkeit. Diese Verlangsamung geistiger Aktivität scheint in keinem Zusammenhang mit dem zu stehen, was wir gegessen haben. Sie tritt sogar auf, wenn wir gar nichts zu uns genommen haben. Es scheint auch kein Zusammenhang zu dem Geschäftsmittagessen mit ein oder zwei Drinks dazu zu bestehen, da Abstinenzler ebenso davon betroffen werden wie leicht Angeheiterte.

Da wir gerade von Alkohol sprechen – es besteht auch eine zirkadiane Periodik für die Verarbeitungsrate von Alkohol in unserem Körper. Trinkt man Alkohol am frühen Abend, so scheint er schneller aus dem Blutkreislauf zu verschwinden. Zwischen zwei Uhr und sieben Uhr morgens wird Alkohol am langsamsten abgebaut. Dies ist der Zeitraum, in dem die meisten von uns schlafen und an welchem die geistige Aktivität auf dem niedrigsten Stand ist. Sind wir jedoch wach, können wir damit rechnen, daß der Alkohol am längsten in unserem Blutkreislauf verweilt und sich sehr nachteilig auf unsere Leistungen auswirkt (was ein weiterer Grund dafür ist, nicht zu trinken, um anschließend nach einer bis in die späte Nacht dauernden Party mit dem Auto nach Hause zu fahren).

Auch die geistige Leistung steht mit der Körpertemperatur in Zusammenhang. Wie wir bereits bei den »Lerchen« und »Nachteulen« gesehen haben, bleibt die Körpertemperatur nicht bei den sprichwörtlichen

37,1° C, sondern variiert um etwa 0,5° C innerhalb von 24 Stunden, wobei die Temperatur am frühen Morgen am tiefsten ist. Dies erweist sich als von Bedeutung für den Zeitpunkt, zu dem wir für gewisse Tätigkeiten eine Hochform aufweisen. Leistungstests geistiger Arithmetik oder der Reaktionszeit weisen die schlechtesten Ergebnisse am frühen Morgen auf, was mit der niedrigsten Körpertemperatur des Tages übereinstimmt (ausgenommen davon sind einige »Lerchen«). Bedeutet dies, daß eine niedrigere Körpertemperatur einen Abfall der geistigen Effizienz »verursacht«? Eigentlich nicht. Wenn wir vom menschlichen Gehirn sprechen, hat die Feststellung, daß eine Sache eine zweite »verursacht«, nur beschränkte Gültigkeit, sie kann jedoch als nützliche Erklärung zum Verständnis, warum mechanische Vorrichtungen zusammenbrechen, dienen. Hilfreicher ist es, sich die Rhythmen von Körpertemperatur, Stimmung, Schlaf und Aufmerksamkeit als in enger Beziehung zueinander vorzustellen. Eine gewisse Kenntnis darüber, wie sie miteinander in Verbindung stehen, ermöglicht es uns, etwas »rationeller« bei unserer Lebensplanung zu agieren. So liefert die Forschung Hinweise, daß Arbeiter, die gerade ihre Schicht wechselten, weniger gute Arbeit leisten und für Verletzungen leichter empfänglich sind als Arbeiter mit einem regelmäßigen Zeitplan.

Der größte Störfaktor unserer natürlichen zirkadianen Periodik ist die industrialisierte und urbanisierte Welt, in der die meisten von uns leben. So fanden beispielsweise in den letzten hundert Jahren, die an der Zeitskala der Evolution gemessen einen winzigen Augenblick darstellen, sehr große Veränderungen in der Arbeitszeiteinteilung der amerikanischen Arbeiter statt. Einer von vier Männern und eine von sechs Frauen in den USA arbeiten heute in einem flexiblen Arbeitsrhythmus mit sowohl Tag- als auch Nachtarbeit. Vielfach rührt dies von der Erfordernis ununterbrochener Betriebstätigkeit bei vielen Industriebetrieben her, in denen eine Acht- oder Zwölf-Stunden-Betriebszeit die Produktivität auf ein nicht mehr vertretbares Niveau herabsenken würde. Durch das Ansteigen der Bevölkerungsanzahl in den Städten erhöhte sich der Bedarf an Arbeitern, die bereit sind, sich an flexible Arbeitszeiten zu gewöhnen. Polizeilicher Noteinsatz und Feuerwehrleute müssen rund um die Uhr in Bereitschaft stehen zur Bekämpfung natürlicher oder durch Menschen verursachter Katastrophen. Leider haben sowohl die Arbeitnehmer wie auch ihre Arbeitgeber die menschliche Abhängigkeit von den natürlichen Rhythmen, die das Gehirn sich über die Jahrmillionen anerzogen hat, vergessen.

»Bei diesem ständigen Bemühen um Fortschritt haben wir einen großen Teil unserer Geschichte vergessen. Wie alle anderen lebenden

Organismen haben wir uns auf einem periodischen Planeten entwickelt, einem Planeten, auf dem die Sonne auf- und untergeht, und wo es nachts dunkel ist«, bemerkte Dr. Charles Czeisler von der Harvard Universität sowie dem Design-Zentrum für Industriezeitpläne in Boston, Massachusetts.

Weiter weist Czeisler darauf hin, daß praktisch alle bekannten Organismen, angefangen von der einzelligen Pflanze über die Säugetiere bis zum Menschen deutliche Tageszyklen oder -rhythmen in fast allen ihren physiologischen Funktionen aufweisen. »Was passiert, wenn wir sämtliche Pläne über den Haufen werfen und während des Tages schlafen und zu Nachtzeiten arbeiten, ist folgendes: Alle diese Funktionen geraten vollständig aus ihrer Bahn.«

»Schichtarbeit kann verheerende Auswirkungen haben auf die physiologischen Zeitpläne, die die Hormonausschüttungen steuern, die zeitliche Abstimmung von Wachen und Schlafen, ja sogar unsere höchsten Aufmerksamkeitsperioden und unsere Schläfrigkeit regeln«, sagt Czeisler. Viele Schichtarbeiter erzählen, daß sie sich die meiste Zeit »gar nicht besonders wohl« fühlen, daß sie ihre Arbeit nicht richtig erledigen können und daß es ihnen Schwierigkeiten bereitet, dabei wach zu bleiben.

»Wenn sie nach Hause kommen und erschöpft sind und sich gerne hinlegen möchten, stellen sie leider fest, daß sie nicht einschlafen können. Das liegt daran, daß sie versuchen, zu einer Zeit zu schlafen, wenn ihr Körper sie gerade aufwecken will. Ihr innerer Wecker steht praktisch zu einer Zeit, in der sie sich um Schlaf bemühen, auf Alarm. Später versuchen sie dann zu arbeiten, wenn ihr Körper sie zum Einschlafen bringen will. Bei häufigen Schichtwechseln zu verschiedenen Tages- und Nachtzeiten haben sie niemals Zeit, sich an ihre Schichten zu gewöhnen, da der Körper mindestens eine Woche braucht, um sich einer Acht-Stunden-Zeitzonenveränderung anzupassen.«

In der Toleranz von Menschen, die zu abnormen Zeiten arbeiten oder schlafen müssen, gibt es bedeutende Unterschiede. Als in der Munitionsindustrie während des Ersten Weltkriegs zum erstenmal Schichtarbeit eingeführt wurde, traten bei den Nachtarbeitern achtmal häufiger Magengeschwüre auf als bei denen, die während des Tages arbeiteten. Über die Folgejahre durchgeführte Studien konnten insgesamt keine derart drastischen Unterschiede nachweisen. Viele Fachleute der zirkadianen Periodik schreiben dies dem Prozeß der Selbstwahl bei Schichtarbeiten zu. Menschen, die sich für Nachtschichten ungeeignet halten, wechseln zu anderen Tätigkeiten über. Zwar erschwert diese Selbstwahl definitive Schlußfolgerungen hinsichtlich der Menschen, aber Tierversuche lassen

Dr. Charles Czeisler auf dem Gelände der Kalidüngerfabrik in Ogden.

wenig Zweifel an den schädlichen Auswirkungen von abnormalen Arbeits- und Schlafzeiten. Laborversuchstiere, die man zu einem Sechs-Stunden-Phasenwechsel ihres Helligkeit-Dunkel-Zyklus jede Woche zwang (der in etwa dem Ablösungsplan eines Schichtarbeiters entspricht), wiesen eine Verringerung ihrer Lebenserwartung von 20 Prozent auf.

Es gibt viele Gründe, auch beim Menschen davon auszugehen, daß Schichtarbeit einen physischen und psychischen Tribut vom Arbeiter fordert: Schlaflosigkeit, Probleme der Verdauung, Spannungen zuhause, Reizbarkeit und Depression sind häufige Erscheinungen bei Schichtarbeitern. Mehr als 80 Prozent berichten, daß sie zwischen zwei und vier Tage oder mehr benötigen, um ihren Schlafrhythmus der Arbeitsrotation anzupassen. 25 Prozent der von Dr. Czeisler in einer Kalidüngerfabrik in Ogden, Utah, interviewten Arbeiter berichteten, daß ihnen die Anpassung *nie* gelänge. Zur Verbesserung dieser Situation wurde Czeisler gebeten, einen mehr auf die Arbeiter eingehenden Zeitplan für Ogden zu entwerfen.

Zuerst stellte Czeisler die Schichtpläne so um, daß die wöchentliche Rotation auf nur einmal alle drei Wochen verlängert wurde. Dann änderte er die Rotation so, daß die Arbeitsstunden der natürlichen zirkadianen Periodik des Gehirns folgten. Da das Gehirn nach einem 25 Stunden-Rhythmus und nicht nach einem 24 Stunden-Rhythmus arbeitet, ist es natürlicher, einen Zeitplan zu befolgen, bei dem der Arbeiter nach vorne statt rückwärts den Takt verschiebt. Das bedeutet beispielsweise, daß auf eine Schicht von acht Uhr morgens bis vier Uhr nachmittags eine Schicht von vier Uhr nachmittags bis Mitternacht folgt und nicht, wie bisher in den meisten Fabriken üblich, eine Schicht von Mitternacht bis acht Uhr morgens.

Nach Czeisler »ist der Wechsel von Tagschicht auf Nachtschicht auf Abendschicht« für Leute, die rotierende Schichtarbeit leisten, in den USA sehr weit verbreitet. »Und dieser Wechsel erweist sich als sehr störend für die einzelnen Systeme, die die Hormonausschüttung oder die Veränderungen der Körpertemperatur oder die Wachsamkeit oder den Wach-Schlaf-Rhythmus selbst regeln, da es natürliche Tendenz all dieser Systeme ist, daß die Schlafbereitschaft mit den späteren Stunden des Tages kommt.«

Czeisler's Vorschläge beinhalteten nichts weiter als das Abfassen von Schichtarbeitsplänen, die mit der zirkadianen Periodik und nicht in entgegengesetzter Richtung gingen. Für die Kalidüngerfabrik bedeutete das Ergebnis größere Arbeitsproduktivität und eine Verringerung der Personalfluktuation. Drei von vier Arbeitern berichteten, daß sie ihre neu erstellten Schichtpläne bevorzugen, und 27 Prozent stellten sogar eine Besserung ihres Gesundheitszustandes (weniger Arztbesuche, weniger Erkältungen und sonstige Krankheiten) fest.

»Hier stellt sich nun die Frage: Was haben wir in Ogden, Utah, über das menschliche Gehirn gelernt?« so Czeisler, und weiter »Was wir gelernt haben ist, daß man eine gewisse Grundzone in unserem Gehirn, die den Zeitplan einer so wesentlichen physiologischen Funktion wie des Schlafens und des Wachens kontrolliert, nicht außer Acht lassen kann. Hier in Ogden haben wir erfahren, daß man die Funktionen des Gehirns in der Kontrolle darüber, wann wir schlafen und wann wir wachen, wofür es eine Art rund-um-die-Uhr-Plan für kontinuierliches Arbeiten erstellt, nicht vergessen dürfen.«

Flugzeugunfälle, Fehlsteuerungen von Pionierraumsonden, ärztliche Kunstfehler, Schiffskollisionen – dies sind nur ein paar Beispiele für Katastrophen, die direkt auf Fehlbeurteilung aufgrund Änderungen der zirkadianen Periodik zurückgeführt werden können. Berühmtestes Beispiel für eine Störung der zirkadianen Periodik, die eine Katastrophe hätte verursachen können, war der Atomreaktorunfall von Three Mile Island.

An einem Märzmorgen gegen vier Uhr passierte drei Angestellten der Kontrollstation des Atomreaktors der erste einer Reihe von Fehlern.

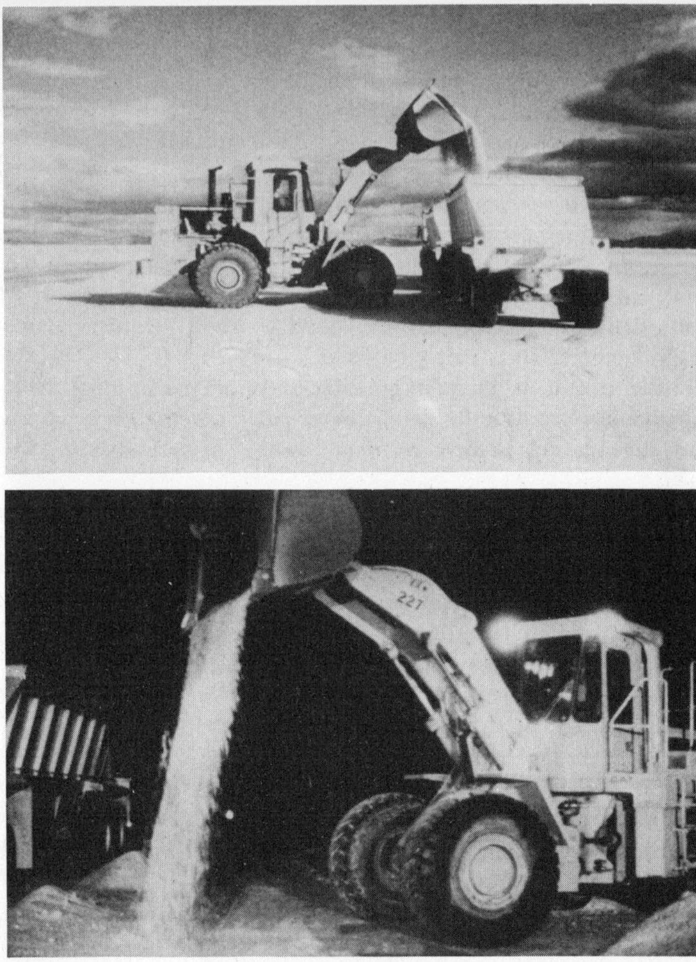

Arbeitspläne, die die natürlichen Rhythmen unseres Körpers berücksichtigen, führen zu erhöhter Produktivität. Plötzliches Wechseln auf Nachtarbeit kann eine höhere Unfallquote verursachen.

Vierzehn Sekunden später übersah eine der Kontrollpersonen zwei Warnlichter. Ein paar Sekunden später bemerkten alle drei nicht, daß eine Sicherung offen blieb, die eigentlich geschlossen sein sollte. Später wälzten die mit der Untersuchung des Three Mile Island-Vorfalls beauftragten Fachleute die Schuld einfach auf die drei Kontrollpersonen ab, die nach einem Arbeitszeitplan eingeteilt waren, der eine Störung eines oder mehrerer zirkadianer Rhythmen gewährleisten konnte. Der Zeitpunkt vier Uhr morgens stimmt auch mit der Periode der geringsten Leistung und Aufmerksamkeit für die meisten Menschen überein, und dieser Tatsache waren sich die den Unfall untersuchenden Fachleute wohl bewußt, zumindest stillschweigend.

»Während der ersten beiden Stunden des Vorfalls übersahen die Kontrollpersonen die Bedeutung gewisser Dinge – oder sie erkannten sie nicht –, die sie hätten warnen sollten, daß eine Sicherung offenstand, und daß Kühlflüssigkeit austrat.« Die Untersuchungskommission schloß daraus, daß ohne das menschliche Versagen auf Three Mile Island sich nur ein kleinerer Unfall ereignet hätte.

Da die zirkadiane Periodik einen so wesentlichen Einfluß auf unser Verhalten ausübt, sollte es nicht überraschen, daß Forscher vor kurzem ihren Einfluß auf gewisse Formen von Geisteskrankheit festgestellt haben.

Seit Jahrhunderten ist bereits bekannt (tatsächlich reicht dieses Wissen bis zur Veröffentlichung von Sir Robert Burton's *Anatomie der Melancholie* 1621 zurück), daß viele Depressive am meisten morgens leiden. Selbstmord wird häufig in den frühen Morgenstunden verübt. (Ernest Hemingway, der an zyklischen Depressionen litt, erschoß sich in den kühlen Stunden der Morgendämmerung.) Jetzt glauben Wissenschaftler der klinisch-psychobiologischen Abteilung des Nationalen Instituts für geistige Gesundheit in Bethesda, Maryland, zu wissen, warum Stimmungsveränderungen dem Tagesablauf unterliegen.

Unter normalen Umständen benützt unser dominierender zirkadianer Schrittmacher Außenwelthinweise wie das Sonnenlicht für die notwendigen Anpassungen, um uns in Gleichklang mit dem äußeren 24 Stunden-Tag-Nacht-Zyklus zu bringen. Nach Ansicht von Dr. Thomas A. Wehr sind diese Prozesse bei Patienten mit gewissen Formen von Depression aus dem Gleichgewicht geraten. Um den bloßen Verdacht zu untermauern, testeten Wehr und seine Kollegen vom Nationalen Institut für geistige Gesundheit ihre Theorien, indem sie in einem Schlaflabor den Wach-Schlaf-Rhythmus von depressiven Patienten untersuchten.

Bei normalem Schlaf treten Phasen rascher Augenbewegung (REM = rapid eye movement) etwa alle 90 bis 120 Minuten während der Nacht auf. Die REM-Phase selbst dauert zwischen zehn und sechzig Minuten. Ihr folgt die Phase langsamer Augenbewegung (NREM = non rapid eye movement) für weitere 90 bis 120 Minuten, dann wiederholt sich der gesamte Vorgang. Bezeichnenderweise finden die längsten REM-Phasen spät in der Nacht statt. Diese Konzentration in der letzten Schlafperiode resultiert aus einem zirkadianen Rhythmus, wobei die REM-Schlafphase zur Morgendämmerung hin am tiefsten ist. Bei gewissen depressiven Reaktionen wird der normale Nachtschlafverlauf umgekehrt: Erhöhte REM-Aktivität findet in der frühen Schlafzeit statt, und die erste REM-Periode kann im Gegensatz zum Normalschlaf die längste sein. Bei manischen Patienten kann man genau das Gegenteil feststellen – es dauert länger, bis die REM-Phase einsetzt.

Untersuchungen an einer 75 jährigen Frau mit abwechselnden Perioden von Depression (Niedergeschlagenheit) und Manie (Stimmungs- und Gefühlsüberschwang) lieferten ein überdeutliches Beispiel für die Phasenwechsel von REM-Schlaf in NREM-Schlaf. Fiel diese Patientin in Schlaf, veränderte sich die Art ihrer ersten REM-Phase zunehmend entsprechend ihrer jeweiligen Stimmung. In der depressiven Phase ihrer Krankheit setzte REM sehr früh ein und trat später auf, wenn sie ins manische Stadium überwechselte. Parallel zu diesen Veränderungen in REM-Beginn und Stimmung korrespondierten Beschleunigung und Verzögerung der zirkadianen Temperaturrhythmen, die ihren Höchststand in der Depression fünf Stunden später als in der manischen Phase erreichten.

Wehr's Behandlung bestand darin abzuwarten, bis die Patientin sich in der tiefsten Depression befand, um dann ihr Schlafmuster zu ändern. Bei vier verschiedenen Gelegenheiten, die etwa zwei Wochen auseinanderlagen, wurde die Patientin sechs Stunden früher zu Bett gebracht. Zwei Tage nach der ersten sechs Stunden-Schicht (wobei die Schlafzeit vom normalen Zeitraum elf Uhr abends bis sieben Uhr morgens auf fünf Uhr nachmittags bis ein Uhr morgens vorverlegt wurde) verschwanden die Depressionen der Patientin völlig. Aber zwei Wochen später erlitt sie inen Rückfall. Ein zweites Vorziehen der Sechs-Stunden-Phase (Schlafzeit von elf Uhr morgens bis sieben Uhr abends) erzielte eine ähnliche Besserung.

Nach Meinungs Wehr's resultierte die Besserung der Patientin aus der plötzlichen Änderung des internen Phasenzusammenhangs zwischen dem Schlaf-Wach-Zyklus und anderen zirkadianen Rhythmen – eine Situation, die an den Jet lag bei Reisen Richtung Osten erinnert. Die Rückfälle seiner Patientin wiederum wurden von der Wiedererrichtung der gestörten inneren Phasen-Beziehung verursacht.

Würden wir es dabei belassen, würde die Behandlung als einleuchtend erscheinen: Jedesmal, wenn Patienten Depressionen erleiden, bringt man sie einfach sechs Stunden früher zu Bett. Wehr versuchte dies jedoch mit enttäuschenden Ergebnissen. Nach einem dritten und dann vierten Vorziehen der Sechs-Stunden-Phase blieb der Patient tief depressiv. Temperaturmessungen deuten eine Erklärung für diesen Mißerfolg an.

Obzwar sich der zirkadiane Temperaturrhythmus entsprechend den ersten beiden vorgezogenen Schlaf-Wach-Zyklen bewegte, verzögerte er sich bei den dritten und vierten vorgezogenen Zyklen. Das Vorziehen des einen Rhythmus (Schlaf-Wach) gekoppelt mit der Verzögerung eines anderen (Temperatur) als Antwort auf eine Zeitplanveränderung resultierte nach Wehr in der Wiedererrichtung derselben pathologischen Phasenbeziehung zwischen Temperatur und Schlaf, die die Depression kennzeichnet. Wehr berichtete: »Derzeit untersuchen wir die Möglichkeit, den Wechsel der Schlafzeit oder die Schlafdauer mit medikamentöser Behandlung zu kombinieren, da wir glauben, eine unmittelbare Reaktion durch Schlafverringerung, die nur einen Tag bis zur Wirkung beansprucht und eine verzögerte Reaktion durch Medikamenteneinnahme zu erreichen. Zusammengefaßt können diese beiden Methoden für den Patienten eine verlängerte Erholung bringen.«

Die Untersuchungen sowohl des Nationalen Instituts für geistige Gesundheit wie auch anderswo deuten darauf hin, daß zumindest einige der Symptome von Depression und Manie von Veränderungen nicht nur des Schlafs und der Temperatur, sondern auch vom Zeitablauf anderer zirkadianer Rhythmen herrühren.

Es gibt 24 Ausscheidungsmuster für das Wachstumshormon, das die Schilddrüsen anregende Hormon (TSH), das adrenokortikotrope Hormon (ACTH, das die Drüse zur Kortisolausscheidung anregt) und Testosterol (das männliche Sexualhormon), um nur einige Beispiele aufzuzählen. Jedes dieser Hormone besitzt seinen eigenen Rhythmus, erreicht seinen Höhepunkt zu gewisser Tageszeit, sinkt dann auf einen Tiefstand, um wieder anzusteigen. Man glaubt, daß die Ausscheidung dieser Hormone mit gewissen sich gegenseitig beeinflussenden Rhythmen zusammenhängt, die, wie die einzelnen Musiker eines Symphonieorchesters, jeder auf seine Weise ihr Zeitgefühl verlieren können. Bei depressiven Menschen findet die 24stündige Kortisolausschüttung beispielsweise während der ersten Hälfte der Schlafperiode statt – gerade entgegengesetzt zu den Menschen, die nicht an depressiven Störungen leiden.

Zirkadiane Rhythmen sind jedoch nicht auf Hormone beschränkt. Untersuchungen der Neurotransmitter im Gehirn, besonders Noradrenalin und Serotonin, zeigen, daß sie ebenfalls deutlichen zirkadianen Rhythmen folgen. Diese Zyklen, die erst innerhalb der letzten zwei

Der Bär, der ein Schmetterling wurde

Pat Moore leidet an jahreszeitlich bedingten Depressionen. Jeden Winter verliert sie das Interesse am Leben, verbringt mehr Zeit schlafenderweise, ist weniger energiegeladen und weniger motiviert. »Ich hatte immer den Eindruck, daß mein Großvater ein Bär gewesen sein mußte. Ich tat ähnliches wie Nüsse sammeln, nur aß ich, nahm an Gewicht zu, schlief den ganzen Winter und wachte im Frühling etwas mürrisch auf. Jetzt habe ich mich in einen Schmetterling verwandelt, und ich habe bis heute keinen Bären gesehen, der zum Schmetterling wurde.«

Pat's Verwandlung wurde durch Veränderungen im Gehirn, die durch kurze Tageslichtzeiten verursacht wurden, hervorgerufen. Während der länger andauernden Dunkelheit im Winter, wenn die Nächte länger werden, werden Signale vom Hypothalamus zur Zirbeldrüse ausgesandt. Daraufhin wird Melatonin ausgeschieden. Im Winter, wenn der Melatoninspiegel hoch ist, macht Pat eine Art Winterschlaf durch. Im Frühjahr, wenn der Melatoninspiegel sinkt, hellt Pat auf, wird mehr motiviert und wird so zu ihrem »Schmetterling«.

Dr. Norman Rosenthal, ein Psychiater am Nationalen Institut für geistige Gesundheit, untersuchte mehr als 70 Patienten mit Symptomen von Winterdepression. Er überlegte sich, daß, sollte Sonnenlicht die Melatoninproduktion senken und dabei den durch die Jahreszeit bedingten Rhythmus ändern, etwas so Simples wie eine hoch intensive Vollspektrum-Lichtbank (Wachstumslicht) Patienten mit Symptonen wie Pat's Winterdepression helfen sollte. Um diese Hypothese zu testen, stand Pat Moore um vier Uhr morgens auf und saß dann jeden Morgen für etwa zwei Stunden vor der Lichtbank. Nach drei Tagen verringerte sich ihre Depression. »Die Lichtbank hat mich aus meinem Winterschlaf geholt. Mir ist, als sei etwas in meinem Gehirn eingeschaltet worden, das mir sagt, ich bin wach, es ist Zeit zu leben.«

Die regelmäßige Anwendung von Wachstumslicht im Winter versetzt Pat Moore's Hypothalamus und entsprechend ihre Stimmung in einen Sommerzeitplan.

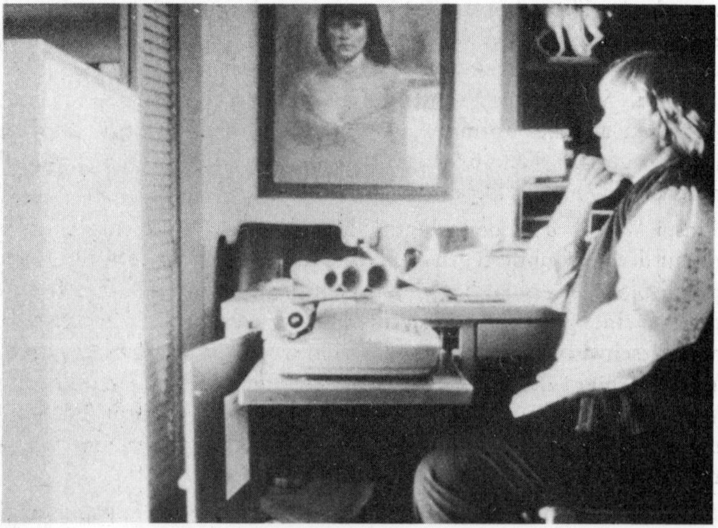

Pat Moore

Jahrzehnte (die ersten Untersuchungen über zirkadiane Rhythmen reichen nur bis 1960 zurück) entdeckt wurden, liefern Erklärungen für Beobachtungen gestörten Verhaltens, das bis ins klassische Altertum zurückverfolgt werden kann.

- Manische und depressive Phasen bei Frauen treten oft in Zusammenhang mit ihren Menstruationszyklen auf, eine Beobachtung, die bereits vor Gericht Berücksichtigung findet im Rahmen der Verteidigung bei prämenstruellem Spannungssyndrom.
- Ungefähr ein Drittel aller an depressiven oder manischen Phasen Leidenden weisen ein jährliches oder jahreszeitlich bedingtes Muster auf. Als man die Bedeutung zirkadianer Rhythmen noch nicht kannte, nannten Psychiater diese geistigen Veränderungen »jährlich wiederkehrende Reaktionen«. Viele elegante psychologische Theorien wurden zur Erklärung, warum gewisse Patienten zu gewissen Jahreszeiten geistige Rückschläge erlitten, erdacht. Heute hält man es für wahrscheinlicher, daß die Rückschläge mit jahreszeitlichen Rhythmen und der Dauer des Tageslichts zusammenhängen.

Wenn Sie Ihren Zeigefinger direkt über die Nasenwurzel legen, sind sie vom Hypothalamus und der Hirnanhangdrüse, die daran herabhängt, durch nur wenige Zentimeter Knochen getrennt (von dieser Lage stammt die englische Bezeichnung der Hirnanhangdrüse »pituitary«, eine Entstellung des lateinischen Worts für Nasensekretion, ab). Als der Anatom Vesalius ihr diese Bezeichnung gab, nahm er an, sie würde Schleim absondern. Statt dessen sondert die Hirnanhangdrüse viel wichtigere Substanzen ab: die Hormone, die das endokrine System kontrollieren und zum großen Teil für die Erhaltung der bereits früher erwähnten Grundrhythmen des Körpers verantwortlich sind.

Unser Wissen über den Hypothalamus erlangten wir stückchenweise im Lauf der Jahrhunderte. In der Mitte des 19. Jahrhunderts untersuchte ein Pathologe eigenhändig 30 000 Gehirne und stellte dabei fest, daß innerhalb eines gewissen Gebiets des Hypothalamus jede Abnormität mit einem Geschwür in Verbindung gebracht werden konnte. Auf irgendeine Weise schien ein Zusammenhang zwischen dem Gehirn – zumindestens dem als Hypothalamus bekannten Teil – und dem, was im Verdauungstrakt in ziemlicher Entfernung dazu vorging, zu bestehen. Eine seltsame Idee.

Später wurde der Hypothalamus mit einer weiteren Beobachtung in Verbindung gebracht. Ein Patient hatte unverhältnismäßig viel an Gewicht zugenommen, während er gleichzeitig jegliches sexuelle Verlangen verlor. Dieser Zusammenhang erschien noch eigenartiger. Gibt es eine Beziehung zwischen dem Gehirn und der Sexualität?

Während Tuberkuloseepidemien stellte man bei Patienten, die in ein Koma gefallen waren, häufig eine Beschädigung des Hypothalamus fest. Aber dies wurde nicht richtigerweise mit dem Wachzustand in Verbindung gebracht. Erst später erfuhren Chirurgen bei Gehirnoperationen zu ihrer Bestürzung, daß bereits eine geringfügige Berührung des Hypothalamus, sogar unter vorsichtiger Verwendung eines winzigen Schwämmchens, den Patienten in ein Koma stürzen konnte, aus dem er vielleicht nicht mehr erwachte.

Verdauung, Körpergewicht, Appetit, Sexualität, Wachsamkeit - dies sind nur einige der Körperprozesse, die mit dem Hypothalamus in Verbindung gebracht wurden. Auch der Blutdruck, der Puls und die Körpertemperatur veränderten sich, wenn der Hypothalamus bei einer Operation zu heftig berührt wurde. Die Neurochirurgen lernten sehr schnell, mit ihren Sonden und Skalpellen behutsamer zu hantieren. »Die Operation verlief erfolgreich, aber der Patient starb«, ist ein weitverbreiteter Satz zur Beschreibung von Operationen, die zwar fachmännisch durchgeführt wurden, bei denen der Chirurg sich jedoch mit dem Hypothalamus eingelassen hatte.

Aus Beobachtungen von Leichen, Kranken und Sterbenden, von Patienten auf dem Operationstisch - so stückchenweise begann allmählich ein Bild des Hypothalamus zu entstehen. Auch wenn er nur ein winzigkleines Gebiet beansprucht und nur etwa ein Dreihundertstel des Gehirns wiegt, so ist der Hypothalamus doch an einer erstaunlichen Anzahl von regelmäßig sich wiederholenden Körperaktivitäten beteiligt.

Seit Jahren schon erkennen die Wissenschaftler, daß der Hypothalamus besitzergreifende Kontrolle über die Hirnanhangdrüse ausübt. Wird beispielsweise bei einem Tierversuch die Blutzufuhr vom Hypothalamus zur Hirnanhangdrüse unterbunden, verkümmern die Fortpflanzungsorgane mit der Folge andauernder Sterilität. Das gleiche kann Menschen infolge eines Schlaganfalls oder Unfalls zustoßen. Aus diesen Beobachtungen können wir schließen, daß irgend etwas über das weitverzweigte Netzwerk der Adern transportiert wird, das diese beiden Strukturen verbindet. Aber was ist es und wie funktioniert es?

Der erste Durchbruch auf diesem Gebiet wurde 1971 erzielt, als das Gonadotropin ausschüttende Hormon als der spezielle chemische Botschafter im Hypothalamus erkannt wurde. 1977 wurde dem Entdecker Andrew V. Schally der Nobelpreis für Medizin und Physiologie verliehen, und zwar zum Teil für seine Forschungsergebnisse, daß der Hypothalamus ein Gonadotropin ausschüttendes Hormon in die Blutbahn leitet, die die vordere Hirnanhangdrüse versorgt, worauf diese ein eigenes Hormon in den allgemeinen Kreislauf zur Stimulierung der männlichen Hoden und der weiblichen Eierstöcke freisetzt.

Unter normalen Umständen tauschen sich der Hypothalamus im Gehirn, die vordere Hirnanhangdrüse und die Gonaden in einer Art Dreiergespräch aus. Nachdem man mehrere Patienten, die an Sterilität (aufgrund Verletzung des Hypothalamus) litten, mit Dosen von Gonadotropin ausschüttendem Hormon vergeblich behandelt hatte, wurde offensichtlich, daß die Dinge bedeutend schwieriger waren als man ursprünglich angenommen hatte. Wurde das Gonadotropin freisetzende Hormon entweder kontinuierlich oder durch eine Reihe Spritzen in gewissen Zeitabständen verabreicht, so gelang es der Hirnanhangdrüse nicht, ihr normales Muster wiederherzustellen.

Die nächste Entdeckung – aus der Sicht der praktischen Anwendung auch die schwierigste – war, daß die vordere Hirnanhangdrüse ihre Hormone in einem pulsierenden Rhythmus ausscheidet.

»Die Hirnanhangdrüse funktioniert ähnlich einem Warnlicht und blinkt den ganzen Tag über auf und ab«, beschrieb der Gehirnforscher Dr. William Crowley sie. »Und gerade diese Rhythmik ist wesentlich für eine normale Funktion. Hinzu kommt, daß die Botschaft des Hypothalamus – diese chemische Botschaft des Gonadotropin ausschüttenden Hormons – ununterbrochen angewandt werden muß. Eine Verabreichung dieses Hormons, sei es kontinuierlich oder durch gelegentliches Spritzen, erzeugt eine nicht physiologische Ablaufgestaltung der Hirnanhangdrüse und der Gonadenfunktion. Die Verabreichung entsprechend einem blinkenden Warnlicht in pulsierendem Rhythmus resultiert jedoch in einem normalen Funktionieren dieser Drüse und als Folge davon der Gonaden.«

Crowley bekam auch Gelegenheit, diese theoretischen Überlegungen einem praktischen Test zu unterziehen, als er auf Mitch Heller, einem jungen Ingenieur, traf, der sich nichts sehnlicher wünschte als Vater zu werden.

»1978 war ich in einen Unfall verwickelt. Ein paar Monate später interessierte mich Sex überhaupt nicht mehr; ich hatte mein gesamtes Brusthaar verloren«, erinnerte sich Heller, als er in Dr. Crowley's Büro im Massachusetts Allgemeinen Krankenhaus in Boston saß.

Heller's Schwierigkeiten rührten vom Unvermögen seines Hypothalamus her, das Gonadotropin ausschüttende Hormon auszusondern, was Heller, vermutlich richtig, auf eine Kopfverletzung zurückführte, die er während des Autounfalls erlitten hatte. Das besondere an der Situation – was ihn schließlich auch zu Dr. Crowley's Abteilung im Massachuesetts Allgemeinen Krankenhaus führte – war, daß er mit Ausnahme dieser seit kurzem aufgetretenen Sterilität völlig normal war.

»Als wir ihn zum erstenmal sahen«, so erinnert sich Dr. Crowley, »schien es, daß der Fehler einzig beim Fortpflanzungshormon des Hypothalamus lag, das heißt, dem Gonadotropin ausschüttenden Hormon.«

»Und dies war außerordentlich interessant, da alle sonstigen Funktionen des Hypothalamus normal waren. Er schien einen isolierten Defekt in dieser Gegend der Fortpflanzungsfunktion zu haben, der wiederum die Hirnanhangdrüsenausscheidung von Gonadotropinen gestoppt hatte und damit seine Gonaden-Hodenfunktion.«

Dr. Crowley war sich sehr wohl bewußt, daß ein bloßes Injizieren von Gonadotropin ausschüttenden Hormonen in die Hirnanhangdrüse Mitch Heller's nicht ausreichen würde. Sollte Heller seinen Traum, Vater zu werden, verwirklichen können, war es erforderlich, eine Methode zu entwickeln, das Gonadotropin ausschüttende Hormon in dem rhythmischen Muster zu verabreichen, wie dies unter normalen Umständen ablaufen würde. Mitch erinnert sich immer noch an die Erklärungen Dr. Crowley's, wie sie durch Zusammenarbeit den normalen Gehirnrhythmus wiederherstellen könnten.

»Hauptsächliche Fehlerquelle ist der Hypothalamus mit seinem Gonadotropin ausschüttendem Hormon. Wir hatten jedoch auf diesem Gebiet im letzten Jahrzehnt einen Durchbruch erzielt, indem uns dieses Hormon aufgrund eines Forschungsprogramms, das wir hier zur Behandlung von Patienten anwenden, verfügbar gemacht wurde. Vorteil davon ist, daß, wird dieses Hormon richtig angewendet, es Ihre eigene Hirnanhangdrüse stimuliert und Gonadotropin erzeugt, was wiederum Ihre Hoden anregt«, sagte Dr. Crowley.

Um die gehirneigenen Rhythmen nachzuvollziehen, änderte Dr. Crowley ein Gerät ab, das seit Jahren von Diabetikern zur Selbstverabreichung von Insulin verwendet wurde. Nur war in Mitch's Fall anstelle von Insulin das Gonadotropin ausschüttende Hormon der zu verabreichende chemische Stoff.

Eine mit dem Gonadotropin freisetzenden Hormon gefüllte Spritze wurde mit einer Nadel versehen, die unter die Hautoberfläche von Mitch's Bauch eingeführt wurde. Dieses System wurde dann mit einer kleinen Pumpe verbunden, die das Gonadotropin ausschüttende Hormon in das Unterbauchgewebe im Abstand von zwei Stunden Tag und

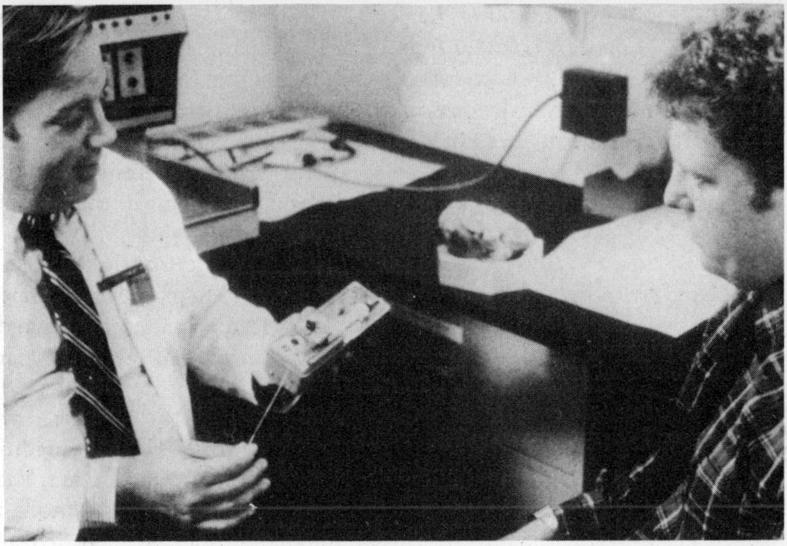

Dr. William Crowley (links) erklärt Mitch Heller die Anwendung der Pumpe zur Verabreichung des Gonadotropin freisetzenden Hormons.

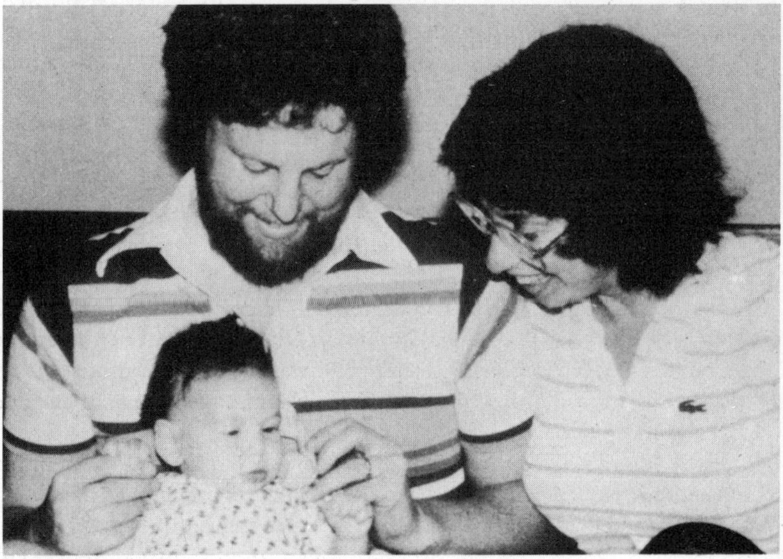

Mitch mit seiner Frau Debbie und ihrer gemeinsamen Tochter Tovah.

Nacht verabreichte. Von dort aus wurde das Hormon vom Blutkreislauf absorbiert und gelangte so allmählich in die Hirnanhangdrüse.

Da der Hypothalamus Sekrete rund um die Uhr ausscheidet, war es erforderlich, daß das System jederzeit bereit war. Mitch erinnerte sich an das Resultat:

»Plötzlich, etwa zwei bis vier Wochen, nachdem ich begonnen hatte, die Pumpe anzuwenden ... war mein Interesse an Sex wieder da. Außerdem stellte ich fest, daß mein Brusthaar wieder wuchs.«

Dies war zwar ermutigend, aber Dr. Crowley verhielt sich zurückhaltend und wies Mitch darauf hin, daß es ungefähr 27 Tage dauern würde, bis die ersten Anzeichen von Samenzellenentwicklung auftreten würden. Bis dahin konnten keinerlei Zusicherungen gemacht werden hinsichtlich Mitch's Hauptsorge, »endlich wieder ein Mann zu sein«.

Und er erzählte: »Nach einer Untersuchung am 76. Tag fand man endlich etwas Sperma. Das waren sehr aufregende Neuigkeiten.« Aber der Verlauf der Dinge nach fünfeinhalb Monaten Behandlung war noch viel aufregender. Am Tag nachdem man ihm mitgeteilt hatte, daß eine Spermaanalyse einige Millionen Samenzellen ergeben hatte, teilte seine Frau ihm mit, sie sei schwanger.

»Und neun Monate später geschah für uns das allergrößte Wunder. Wir waren völlig aus dem Häuschen wegen unserem Töchterchen Tovah. Sie ist etwas ganz besonderes, da sie das erste Kind ist, das unter diesen Umständen zur Welt kam, und da wir nicht mehr daran glaubten, jemals ein Baby zu haben.«

Die Geburt ihrer Tochter Tovah bedeutete nicht nur einen Meilenstein im Leben von Mitch und Debbie Heller. Es war auch das erste Mal, daß es Wissenschaftlern gelang, schlüssig nachzuweisen, daß Sexualität und Fortpflanzung der Menschen von einem eigenen Rhythmus im Gehirn abhängen.

»Die Quintessenz all dieser Forschung ist eigentlich, daß die Wiederherstellung von Mitch's Fortpflanzungsfunktion und seines Sexualverhaltens eng mit dem Rhythmus und dem Pulsieren der Hormonausschüttung verbunden sind«, sagt Dr. Crowley. »Und tatsächlich scheint es, daß die Wiederherstellung der Fortpflanzungsprozesse von dem empfindlichen Zulieferungssystem unterbrochener pulsierender oder rhythmischer Hormonabgabe an den Körper abhängt.«

Mitch Heller's Fall zeigt eine der Möglichkeiten auf, wie die rhythmischen Vorgänge im Hypothalamus verkehrt laufen können und so Störungen im Sexualverhalten und in der Fortpflanzung hervorrufen. Aber am wichtigsten ist, daß nun Hoffnung besteht, daß derartige technische

Durchbrüche wie Dr. Crowley's »tragbarer Hypothalamus« es anderen Menschen ermöglichen können, ähnliche freudige Erfahrungen wie Mitch Heller durch die Geburt seiner Tochter erleben zu können.

»Ich war zwar bei der Geburt meiner Tochter dabei, aber ich sah alles wie durch einen Schleier, da meine Augen unter Freudentränen standen, als Tovah zur Welt kam«, erzählte Mitch. »Es war sofort ein enges Band zwischen uns vorhanden, ich empfand eine tiefe Liebe. Und wir wußten, daß es mit das Beste war, was uns jemals geschah. Wir hatten nun eine Tochter, und mit Dr. Crowley's Hilfe hatten wir neues Leben geschaffen, ein wunderbares, vollkommenes, neues Leben.«

Diese wahre Geschichte von Mitch Heller und seiner Tochter Tovah zeigt die Art von happy end, von der Ärzte und Drehbuchautoren träumen: die menschenfreundliche Anwendung von Wissenschaft und Medizin, um Glück in das Leben der Menschen zu bringen. Die Freude der Hellers wurde durch das Wissen der Neurologen über die inneren Rhythmen des Gehirns und die Kenntnis ihrer Abänderung ermöglicht. Seit Jahren schon deuten einige Wissenschaftler an, daß andere Aspekte unseres Lebens einem ähnlichen Muster folgen. Gibt es beispielsweise eine angeborene Neigung zur Gewalt und Aggression? Gibt es einen »Aggressionstrieb«, der ähnlich dem Sexualtrieb durch Modifizierung einiger Teile in unserem Gehirn abgeändert werden kann?

In den zwanziger Jahren dieses Jahrhunderts begann Dr. Walter Rudolph Hess aus der Schweiz (er steht in keinem verwandtschaftlichen Verhältnis zu dem berühmt-berüchtigten Rudolph Hess des Nazideutschlands) eine systematische Untersuchung des Hypothalamus bei Katzen. Hess' Arbeit, für die ihm 1949 der Nobelpreis für Physiologie und Medizin verliehen wurde, beinhaltet eine Aufzeichnung der Reaktionen nach Stimulierung von 4500 verschiedenen Zonen, hauptsächlich im Hypothalamus, bei 480 Katzen. Diese Katzen waren hellwach und wurden nur durch miteinander verbundene Drähte gebändigt.

Anfangs waren Hess und ein amerikanischer Forscher, Stephen W. Ranson, der unabhängig von ihm an einem ähnlichen Forschungsprojekt in den USA arbeitete, damit beschäftigt, die Stellen im Hypothalamus herauszufinden, die für Blutdruck, Atmung und Herzschlag sowie die Erweiterung und das Zusammenziehen der Pupille im Auge verantwortlich waren.

Im Laufe seiner Forschungstätigkeit interessierte sich Hess mehr für die komplexen Aktivitäten: Regelung der Körpertemperatur, Erbrechen, Schlafen und Wachzustand. Dann begann er, nach Zonen zu suchen, die Hungergefühl, Kampflust oder Flucht, Wut, Verteidigung usw. hervorriefen, und seine Versuchstiere entsprechend zu stimulieren. In seiner späteren Laufbahn wurde Hess davon überzeugt, daß ein Stimulieren des Hypothalamus natürliche Zustände hervorrief.

Er untersuchte die Hypothalamusfunktion in zwei getrennten Systemen, das vordere und das hintere. Das vordere System war für die regenerierenden Funktionen wie Schlaf und Verdauung zuständig, das hintere hingegen für die Regulierung von Notfallreaktionen, die erforderlich wurden, wenn ein Tier bedroht wurde: schnellerer Herzschlag, Ansteigen des Blutdrucks, Vergrößerung des Muskeldehnungswiderstands – eigentlich fast jede Körperaktivität, die nicht üblicherweise bewußt kontrolliert wird, aber vielleicht »den Erfolg des Organismus in seinem Kampf mit der Umwelt fördern könnte«.

Dr. José Delgado unterbricht den Angriff eines Stiers durch ferngesteuerte elektrische Stimulation.

Aber Hess entdeckte sehr bald, daß ein Stimulieren der hinteren Hypothalamusfläche Verhaltensweisen hervorrief, die über eine bloße Änderung einiger Körperfunktionen weit hinausreichten. In seiner Dankesrede zur Verleihung des Nobelpreises schilderte Hess seine Beobachtungen: »Bei Stimulierung innerhalb eines abgegrenzten Gebiets der ergotropischen Zone (hinterer Hypothalamus) tritt regelmäßig eine starke Stimmungsänderung auf. Sogar eine vorher gutmütige Katze wird plötzlich übellaunig; sie beginnt zu spucken und, nähert man sich ihr, startet sie einen wohlgezielten Angriff. Während sich die Pupillen stark erweitern und sich gleichzeitig die Haare sträuben, ergibt sich ein Bild, wie man es oft bei einer Katze sehen kann, die gerade von einem Hund angegriffen wird und die nicht entrinnen kann ... Funktionsmäßig gesehen verdeutlicht das ganze Verhalten des Tieres die Tatsache, daß in dem bereits genannten Teil des Zwischenhirns eine wichtige Verbindung physiologischer Reaktion stattfindet, die einerseits mit der Regulierung innerer Organe zusammenhängt und andererseits mit den Funktionen, die nach außen auf die Umwelt gerichtet sind.«

Im wesentlichen schlug Hess vor, daß aggressives Verhalten durch elektrisches Stimulieren eines Teils des Hypothalamus ausgeschaltet werden könne. Mit dieser Meinung stand Hess nicht allein. Ähnliche Feststellungen machte der spanische Neurophysiologe José Delgado. Delgado, ein gut aussehender und brillianter Gehirnforscher mit einem Hang zur Dramatik (er stoppte einmal einen Stier bei vollem Angriff, indem er eine tief im Gehirn des Stieres befindliche radio-gesteuerte Elektrode aktivierte) beschrieb in den frühen fünfziger Jahren die furchtsamen Reaktionen von Katzen nach Stimulieren mehrerer verschiedener Zonen in ihrem Gehirn.

Andere Forscher folgten enthusiastisch diesem Beispiel, und in der Mitte der fünfziger Jahre waren die Gehirnforschungslaboratorien überfüllt mit Ratten, Tauben, Hühnern, Kaninchen, Katzen, Hunden, Meerschweinchen, Affen, Delphinen, ja sogar Goldfischen, alle mit Elektroden im Gehirn. Jeder Forscher wählte sich aus Noah's Arche sein Lieblingsversuchstier aus. Bald bestand eine feste Wissensgrundlage über die Auswirkungen von Stimulierung verschiedenster Teile des Gehirns. Es wurde zum Beispiel aufgezeigt, daß die Stimulierung der Formatio reticularis, ein extrem weitläufiges Neuronennetzwerk innerhalb des Hirnstamms, übermäßige Wachsamkeit bei Tieren hervorrief. Übertrieb man die Stimulierung und zerstörte die Formatio reticularis, ergab sich die entgegengesetzte Wirkung: Koma.

Was die Gehirnforscher jedoch am meisten interessierte, war, daß

Tiere so abgerichtet werden, daß sie als Folge unangenehmer elektrischer Stimulierung gewisse Situationen vermieden.

Aber dies ist nur die Hälfte von dem, was wir im allgemeinen unter Motivation verstehen. Wie steht es bei Formen von Anziehungskraft, etwas Positivem, das ein Vermeidensverhalten ausgleicht? Ist es möglich, daß Tiere keine Mühe scheuen, um Stimulierung anderer Gehirnzonen zu erreichen? Diese merkwürdige Idee vom Vorhandensein von »Vergnügungszentren« im Gehirn erhielt durch Zufall experimentelle Bestätigung.

Dr. James Olds von der Abteilung für Psychologie der Universität von Montreal versuchte herauszufinden, ob ein Stimulieren der Formatio reticularis widerwilliges Verhalten verursache. Eine Elektrode, die in die Formatio reticularis eingeführt werden sollte, verbog sich unglücklicherweise während der Einpflanzung und endete statt dessen weit ab von ihrem eigentlichen Ziel im Hypothalamus. Dann wurde das Versuchstier, eine Ratte, in einen Käfig gesteckt. Und hier nahmen nun sehr eigenartige Dinge ihren Anfang. Dies ist der genaue Wortlaut von Olds' Schilderung:

»Ich führte den Test in einer relativ offenen Situation, die es dem Tier ermöglichte, sowohl Annäherung als auch Vermeiden zu zeigen, durch. Die Ratte konnte sich in einem ziemlich großen Gehäuse (knapp ein Meter auf ein Meter oder mehr) frei bewegen. Ein Paar Stimulationsdrähte wurden in ihr Gehirn eingepflanzt. Zweck war, das Erregungs- oder Aktivierungssystem zu beeinflussen, aber beim Einführen der Drähte zielten wir daran vorbei und landeten in einer Zone in der Nähe des Hypothalamus. Jedesmal, wenn das Tier in eine Ecke seines Käfigs ging, setzte ich einen kurzen elektrischen Stromstoß frei. Zu meiner Überraschung hielt sich das Tier jedoch nicht von dieser Ecke fern, sondern kehrte nach einem kurzen Rückzieher, der auf die erste Stimulation folge, wieder dorthin zurück, beim zweiten Mal nach einem kurzen Zurückweichen aufgrund der zweiten Stimulation sogar noch schneller. Nach der dritten Stimulation schien das Tier zweifelsohne ›nach mehr zu verlangen‹.

»Etwas später bestärkte diese Ratte meine Ansicht, daß ihr diese elektrische Stimulierung gefiel, indem sie auf jeden Teil des Käfigs zulief, den ein unparteiischer Beobachter ausgewählt hatte, vorausgesetzt, ich drehte den Schalter an, wenn das Tier einen Schritt in die richtige Richtung machte.«

Der Gedanke, daß uns ohne Olds' unbeholfene chirurgische Technik Skinnerbox (Problemkäfig), Behaviorismen und Dutzende Cartoons im New Yorker, die sich über eine ganze Generation von Forschern, die glaubten, daß ein angemessenes Verständnis der menschlichen Persönlichkeit durch Beobachtung von Ratten, die in ihren Käfigen umherrannten und nach Belohnung über selbsterzeugte Gehirnstimulierung heischten, lustig machten, erspart geblieben wäre, ist faszinierend. Aber Olds versagte und traf nicht ins Ziel. Und die Auswirkungen davon auf die Gehirnforschung waren schlichtweg niederschmetternd.

Der Neurologe Elliot Valenstein stellte dazu fest: »Denkt man an die verheerende Auswirkung und all die theoretischen Spekulationen und Experimente, die dadurch hervorgerufen wurden, so kann man sagen, daß keine Entdeckung auf dem Gebiet des Gehirn-Verhalten-Zusammenhangs dem Ergebnis, daß Tiere zu Stimulierung gewisser Zonen ihres eigenen Gehirns besonders veranlaßt werden können, gleichzusetzen ist.«

Für unseren Zweck in diesem Kapitel des Buches ist am wichtigsten die Lokalisierung von Stellen im Gehirn, die sowohl »zu vermeidende« wie auch »lohnende« Erfahrungen hervorrufen können. Die Stellen für »lohnende Erfahrungen« waren vorzugsweise in den seitlichen Teilen des Hypothalamus und des limbischen Systems, während das »Strafe vermeidende« System sich entlang Punkten näher der Mittellinie des Hypothalamus und seiner Verbindung mit dem limbischen System befand.

Die Vorstellung, daß es im Gehirn einen Ausgleich zwischen den »Belohnungszonen« und den »Strafzonen« gäbe, hat etwas Mittelalterliches an sich – gut gegen schlecht, die Mächte des Lichts gegen die Kräfte der Dunkelheit usw. Falls Ihnen das zu weit hergeholt erscheint, dann denken Sie einmal über die Worte des englischen Philosophen Jeremy Bentham nach, der 1789 schrieb: »Die Natur hat die Menschheit unter die Führung zweier meisterlicher Herrscher, den Schmerz und die Freude, gestellt. Es ist nur ihnen überlassen, darauf hinzuweisen, was wir tun sollten und was wir tun werden.«

Was immer auch Bentham beeinflußt haben mag, eine derartige Behauptung aufzustellen, so können wir doch davon ausgehen, daß er nicht von der Gehirnforschung inspiriert wurde. 1789 war der damalige bedeutendste Gehirnforscher Luigi Galvani völlig in die Studien der Muskelkontraktionen toter Frösche vertieft. Auf eine gewisse Weise kann man daraus schließen, daß die sozialen und politischen Theorien den Lehren der Gehirnforschung weit vorauseilten. Aber ich frage mich, ob dem wirklich so ist. Ich ziehe es vor, dies eher als eine Neigung unsererseits, immer in Gegensätzen zu denken, zu betrachten: gut und böse, schmerzvoll und erfreulich usw. Nachdem unser Verstand so arbeitet, fallen diese Art von Beobachtungen den Gehirnforschern natürlicherweise zuerst ins Auge: Das Tier muß entweder Vergnügen suchen oder den Schmerz vermeiden. Erst Jahre später, nachdem der Enthusiasmus für Rattenexperimente erheblich nachgelassen hatte, gelang es anderen Gehirnforschern, eine zwar ziemlich profane, aber dennoch äußerst wichtige Beobachtung zu machen: Wurden die Tiere ganz einfach in ihren Käfigen in Ruhe gelassen (ohne irgendwelche Nadeln in ihr Gehirn einzuführen) und wurden sie nicht dazu gezwungen, Hebel zu betätigen oder andere Zirkusstückchen vorzuführen, dann führten diese Tiere ganz einfach das Leben von Ratten.

Die Begriffe von Belohnung und Bestrafung, Abneigung und Verstärkung sind lediglich in unseren Köpfen, jedoch nicht in den ihren vorhanden. Unser Gehirn ist darauf ausgerichtet, nach gewissen Richtlinien zu denken und zu handeln. Wäre unser Gehirn anders aufgebaut, würden

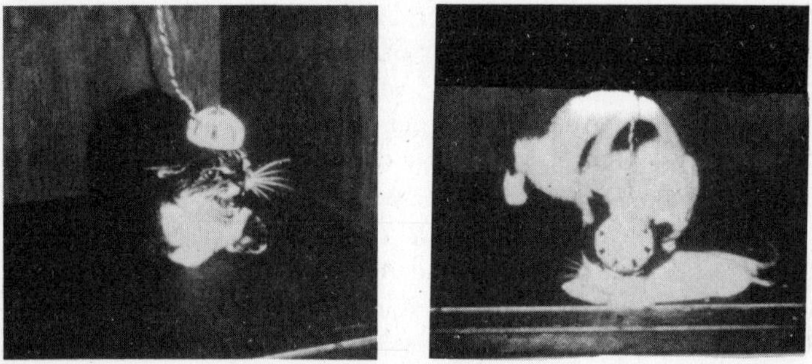

Seit der Pionierforschungstätigkeit von Dr. Hess und Dr. Olds studierten Wissenschaftler weiterhin die Gehirne von Katzen und anderen Tieren mittels elektrischer Implantate. Die hier abgebildeten Dias von Dr. Allan Siegal's Arbeit zeigen typische emotionale Reaktionen (Fauchen) nach Stimulieren des Hypothalamus (Bild links) sowie eine ruhige Bißattacke (Bild rechts) nach Stimulieren des lateralen Thalamus.

wir anders denken. Falls Ihnen dies alles zu theoretisch erscheint, kann ich Ihnen nur versichern, daß es praktische Auswirkungen hat: Überlegen Sie einmal, wie vielen Ratten die Mühe erspart worden wäre, Pedale zu treten und Knöpfe zu drücken, nur um die Richtigkeit von Jeremy Bentham's Überlegungen zu beweisen.

Von den vielen das Gehirn stimulierenden Experimenten, die den Untersuchungen von Dr. Hess und Dr. Olds folgten, ist das zur Aggression das interessanteste. Hess' ursprüngliche Beobachtung einer Katze, die plötzlich »übellaunig« wurde und daraufhin zum Angriff überging, stellte nur eine Form der Aggression dar. Die andere Form erlebten Sie vielleicht, wenn Sie jemals eine Katze, die mit einer Maus spielte, bevor sie sie tötete, beobachten konnten. Dabei konnten Sie erfahren, daß

Aggression nicht immer mit Spucken und Fauchen verbunden ist. Außerdem macht die Katze keinen Buckel, als wäre sie wütend. Statt dessen geht es bei einer Katze, die einer Maus auflauert, um ein viel kaltblütigeres, berechnetes Töten, von Wissenschaftlern »vorsätzliche Aggression« genannt, oder um eine kurze Bißattacke.

Im allgemeinen werden diese beiden Aggressionsformen von unterschiedlichen Teilen des Gehirns über getrennte Wege vom Hypothalamus zum unteren Hirnstamm veranlaßt. Setzt man eine Stimulierung irgendwo auf diesen beiden Wegen an, so erfolgt entweder eine ruhige Bißattacke, oder die Katze wird in ein fauchendes Bündel Wut verwandelt.

Der Hypothalamus fungiert als Regulator für die die Aggressionen förderlichen Wege, die sich zum Hirnstamm erstrecken. Er wiederum wird von Teilen des über ihm befindlichen limbischen Systems geregelt. Auf unserem Weg vom limbischen System abwärts durch den Hypothalamus und noch weiter zum Hirnstamm verringert sich die Stimulationsintensität, die erforderlich ist, um aggressives Verhalten hervorzurufen. Diese hierarchische Anordnung spiegelt die gegenseitige Verbindung der Nervenzellen im Gehirn wider. Wie die nachfolgenden Untersuchungen bei so niedrigen Stufen wie Ratten, ganz zu schweigen von höheren Primaten oder von Menschen zeigen, ist kein »Aggressionszentrum« oder »Antiaggressionszentrum« vorhanden. Statt dessen gibt es ein Netzwerk von Neuronenverbindungen, das im limbischen System anfängt und sich nach unten erstreckt und aggressives Verhalten mit einbezieht oder aufbaut.

Aber die Vorstellung, daß gewisse Gehirnzonen fähig seien, ein vorhersehbares Verhalten auf Befehl hervorzurufen, wurde nur sehr langsam ausgelöscht. Als Delgado damals den angreifenden Stier, den der Komiker Tom Lehrer als »einen tausend Pfund schweren wütenden Schmorbraten« bezeichnete, zum Halten brachte, überzeugte dies manche Beobachter, daß nun ein Zentrum zur Verhinderung von Aggression entdeckt worden sei. Tatsächlich dachte man, daß die elektrische Stimulierung des Nucleus caudatus den Stier lediglich zu einem Drehen seines Kopfes gezwungen hatte. Man vermutet, daß er dadurch verwirrt worden war und etwas die Orientierung statt etwas von seiner »Aggressivität« verloren hatte.

Bei primitiven Trieben wie Aggression ist das Gehirn einem Mosaik vergleichbar, in dem eine die Gesamtheit von scheinbar unzusammenhängenden Einzelteilen das Bild erkennen lassen. Und diese Hypothese scheint Sinn zu ergeben. Eine Katze reagiert zwar in aggressiver Weise auf Ratten, Hunde, andere Katzen und lästige Kinder, sie zeigt jedoch in jedem Fall eine andere Reaktion. Die Art ihrer Aggression ändert sich mit dem von ihr wahrgenommenen Umfeld. Sie faucht nicht in derselben Weise auf jeden Warnstimulus.

Eine Untersuchung von Trieben wie Aggression enthüllt unvermeidlich ein komplexes Gebilde von Gehirnwegen mit spezifischen chemischen Stoffen als Übermittler (Neurotransmitter und Neuromodulatoren); äußere sensorische Stimuli, die »aggressives Verhalten« hervorrufen; komplizierte soziale Hierarchien, die jeglichen Aggressionsausbruch ändern oder völlig niederdrücken.

Bei den Menschen kommt noch Kontrolle oder Zurückhaltung aufgrund der Einwirkung unserer Hirnrinde, und hier hauptsächlich der frontalen Fasern, hinzu. Es gibt Sitten und Gebräuche, festgesetzte und unausgesprochene Verbote gegen den direkten Aggressionsausbruch. Manche Menschen sind der Ansicht, unsere Kultur weise ritualisierte, annehmbare Formen der Aggression auf, die helfen würden, unsere eigenen aggressiven Impulse unter Kontrolle zu halten. Aber für jeden Vertreter dieser Meinung, den man übrigens am Samstagabend auf einer Boxveranstaltung trifft, gibt es Dutzende anderer, die Boxen und andere Formen ritualisierter Aggression für »entmenschlichend« und für aggressionsfördernd statt -hemmend halten. Nach einem Bericht des Nationalen Instituts für geistige Gesundheit kann sogar die Wiedergabe von Gewalt im Fernsehen oder im Kino zu anschließenden Gewalttätigkeiten führen.

Laut Dr. David Pearl, Leiter des Forschungsprojekts »Fernsehen und Gewalt« des Nationalen Instituts für geistige Gesundheit ist »das Sehen von gewalttätigen Sendungen im frühen Alter die beste Voranzeige für späteres aggressives oder gewalttätiges Verhalten, wenn diese Kinder Erwachsene sind, als jede sonstige Tatsache«.

Andere Untersuchungen gelangen zu ähnlichen Schlußfolgerungen. In einer in London durchgeführten Studie an 227 Fällen von Gewalttätigkeit in der Gesellschaft wurden Gewalt im Fernsehen und im Kino an erster Stelle genannt. Obwohl dies wahrscheinlich nicht der richtige Ort ist, um eine Debatte darüber zu führen und zum Ende zu bringen, ob Beobachtung von Gewalttätigkeit zu gewaltsamen Ausschreitungen führt, gibt es doch keinen Zweifel, daß trotz größter Anstrengungen, die Gewalt unter Kontrolle zu halten, sie weiterhin in unserer Gesellschaft vorhanden ist. Eine der möglichen Ursachen dafür ist vielleicht, daß bei manchen Menschen die Hirnrinde nur eine eingeschränkte abändernde Wirkung auf die »Aggressionstriebe« ausübt. Wir erinnern uns, daß das limbische System und seine Verbindungsformen den strukturellen Unterbau bilden, auf dem die Hirnrinde ruht. Wir sind nicht nur denkende, überlegende Wesen. Wir fühlen auch. Wir erfahren Ärger, Neid, Feindseligkeit und Liebe. Oft tun wir etwas, obwohl unser Urteilsvermögen dagegen spricht. Es ist auch richtig, daß wir »überlegende« Wesen sind, zur Sprache und Symbolisierung fähig. Es ist sicherlich auch wahr, daß es Dinge gibt, die nur wir tun können. Haben Sie jemals von einem Affen gehört, der einen Konkurs angemeldet hat? Aber trotz einiger dieser hervorragenden und weniger hervorragenden Leistungen aufgrund des Beitrags unserer Hirnrinde bleiben wir doch in großem Maß von den darunter befindlichen »primitiveren« Teilen unseres Gehirns abhängig.

Nebenbei bemerkt bevorzugen einige Forscher den Ausdruck »altbekannt« statt »primitiv«, und das wohl aus gutem Grund. Der negative Beiklang paßt nicht zu den Tatsachen. Die Entwicklung von Atomwaffen beispielsweise ist das Produkt unserer »fortgeschrittenen« Hirnrinde. Und dennoch ist ein thermonuklearer Krieg »primitiver« als alles, was sich unsere »primitiven« Urahnen in der Entwicklungsgeschichte jemals erträumten, die nur für einen kurzzeitigen Vorteil oder eine Gebietseroberung kriegerisch tätig wurden. Nur die »fortschrittlicheren« menschlichen Wesen spannten ihr Gehirn mittels der Gehirnrinde für die Aufgabe der Zerstörung ein. Zweifelsohne ist unser »Aggressionstrieb«, falls es so etwas gibt, zu einer Zerstörungswut teuflischen Ausmaßes fähig. Deshalb ist es nur angebracht, daß die Wissenschaftler weiterhin die Gehirnmechanismen, die Aggression in sich bergen, erforschen. Werden wir jemals lernen, unsere Aggressionstriebe nützlich zu verwenden?

Anders als bei den Katzen, wo ganz spezielle Zonen des Gehirns verschiedene Angriffsformen auslösen, verläuft die Aggression beim Menschen in verschiedenen Mustern, die hauptsächlich von unserer Gehirnrinde gesteuert werden. Soziale und psychologische Faktoren spielen dabei eine Schlüsselrolle. In manchen Ländern kann ein Mann den Mord an seiner Ehefrau durch den Nachweis rechtfertigen, daß sie ihm nicht treu war. Manche Religionen verbieten ausdrücklich jede Form von Gewalt. Aber auch die Physiologie trägt ihren unverleugbaren, wenn auch umstrittenen Teil dazu bei, wie wir aus den Fällen ersehen können, in denen bei Menschen, die schwere Gewaltverbrechen in unserer Gesellschaft begangen haben, Abnormitäten des Gehirns festgestellt werden. Die Annahme, daß diese Abnormitäten *die* Ursache für aggressives Verhalten sind, geht bereits ziemlich weit. Aber dennoch ist es in manchen Fällen sehr augenfällig, daß die menschliche Aggression mit gewissen spezifischen Abnormitäten verbunden ist.

1980 unterzog sich in Sakramento, Kalifornien, der 21 Jahre alte Mark Larribas psychiatrischer Behandlung aufgrund seiner Neigung zu Selbst-

Dr. Paul D. MacLean und das dreieinige Gehirn

Entfernen wir die Hirnrinde – den Teil unseres Gehirns, der sich über etwa die letzten zwei Millionen Jahre entwickelte –, so löschen wir eigentlich unser Menschsein aus. Unterhalb der Hirnrinde unterscheidet sich das Gehirn nicht allzu sehr von dem eines bengalischen Tigers, eines französischen Pudels oder eines Polarfuchses. Wenn wir wollten, könnten wir noch etwas mehr entfernen, um unser Gehirn dem eines Salamanders oder einer Klapperschlange anzugleichen.

Dr. Paul MacLean

Der Gehirnforscher Dr. Paul MacLean ist der Ansicht, daß wir drei getrennte, eng miteinander verbundene Gehirne haben, die unsere Verwandtschaft aus grauer Vorzeit mit Reptilien, frühen Säugetieren und späteren Säugetieren widerspiegeln. Der erste Teil, der R-Komplex (das »R« bezieht sich auf Reptil) ist eine Erweiterung des oberen Hirnstamms, innerhalb dessen sich die Nervenmechanismen befinden, die für das Verhalten hinsichtlich Selbsterhaltung und Artenerhaltung verantwortlich sind. Durch Experimente zum R-Komplex bei so unterschiedlichen Tieren wie Eichhörnchen, Affen und Truthähnen wies Paul MacLean nach, daß es die Programme für Jagen, Nestbau, Paarung, Revier abstecken und Kämpfen enthält. Das zweite Gehirn, das limbische System, das wir mit allen anderen Säugetieren gemeinsam aufweisen, hat mit Emotionen, die unser Verhalten lenken, zu tun. Nach Zerstörung eines Teils des limbischen Systems »hören junge Säugetiere zu spielen auf und zeigen einen Mangel an mütterlichem Verhalten«, sagt Dr. MacLean. »Es ist, als würden diese Säugetiere ins Reptilstadium zurückfallen.«

Das dritte »Gehirn«, die Hirnrinde, ist bei den Menschen sehr stark entwickelt. Es ist eine Art Vorrichtung zur Lösung von Problemen und Gedächtnisapparat, um die beiden älteren Komplexe des Gehirns in ihrem Überlebenskampf zu unterstützen. Dr. MacLean vergleicht die Hirnrinde mit einem Computer, der in die Zukunft sehen kann und die Folgen von Handlungen vorwegnehmen kann. Die Hirnrinde ermöglicht unsere besonderen »menschlichen« Qualitäten: unsere Sprache, unsere Fähigkeit abzuwägen, mit Symbolen umzugehen und eine Kultur zu entwickeln. Am weitesten entwickelt sind die präfrontalen Zonen der Hirnrinde. Dr. MacLean hält die Entwicklung der präfrontalen Fasern für den herausragendsten Umschwung der Ereignisse in der Geschichte der Biologie. »Gerade diese neue Entwicklung ermöglicht die Einsicht, die erforderlich ist, die eigenen Bedürfnisse sowie die anderer abzusehen und zu planen, und unser Wissen zur allgemeinen Notlinderung anzuwenden. Die Natur hat durch die erstmalige Schaffung einer Kreatur mit Sorge um alle Lebewesen eine 180°-Wendung dessen erzielt, was vorher eine Reptil-frißt-Reptil- und Hund-frißt-Hund-Welt war.«

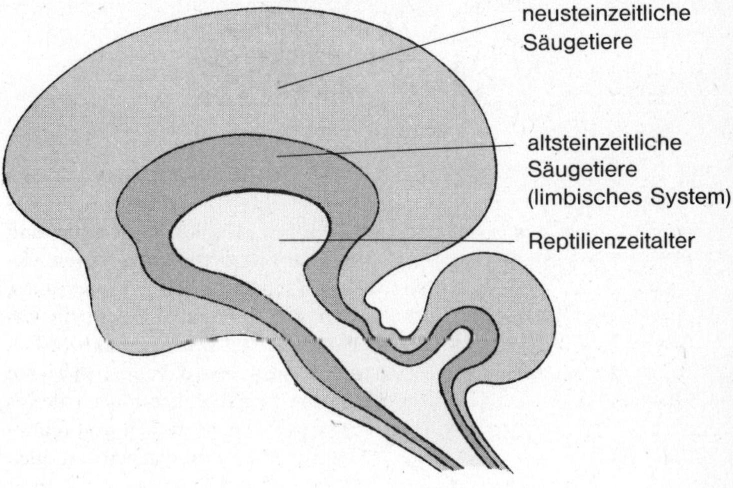

mord. Zwei Tage zuvor hatte Larribas, als er die zwei Jahre alte Tochter seiner Freundin beaufsichtigte, die Kontrolle über sich selbst verloren, da das Kind unaufhörlich schrie. Innerhalb von Sekunden befiel ihn eine derartige Wut, daß er das Kind schlug und schüttelte, bis es bewußtlos wurde. Ähnliche Vorkommnisse waren bereits in früheren Jahren aufgetreten. Einmal gipfelte ein Streit mit seiner Ehefrau in einem Zornausbruch, worauf er sie mit Fäusten schlug, was zum Bruch ihrer Ehe führte.

»Als ich meine Frau schlug, war das etwas, das ich nicht kontrollieren konnte. Als würde ich in einen Autounfall auf einer eisigen Straße verwikkelt und hätte die Kontrolle über den Wagen verloren und könnte nichts mehr unternehmen, um ihn zum Stillstand zu bringen. Nachher hatte ich große Gewissensbisse, und ich weinte und bat sie um Verzeihung.«

Zu seinen Wutausbrüchen befragt zeigte Mark Larribas Schwierigkeiten, sich an die genaue Reihenfolge der Ereignisse zu erinnern. Er war sich jedoch einer zunehmenden Reizbarkeit, Impulsivität sowie plötzlicher, oft unvorhersehbarer Stimmungswechsel bewußt. Abgesehen von diesen Ausfällen war Mark Larribas als umgänglich bekannt. Er hatte eine feste Arbeit mit kontinuierlicher Arbeitsleistung.

Aufgrund dieses seltsamen Kontrasts zwischen Mark Larribas' normalem Verhalten und seinen Wutausbrüchen verordnete der zuständige Psychiater eine Computertomographie seines Gehirns, die eine große Verletzung an der Spitze seines rechten Schläfenlappens zeigte. Während der Operation stellt man keinen bösartigen, sondern einen heilbaren Tumor fest, der mit beachtlichen Ergebnissen entfernt wurde.

In den beiden darauffolgenden Jahren von Mark Larribas' Leben hatte er keine weiteren Ausfälle mehr – tatsächlich zeigte er überhaupt keine Impulsivität mehr. Er kann sich nun konzentrieren und erträgt Frustrationen, ohne gewalttätig zu werden.

Die Lage des Tumors in Mark Larribas' Gehirn entspricht den Zonen, aus denen aggressives Verhalten bei Versuchstieren durch elektrisches Stimulieren hervorgerufen werden kann. In Mark's Fall mögen zwar viele soziale Faktoren hinzukommen, aber seine dramatische Besserung nach der Entfernung des Tumors sowie die Lage des Tumors deuten stark auf einen Zusammenhang zwischen dem Tumor und Mark's Verhalten. Der Psychiater, der Mark's Tumor feststellte, schließt daraus: »Der Fall von Mark Larribas zeigt deutlich, daß zwischen der Pathologie des Gehirns und aggressivem Verhalten ein Zusammenhang besteht. Noch bedeutender für mich ist jedoch die Tatsache, daß das Gehirn selbst die Fähigkeit zu Aggression und Gewalt aufweist. Vielleicht wäre jeder von uns zu dem, was Mark tat, unter anderen Umständen, anderen Stimulierungen, anderen Gehirnfunktionszuständen fähig gewesen.« Mag dieser Schluß vielleicht erschrecken, so gibt es doch bereits Präzedenzfälle.

Der berühmteste Fall ist vielleicht der von Charles Whitman, der in den sechziger Jahren auf eine Turmspitze in Austin, Texas, kletterte und auf Passanten zu schießen anfing. Vernon Mark, ein Neurochirurg an der Harvard Universität, ist vom Zusammenhang zwischen einem Gehirntumor und Whitman's mörderischem Anschlag überzeugt.

»Ein paar Monate vor dem Zwischenfall zeigte Whitman eine auffällige Verhaltensänderung. Er konsultierte sogar einen Psychiater. Aber damals dachte noch niemand in Begriffen wie physiologische Ursachen. Eine spätere Autopsie ergab einen Gehirntumor. Aber dennoch zögerte man, einen Zusammenhang zwischen dem Tumor und seinen Gewalttätigkeiten herzustellen. Heute wissen wir es besser.«

Dr. Mark hat sich auf gewalttätige Patienten spezialisiert. Er lernte aus erster Hand, wie eine Erkrankung des limbischen Systems gewaltsames Handeln stimulieren kann. »Ich hatte einmal einen Patienten, der versuchte, seine Frau und seine Tochter mit einem Hackmesser zu enthaupten. Er war so gewalttätig, daß die Polizei ihn in ein Fischnetz eingewikkelt bei mir einliefern mußte. Seine Familie erklärte, seine Persönlichkeit habe vor sechs Monaten angefangen, Veränderungen aufzuweisen. Und er hatte über Kopfschmerzen und verschwommenes Sehen geklagt. Eine Untersuchung ergab einen Tumor unterhalb des rechten Stirnlappens, der direkt auf das limbische System Druck ausübte. Wir entfernten den Tumor, und der Patient erfuhr eine wesentliche Verhaltensänderung.«

Gewaltausbrüche aufgrund von Abnormitäten des limbischen Systems sind nicht nur auf Gehirntumore beschränkt. Im Amerika unserer Tage sind Fälle mit die Persönlichkeit verändernden Drogen viel häufiger. Phencyclidin (der sogenannte »Engelsstaub«) wird mit plötzlichen impulsiven Ausbrüchen in Verbindung gebracht. Diese chemischen Stoffe üben ihre Hauptwirkung auf das Hippocampus und die Hirnrinde aus und führen manchmal zu einem massiven Aggressionsausbruch.

Zwar können uns Untersuchungen des Gehirns eine Menge über Aggression erläutern, aber dennoch hat die Neurologie nicht alle Antworten zu den Fragen, warum Menschen aggressiv sind, parat. Aber da das Gehirn der Mittler jeglichen Verhaltens ist, ist es erforderlich, soviel wie möglich über seine normale Funktion zu wissen. Eine Art, dies zu erreichen, ist, die Anzahl der Neurotransmitter im Gehirn bei aggressiven Versuchstieren zu ermitteln und diese Ergebnisse mit denen bei Menschen zu vergleichen. Tierversuche zeigen beispielsweise, daß eine Verringerung des Neurotransmitters Serotonin mit einem Anstieg der Aggressivität zusammenfällt. Zum gleichen Ergebnis gelangt man beim Anstieg von Noradrenalin und Dopamin, zwei weiteren wichtigen Neurotransmittern.

Eine in den siebziger Jahren durchgeführte Untersuchung an 26 Soldaten der US-Navy ergab, daß die am wenigsten aggressiven Seeleute eine höhere Anzahl Serotoninmetabolite (Hemmsekrete) in ihrer Rückenmarksflüssigkeit enthielten als die Seeleute, die sich auf Schlägereien einließen oder Schwierigkeiten bei ihrer Arbeit usw. hatten. Dies deutete eine mögliche Annäherung an eine Aggressionskontrolle an – die Verwendung eines geeigneten Mittels zur Verstärkung des Serotoninspiegels im Gehirn.

Seit mehreren Jahren berichteten Forscher, daß Lithium, ein ursprünglich zur Behandlung von Gicht eingeführtes Medikament, bei aggressiven Tieren beruhigende Wirkung zeige. Gab man etwas Lithium ins Wasserbecken von siamesischen Kampffischen oder ins Trinkwasser männlicher Nagetiere, so verringerte sich ihr aggressives Verhalten, während Gehirn- und Serumlithiumspiegel anstiegen. Ähnliche Ergebnisse erzielte man bei Mäusen, die insgesamt nicht weniger aktiv als normal, jedoch weniger aggressiv wurden.

Aber die Beobachtung der antiaggressiven Wirkung von Lithium beschränkte sich nicht nur auf Laborsituationen, sondern wurde auch unter »natürlicheren« Umständen erprobt. Männliche Ratten sind sehr besitzergreifend von ihrer Behausung und werden nach männlichen Eindringlingen, die es wagen, ihr Lager zu betreten, schlagen. Gibt man Lithium in ihr Trinkwasser, verlieren sie ihre Angriffslust.

Dr. Michael H. Sheard von der psychiatrischen Abteilung der Yale Universität für Medizin verabreichte bei einem interessanten Versuch PCPA (Parachlorophenoxidsäure) – völlig verschieden von dem schrecklichen Phencyclidin – ein Serotonin senkendes Mittel an eine Gruppe von Ratten. Dieser chemische Stoff erschöpft den Serotoninvorrat im Gehirn durch Zurückhalten eines der zur Synthese erforderlichen Enzyms. Mit PCPA behandelte Ratten weisen einen deutlichen Aggressionsanstieg auf, der jedoch durch Verabreichen von Lithium fünf Tage vor Einnahme des PCPA verhindert werden kann.

Aufgrund der Versuchsergebnisse bei Tieren, daß Lithium Aggressionen mindern kann, wenden Psychiater in verschiedenen Haftanstalten in den USA Lithium bei aggressiven Gefangenen an. Es gibt dafür verschiedene Gründe. Zum einen ist Lithium relativ sicher, wenn es sorgfältig dosiert wird. Zweitens wären die Vorteile unermeßlich, könnte eine ähnliche Einsatzmöglichkeit wie die oben beschriebene bei Menschen festgestellt werden.

Um die Wirksamkeit von Lithium zu erproben, wählte Dr. Joe Tupin von der psychiatrischen Abteilung der Davis School of Medicine der Universität Kalifornien 27 Insassen von Gefängnissen für Schwerverbrecher in Vacaville und Sakramento, Kalifornien, aus. Alle diese Versuchspersonen, ungeachtet verschiedener Hintergründe, Straftaten und Verurteilungen zu ihrer Einweisung in die Strafanstalten, hatten zwei Verhaltensweisen gemeinsam: Erstens wiederkehrende Gewalttätigkeit sowohl innerhalb als auch außerhalb des Gefängnisses und zweitens äußerst schnelle Wutreaktion und prompte Gewalttätigkeit auf die geringste Provokation hin.

Während der nächsten neun Monate stand jeder der Gefangenen unter einer ziemlich hohen Dosis Lithium. Das Ergebnis war ein Rückgang der Disziplinarstrafen für gewalttätiges Verhalten. Bei 15 von 22 Testpersonen verringerte sich die Anzahl Disziplinarstrafen wegen Gewaltanwendung. Noch interessanter als der Rückgang der Gewalttätigkeiten waren jedoch die Berichte, die einige der Gefangenen aus Dr. Tupin's Testgruppe schrieben. Einer von ihnen stellte fest: »Jetzt denke ich endlich darüber nach, ob ich ihn schlagen soll oder nicht.« Ein anderer meinte: »Ich hab' meine Wut verloren.« Jeder der mit Lithium behandelten Sträflinge wies eine erhöhte Fähigkeit, die Folgen seiner Handlungen zu überdenken, auf. Diese Eigenschaft bezeichnet Dr. Tupin als »eine nachdenkliche Stimmung«.

»In unserer Gesellschaft machen wir uns derzeit viele Gedanken um kriminelle Anschläge und Aggressionen, was sicherlich zu meinen hauptsächlichen Forschungsaufgaben gehörte. Durch sie können wir heute Teile des Gehirns und wie sich Medikamente darauf auswirken, verstehen; wir können eine Hypothese über die Rolle von Neurotransmittern in den verschiedenen funktionellen Bereichen des Gehirns aufstellen; auch, wie es besondere Formen der Aggression verursacht oder wie es dazu kommt. Bei Menschen tritt diese Aggression fast ständig als ein Zusammenwirken von Störungen im Gehirn, sollten diese vorhanden sein, und der sozialen Situation auf. Bereits einer dieser beiden Faktoren mag ausreichend sein, um Aggression auszulösen, aber Hauptaugenmerk unserer Sorge sind Fehlfunktionen und Erkrankungen des Gehirns«, sagte Dr. Tupin.

Schlüsselfrage bleibt weiterhin, ob Lithium oder ein anderer chemischer Stoff fähig sind, »aggressives Verhalten« im Menschen völlig auszulöschen. Es gibt einige Gründe, die dies unmöglich erscheinen lassen.

Zum einen zeigten Experimente auf, daß Aggression keine einheitliche Gesamtheit mit konkreter Existenz ist. Nach Dr. Paul F. Brain von der zoologischen Abteilung des University College von Swansea hat die während verschiedener Situationen beobachtete »Aggression« kein homogenes Erscheinungsbild. »Logischerweise scheint es unwahrscheinlich, daß jemand eine gemeinsame zugrundeliegende Physiologie für diese Verhaltensweisen finden wird, die offensive/defensive oder sogar räuberische Funktionen erhalten. Die meisten Arbeiter unserer Tage erkennen, daß »Aggression« das Ergebnis des komplexen Zusammenspiels von biologischen, situations- und erfahrungsbedingten Determinanten ist.«

Zu diesen Nervenverhaltensfaktoren kommt die Ambivalenz in der Haltung unserer Gesellschaft gegenüber Aggressionen hinzu. Zwar fürchten wir alle körperliche Angriffe und suchen nach neuen Wegen, um uns vor Raubüberfällen und sonstigen Gewaltverbrechen zu schützen, aber andererseits bestehen wir darauf, daß die Anwälte, die unser Anliegen vertreten, möglichst aggressiv auftreten. Wir sind bereit, hohe Eintrittsgebühren zu zahlen, um einem Fußballspiel, einem Boxkampf oder sonstigen sportlichen Ereignissen beizuwohnen, bei dem Aggression eine wesentliche Zutat für den Erfolg ist. Und wer würde eine Verkaufsmannschaft einstellen oder eine Public Relations-Agentur anheuern, die nicht aggressiv ist? Trotz heftiger gegenteiliger Beteuerungen sind wir doch nicht bereit, die Aggression auszuschalten, selbst wenn wir könnten. Diese Ambivalenz sollte uns jedoch nicht entmutigen zu versuchen, Aggression zu *verstehen*. Eine der vielversprechendsten Folgeergebnisse dieser Untersuchung ist die Rolle der Sexualhormone in der Aggression.

Bereits vor einigen Jahrhunderten waren sich die Bauern bewußt, daß angriffslustige männliche Tiere durch Kastration beruhigt werden konnten, was, wie wir heute wissen, die Quelle des männlichen Sexualhormons Testosteron ausschaltete. Kastrierung kann auch angewandt werden, um das Auftreten von Aggression bei Tieren zu bestimmten Zeiten zu verhindern. Männliche Mäuse beispielsweise fangen etwa zu dem Zeitpunkt zu kämpfen an, zu dem sie sexuell aktiv werden (zwischen dem 35. bis 55. Lebenstag). Eine Kastration bei Geburt verhindert das Erscheinen dieses aggressiven Verhaltens. Injektionen mit synthetischen oder natürlichen Androgenen (Sexualhormonen), insbesondere Testosteron, stellen die Aggressivität wieder her. Auf der Basis derartiger Ergebnisse untersuchten einige Forscher den Testosteronspiegel bei einer Gruppe Menschen, die als aggressiv bekannt war.

Die Ermittlung der Testosteronspiegel bei Universitätswettkämpfen ergab, daß die Gewinner eine größere Menge dieses Hormons aufwiesen als die Verlierer. Eine ähnliche Untersuchung über die Aggression bei Hockeyspielern zeigte einen Zusammenhang zwischen dem Serumtestosteronspiegel und der Aggressionsstärke, die von den Mannschaftsleitern und anderen Spielern festgestellt wurde. Aber das interessanteste Ergebnis wurde bei Messungen des Testosteronspiegels von Häftlingen, die wegen Gewalttätigkeiten verurteilt worden waren, ermittelt.

Der Testosteronspiegel wurde bei drei Versuchsgruppen gemessen: aggressive, nicht aggressive und gesellschaftlich dominierende (Einfluß ausübend und selbstbewußt, aber nicht zu physischer Gewalt neigend). In der nicht aggressiven Gruppe war der Plasmaspiegel des Testosterons nicht höher als bei der normalen Bevölkerung, während er bei der aggressiven Gruppe fast doppelt so hoch war und weit über dem Spiegel lag, der für die manipulierenden, sozial dominierenden, aber nicht aggressiven Gefangenen kennzeichend war. Sollte die Gesellschaft aufgrund dieser Ergebnisse Kastration als Mittel zur Einschränkung von Gewalt wieder einführen? Es gibt mehrere Gründe, dies als eine schlechte Idee zu betrachten.

Abgesehen von den ethischen und rechtlichen Einwänden gegen eine verstümmelnde und nicht wieder rückgängig zu machende Operation am Menschen gibt es auch wenig Anlaß zu der Überzeugung, daß Kastration die Aggression »heilen« würde. Menschliche und nicht menschliche Primaten sind von genauen Hormonspiegeln ebenso abhängig wie vom Lernen und von sozialen Variablen. Zwar stimmt es, daß uns die Hormone und ihre rhythmischen Fluktuationen tagtäglich stark beeinflussen, aber wir sind andererseits auch in der Lage, unsere zerebralen Hemisphären zu gebrauchen, um diese rhythmischen Hormonschwankungen zu kontrollieren und ihnen entgegenzuwirken. Der mächtige Einfluß der Gesellschaft und unsere Fähigkeit, über unsere Umwelt Kontrolle auszuüben, befreien uns von der übermächtigen Herrschaft der Natur. Aber unsere bewußten Gedanken und Handlungen werden ständig von einem Ansturm von Signalen aus unserem Inneren abgeändert. Unsere Lage ähnelt der, die uns von einigen mittelalterlichen Theologen zugewiesen wurde, als sie den Menschen irgendwo zwischen Engeln und Bestien einordneten. Wir haben ein limbisches System; wir werden von rhythmischen Hormonwellen, die sich über unseren ganzen Körper ergießen, beeinflußt; wir weisen in unserem Gehirn Zentren auf, die verläßlich Haß und Aggression auslösen. In dieser Hinsicht sind wir Bestien. Aber durch die Entwicklung der Hirnrinde wurde es zum erstenmal möglich, daß Liebe, Altruismus sowie ein Sinn für Gemeinschaft, Vertrauen und Integrität in unsere geistigen Mechanismen eindrangen. Wir sind, Engeln gleich, zu »reinen Gedanken« fähig – wenn wir damit meinen, daß Ideen und Konzepte eine starke Macht bei der Bestimmung des Verlaufs unseres Lebens ausüben. Was unsere Lage so einzigartig und der von Engeln und Bestien überlegen erscheinen läßt, ist die ganz besondere Mischung von äußerst primitiven und äußerst verfeinerten Möglichkeiten innerhalb eines einzigen Organs, unserem Gehirn.

Simone de Beauvoir sagte einmal: »Wir sind die Wesen, deren Natur es ist, keine Natur zu haben.« Sie hatte unrecht. Wir haben eine »Natur«, und sie wird uns durch unsere Gene, unser Gehirn und die Gesellschaft, in der wir uns befinden, gegeben. Wir werden auch sehr stark von inneren und äußeren Rhythmen gelenkt, durch die wir zu leben lernen müssen. Unser Leben hängt davon ab zu lernen, innerhalb der Grenzen, die uns Schlaf/Wachzustand, Aktivität, Wachstum, Sexualität und sogar Aggression, die alle durch die Rhythmen unseres Gehirns in uns errichtet wurden, zu existieren. Glücklicherweise entdecken die Neurologen neue Wege, manche dieser Grenzen zu überwinden. Dank neuer Forschungsergebnisse über das Gehirn, die wir in diesem Kapitel diskutierten, sind Patienten wie Mitch Heller und Mark Larribas nicht mehr den Rhythmen und Trieben hilflos ausgeliefert. Insoweit ist das Studium des menschlichen Gehirns wahrer Humanismus: Wissen über das Gehirn, das zu einer Vermehrung der Freiheit und der Selbsterkenntnis führt.

4. Streß und Emotion

Am 13. September 1848 sprengte eine Gruppe Arbeiter der Eisenbahnlinie Rutland und Burlington Felsen aus einer Schlucht in Cavendish, Vermont. Vorarbeiter der Mannschaft war Phineas Gage, ein energischer und fähiger Mann von 25 Jahren, der bei den Männern seiner Gruppe sehr beliebt war und von seinem Arbeitgeber mit Respekt behandelt wurde.

Gegen halb fünf Uhr nachmittags füllte Gage ein in den Fels gebohrtes Loch mit Schießpulver, um es für die Sprengung vorzubereiten. Die anderen Männer arbeiteten hinter ihm und luden Felsgestein auf einen Wagen, der in der Nähe abgestellt war. Nachdem das Pulver ordentlich eingefüllt war, holte Gage eine besonders angefertigte schwere Sprengstange von etwa dreieinhalb Fuß Länge, die auf der Stopfseite abgeflacht und am anderen Ende zugespitzt war. Dann wies Gage seinen Helfer an, Sand in das Loch zu füllen, um eventuelle Funken, die die Stange beim Auftreffen auf das Pulver auslösen konnte, abzuhalten.

Ein paar Sekunden später hörte Gage ein Geräusch hinter sich und wandte sich daraufhin etwas nach recht. Sein Helfer, den das Geräusch ebenfalls ablenkte, zögerte etwas, bevor er den Sand einfüllte. Gage bemerkte dies jedoch nicht, nahm seine Arbeit wieder auf und ließ die Sprengstange in das mit Pulver geladene Loch fallen. Dabei kratzte die Stange an der Wand des Sprenglochs, schlug so einen Funken und entzündete das Pulver.

Gage's Sprengstange schoß wie eine Kanonenkugel aus dem Loch zurück, traf Gage's Gesicht neben seinem linken Auge, durchschlug seinen Schädel und den Stirnlappen und trat nahe der Mittellinie des Kopfes, etwas oberhalb des Haaransatzes der Stirn, wieder aus. Die Stange flog gute fünfzig Fuß durch die Luft, bevor sie im Dreck landete, über und über mit Blut und Gehirnmasse bedeckt.

Gage selbst wurde in die Luft geschleudert und prallte dann ziemlich heftig wieder am Boden auf. Fast unmittelbar danach wurde sein Körper wie bei einem epileptischen Anfall geschüttelt. Währenddessen starrte Gage's Mannschaft voll Entsetzen auf ihren Vorarbeiter in der Gewißheit, er werde eine derartige Verletzung auf keinen Fall überleben. Innerhalb von Minuten jedoch wurden sie Zeugen eines unglaublichen Vorfalls: Gage fing zu reden an. Sie unterdrückten ihren Schock und ihre Fassungslosigkeit und luden Gage auf einen nahestehenden Ochsenkarren. Wenige Augenblicke später saß Gage aufrecht, hielt seinen Kopf zwischen den Händen und befand sich auf dem Weg zu dem etwa eine dreiviertel Meile entfernt gelegenen Adams Hotel in Cavendish.

Nach seiner Ankunft dort setzte Gage die Arbeiter noch mehr in Erstaunen, als er selbst vom Wagen herunterstieg und sich in einen Stuhl auf dem Vorhof des Hotels setzte, wobei er immer noch seinen Kopf hielt.

Innerhalb weniger Minuten traf der ansässige Arzt, Doktor Edward H. Williams, am Adams Hotel ein. Als Gage ihn erblickte, sah er von seinem Stuhl auf: »Hallo, Doktor, es gibt 'ne Menge zu tun.« Wenige Minuten später fuhr ein weiterer Arzt, Doktor John Harlow, vor. Beide, Williams wie Harlow, waren ebenso ungläubig wie die Zuschauer, die sich mittlerweile aufgereiht hatten, um Gage anzustarren. Es erschien kaum faßbar, daß jemand eine so zerstörerische Verletzung überleben konnte. Aber Gage lebte nicht nur, er saß aufrecht in seinem Stuhl und forderte seine beiden Ärzte gutgelaunt auf, endlich etwas zu unternehmen, um ihm zu helfen.

Mit etwas Hilfestellung stieg Gage die drei Stockwerke zu einem Zimmer im Obergeschoß hinauf, wo seine Wunden gesäubert und verbunden wurden. Losgelöste Gehirn-, Knochen- und Hautreste wurden sorgfältig aus dem Umfeld der Wunde entfernt. Einmal steckte Doktor Harlow die volle Länge seines Zeigefingers in die Wunde, ohne irgendeinen Widerstand zu spüren. Gegen zehn Uhr abends blutete die Wunde immer noch, und die Ärzte fürchteten bereits, den Blutverlust nicht eindämmen zu können. Ungeachtet dessen erklärte Gage jedoch, daß er in wenigen Tagen wieder zu seiner Arbeit zurückkehren würde. Dann begann er zu phantasieren, seine Temperatur stieg stark an, und zum erstenmal redete er im Fieberwahn. Aber als das Bluten zum Stillstand

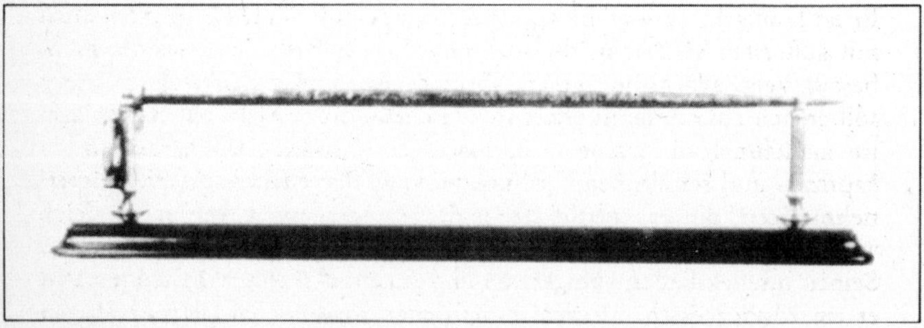

Die Sprengstange, die Phineas Gage traf.

kam und die Temperatur wieder sank, kam Gage wieder zu sich – wobei die Ärzte diese Besserung den großzügig verabreichten Mengen Quecksilberchlorid, Rhizinusöl und Rhabarber zuschrieben.

Während der nächsten Wochen besserte sich Gage's Zustand zwar langsam, aber stetig. Am 67. Tag nach dem Unfall begann er in Cavendish umherzuspazieren, kaufte ein und traf Vorbereitungen für einen Besuch bei seiner Mutter in Lebanon, New Hampshire. Aber während Gage körperlich fast vollständig wiederhergestellt war, hatte seine Persönlichkeit eine grundlegende Änderung erfahren. Doktor Harlow's Aufzeichnungen lieferten den ersten Hinweis auf die Veränderung:

15. Oktober (32. Tag nach dem Unfall):
Verstandeskräfte schwach, Verhalten sehr launisch und kindisch, Wille jedoch wie bisher unzähmbar, besonders starrsinnig, übt keinerlei Zurückhaltung, wenn etwas sich seinen Vorstellungen und Wünschen widersetzt.

20. Oktober (37. Tag nach dem Unfall):
Besserung der Sinneswahrnehmungen, Verstand etwas klarer, jedoch sehr kindisch.

15. November (64. Tag nach dem Unfall):
Versuchte man, ihn von etwas abzuhalten, wurde er sehr ungeduldig, konnte von seinen Freunden nicht unter Kontrolle gebracht werden ... Gestern ging er etwa eine halbe Meile spazieren, kaufte in einem Geschäft einige Artikel, erkundigte sich nach dem Preis und zahlte die geforderte Summe mit der ihm eigenen Genauigkeit, schien den Preis zu akzeptieren, da er das verlangte Geld besaß.

Jahre später hatte Doktor Harlow ausreichend Einblick in die Persönlichkeitsveränderung von Gage gewonnen, um seine Eindrücke wie folgt zusammenzufassen: »Das Gleichgewicht zwischen seinen intellektuellen Fähigkeiten und seinen animalischen Neigungen scheint zerstört zu sein. Er ist launisch, geringschätzig und frönt seinen Wünschen, manchmal mit äußerster Rücksichtslosigkeit (eine Eigenschaft, die er früher nicht besaß), zeigt gegenüber seinen Mitmenschen wenig Rücksicht, reagiert, soll er sich zusammennehmen, sehr ungeduldig, ebenso auf Ratschläge, ist manchmal in geradezu hartnäckiger Weise aufsässig, aber auch kapriziös und schwankend, schmiedet viele Pläne für zukünftige Unternehmungen, die er, sobald sie in die Tat umgesetzt werden, sogleich wieder aufgibt zugunsten anderer, die ihm noch tunlicher dünken. Seinen intellektuellen Fähigkeiten und Ausdrucksmöglichkeiten nach ist er ein Kind, jedoch mit der animalischen Leidenschaft eines kräftigen ausgewachsenen Mannes. Vor seiner Verletzung hatte er ein sehr ausgeglichenes Wesen und wurde von allen, die ihn kannten, als umsichtiger und kluger Geschäftsmann, der voll Energie war und bei der Verfolgung seiner Pläne und Unternehmungen Ausdauer zeigte, geachtet. In dieser Hinsicht veränderte sich sein Verstand radikal, ja so total, daß seine Freunde und Bekannten feststellten, er sei »nicht länger Gage«.

Das restliche Leben von Phineas Gage verlief traurig. Gemäß seinem Versprechen kehrte Gage zu seinen früheren Arbeitgebern zurück und bat um seine alte Arbeitsstelle. Diese jedoch, die ihn einst als sehr tüchtigen und fähigen Vorarbeiter geschätzt hatten, hielten nun den »neuen« Gage für untauglich, die Verantwortung eines Vorarbeiters zu übernehmen, und wiesen ihn ab.

Zwischen 1849 und 1850 stand er in Boston unter Beobachtung eines Harvard-Chirurgen, der sich durch die Beschreibung von Gage's Wunden einen Namen machte. Oftmals während dieser Besuche konnte man Gage am Eingang des Boston Museums sitzen sehen, die Sprengstange zwischen seinen Knien.

Später schloß sich Gage an P. T. Barnum an und stellte sich auf Ausstellungsgeländen und in Zirkuszelten im ganzen Lande zur Schau. Er war ein pathetischer Anblick, wie er die Sprengstange, die jeden Sinn und Zweck für ihn verloren hatte, in den Armen hielt. Um 1851 arbeitete er in einer Mietstallung in New Hampshire, ein Jahr später zog es ihn nach Südamerika, wo er seinen Lebensunterhalt als Kutscher verdiente. Endlich kehrte Gage in die USA zurück, wo er 1861, zwölf Jahre, sechs Monate und acht Tage nach seinem Unfall starb.

Obwohl Phineas Gage letztendlich von denen, die ihn kannten, als »Versager« eingestuft wurde, hinterließ er der Welt ein reichlicheres Vermächtnis als ein Stückchen Schienenweg: Seine Verletzung und ihre Auswirkungen auf seine Persönlichkeit lieferten die ersten klaren Hinweise auf ein empfindliches physisches Gleichgewicht im Gehirn zwischen Gedanken und Emotionen.

Aufgrund der Beobachtungen und schriftlichen Aufzeichnungen über Phineas Gage durch Dr. Harlow und andere begannen in den dreißiger Jahren dieses Jahrhunderts die Neurologen, Untersuchungen über die Auswirkungen chirurgischer Verletzungen der Stirnlappenfasern auf jeder Seite des Gehirns anzustellen. Das berühmteste Experiment wurde von C. F. Jacobsen, einem Physiologen an der Universität Yale, an zwei wilden Schimpansen, Becky und Lucy, durchgeführt. Nach Operation des Frontallappens (Lobotomie) reagierten die Schimpansen nicht länger mit Kratzen oder Beißen, wenn man sich ihnen näherte. Statt dessen schien es die Tiere, wenn man sie ärgerte, nicht zu berühren.

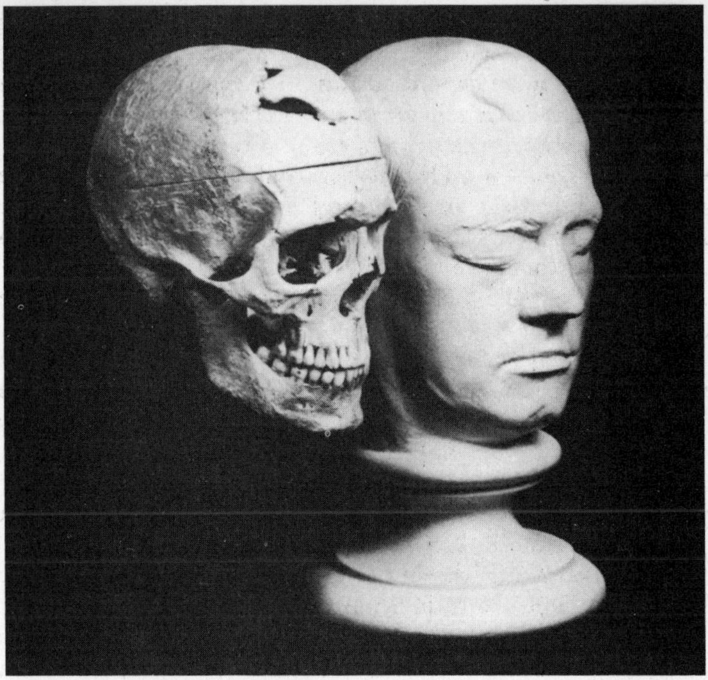

Gage's Schädel, sowie seine Totenmaske machen das Ausmaß seiner Verletzung deutlich.

Als Jacobsen diese Ergebnisse auf einer internationalen Konferenz vorstellte, entschloß sich einer der Zuhörer, der Neurologe Egas Moniz, dieselbe Methode bei erregten und gewalttätigen Patienten, die in Portugal seiner Pflege unterstellt waren, anzuwenden. Seine Entscheidung, Menschen für eine Operationsmethode heranzuziehen, von der man lediglich wußte, daß sie bei Schimpansen sicher und wirksam war, in die Tat umzusetzen, wurde möglich sowohl durch die Ähnlichkeit der Gehirne von Menschen und Primaten als auch aufgrund der lockeren Kontrollbestimmungen über experimentelle Chirurgie zur damaligen Zeit. Heute wäre eine so weitgehende und irreversible Operation undenkbar. Aber der chirurgische Eingriff wurde durchgeführt, und die Ergebnisse waren beeindruckend. Patienten, die erregbar und unruhig waren und manchmal ihre Pfleger tätlich angriffen, unterlagen einer drastischen Veränderung. Wie Becky und Lucy wurden sie nach der Operation relativ teilnahmslos gegenüber Ereignissen um sie herum, Ärger in ihnen stieg nur langsam auf, ja, eigentlich verlangsamten sich sämtliche ihrer Gemütsbewegungen. Insoweit konnte man diese frühen Präfrontallobotomien als »erfolgreich« bezeichnen.

Insgesamt jedoch forderten psychochirurgische Eingriffe einen nicht annehmbaren Preis. Viele der Patienten änderten sich dadurch so grundlegend, daß ihre Freunde und Verwandten Schwierigkeiten hatten, sie als die Individuen anzunehmen, die sie vor der Operation gekannt hatten. Einen größeren Beitrag zum Verfall der Psychochirurgie leisteten neue Entdeckungen über die Stirnlappen und ihre Verbindungen mit dem restlichen Gehirn.

In den letzten Jahren wurde die künstliche Trennung von Gedanken und Emotionen allmählich aufgegeben. Anatomische Studien zeigten weitreichende Verbindungen zwischen den Teilen des Gehirns, die traditionsgemäß mit unseren Emotionen in Verbindung gebracht werden, insbesondere dem limbischen System und den Stirnlappen.

Werden die Frontallappen beschädigt oder zerstört, ist die Fähigkeit des Betroffenen, Signale aus der Umwelt einzugliedern, Prioritäten zuzuordnen oder abgewogene Entscheidungen zu treffen, beeinträchtigt. Sind die Stirnlappen mit dem Rest des Gehirns nicht mehr verbunden, ist das limbische System frei, seine Emotionsbotschaften auszusenden. Die Kontrolle durch die frontalen/limbischen Verbindungen ist geschwächt, und das Verhalten wird sprunghaft und unberechenbar. Die genauen Einzelheiten, wie dies alles vor sich geht, bleiben unklar. Klar ist jedoch, daß sogar die geringsten Veränderungen des physischen, chemischen und elektrischen Zustands des Gehirns zu wesentlichen Verhaltensänderungen führen können. Und da die Nervenfasern des Gehirns als Leiter für neurochemische und elektrische Impulse dienen, kann eine Beschädigung der Frontallappen zu chemischem Ungleichgewicht an weit entlegenen Stellen innerhalb des Gehirns führen.

Allen Formen von Stirnlappen-Beschädigung gemeinsam sind Veränderungen in der Erfahrung und im Ausdruck von Emotionen. Zwar stürzen sich manche Patienten, wie auch Phineas Gage, frenetisch in endlose Wiederholungen manchmal sinnloser Aktivität, andere sitzen jedoch für Stunden da und leiden an »Aspontaneität«, wie Neurologen dies bezeichnen. Manchmal ist diese Verhaltensmischung für Neurologen, die sich um Wissen um die Frontallappen bemühen, ebenso unverständlich wie für die Patienten selbst. »Das klinische Bild, das mit der Beschädigung der Stirnlappen verbunden ist, ist noch immer eine der am meisten Erstaunen erweckenden Gebiete der Psychoneurologie«, schrieb der verstorbene russische Psychologe Aleksandr Luria.

Ein Teil der Schwierigkeiten, die Frontallappen zu begreifen, rührt von dem Geheimnis her, das unsere Emotionen umgibt. Warum fühlen wir so, wie wir fühlen? Woher rühren unser Ärger, unsere Verblendung, unser Schmerz? Auf solche Fragen gibt es keine Antwort, nicht einmal von psychologischer Warte aus. So ist es beispielsweise unmöglich, in Isolation Emotionen zu empfinden. Wir können das Gefühl von Liebe nicht erfahren, bevor wir nicht jemanden oder etwas lieben. Wenn wir ärgerlich sind, müssen wir über etwas ärgerlich sein. Dieses gegenseitige Durchdringen unserer Emotionen mit dem Inhalt unserer Gedanken wird nach Meinung der Neurologen unserer Tage durch zahlreiche Verbindungen zwischen dem limbischen System und dem restlichen Gehirn untereinander widergespiegelt. Was man nun braucht – und Neurologen auf der ganzen Welt suchen eifrig danach – ist eine praktische Erklärung dafür, wie unsere Emotionen verkehrt laufen.

Nach einer derzeitigen sehr populären Hypothese sind die Frontallappen verantwortlich für die Kontrolle und Gestaltung unserer Emotionen, die hauptsächlich ein Produkt unseres limbischen Systems sind. Diese beiden Gehirnzonen arbeiten zusammen und üben gemeinsam Einfluß auf den Hypothalamus, der Zone im Gehirn, die das endokrine System und das autonome Nervensystem steuert, aus.

Nehmen wir einmal an, Sie lesen dieses Buch spät nachts im Bett, während Sie allein zuhause sind. Plötzlich hören Sie ein Knarren der Stufen, die zu ihrem Schlafzimmer führen. Was will diese Person? Innerhalb Bruchteilen von Sekunden eilt der Gedanke »ich bin allein ... jemand ist dort in der Dunkelheit« über die frontalen, limbischen und Hypothalamusverbindungen. Entscheiden Sie sich, aus Ihrem Bett zu springen, um nachzusehen, steigt Furcht über die frontalen/limbischen Verbindungen auf, während das »Programm« für diese Tat in den Stirnlappen und ihrer anschließenden zusätzlichen motorischen Hirnrinde geschaffen wird. Endlich kommt der Hypothalamus in Aktion und leitet eine Kaskade von neurochemischen Stoffen, die den Körper auf eine Handlung vorbereiten, ein.

Dieser vereinfachte Verhaltensablauf – auch wenn er in gewisser Weise hilfreich ist – übersieht mehrere Probleme, die für den aufmerksamen Betrachter der eigenen geistigen Vorgänge offensichtlich sind. Manchmal steigt Furcht auf, bevor eine endgültige Idee formuliert ist. Als Regel gilt, daß eine aufgeschreckte Reaktion mit keinerlei gedanklichem Inhalt verbunden ist. Wenn ein Kind hinter unserem Rücken eine mit Luft gefüllte Papiertüte platzen läßt, schrecken wir ebenso schnell hoch wie bei einem Gewehrschuß. Und unser Herz schlägt noch lange, nachdem wir uns versicherten, daß wir lediglich das Opfer eines kindlichen Streichs wurden, heftig weiter.

In anderen Fällen tritt emotionale Bedrängnis aus heiterem Himmel auf, scheinbar zusammenhanglos zur Gegenwart. Jeder einigermaßen beschäftigte Psychiater hat Patienten in seiner Praxis, die an »panischen Anfällen« oder »frei fließender Angst« leiden.

Auf der anderen Seite gibt es Menschen, die an einem Mangel emotionaler Reaktionen zu leiden scheinen. Sie fürchten sich nicht in Situationen, die die meisten Menschen als beunruhigend empfinden. Oder sie sind unfähig, Freude zu verspüren, wenn für sie erfreuliche Dinge passieren (Anhedonie). Zu guter Letzt gibt es einige Millionen Menschen, die an Störungen wie Depressionen und Manie leiden und oft keinen objektiven Anlaß haben, weshalb sie sich so schlecht fühlen. Darauf werden wir jedoch ausführlicher in Kapitel sieben zu sprechen kommen.

Es ist offensichtlich, daß unsere Gedanken und Emotionen nicht so leicht voneinander zu trennen sind, wie wir allgemein glauben; ferner folgen sie nicht einem einzigen festgelegten Pfad. Wie wir uns fühlen, beeinflußt die Dinge, an die wir gerade denken und umgekehrt, was eine natürliche Folge der extensiven Verbindungen in unserer Hirnrinde, insbesondere zwischen den vorderen Zonen und dem limbischen System, ist. Wir sind nicht rein logische Maschinen, aber ebensowenig sind wir einfach Bündel uneingeschränkter Emotionen. Wir sind eine Mischung aus beidem, obgleich die Balance gelegentlich nach der einen oder anderen Seite ausschlagen kann.

Im Falle von Phineas Gage wurden die Waagschalen durch den extremen Streß der Gehirnverletzung verschoben. Dasselbe Ergebnis kann durch übermächtige, schockierende oder furchterregende Erlebnisse ausgelöst werden. Der gemeinsame Nenner all dieser Erfahrungen ist *Streß*, der zu einem Ungleichgewicht zwischen unserem Denken und unseren Emotionen führt. Tatsächlich lernten die Neurologen durch eine Untersuchung von Streß eine große Menge darüber, wie unser Gehirn fehlfunktionieren kann.

Die am meisten verbreitete Form von Streß ist Schmerz. Niemand kann je dauerhaft vom Streß des Schmerzes unberührt bleiben. Er ist ein Teil des menschlichen Lebens. Der englische Dichter Francis Thomson schrieb im 19. Jahrhundert:

> Nichts beginnt und nichts endet,
> das nicht wird mit Schmerz bezahlt.
> Wir sind aus den Schmerzen and'rer geboren,
> in den eig'nen werden wir untergehn.

Bei unseren Bemühungen, Streß zu verstehen, sollten wir deshalb den Schmerz etwas näher betrachten. Als Ausgangspunkt für diese Untersuchungen sollten wir deshalb noch einmal das Beispiel von Phineas Gage durchdenken.

Einer der bemerkenswertesten Aspekte der Tragödie von Phineas Gage war seine Reaktion auf seine Verstümmelung und seinen wahrscheinlich sehr schmerzlichen Unfall. Aber diesbezüglich waren sich alle Zeugen völlig einig. Gage schien keine Schmerzen zu erleiden, sondern unterhielt sich gelassen, sogar scherzend, mit seinen Arbeitern und den Ärzten, die ihm zu Hilfe geeilt waren.

In den darauffolgenden 136 Jahren gab es weitere Beispiele von streßverursachter Analgesie (Schmerzunempfindlichkeit), wie Wissenschaftler dies bezeichnen. Während des Zweiten Weltkriegs zeigten bei Anzio verwundete Soldaten eine bemerkenswerte Gleichgültigkeit angesichts zerstörerischer Wunden. Auch Athleten, die während sehr anstrengender sportlicher Wettkämpfe Verletzungen erlitten, berichteten häufig über Schmerzlosigkeit. Was geschieht in solchen Situationen? Wie funktioniert Schmerz und warum?

Wir stimmen alle darin überein, daß Schmerz in kleinen Dosen vorteilhaft ist. Berühren wir eine heiße Herdplatte, so veranlaßt uns der plötzliche Schmerz in unserer Fingerkuppe, die Hand vom Ofen wegzuziehen. Kopfschmerzen können die ersten Warnsignale für einen Gehirntumor bilden. Wären wir ständig schmerzlos, würden viele Dinge, die wir einfach hinnehmen wie Schnitt-, Schürf- oder Brandwunden, ständige Aufmerksamkeit und Beobachtung erfordern. Paraplegiker (an beiden Beinen vollständig gelähmte Menschen) fühlen häufig keinen Schmerz in ihren Beinen, und ihr Leben entwickelt sich zu einem ständigen Kampf um Wachsamkeit in bezug auf ihre schmerzunempfindlichen Beine, damit sich kein Hautkrebs entwickelt oder ihre Beine eingequetscht oder zerschnitten werden.

Im Extrem gesehen kann Schmerz jedoch auch lähmen. Einige Krebspatienten verlieren die Fähigkeit, Schmerz zu ertragen. Nach einer Weile dreht sich ihr ganzes Leben um ihren Schmerz sowie um die Medikamente, die ihn doch nur teilweise lindern. Dieser Kontrollverlust und diese Unfähigkeit, Schmerz zu ertragen, versetzt uns oft ebenso in Furcht wie der Schmerz selbst. Keiner möchte gern als wehleidig und ängstlich vor seinem Zahnarzt erscheinen. Keiner möchte angesichts von Schmerzen, die er nicht länger ertragen kann, zusammenbrechen. Aber wieviel Schmerz *kann* man ertragen?

Ärzte weisen ihren Patienten häufig eine hohe oder niedere Schmerztoleranzgrenze zu. Diese Zuweisungen sind oft aburteilende, gar nicht subtile Hinweise darauf, daß die Menschen mit einer niederen Schmerztoleranzgrenze sich nicht ausreichend bemühen, ihren Schmerz zu bekämpfen. Man hat sogar vermutet, daß es rasse- und kulturbedingte Unterschiede in der Fähigkeit, Schmerz auszuhalten, gäbe. Alle diese Spekulationen bergen Schwierigkeiten in sich, da Schmerz ein ausgesprochen subjektives Gefühl ist. Wer sind *Sie* eigentlich, daß Sie *mir* erzählen wollen, ich empfände keinen Schmerz?

In den letzten Jahren erzielten die Neurologen große Fortschritte im Verständnis der für Schmerz verantwortlichen Gehirnmechanismen. Sie lernten ferner, daß durch Änderung gewisser chemischer Stoffe im Körper Schmerz ausgeschaltet oder zumindest gemindert werden kann.

Das empfindliche Gleichgewicht zwischen einem zu starken und einem zu geringen Schmerzempfinden wird hauptsächlich durch erstens die Substanz P, einem Neuropeptid, das praktisch überall dort, wo die hauptsächlichen Schmerzfasern sich erstrecken, gefunden wird (ihr wird eine wesentliche Rolle bei der Übermittlung von Schmerzsignalen von der Haut nach innen zum Rückenmark zugeschrieben) und zweitens von den natürlichen Opiaten (die mindestens 18 verschiedene Substanzen im Körper umfassen, die manchmal sehr viel wirksamer sind als irgendwelche Opiate, die aus Pflanzen hergestellt werden) kontrolliert.

Der erste Schritt, Schmerz zu erfahren, spielt sich in dem weitverzweigten Netzwerk freier Nervenenden, die sich überall auf der Hautoberfläche verflechten, ab. Als Folge einer Gewebebeschädigung (Quetschung, Brand- oder Schnittwunde usw.) wird ein chemischer Stoff in der das Gewebe umgebenden Zone freigesetzt. Die »Schmerzbotschaft« wird dann über die Nervenfasern geleitet, die den Impuls mit unterschiedlicher Geschwindigkeit weitergeben. Schnell leitende Fasern sind die Ursache für unsere Fähigkeit, sofort die Hand vom glühenden Ofen wegzunehmen. Der dumpfe, pochende Schmerz, der in unseren Fingerspitzen manchmal über Stunden anhält, beruht auf der Aktivität der langsamer leitenden Fasern. Diese sind auch die Ursache für chronischen, nicht nachlassenden Schmerz, der manchen von einer unheilbaren Krebskrankheit befallenen Patienten quält.

Sobald der Schmerzimpuls im Rückenmark angelangt ist, wird er an das Gehirn weitergegeben, wo er letztendlich im Thalamus anlangt. Tatsächlich erstrecken sich nur etwa 50 Prozent dieser Fasern bis zum Thalamus. Ein großer Teil endet im Hirnstamm, in der mesenzephalzentralen grauen Substanz. Diese winzige, kaum sichtbare Stelle ist zentraler Knotenpunkt für Schmerzimpulse. Nach elektrischer Stimulierung der grauen Substanz ihres Mittelhirns können Versuchstiere ohne Betäubungsmittel operiert werden. Aber dieser schmerzfreie Zustand ist sehr trennscharf. Empfindungen von Berührung und Temperatur innerhalb dieser Betäubungszone bleiben erhalten. Lediglich der Schmerz wird ausgeschaltet.

Die Entdeckung einer kleinen Zone im Gehirn, die für Schmerz zuständig ist, lieferte einen der ersten Hinweise dafür, daß das Gehirn in bezug auf Schmerz selektiv vorgeht. Die meisten Gehirnzonen haben mit Schmerzwahrnehmung nichts zu tun; ein Neurochirurg kann die meisten Gehirnzonen elektrisch stimulieren oder sogar Gehirngewebe elektrisch zerstören, ohne irgendeine Wirkung auf das Schmerzempfinden des Patienten auszuüben.

Einen weiteren Hinweis über die Gehirnmechanismen, die für Schmerzen zuständig sind, liefern Untersuchungen über Opiate – Drogen, die aus mesopotamischem Mohn gewonnen werden. Winzig kleine Opiumdosen können über einen kurzen Zeitraum Schmerz völlig aufheben. Diese Mengen sind jedoch viel zu klein, um auf große Gehirnzonen ihre Wirkung geltend zu machen. Deshalb glaubten in den frühen siebziger Jahren die Neurologen, daß im Gehirn spezielle Opiumrezeptoren vorhanden sein müssen, die eine Analgesie (Schmerzlinderung) bewirken. Aber wie konnte man solche Rezeptoren nachweisen? Und warum sollte im Gehirn ein Rezeptor für den Extrakt einer in Mesopotamien wachsenden Mohnpflanze vorhanden sein? Hier stoßen wir nun auf eine unglaubliche Geschichte, in der so wenig zusammenpassende Elemente wie internationale Teams von Neurologen, argentinische Pferde und irakische Kamele eine Rolle spielen.

In den frühen sechziger Jahren begann C. H. Li, ein Neurochemiker an der Universität von Kalifornien in San Franzisko, nach Substanzen zu suchen, die von der Hirnanhangdrüse, dieser winzigen »Meisterdrüse«, die am Boden des Gehirns direkt über dem Gaumen wie eine reife Weintraube herunterhängt, hergestellt werden, zu suchen. Eine der Substanzen, die Li entdeckte, nannte er Beta-Lipotropin, da sie an der Umwandlung von Fett beteiligt schien (Lipid ist ein medizinischer Ausdruck für Fett). Unglücklicherweise war der Ertrag von Beta-Lipotropin gering. Bei einem Versuch, die Menge dieser Substanz zu erhöhen, stieß Li auf den Gedanken, die Substanz den Hirnanhangdrüsen von Kamelen zu entnehmen. Er wählte diese Tiere wegen ihres allgemeinen Körperbaus: mager, kräftig, und mit geringem Fettgewebe. Konnte es sein, daß die Kamele aufgrund eines reichhaltigen Vorkommens von Beta-Lipotropin mager waren?

Um dies herauszufinden, bat Li einen seiner Studenten des letzten Semesters, einen Iraker, doch einige Hypophysen bei seiner Rückkehr von seiner Heimat im Irak mitzubringen. In diesem Sommer kehrte der Student mit 500 getrockneten Hirnanhangdrüsen, die er in seinen Taschen verstaut hatte, zurück. Li's Untersuchung der Kamelhypophysen brachte eine große Überraschung: kein Lipotropin. Statt dessen extrahierte er ein neues Peptid, das dem Kettenende von Beta-Lipotropin entsprach (Beta-Lipotropin setzt sich aus 91 Bausteinen der Aminosäuren zusammen, wovon das neue Peptid Beta-Endorphin die Bausteine 61 bis 91 umfaßte). Unsicher, welche Schlußfolgerungen er daraus ziehen sollte, vergaß Li die neue chemische Verbindung und ließ die Angelegenheit auf sich beruhen.

Ein Beta-Endorphin-Modell – das Ende der Aminosäurenkette, die das Beta-Lipotropin enthält.

1973 wiesen drei Forschungsteams – angeführt von Lars Terenius in Schweden, Candace Pert und Solomon H. Snyder von der Johns Hopkins Universität in Baltimore und Eric Simon von der New York Universität – unabhängig voneinander nach, daß Morphin mit speziellen Rezeptoren innerhalb des Gehirns reagiert. Interessanterweise verwendeten diese drei Wissenschaftler und ihre Kollegen ähnliche Verfahrensweisen bei ihrer Suche nach dem Opiumrezeptor des Gehirns. Zuerst vermischten sie ganze Gehirne und sonderten dann durch Zentrifugieren bei hoher Geschwindigkeit verschiedene Teile aus. Proben davon wurden in eine Lösung von mit Radioaktivität versehenen Opiaten gelegt. Es zeigte sich, daß die Verbindung, die sie dann eingingen, von der Stärke der verschiedenen verwendeten Opiate abhing. Die Opiate mit stark schmerzstillender und Sucht erweckender Eigenschaft zeigten eine starke Neigung, Verbindungen einzugehen. Schwache Opiate gingen entweder überhaupt keine Verbindungen ein oder nur bei stark erhöhter Konzentration.

Die Identifzierung einer Gehirnzellenkomponente mit Verbindungsbereitschaft zu Morphin und ähnlich starken Opiaten veranlaßte sofort die Frage: Warum besitzt das menschliche Gehirn einen Rezeptor für den Extrakt einer in Mesopotamien wachsenden Mohnpflanze? Die Antwort darauf ist, daß das Gehirn seine eigenen natürlichen Opiate enthält.

1975 veröffentlichten zwei Forscher aus Aberdeen, John Hughes und

Hans Kosterlitz, einen Artikel in der englischen Fachzeitschrift für Wissenschaft »Nature«, in dem sie ein winziges Molekül mit fünf Aminosäure-Bausteinen, das sie aus den Gehirnen von Schweinen isoliert hatten, beschrieben. Sie nannten dieses Molekül ein Enkephalin (was »im Kopf« bedeutet). Dieses Peptid war in manchen seiner Wirkungsweisen dem Morphin ähnlich. Sie hofften deshalb, daß Enkephaline sich als wirksame Schmerzstiller, jedoch ohne die suchterregende Eigenschaft von Morphin, erweisen würden. Bei Tierversuchen jedoch wirkten die Enkephaline nur begrenzt als Analgetika (sie wurden sehr schnell von Enzymen des Körpers zersetzt) und, was viel schlimmer war, waren sehr Abhängigkeit erzeugend.

In der Zwischenzeit entdeckte Li in San Franzisko zu seiner Überra-

schung und Freude, daß das Enkephalinmolekül ein kleiner Bruchteil der Substanz (Beta-Endorphin), die er aus den Hypophysen der Kamele herausgelöst hatte, war. Diese Enthüllung veranlaßte Li, seine chemische Substanz wieder hervorzuholen und sie noch einmal zu prüfen. Beta-Endorphin könnte eine Rolle bei der Schmerzwahrnehmung spielen.

Weitere Untersuchungen ergaben, daß zwar Beta-Lipotropin keine morphinähnlichen Wirkungen aufwies, dafür jedoch Li's rätselhaftes Peptid Beta-Endorphin. Injizierte man Beta-Endorphin in die Hirnkammern, zeigte es eine 48fach stärkere Wirkung als Morphin. Eine intravenös verabreichte Dosis wirkt dreimal stärker als eine Morphinspritze. Es ist gleichfalls sehr suchterregend.

Nach Zusammenfassung all dieser Forschungsergebnisse gelang es den Neurologen, eine Hypothese über den Schmerz und die Reaktionen des Gehirns darauf aufzustellen. Die Entdeckung der Enkephaline und seine verwandten chemischen Substanzen deuten darauf hin, daß der Körper ein spezielles chemisch kontrolliertes System besitzt, um mit Schmerz und Streß zurechtzukommen. Unter normalen Bedingungen sind viele der körpereigenen Morphinrezeptoren von diesen natürlichen Opiaten besetzt. Narkotika lindern Schmerz, indem sie eine zusätzliche Anzahl nicht ausgefüllter Rezeptoren auffüllen. Die Verabreichung von Morphin oder Heroin verringert jedoch die Menge eines dieser natürlichen im Gehirn erzeugten Opiate (Enkephaline). Daraufhin sind weitere Rezeptoren unausgefüllt, was zu einem erhöhten Verlangen nach zusätzlichen Narkotika führt. Dies kann möglicherweise zu einer Situation führen, in der die gehirneigenen Rezeptoren von Narkotika belegt und von diesen abhängig sind. Sind keine zusätzlichen Narkotika verfügbar, reagiert der Körper mit »Entzugserscheinungen«.

Auch die persönliche Stimmung kann vom Einfluß der natürlichen Opiate abhängen. Wie wir wissen, finden sich hohe Konzentrationen von Enkephalinen innerhalb des limbischen Systems. Das durch Narkotika hervorgerufene »Hoch« kann aus der Belegung dieser limbischen Opiatrezeptoren resultieren.

Bei körperlichen oder geistigen Streßsituationen setzt die Hypophyse streßbezogene Hormone, die Beta-Lipotropin enthalten, frei. Diese Substanz verändert die Reaktion des Körpers auf Streß. Im Rückenmark-Niveau können die Enkephalin erzeugenden Neuronen die Tätigkeit von die Substanz P enthaltenden Neuronen, die den Schmerz vom Körper weiterleiten, blockieren. Eine weitere Schmerzveränderung wird in den Fasern bewirkt, die ihren Ursprung in der grauen Substanz des Mittelhirns haben und sich von dort ins Rückenmark erstrecken, wo sie Enkephalinhaltige Neuronen aktivieren. Allgemeine Wirkung dieser beiden getrennten Einflußbereiche ist eine Verringerung der Schmerzempfindung.

Die Neurologen hoffen nun, daß ein weiteres Erforschen des körpereigenen Opiatsystems zur Entwicklung von synthetischen schmerzlindernden Mitteln, die jedoch keine Abhängigkeit schaffen, führt. Bis jetzt waren diese Bemühungen aber erfolglos: Schmerzlinderung ist unumgänglich mit der Neigung verbunden, mehr und mehr schmerzstillende Mittel einzunehmen. Hinzu kommt, daß bei jeder neuen Dosis die Schmerzerleichterung sich verringert. Aber ein vielversprechendes Gebiet zukünftiger Forschung betrifft die Wirkung auf streßverursachtes Schmerzempfinden.

Seit Jahren ist bereits bekannt, daß, setzt man ein Versuchstier einer Streßsituation aus, dies die Fähigkeit des Tieres erhöht, Schmerz zu ertragen. Wiederholtes Auftreten derselben Streßsituation führt zu einer Verringerung der Schmerzlinderung. Auch beim Menschen gibt es eine streßbedingte Schmerzunempfindlichkeit. Unterschiede in der Schmerztoleranz verschiedener Menschen unter extremen Schmerzbedingungen können möglicherweise die Folge spezieller schmerzlindernder Systeme sein. Sollte dies wahr sein, beinhaltet dieser Mechanismus notwendigerweise weit mehr als nur einen Anstieg der Produktion von Endorphinen oder Enkephalinen. Häufig tritt Streß viel zu schnell auf, als daß das Gehirn seine Substanzerzeugung rechtzeitig erhöhen könnte.

Ist es möglich, daß streßverursachte Schmerzlinderung nur unter äußerst extremen Bedingungen stattfindet? Unterstützung für eine solche Hypothese findet man in den Briefen und Tagebüchern von Soldaten und Abenteurern im Laufe der Geschichte. David Livingstone lieferte einen der dramatischsten und überzeugendsten Berichte, als er um 1850 herum einen Löwenangriff von vor 20 Jahren beschrieb. Es ist eine lebhafte Schilderung, wie extreme Belastung die Schmerztoleranz des Körpers erhöhen kann.

»Ich hörte einen Schrei. Verwundert wendete ich mich halb herum und sah einen Löwen, der sich gerade im Ansprung auf mich befand. Ich stand auf einer kleinen Anhöhe. Während des Sprungs erfaßte der Löwe meine Schulter, und wir kamen beide zu Fall. Er knurrte schrecklich nah an meinem Ohr und schüttelte mich wie ein Hund eine Ratte. Der Schock rief in mir eine Betäubung hervor – so mußte sich eine Maus fühlen, die zum erstenmal von einer Katze gebeutelt wurde – und verursachte eine Art Traumzustand, in dem es keinerlei Schmerzempfinden noch Angstgefühl gab, obwohl mir ziemlich bewußt war, was alles vor sich ging. Es erinnert mich an Schilderungen von Patienten, die teilweise unter Chloroformeinfluß standen und die ganze Operation beobachteten, das Messer jedoch nicht spürten. Dieser einzigartige Zustand war nicht das Ergebnis irgendeines geistigen Prozesses. Das Beuteln des Tieres hob die Furcht auf und ließ beim Anblick der Bestie kein Gefühl des Schreckens zu. Dieser besondere Zustand wird möglicherweise in allen Tieren hervorgerufen, die von Raubtieren getötet werden. Trifft dies zu, ist dies eine segensreiche Einrichtung unseres gütigen Schöpfers zur Verringerung der Todesqualen.«

Zwar ist Schmerz die am häufigsten auftretende Form von Streß, mit der sich das Gehirn beschäftigen muß, es gibt jedoch auch andere Arten, auf die das Gehirn reagiert, als würde es sich auf ein entsprechendes unerfreuliches Erlebnis vorbereiten. Dazu möchte ich Ihnen folgendes erzählen:

Teile dieses Kapitels schrieb ich während eines Ferienaufenthaltes in »Martha's Vineyard«. Wenige Minuten, bevor ich mich an meinen Schreibtisch setzte, hatte ich einen Zeitungsartikel im »Boston Globe« gelesen. Mehrere Einwohner des Festlands von Massachusetts hatten sich die östliche Pferdeenzephalitis, eine häufig fatale und in jedem Fall starke Schädigungen im Gehirn hervorrufende Virusinfektion, zugezogen. Als ich zu schreiben anfing, wanderten meine Gedanken stets zu der bohrenden Frage zurück: Kann sich diese durch Stechmücken verursachte Krankheit auch auf Martha's Vineyard ausdehnen? (Nach dem Zeitungsartikel beschränkten sich alle bisher aufgetretenen Fälle auf die Sumpfgegenden südlich von Boston.) Während ich mir darüber sorgenvolle Gedanken machte, versuchte ich gleichzeitig, das Jucken der Moskitostiche, die eine unregelmäßige Spur auf meinen Armen und Beinen hinterlassen hatten, zu ignorieren. Hatte mich vielleicht eine Mücke gestochen, die Träger dieses Virus war?

Plötzlich fühlte ich mich ausgesprochen unwohl. Ich überprüfte meinen Puls: 86. Normalerweise hatte ich 64. Dann erinnerte ich mich an eine Stelle des Artikels, die die Stellungnahme eines Beamten des Gesundheitsamts zur Wahrscheinlichkeit, sich die Krankheit zuzuziehen, wiedergab: »Entweder haben Sie sehr, sehr viel Pech, oder Sie wurden von einer großen Anzahl Mücken gestochen.« Plötzlich war ich wieder beruhigt. Zwei Minuten später war mein Pulsschlag auf 72 abgesunken.

Eine Erfahrung wie die eben geschilderte ist hervorhebenswert aufgrund der aufregenden Dinge, die *nicht* passierten. Hätte mich jemand beobachtet und gleichzeitig meinen Herzschlag mit einem Elektrokardiogramm aufgezeichnet, hätte er einen bärtigen Mann gesehen, der auf einer Veranda sitzt und schreibt, und dessen Pulsschlag plötzlich ohne erkennbaren äußeren Anlaß in die Höhe schnellt, um ein paar Minuten später fast wieder den Rhythmus des Ruhezustands zu erreichen.

Der Gedanke, ich könnte mir Gehirnhautentzündung zuziehen, erschreckte und verängstigte mich. Mein beschleunigter Herzschlag war das von außen erkennbare Anzeichen meiner inneren Unruhe, die ich in jenem Augenblick verspürte. Ich wies in der Tat eine Streßreaktion auf, die sich auf folgende Weise zeigte: der kurze Zeitraum meines extrem schnellen Herzschlags.

Die Feststellung, daß die innere Bedrängnis eines Menschen durch Beobachtung der Körperreaktionen aufgedeckt werden kann, läßt sich über mehrere Jahrtausende zurückverfolgen. So übten beispielsweise Krieger im Altertum Atemtechniken, damit leichte Veränderungen der Schnelligkeit und Tiefe des Atmens nicht ihre Furcht an die Gegner verrieten.

Die interessanteste Frage zum Thema Streßreaktion ist jedoch: Wie kann ein Gedanke, der im Gehirn seinen Ursprung hat, eine Veränderung des Herzschlags hervorrufen? Überraschenderweise stellten sich die Neurologen diese Frage nur relativ kurze Zeit.

Zu Beginn des 19. Jahrhunderts beobachteten Neurologen an lebenden

Fröschen, daß sich deren Herzschlag nach elektrischer Stimulation des Nervus vagus (Hirnnerv) an irgendeiner Stelle seines Wegs von Hirnstamm zum Herzen verlangsamte. Dieselbe Reaktion kann bei einem toten Frosch im Laborversuch nachgewiesen werden, dessen Herz weiterhin schlagen wird, solange es in einem Bad mit Nährflüssigkeit aufbewahrt wird. (Dasselbe gilt übrigens auch für Menschen, weshalb man nun den Tod als ein Fehlen der Gehirntätigkeit statt wie früher als ein Fehlen der Herztätigkeit definiert.)

1921 führte der deutsche Wissenschaftler Otto Loewi ein Experiment durch, das seither unzählige Male in Laboratorien auf der ganzen Welt nachvollzogen wurde. Loewi war davon überzeugt, daß die Anweisungen zur Verringerung des Herzschlags der Frösche in chemischer statt in strikter elektrischer Terminologie ausgegeben wurden. Seiner Meinung nach verursachte die elektrische Stimulierung des Nervs die Freisetzung einer chemischen »Verlangsamungssubstanz«, die die eigentliche Ursache der Verringerung der Herzfrequenz war.

Diese Theorie war zwar einsichtig, aber Loewi fand keine genaue Möglichkeit, ihre Richtigkeit zu prüfen. Wie konnte man die Wirkung elektrischer Stimulierung von der Wirkung der geheimnisvollen chemischen »Verlangsamungssubstanz« trennen? Eines Nachts erwachte Loewi plötzlich aus einem Traum, der ihm die Antwort zu seinem Dilemma deutlich aufgezeigt hatte. Gab es wirklich eine vom Nerv freigesetzte chemische »Verlangsamungssubstanz«, dann mußte etwas davon in der Nährflüssigkeit, die das Herz umgab, festzustellen sein. Warum also nicht eine kleine Menge dieser Nährflüssigkeit der Aufbewahrungslösung eines zweiten Froschherzens zusetzen? Loewi stieg aus dem Bett, zog sich schnell an und begab sich unverzüglich in sein Labor.

Zuerst stimulierte er den Nervus vagus des ersten Frosches und beobachtete erwartungsgemäß eine Verlangsamung der Herzfrequenz. Dann entnahm Loewi einen Teil der Nährflüssigkeit, in der das Herz aufbewahrt war, und fügte sie der Flüssigkeit, in der sich das Herz des zweiten Frosches befand, zu. Auch dieses Herz verlangsamte seinen Rhythmus. Loewi war in überschwenglicher Laune. Er hatte unzweifelhaft nachgewiesen, daß ein chemischer Stoff (Azetylcholin) die Herzfrequenz des Frosches verringerte, und daß diese chemische Substanz als Reaktion auf einen Impuls entlang des Nervus vagus freigesetzt worden war.

Gibt es auch eine chemische Substanz, die die Herzfrequenz beschleunigt? Wie sich herausstellt, ja. Wird das Herz mit Adrenalin überschwemmt, reagiert es auf dieselbe Weise wie durch direkte Stimulierung durch den Nerv.

Die Nerven im Menschen bedienen sich auch eines chemischen Stoffs, um »Beschleunigungsbotschaften« vom Gehirn zum Herzen zu senden. Aber in unserem Fall handelt es sich um eine etwas andere chemische Substanz – das Noradrenalin (oder Norepinephrin), das hauptsächlich im Locus coeruleus, einem Kern des Hirnstamms, vorkommt. Zwar ist die Anzahl der Noradrenalin erzeugenden Zellen im Locus coeruleus gering, doch führt das wiederholte Verzweigen dieser Nervenfasern zu einem außerordentlich komplexen Netzwerk, das sich fast in jedem Teil des Gehirns und des Rückenmarks erstreckt.

Entwickelte sich mein schneller Herzschlag als Reaktion auf eine Ausscheidung einer chemischen Substanz aufgrund meiner Vorstellung, mir östliche Pferdeenzephalitis zuziehen zu können? Die Antwort lautet: ja. Ein Gedanke – in diesem Fall Furcht – löste eine Kaskade von Ereignissen aus, die in der Freisetzung einer streßbezogenen neurochemischen Substanz ihren Höhepunkt fand. Als Antwort auf den Streß, der auf meiner Hypochondrie beruhte, wurde Noradrenalin von den Nervenzellen meines sympathischen Nervensystems freigesetzt, und dies beschleunigte letzendlich meinen Herzschlag. Dabei wurde es von Epinephrin (Adrenalin), einer chemischen Substanz, die in den Adrenaldrüsen abgesondert wird, unterstützt. Die Nerven des sympathischen Nervensystems regen die Adrenaldrüsen an, worauf diese Adrenalin ausscheiden, das im Blutkreislauf zirkuliert und wie Noradrenalin viele der Synapsen aktiviert.

In den folgenden 60 Jahren seit Otto Loewi's Experiment formulierten die Neurologen einen brauchbaren Vergleich zur Neurotransmission. Sie behaupten, daß jede chemische Substanz aus einem besonders gestalteten Molekül besteht, vergleichbar einem speziellen Schlüssel. Werden diese chemischen Substanzen freigesetzt, suchen sie nach einem Schlüsselloch auf der Membran der anderen Nervenzellen. Diese Schlüssellöcher sind ebenfalls große Moleküle besonderer Gestalt. Findet ein Schlüssellochmolekül den passenden Schlüssel, reagieren die Rezeptoren auf ganz spezifische Weise. Der Noradrenalinschlüssel beschleunigte meine Herzfrequenz während des kurzen Zeitraums seelischer Bedrängnis. Das gleiche Ergebnis wäre auch durch andere Angst- oder Streßsituation hervorgerufen worden.

In der Wildnis hängt das Überleben vom ordnungsgemäßen Funktionieren der Reaktion »Kampf oder Flucht« ab. Grast eine Gazelle auf offener Wiese, so muß sie auf die leisesten Anzeichen von Feindesnahen, des Leoparden, reagieren können. Noradrenalin aus den Nerven zusammen mit Adrenalin aus den Adrenaldrüsen der Gazelle beschleunigen sofort die Herzfrequenz und bereiten das Tier auf den Wettlauf um Leben und Tod vor. Eine ähnliche Reaktion geht im Leoparden vor. Verfolger und der Verfolgte reagieren beide auf Streß. Ob die Gazelle entkommt oder zugrunde geht, hängt hauptsächlich von der Reaktion ihres Gehirns und der Effizienz ihres chemisch vermittelten Warn- und Reaktionssystems ab. In diesem Fall ist die Streßreaktion vorteilhaft und begünstigt das Überleben. Aber was geschieht, wenn die Welt plötzlich ohne Feinde ist? Wenn biologisches Überleben nicht länger gefährdet ist?

Viele Komponenten der Streßreaktion beim Menschen arbeiten so, daß sie die Lebensspannen eher verkürzen statt verlängern. Normalerweise denken wir an Streß in psychologischen Begriffen und vergessen dabei, daß psychische Erlebnisse physische Folgen haben. Das Hegen gewisser Gedanken kann zu einer veränderten »Kampf- oder Fluchtreaktion« führen und ist dann oft der Situation nicht angepaßt. Ein Fluchtergreifen vor der entfernten Möglichkeit einer von Stechmücken übertragenen Form von Gehirnhautentzündung hat völlig andere Folgen aufs Überleben als die Flucht einer Gazelle vor dem Leoparden. Im einen Fall wird der Streß durch übermäßige Einbildungskraft verursacht. Die Gazelle jedoch steht einer *realen* Bedrohung ihres Lebens gegenüber und muß sofort darauf reagieren, wenn sie überhaupt überleben soll.

Einfach ausgedrückt ist Streß jede Handlung oder Situation, die besondere physische oder psychische Anforderungen an uns stellt. Für einen erfahrenen Fallschirmspringer ist ein routinemäßiger Absprung weit weniger stressig als ein nächtlicher Absprung zu Kriegszeiten in feindliches Gebiet. Während des Zweiten Weltkriegs wurden nächtliche Bombenangriffe, die gefährlichste Kampfart (ein Unglücksfall pro 160 Flugstunden), mit der höchsten Neuroserate (zwölfmal so hoch wie bei reinen Übungsflügen) assoziiert. Solche Ergebnisse deuten darauf hin, daß allgemein gilt: Je gefährlicher eine Situation erachtet wird, desto größer die Heftigkeit der Streßreaktion. Aber kurzes Nachdenken ergibt, daß es noch andere, zumindest gleichbedeutende Faktoren geben muß.

Jay Weiss von der Rockefeller Universität und M. E. P. Seligman von der Universität von Pennsylvanien vertraten die Ansicht, daß einer dieser Faktoren Kontrolle sei: In einer unkontrollierbaren Situation gefangen zu sein, ist eine der streßreichsten Erfahrungen überhaupt. Als Beweis dafür sperrte Weiss drei Gruppen von Ratten in nebeneinander liegende Schockzellen. Eine der Gruppen war in der Lage, die Schocks durch Drehen eines kleinen Rädchens zu beenden. Die zweite Gruppe hatte keinerlei Kontrolle über die Schocksituation. Und die dritte Gruppe diente zum Vergleich und erhielt keinerlei Schocks.

Nach Beendigung des Versuchs wurden an den Ratten aller drei Gruppen Biopsien (Gewebeproben) vorgenommen. Die Gruppe ohne Schockerfahrung erwies sich als völlig normal. Die größte Anzahl von Geschwüren fand man in der zweiten Gruppe – die Ratten, die nicht feststellen konnten, wann die Schocks verabreicht würden, und auch nichts tun konnten, um die Schocks zu stoppen.

Um diese Beobachtungen und Theorien noch weiter zu verfeinern, entwarf Weiss einen zweiten Versuchsablauf, mit dem er feststellte, ob es wichtig sei, eine Streßsituation vorhersagen oder vorwegnehmen zu können. Wieder diente eine Gruppe als Kontrolle und wurde von den Schocks ausgespart. Den beiden anderen Gruppen wurden Schocks mit gleicher Häufigkeit verabreicht; einer dieser Gruppen wurde jedoch der Schock über einen Warnton angekündigt. Weiss stellte fest, daß die Gruppe, die nicht vorgewarnt war – und entsprechend nicht vorhersagen konnte, wann der Schock erfolgen würde – die größere Anzahl Geschwüre aufwies.

Neurologen vermuten, daß beim Menschen die Lage ähnlich ist. So glaubt man allgemein, daß ein Manager, der für die Führung eines riesigen Unternehmens verantwortlich ist, mit größerer Wahrscheinlichkeit eine »Streßreaktion« erleidet, als einer seiner Angestellten mit geringerem Verantwortungsbereich. Nichts ist jedoch weiter von der Wahrheit entfernt. Das Kontrollausmaß des Managers über sein Unternehmen dient als Puffer gegen eine Streßreaktion. Seine Angestellten sind nicht befugt, die Firmenpolitik festzusetzen, Angestellte einzustellen und zu entlassen oder die Firmenleitung auszuwechseln. Als Ergebnis davon erleidet der Angestellte viel eher Streßreaktionen: Krebs, Kopfschmerzen und hohen Blutdruck.

1974 untersuchte die Metropolitan Life Insurance Company, eine Lebensversicherungsgesellschaft, 1078 Männer mit Schlüsselpositionen in von der Wirtschaftszeitschrift »Fortune« ausgewählten 500 führenden Unternehmen. Ihre Sterblichkeitsrate lag 37 % unter der anderer Männer gleichen Alters. In einer anderen Managerstudie offenbarten sich gewisse Eigenschaften, die Schutz gegen gewisse streßbezogenen Störungen zu gewähren schienen. Die Manager fühlten einen gewissen Daseinszweck, sie genossen die Herausforderung. Am wichtigsten jedoch war, daß sie alle der Ansicht waren, sie würden ihr Leben kontrollieren.

Manche Menschen blühen bei Streß direkt auf. Dr. Joel Elkes, Professor emeritus für Psychiatrie an der Johns Hopkins Universität für Medizin behauptet, daß bei manchen Menschen »extremer Streß eine wohltuende Erregung hervorruft, gefolgt von einem Gefühl der Erleichterung«. Nach einer gewissen Zeit genießen diese Menschen auch den Adrenalinstoß, der eine Streßreaktion begleitet. Ohne eine Streßsituation sind sie gelangweilt, unzufrieden und unglücklich.

Streß kann für manche Menschen zur Sucht werden: Etwas Streß fördert das Verlangen nach mehr und mehr, bis die Situation schließlich außer Kontrolle gerät. Noch schlimmer dabei ist, daß man nicht mehr vorhersagen kann, an welchem Punkt zusätzlicher Streß zu einem Zusammenbruch führen wird. »Es ist nicht klar, wo die Streßtoleranzgrenze eines Menschen liegt«, meint Dr. Paul J. Rosche, ehemaliger Vorsitzender des Amerikanischen Instituts für Streßforschung. »Aus diesem Grund ist es unmöglich, Streß als Mittel für bessere Gesundheit zu empfehlen.« Dr. Rosche ist davon überzeugt, daß Zufriedenheit bei der Arbeit und Anerkennung durch die Vorgesetzten wichtige Faktoren sind für die Beurteilung, ob Streß wohltuend oder zerstörerisch wirkt. »Das wahre Geheimnis für ein langes und gesundes Leben ist die Freude an dem, was man macht, und ob man dabei erfolgreich ist«, so Dr. Rosche. Experimente zur Kontrolle und Vorhersage von Streß heben die bemerkenswerten Verbindungen zwischen psychologischen und physiologischen Faktoren hervor. Unsere Gedanken, unsere Ängste, unsere Vorempfindungen, unsere allzu menschliche Neigung, das Schnelle und Leichte dem Schmerzlichen und Unerwarteten vorzuziehen – alle diese Faktoren tragen dazu bei, ob wir möglicherweise eine Streßreaktion erfahren. Allgemein ziehen sowohl Tiere wie auch die Menschen eine Warnung überraschendem Streß vor. Auch ist es uns lieber, darüber zu bestimmen oder auszuwählen, wann eine Streßsituation stattfinden soll.

Zwei sehr »stressige« Situationen, der Tod eines Ehepartners oder das Auftreten einer tiefen Depression, werden mit einem erhöhten Krebsrisiko beim Menschen in Verbindung gebracht. Jüngste Forschungen, die in ihrem Ablauf und Ziel ähnlich den ursprünglichen Experimenten von Weiss waren, stellen Vermutungen über die Ursachen hierfür an.

Steven F. Maier, Professor für Psychologie an der Universität von Colorado, verabreichte zwei Gruppen von Ratten eine Serie von Schocks. Wie bei Weiss' Experiment konnte nur eine Gruppe die Schocks durch Drehen eines Rades am Stirnende ihrer Kammer vermeiden. Die zweite Gruppe mußte die Schocks durchstehen. Und sie litten wirklich. Innerhalb kurzer Zeit entwickelte die Gruppe ein geschwächtes Immunsystem, wobei sie weniger fähig war, Infektionen abzuwehren. Sie war auch weniger in der Lage, die Immunabwehr gegen Drogen, aufgrund deren

Einnahme versuchsweise Krebs hervorgerufen werden kann, zu mobilisieren. Insgesamt wurden somit Maier's Untersuchungsergebnisse gestützt, wonach der Gemütszustand eines Menschen seine Fähigkeit, gegen Infektionen resistent zu sein, schwächen kann, und, wie es inzwischen scheint, einen Menschen auch für Krebs anfälliger werden läßt.

Die zehn mit dem größten Streß verbundenen Ereignisse im Leben eines Menschen*

1. Tod des Ehepartners oder einer geliebten Person (der nächsten Verwandtschaft)
2. Scheidung
3. eheliche Trennung
4. Tod eines nahen Familienmitglieds
5. ernste persönliche Verletzung oder Krankheit
6. Eheschließung
7. Kündigung durch den Arbeitgeber oder Arbeitslosigkeit
8. bedeutende Änderung des Gesundheitszustands oder des Verhaltens eines Familienmitglieds
9. sexuelle Schwierigkeiten
10. Hinzukommen eines neuen Familienmitglieds.

Offensichtlich sind Verstand und Gehirn nicht so sehr voneinander getrennt, wie dies einige Philosophen glauben. Unsere Verhaltensweisen sind ausgesprochen vielsagend. Wir reagieren nicht passiv auf Ereignisse, die um uns herum stattfinden, vielmehr reagieren wir auf sie direkt. Geschehen zu viele Dinge, die außerhalb unserer Kontrolle sind, können streßbezogene Leiden auftreten (dabei lassen wir im Augenblick genetisch bedingte Anfälligkeiten für gewisse Erkrankungen sowie das sehr umstrittene Thema, ob manche Menschen Streßreaktionen unter sehr günstigen Lebensumständen zeigen, außer acht).

Streß kann auch Ursache für weniger schwerwiegende, aber dennoch beeinträchtigende Reaktionen sein. So leiden Musiker und Schauspieler vor Vorstellungsbeginn häufig an trockener Kehle, zitternden Händen und leichter Brustbeklemmung (die Symptome von Lampenfieber). Den meisten von ihnen gelingt es, diese Gefühle zu bekämpfen und weiterzuspielen. Andere leiden jedoch weiter, und manchmal können die Beschwerden die Aufführung verderben, ja sogar die Karriere ruinieren.

---

* Aus: The Life Event Scale, einer von Dr. Thomas Holmes und Dr. Richard Raahe entwickelten Skala zur Einstufung wichtiger Ereignisse des Lebens.

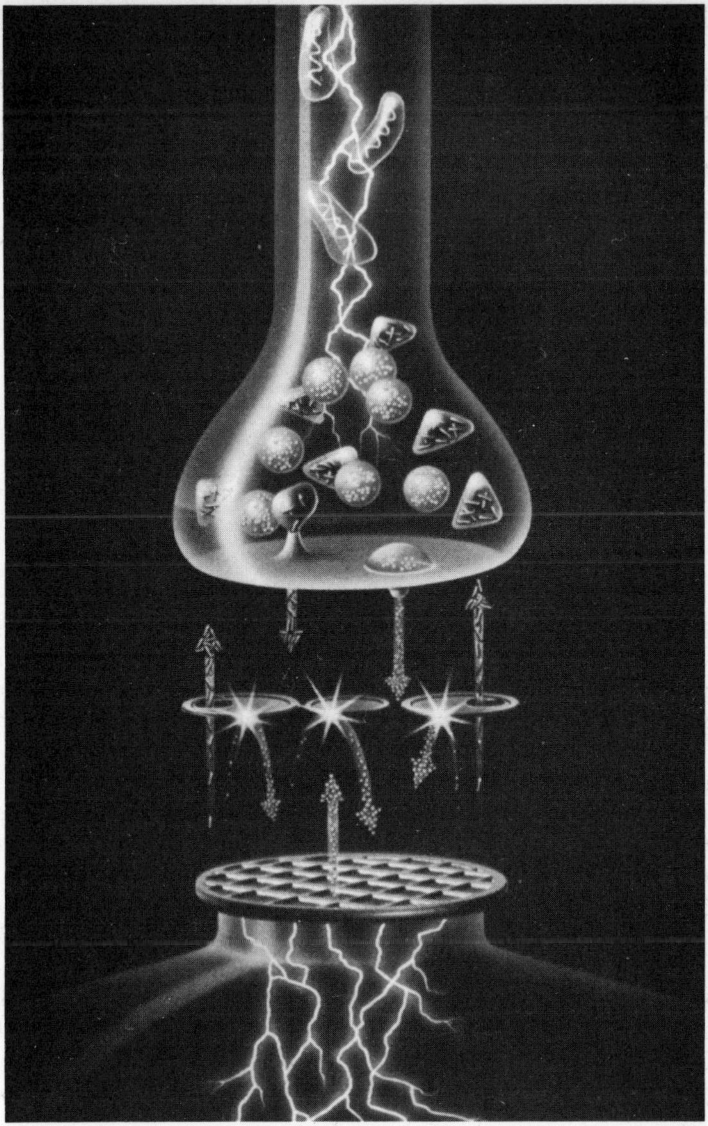

Die Wirkungsweise eines Antidepressivums im synaptischen Spalt. Werden die Neurotransmitter Noradrenalin und Serotonin freigesetzt, so blockiert das Medikament das Noradrenalin. Lediglich das Serotonin quert den Spalt und erreicht die Rezeptoren. Dadurch ändert sich die Natur des ursprünglichen Signals.

Jahrelang suchten Neurologen nach Möglichkeiten, ein Medikament zu entwickeln, das die Streßreaktionen bei Lampenfieber ausschalten würde, ohne dabei den Künstler allzusehr zu sedieren. Heute hat man den chemischen Ablauf von Lampenfieber klar erkannt. Das Gehirn gibt Botschaften über das Nervensystem weiter. Das dabei durch Nervenstrom erzeugte Noradrenalin läßt das Herz schneller schlagen. Ferner regt es die Adrenaldrüsen an und läßt dabei Adrenalin freiwerden, das in den Blutkreislauf gelangt und so den schnellen Herzschlag aufrechterhält und das Zittern und Schwitzen bei Lampenfieber verursacht.

Heute sind Medikamente auf dem Markt, die die Adrenalinrezeptoren im Herzen füllen. Diese sogenannten Betablocker wurden hauptsächlich zur Behandlung von Herzkrankheiten, zum Blockieren der Molekularrezeptoren entwickelt und werden dafür heute noch wesentlich eingesetzt. Da diese Rezeptoren somit bereits gefüllt sind, kann zirkulierendes Adrenalin sich nicht mehr im Rezeptor festsetzen und so die Herzfrequenz beschleunigen. Ebenso wichtig ist jedoch, daß die vom Gehirn über die Nervenkanäle weitergeleiteten Noradrenalinsignale dabei unberührt bleiben. Dadurch wird ein einzigartiger Zustand geschaffen: Der Künstler ist voll einsatzfähig und kann sich ganz auf seine Darstellung konzentrieren. Seine Psyche ist so stabilisiert, daß er sein Möglichstes leisten kann, ohne jedoch länger von den äußeren Symptomen wie Lampenfieber, Herzrasen und nassen Handflächen betroffen zu sein.

Um 1890 vermuteten William James, Psychologe und Arzt, und Carl Lange, dänischer Physiologe, unabhängig voneinander, daß Gefühle hauptsächlich physiologischen Ursprungs seien. James behauptete, »wir seien traurig, weil wir weinen und wir weinten nicht, weil wir traurig sind«. Nach James und Lange entstehen Emotionen als Ergebnis von Wahrnehmungen physischer Veränderungen im Funktionieren verschiedener innerer Organe: die Häufigkeit von Magenkontraktionen und Herzschlag oder Erweiterung und Verengung der Blutgefäße. Werden Betablocker bei Lampenfieber angewandt, so spürt der Betroffene keine Angst und keinen Streß mehr. Dies stützt die Argumentation von James und Lange. Kann jedoch ein entgegengesetztes Resultat erzielt werden, wenn man einer Kontrollperson künstlich Adrenalin zuführt (Injektion von Epinephrin)?

1924 injizierte ein französischer Neurologe 210 Personen verschiedenen Alters und Herkunft Adrenalin. Er bat jeden einzelnen, über seine Empfindungen zu berichten. Fast 75 Prozent der Versuchspersonen erzählten von Rotwerden, sehr schnellem Herzschlag, Zittern oder einem Gefühl der Wärme, nur ein Viertel von ihnen von einer gefühlsmäßigen

Erfahrung, und diese wurden von dem Forscher Maranon mit »wie wenn-Emotionen« beschrieben. So berichteten sie Maranon beispielsweise »ich hatte ein Gefühl, wie wenn ich Angst hätte« oder »wie wenn ich weinen müßte«. Die Emotionen waren abgeschwächt wahrnehmbar, unwirklich, fast als würden sie jemand anderen betreffen.

Es war jedoch möglich, eine »richtige Gefühlsbewegung« hervorzulokken, wenn die Versuchspersonen zum Zeitpunkt der Anwendung des Adrenalins psychisch unter Streß standen. Maranon lieferte darüber folgende Beschreibung: »Man muß sich ein Gedächtnis mit starker emotioneller Kraft vorstellen, jedoch nicht stark genug, um Emotionen im Normalzustand hervorzurufen. Wir unterhielten uns beispielsweise vor der Adrenalininjektion mit einigen unserer Patienten über deren kranke Kinder, und sie reagierten gelassen auf dieses Thema. Nach Verabreichung des Adrenalins löste dasselbe Thema Emotionen aus.«

In den darauffolgenden 90 Jahren nach Erstellen der Theorie von James-Lange wechselten die Neurologen von der peripheren zu einer mehr zentralen Emotionstheorie über. Zu diesem Zeitpunkt schienen das limbische System und seine zahlreichen Verbindungen innerhalb des Gehirns die wahrscheinlichen Ursachen für normale oder gestörte Gefühle zu sein. Die Anwendung von antischizophrenen und antidepressiven Medikamenten beruht auf einer Blockierung der zentralen statt der peripheren Verbindungswege. Trotzdem zeigt der Nachweis, daß Emotionen durch Blockieren der Adrenalinrezeptoren im Herzen peripher geändert werden können, eine komplizierte Wechselverbindung des Adrenalins, einem Produkt der Adrenaldrüsen, mit Noradrenalin, einem von den Nerven freigesetzten chemischen Stoff, der Gefühlsbewegungen hervorruft. Sind Angst, Furcht und Panik durch Streß verursachte Emotionen, kann der ganze Körper in Mitleidenschaft gezogen werden.

Ein geringeres Maß an Streß kann uns jedoch zu Höchstleistungen führen. Betablocker erwiesen sich wegen ihres speziellen Effekts – ein Herabsetzen der Wirkung des Adrenalins im Blutkreislauf ohne Beeinträchtigung der Noradrenalinsignale, die vom Gehirn über die Nerven weitergegeben werden – als sehr erfolgreich.

Heute sind die Neurologen der Ansicht, daß Noradrenalin bei unserem allgemeinen Bewußtsein eine wichtige Rolle spielt. Wir neigen dazu, Ereignisse wahrzunehmen und uns daran zu erinnen, die auftreten, wenn wir auf unsere Umwelt mit äußerster Aufmerksamkeit reagieren, das heißt wenn unser Erregungspegel seinen Höchststand erreicht hat. Im Gegensatz dazu entgeht uns eine Menge, wenn wir schläfrig oder gelangweilt sind; als Folge davon sind unsere Erinnerungen an diese Ereignisse lückenhaft.

Häufige Fragen zum Gehirn

Frage: Ist das Gehirn eines Linkshänders anders ausgerichtet als das eines Rechtshänders?
Antwort: Bei 60 Prozent aller Linkshänder liegt das Sprachzentrum ebenso wie bei Rechtshändern in der linken Gehirnhälfte. Die restlichen 40 Prozent scheinen sowohl die rechte wie auch die linke Gehirnhälfte zu gebrauchen. Durch diese Doppelverwendung erholen sich Linkshänder leichter von einem Schlaganfall als Rechtshänder. Etwa 90 Prozent der Bevölkerung sind Rechtshänder. Darin differenzieren sich die Menschen von allen anderen Lebewesen der Erde, die im Gebrauch aller Gliedmaßen entweder überhaupt nicht unterscheiden oder eine Halb-Halb-Verwendung aufweisen. Eine genetische Veranlagung scheint ebenfalls wenig damit, ob eine Person Linkshänder ist, zu tun zu haben. 84 Prozent aller linkshändigen Kinder stammen von Eltern, die beide rechtshändig sind. Man spielte sogar einmal mit dem Gedanken, daß Linkshändigkeit durch eine Hirnverletzung bei der Geburt verursacht werde. Obgleich man daran nicht mehr festhält, hat man jedoch auch noch keine überzeugende Ersatztheorie entwickelt. Die Ursachen von Linkshändigkeit bleiben ein Rätsel.
Frage: Ist es wahr, daß I.Q.-Tests für das Messen von Intelligenz nutzlos sind? Was bedeutet Intelligenz in bezug auf das Gehirn?
Antwort: Herkömmliche I.Q.-Tests sind oft unzulänglich, um Menschen mit geringer Intelligenz von denen mit niedriger Kulturstufe oder von schwach motivierten Menschen zu unterscheiden. Die Wechsler Adult Intelligence Scale (WAIS = eine von Wechsler entwickelte Intelligenzskala für Erwachsene) beispielsweise verlangt ein gewisses Faktenwissen, das Verständnis von Sprichwörtern oder einen breitgestreuten Wortschatz, wobei diese drei Gebiete in enger Beziehung mit dem kulturellen oder sozialen oder wirtschaftlichen Stand stehen.

Kürzliche Untersuchungen, bei denen die Reaktion des Gehirns auf einfache Töne oder Lichtzeichen gemessen wurde, lassen darauf schließen, daß Personen, die bei I.Q.-Tests eine hohe Punktzahl erzielen, weniger Zeit benötigen, um solche Stimuli zu beurteilen. »Waren die beiden von Ihnen gehörten Töne gleich oder unterschiedlich? Welche der beiden Linien, die Sie soeben sahen, war länger?« Allgemein kann man feststellen, daß, je höher der I.Q. einer Person ist, desto weniger Zeit benötigt sie, solche Stimuli zu verarbeiten und zu beurteilen. Andere Untersuchungen dieser Art scheinen zu ähnlichen Ergebnissen zu gelangen. Zwischen der für eine Antwort benötigten Zeit (Latenz) und dem von einer Person erzielten I.Q.-Wert besteht eine sehr enge Verbindung. Neurologen und Psychologen erforschen derzeit die Theorie, wonach der I.Q. mit einer schnellen Verarbeitung und einer geringen Fehlerquote im Gehirn in enger Wechselbeziehung steht. Intelligente Menschen haben vielleicht einfach »bessere Verbindungen« innerhalb ihrer Gehirnzellen.

An der Universität von Kalifornien durchgeführte Untersuchungen zeigen die Wirkung von Adrenalin und Noradrenalin im Gedächtnis von Ratten. Zuerst wird der Ratte in dem Augenblick, zu dem sie in ihre bevorzugte dunkle Käfigecke zurückkehren will, ein elektrischer Schock versetzt. Am nächsten Tag erinnert sie sich an den Schock oder auch nicht, und ebenso wahrscheinlich wie unwahrscheinlich ist es, daß sie in ihr dunkles Loch zurückkehrt.

Wird der Ratte zum Zeitpunkt des Elektroschocks jedoch Adrenalin injiziert, so wird sie später die dunkle Ecke meiden. Das Adrenalin erhöht den Erregungszustand der Ratte und macht sie empfänglicher für die unangenehmen Auswirkungen des Elektroschocks. Es kann auch die Pforten des Gedächtnisses öffnen, so daß ein Erinnern an gewisse Ereignisse wahrscheinlicher wird. Ein triviales Erlebnis wird, kurz gesagt, zu einem bedeutsamen umgeformt.

Könnte das menschliche Gedächtnis durch Verabreichen von Adrenalin oder Noradrenalin verbessert werden? Diese Möglichkeit erscheint zwar sehr verlockend, aber um sie in die Tat umzusetzen, stellen sich mehrere Probleme. Zum einen müßte eine sorgfältige Dosierung erfolgen, um das Auftreten einer überwältigenden Streß- und Angstreaktion zu vermeiden. Zu viel Noradrenalin kann die Erinnerungen als Folge einer zentralen Desorganisation durch Panik oder Furcht verringern. Adrenalininfusionen können auch schädliche Auswirkungen auf die Körperorgane haben. Wenn auch manche dieser Wirkungen durch Betablocker ausgeschaltet werden können, kann zum jetzigen Zeitpunkt keiner den Nettoeffekt zufriedenstellend vorhersagen.

Bei seinem ersten Fallschirmsprung lieferte Tony Boucher, ein Elektroinstallateur aus Luton, in England, den anschaulichen Beweis für die Auswirkungen von zuviel Adrenalin. Zu Anfang schien sein Sprung erfolgreich und Tony beruhigte sich im Laufe seines Fallflugs. Aber dann rief seine eigene Fehlinterpretation einiger Anweisungen vom Boden Panik in ihm hervor. Er öffnete seinen Reservefallschirm und wurde natürlich vom Wind fortgetragen, bis er endlich an einem der Flughafengebäude in der Nähe aufprallte. (Er kam mit einigen Schürfwunden und einem angeschlagenen Ego davon.)

Im Augenblick von Tony's Panik schien er seine früheren Anweisungen vergessen zu haben. Er konnte sich nachträglich nicht mehr so recht daran erinnern, was genau vorgefallen war, und lieferte eine unzufriedenstellende Erklärung dafür, warum er sich so verhalten hatte.

Tierexperimente lassen auf eine Erklärung dessen, was mit Tony Boucher geschehen war, schließen. Wahrscheinlich hatte ein allzu großer

Adrenalinstoß Tony's Gedächtnis beeinträchtigt. Im kritischen Moment vergaß er sein Training völlig und öffnete seinen Reservefallschirm. Während er sich – bereits am Boden – an sein Erlebnis erinnerte, schnellte sein Puls auf 170 hoch. Die Beschreibung des Absprungs war fast so erregend wie der Sprung selbst.

Insgesamt verläuft Streßreaktion in einer ununterbrochenen Kette. Auf maßvoll niedrigem Niveau erhöht sie unsere Aufmerksamkeit und unser Vorbereitetsein. Bei steigendem Streß und Angst erfährt der unter Streß Leidende einen weiteren Streß, indem er Zeuge von Desorganisation und Verschlechterung seiner eigenen Leistung wird.

Nehmen Sie das Beispiel eines jungen Medizinstudenten, der sich auf eine Prüfung vorbereitet. Um sein Bestes zu geben, ist es hilfreich, einen milden Zustand aggressiven Vorbereitetseins zu entwickeln. »Ich muß mich seelisch darauf einstellen«, ist eine typische Beschreibung dieses Vorgangs. Dieser Zustand milden, unterstützenden Stresses erleichtert das sich Erinnern. Die Gedächtniskanäle sind offen, die Information fließt. Steigt der Streß jedoch weiterhin an, so beginnt die Liestung des Studenten sich zu verschlechtern. Er ist zu sehr angespannt, um neue Informationen aufzunehmen. Die Erweiterung der Pupillen erschwert das Lesen. Er achtet mehr auf das eigene Herzrasen und das unangenehme Gefühl des Eingeschnürtseins der Brust. Die Schwierigkeit, sich an früher angeeignetes Wissen zu erinnern setzt ein, wenn er plötzlich merkt, er kann sich nicht mehr »konzentrieren«. Die Angst steigt und die Leistung verschlechtert sich weiterhin als Reaktion auf die zunehmende Desorganisation des Studenten. Was kann er tun, um diesem Prozeß Einhalt zu gebieten, bevor er irreversibel wird, und der Student durch die Prüfung fällt, oder der Prozeß, wie im Falle Tony Boucher's, zu viel schwerwiegenderen Folgen führt?

Eine bereits erwähnte Möglichkeit ist, Betablocker einzunehmen, die die physisch unerfreulichen Aspekte der Streßreaktion verringern: der erhöhte Herzschlag, die schwitzenden Handflächen usw. Aber für den tagtäglichen Gebrauch ist dies keine vernünftige Lösung, und zwar aus verschiedenen Gründen. Betablocker sind starke Medikamente mit gefährlichen Nebenwirkungen. Darüber hinaus kann eine Abhängigkeit entstehen.

Die Sportmedizin liefert da zufriedenstellendere Lösungen gemeinsam mit neuen Erkenntnissen, wie Streß kontrolliert werden kann, indem sie aus der Kraft des Stresses, unsere Aufmerksamkeit und unsere Wachsamkeit zu erwecken, Nutzen zieht, ohne gleichzeitig eine Leistungsverringerung zu verursachen. Die Athleten berichteten seit Jahren von einem

Würgegefühl, von einem Kontrollverlust als Ergebnis der erhöhten und unkontrollierten Angst. Erst vor kurzem jedoch begannen Wissenschaftler, die Athleten darüber aufzuklären, was wirklich vor sich geht. Das Würgegefühl ist lediglich ein anderer Begriff für unkontrollierte Streßreaktion.

Bei einer typischen sportlichen Wettbewerbssituation – bei einem wichtigen Tennismatch zum Beispiel – ist es notwendig, die Streßreaktionen in ein hilfreiches Erregungsstadium umzulenken. Erregung in einem optimalen Maß ist mit zwei anderen inneren Funktionen verknüpft, die für die Höchstleistung eines Athleten von entscheidender Bedeutung sind: Konzentration und Selbstvertrauen.

Die Konzentration ermöglicht es dem wohltrainierten Athleten, Ablenkung sowohl durch die Umgebung (das Brüllen der Menge) wie auch von innen (das Bewußtsein der eigenen Spannung, des schnellen Herzschlags usw.) abzuschirmen. Wird der Streß für einen Athleten zu groß und verursacht in ihm ein Gefühl der Panik, dann wird die Konzentration beeinträchtigt. Die Gedanken beginnen im Gleichschritt mit dem Herzschlag zu rasen; die Aufmerksamkeit wechselt von der vorgegebenen Aufgabe zu einer erhöhten und unangemessenen Bewußtwerdung des eigenen physischen und seelischen Zustands. Sinkt die Konzentration weiter ab, beginnt der Athlet das Vertrauen in seine Leistung zu verlieren. Wenn man seine eigenen emotionellen Reaktionen nicht kontrollieren kann, wie kann dann ein Mensch möglicherweise Kontrolle über die Wettbewerbssituation eines hochgradigen Tennismatches ausüben? Möglicherweise geraten sowohl Konzentration wie auch Selbstvertrauen stark ins Wanken, und der Athlet ist physisch wie auch psychisch behindert – zumindest für den Rest des Tennisspiels.

Die vom Athleten empfundene »Panik« ist nichts anderes als die »Kampf oder Flucht«-Reaktion. In beiden Fällen muß ein empfindliches Gleichgewicht zwischen zu geringer Erregung und überwältigender, desorganisierter Panik aufrechterhalten werden. Ist es möglich, daß wir unter entsprechenden Umständen das Gegenteil der »Kampf oder Flucht«-Reaktion hervorrufen können?

Der erste Hinweis auf das Vorhandensein einer »Entspannungsreaktion« wurde von dem Schweizer Physiologen Dr. Walter Rudolph Hess, der bereits im dritten Kapitel erwähnt wurde, entdeckt. Hess stellte fest, daß, schickte man einen elektrischen Stromstoß in einen Teil des Hypothalamus einer Katze, dieser den Herzschlag beschleunigte und die Pupillen erweiterte. Stimulieren eines anderen Teils des Hypothalamus verursachte gerade das Gegenteil. Heute wissen wir, daß Entspannung bewußt herbeigeführt werden kann durch Aktivitäten, die die Tätigkeiten des sympathischen Nervensystems herabsetzen, indem sie den Hypothalamus auf niedrigeren Blutdruck und verringerte Herzgeschwindigkeit programmieren – eine Verlangsamung der Tätigkeit des sympathischen Nervensystems also.

Eine Entspannungsreaktion verringert den Sauerstoffverbrauch und die Kohlendioxidausscheidung. Herz- und Atemfrequenz verlangsamen sich gleichzeitig. Das Elektroenzephalogramm verzeichnet fortgeschritten langsame Wellenaktivität. Die Blutzufuhr in die Muskeln wird stabilisiert. Insgesamt wird ein Zustand ruhiger Entspannung erreicht.

Nach Dr. Herbert Benson, Kardiologe an der Harvard-Universität, »scheint die Entspannungsreaktion eine integrierte Reaktion der Hypothalamusfunktion zu sein, die zu einer allgemeinen verringerten Aktivität des sympathischen Nervensystems führt«.

Dr. Benson's Forschungsarbeit über die Entspannungsreaktion weist auf eine Methode hin, die über Jahrhunderte Hauptpfeiler sowohl östlicher wie westlicher mystischer Techniken war. So beschreibt zum Beispiel die im 14. Jahrhundert verfaßte christliche Abhandlung »Der Schleier des Unbekannten« eine Methode zum Absenken des Bewußtseins auf ein »niedrigeres« Niveau. Durch Ausschalten körperlicher Tätigkeit und Zerstreuung und sogar der Gedanken (»das Denken bekämpfen«) verspricht sie, daß verändertes Bewußtsein erreicht wird, das die Vereini-

Dr. Herbert Benson

gung mit Gott erleichtert. In der Zenübung Zazen sitzt der Meditierende ganz still, folgt seinem eigenen Atem und ignoriert alle aufkommenden Gedanken, um den Geist klar einzustellen.

Ein ähnliches Fokusieren wurde auch in der sekulären Tradition beschrieben. Der Dichter William Wordsworth zum Beispiel glaubte, daß er, indem er seinen Geist von »kleinen Feindseligkeiten und niederen Begierden« befreite, einen Zustand seelischen Gleichgewichts erreichen könnte, den er mit »weiser Passivität« oder »glücklicher Stille des Geistes« beschrieb.

Beeindruckt von den Ähnlichkeiten unterschiedlicher religiöser Meditationstechniken versuchte Dr. Benson Mitte der siebziger Jahre, die wesentlichen Elemente einer »Entspannungsreaktion« zu isolieren und zu ordnen. Er überlegte, daß die Streßreaktion in der Hirnrinde, die gegenwärtige und vergangene Erfahrungen auslegt und festlegt, was streßerzeugend ist und was nicht, ihren Ursprung habe. Das Maß an Streß kann je nach Bedeutung der Situation variieren. Situationskomik entsteht regelmäßig durch die Tatsache, daß Wechselwirkungen von nicht stressig zu stressig übergehen je nach der *Bedeutung* des Austauschs. Ein Büroangestellter, der sich einem Neuling gegenüber, dem er zufällig im Waschraum begegnet, abfällig über die Firmenpolitik äußert, wird wahrscheinlich mit extremen Streß reagieren, wenn er später herausfindet, daß der Neuankömmling der kürzlich ernannte Chef seiner Abteilung ist. In diesem Fall resultiert der Streß aus dem Wechsel der Bedeutung eines gegebenen Vorfalls. Bedeutung wird hauptsächlich durch die Hirnrinde übermittelt, die eng mit dem limbischen System verbunden ist. Die Streßreaktion wird dann über die limbischen Verbindungen an den Hypothalamus, den Koordinator der »Kampf oder Flucht«-Reaktion weitergeleitet. Neurokrine Zellen im Hypothalamus senden an die Hirnanhangdrüse Überträgerstoffe wie den Kortikotropin freisetzenden Faktor, eine bemerkenswerte chemische Substanz zur Bildung der Streßreaktion, zusammen mit den charakteristisch hohen Mengen Noradrenalin und Adrenalin.

Das Gegenmittel für eine Streßreaktion muß den obengenannten Ablauf an einer der verschiedenen Stationen ändern. »Ein derartiges Mittel kann möglicherweise die Erregung der aufkeimenden Reaktion verhindern«, sagt Dr. Benson. »Auf der Erkenntnislinie kann die normale Verhaltensweise zum Beispiel eines Gebetes die Wahrnehmung des Glaubens, was ein wirklich streßvolles Ereignis ist, verändern, und als Ergebnis davon kann der Ablauf der adrenal-kortikalen und der Medullaaktivierung gemildert oder sogar überhaupt nicht ausgelöst werden.

Ferner verringert die regelmäßige Erregung der Entspannungsreaktion die periphäre Reaktionsbereitschaft auf Noradrenalinausscheidung: Mehr Noradrenalin ist erforderlich, um ein Ansteigen des Blutdrucks und der Herzfrequenz hervorzurufen.

Benson fügte verschiedene Komponenten vieler unterschiedlicher historischer Meditations- und Entspannungstechniken in eine vierteilige Anweisung zur Entspannungsreaktion ein. Zuerst sitzt die Person in bequemer Stellung mit geschlossenen Augen ruhig da. (Die klassische Lotushaltung ist anheimgestellt. Nicht jeder sitzt in der Stellung eines Buddhas bequem.) Dann gestattet man es den Muskeln im ganzen Körper, sich völlig zu entspannen. Als nächstes fordert man die Person auf, sich ihres eigenen Atmens bewußt zu werden. In Übereinstimmung mit dem Atemrhythmus wird ein einziges Wort still wiederholt. Man kann zum Beispiel nach einem Zyklus des Ein- und Ausatmens das Wort »eins« still hersagen. Mit jedem Atemzyklus wird »eins« wiederholt. Dies dauert etwa 20 Minuten. Während der Übung wird die Person dazu bewogen, eine passive Haltung einzunehmen und nicht zu »versuchen« zu entspannen, was natürlich paradox wäre. Wir können nur entspannen, indem wir *nicht* versuchen zu entspannen. Auf diese Weise ähnelt die Entspannungsreaktion dem inneren Zustand, der erforderlich ist, um einzuschlafen. Unsere heftigen Bemühungen, Schlaf zu finden, führen normalerweise zu einer schlaflosen Nacht.

Die Anwendung der Entspannungstechnik führte bereits zu beachtlichen Ergebnissen bei Athleten, die vor einem Wettkampf standen. Angesichts des zunehmenden Stresses wird der Athlet aufgefordert, sich auf einen Stuhl oder eine Bank zu setzen und sich ein Handtuch über den Kopf zu legen. Nacken und Schultern sollen sich entspannen. Die Augen sind geschlossen. Tiefes Atmen setzt ein. Durch Konzentration auf das Atmen schwenkt die Aufmerksamkeit augenblicklich von der angespannten Wettbewerbsatmosphäre auf den inneren »entspannten« Zustand.

Zwischen den einzelnen Wettkämpfen wird die Entspannungsreaktion des Athleten mit Vorstellungstechniken kombiniert. Der Athlet wird aufgefordert, geistig die Schritte zu überprüfen, die in der Vergangenheit zu erfolgreicher Leistung führten. Jack Nicklaus, ein berühmter amerikanischer Golfspieler, beschreibt in seinem Buch »Golf auf meine Art« den Prozeß von Entspannung und *Vorstellung* einer erfolgreichen Leistung. »Ich schlage nie den Ball ab, nicht einmal zur Übung, ohne nicht ein genaues inneres Bild davon in meinem Kopf zu haben. Es ist wie im Film. Zuerst »sehe« ich den Ball dort, wo ich möchte, daß er landet . . .

dann verändert sich schnell die Szene, und ich sehe den Ball auf seinem Flug dorthin ... seinen Weg, seine genaue Flugbahn, sogar sein Auftreffen auf dem Boden ... die nächste Szene zeigt mich bei der Ausführung des Schlägerschwungs, der die vorhergehenden Bilder Wirklichkeit werden läßt.«

Nicklaus' Vorstellungstechnik ist die praktische Awendung einer Feststellung, die vor etwa 100 Jahren von dem Harvard-Psychologen William James getroffen wurde: »Wir lernen im Sommer Schlittschuh zu laufen und im Winter Tennis zu spielen.« Damit meinte er, daß die Integration langsam in den Perioden physischer Inaktivität stattfindet. Während der Perioden der Entspannung können wir geistige Übungssitzungen durchführen, die darauf abzielen, das Streßmaß, das normalerweise während eines Wettkampfs auftritt, zu verringern. Geistige Wiederholung verschlüsselt möglicherweise innerhalb der Hirnrinde ein Programm, das später *abzüglich* des Stresses abgerufen werden kann. Ein Sportmediziner erklärte den Vorgang auf folgende Weise:

»Unser Gehirn lagert nicht tatsächliche Bilder. Sinneseindrücke werden in Häufigkeitsmuster umgeformt, die über das ganze Gehirn verteilt werden. Wenn wir uns an Dinge erinnern, ist dazu lediglich ein Bild erforderlich, um die gesamte Erinnerung abzurufen. Darum geht es beim Vorstellungsvermögen im Sport: Schaffen lebhafter und zugänglicher Erinnerungen durch physisches und geistiges Training, und dann Verwendung eines Bruchteils der Erinnerung zur blitzartigen Rekonstruierung der gesamten Bewegung.«

Der Erkenntnistherapeut ermutigt ebenfalls seinen Patienten, sich gewisse konfliktträchtige Situationen so klar und detailliert wie möglich vorzustellen. Durch geistige bildliche Wiedergabe einer Konfrontation mit dem Vorgesetzten kann dem Patienten geholfen werden, eine Antwort oder Reaktion zu formulieren, die weniger selbstzerstörerisch ist. Wahrscheinlich verringern derartige Erkenntnistherapien die erhöhte Streßreaktion, die normalerweise eine Konfliktsituation begleitet. Die *Bedeutung* der Situation wird durch vorhergehendes Wiederholen geändert. Durch Vorstellen und Formulieren einer erfolgreichen Entgegnung ist es möglich, ein Niveau optimaler Erregung statt ein Abstürzen in Panik und desorganisertem Verhalten zu erreichen.

In Ärztezentren überall in den USA helfen Streßverringerungsprogramme Patienten mit Bluthochdruck, Muskelverspannungen, migränebedingten Kopfschmerzen und Herzkrankheiten. Autogenes Training, progressive Muskelentspannung, Yoga, Hypnose, Bioenergetik – diese heterogenen Methoden zielen alle darauf ab, Entspannungsreaktionen zu bilden. Sie alle ändern die Reaktion des Gehirns auf Streß. Der Zenmeister Katsuki Sekida erklärt die Zenmeditation als ähnlich: »Aus meiner Sicht ist Zen keine Philosophie oder Mystik. Sie ist ganz einfach eine Übung zur Wiederherstellung normaler Nervenaktivität. Das heißt, sie führt das gestörte Nervensystem zu normalem Funktionieren zurück.«

Nach der Meinung von Streßspezialisten bedeutet dieses Wiederherstellen des normalen Funktionierens nicht notwendigerweise, daß Streß aus unserem Leben völlig ausgeschaltet werden muß. Ein derartiges Ziel ist unrealistisch. Außerdem ist Streß notwendig, um Herausforderungen zu begegnen. Ohne Streßreaktion wären wir nicht in der Lage, eine Krise zu meistern. Möglicherweise wären wir überhaupt nicht hier, da unsere Vorfahren ohne ihre Streßreaktionen nicht fähig gewesen wären zu überleben.

Unlängst erkannten Ärzte einen Persönlichkeitstyp an, der regelmäßig mit Streß und streßbezogenen Krankheiten in Verbindung gebracht wird. Die Typus-A-Persönlichkeit, die zuerst von dem Herzspezialisten Dr. Meyer Friedman aus San Franzisko erkannt wurde, unterscheidet sich durch ein intensives Gefühl für drängende Zeit und freifließende Feindseligkeit. Als Opfer der sogenannten »Eiligkeitskrankheit« ist die Typus-A-Persönlichkeit durch Aggressionen, Konkurrenzkampfbereitschaft und das Bedürfnis, Dinge so schnell wie möglich zu erledigen, gekennzeichnet.

Die Typus-A-Persönlichkeit spricht sehr schnell und läßt häufig die letzten Wörter in einem Satz aus – fast so, als würde es zuviel Zeit in Anspruch nehmen, den Satz zu vollenden. Die Stimme ist oft explosiv und unangenehm abgehackt. Gesicht und Körper weisen Anspannung auf.

Der Lebensstil der Typus-A-Persönlichkeit zeigt gewisse Schlüsselgrundzüge. Sie geht, spricht und ißt schnell und empfindet es als schwierig, stillzusitzen und einfach »nichts zu tun«. Sie beschäftigt sich mit vielen Tätigkeiten gleichzeitig – sie diktiert Aktennotizen, während sie das Auto durch den Verkehr lenkt, versucht zu lesen, während sie am Telefon spricht usw. Die Typus-A-Persönlichkeit denkt aufgrund ihres Gefühls, daß die Zeit drängt, an andere Dinge während einer Unterhaltung. Es ist, als würde ein solcher Mensch mehrgleisig fahren.

Studien ergaben, daß die Typus-A-Persönlichkeit auf Streß anders reagiert als ein ruhigerer Mensch (Typus-B-Persönlichkeit). Männliche Collegestudenten konnte man nach Kopfrechnungs- und Reaktionszeittests in Typus-A- und Typus-B-Persönlichkeiten aufgrund des erhöhten Kortisol- und Adrenalinspiegels bei den Typus A-Vertretern unterteilen.

Außerdem war bei ihnen die Blutzufuhr in den Muskeln dreimal höher als beim Typus der B-Persönlichkeit.

Diese erhöhte »Alarmreaktion« fordert jedoch ihren Zoll. Die American Heart Association (amerikanische Herzgesellschaft) beurteilt die Typus-A-Persönlichkeit als Risikofaktor für die Entwicklung von Krankheiten der Herzkranzgefäße. Man vermutet, daß chronische Streßreaktionen (Ansteigen des Kortisol- und Adrenalinspiegels) Fett erzeugt, das dann in den Blutkreislauf freigesetzt wird, wo es sich später an den Wänden der Herzkranzgefäße ablagert. Untersuchungen zeigen, daß Angehörige der Luftwaffe mit erhöhtem Kortisolspiegel vermehrte Koronararteriosklerose aufweisen.

Die Typus-A-Persönlichkeit mit ihrer erhöhten Streßreaktion und ihrer Neigung, sich diese selbst aufzuerlegen, gehört zu den Hauptbetroffenen der vielen Herzkranzgefäßoperationen, die derzeit in ganz Amerika an Männern zwischen 40 und 50 durchgeführt werden. Unglücklicherweise kann man die Typus-A-Persönlichkeit nur sehr schwer ändern. Dr. Friedman drückte sich folgendermaßen aus: »Die meisten Menschen, die ein derartiges Verhaltensmuster aufweisen, sind nicht nur stolz darauf, es verleiht ihnen sogar ein gewisses Gefühl der Sicherheit. Als Folge davon scheuen sie jeglichen Druck, der darauf abzielt, entweder ihr Gefühl für ein Drängen der Zeit oder ihre freifließende Feindseligkeit abzuändern, und sie widersetzen sich einem derartigen Versuch.«

Die Beobachtung, daß eine gewisse emotionale Reaktion sich schädlich auf die Gesundheit auswirken könne, wurde schon lange vor der Beschreibung der Typus-A-Persönlichkeit im Jahre 1959 anerkannt. »Jede Gemütsbewegung, die entweder von Schmerz oder Freude, Hoffnung oder Furcht begleitet wird, ist Ursache einer Erregung, deren Einfluß sich bis ins Herz erstreckt«, schrieb Dr. William Harvey 1628. 150 Jahre später erfaßte Dr. John Hunter, ein berühmter britischer Chirurg, intuitiv den Zusammenhang zwischen der am eigenen Leib verspürten Angina pectoris und seinen Emotionen. »Mein Leben befindet sich in den Händen eines beliebigen Schurken, der mich behelligen will«, schrieb Hunter. Seine Konfrontation mit »Schurken« beschleunigte zweifellos seinen Tod. Es starb im Jahre 1793 während einer anstrengenden Aufsichtsratssitzung im St. George's Krankenhaus.

Der typische Typus-A-Konflikt scheint sich um viele der Ziele zu drehen, die wir am meisten schätzen lernten: mehr Geld, mehr Prestige, mehr Macht und beruflichen Erfolg. Kein geringerer als Charles Darwin entdeckte im späten Mittelalter, daß er als Folge von seinem Streben nach Ruhm Dingen gegenüber gleichgültig geworden war, die ihm vormals viel bedeutet hatten. Unfähig, wieder Gedichte zu lesen oder Kunstwerke zu genießen, schrieb er traurig: »Mein Verstand scheint eine Art Maschine zum Produzieren allgemeingültiger Regeln aus einer großen Sammlung von Tatsachen geworden zu sein. Warum dadurch eine Lähmung ausgerechnet des Teils des Gehirns verursacht wurde, der für höhere Werte zuständig ist, kann ich nicht begreifen ... der Verlust dieser Werte ... kann sich möglicherweise schädlich auf den intellektuellen ... und moralischen Charakter auswirken, indem er den emotionellen Teil unseres Wesens schwächt.«

Meyer-Friedman stimmt zu, daß die betonte und verlängerte Streßreaktion des Typus-A-Vertreters von einem geistigen Defizit herrührt. Typus-A-Persönlichkeiten bedürfen spezieller Anleitungen zur Wiedererrichtung einer neuen Lebensweise, in der so abstrakte Begriffe wie Freundschaft, Zuneigung und Freunde als neue Ziele für viele ihrer Aktivitäten dienen. Zusammenfassend gesagt muß man die Typus-A-Vertreter lehren, sich weniger auf das zu konzentrieren, was sie besitzen oder anstreben, sondern mehr auf die Entwicklung der barmherzigen Seite ihres Wesens.

Offensichtlich hat die Behandlung der Typus-A-Persönlichkeit viel mit der Entspannungsreaktion gemein. Alle diese Therapien sind darauf ausgerichtet, ein gewisses Kontrollgefühl bei gleichzeitiger Verringerung ihres »angetriebenen« Verhaltens, das Forscher heute für den Kern der Streßreaktion halten, zu erzielen. Untersuchungen an Teilen der Bevölkerung, die extremen Streßsituationen ausgesetzt waren, ergaben, daß ein gewisser Gemeinschaftssinn Menschen dabei helfen kann, extreme Streßsituationen zu erfahren, ohne dabei zusammenzubrechen. Nirgends wurde dies deutlicher als beim Blitzangriff der Deutschen auf London. Die Spannungen in London waren auf ihrem normalen hohen Niveau, aber es traten wenig Geisteskrankheiten auf, da die ganze Bevölkerung gegen einen gemeinsamen Feind vereint war. Eine Zweckgemeinschaft half, die Streßauswirkungen auszuschalten.

Soziale Bindungen – das Gefühl, einer Gruppe anzugehören – haben eine deutlich lindernde Wirkung bei streßbezogenen Krankheiten. Von einer Gruppe Einwohner in Südkalifornien, die über mehrere Jahre beobachtet wurde, starben diejenigen mit wenig engen sozialen Kontakten zwei- bis dreimal früher als die, die sich auf Freunde zur emotionellen Unterstützung verließen. Ratgeber anerkennen gewohnheitsmäßig den Wert geteilter Kameradschaft. In einem gewissen Sinn liebt das Elend die Gesellschaft. Hilfsgruppen für Alkoholkranke, Fettleibige, Raucher und Spieler basieren auf der Erleichterung des Stresses, die die

Menschen durch die gemeinsame Arbeit an einem gemeinsamen Problem erfahren.

Heutzutage sind die sozialen Bindungen im Leben vieler Menschen ziemlich gering. Als Folge davon erfahren die Menschen in stressigen Zeiten wenig Unterstützung. Erhöhte Umzugsbereitschaft, Scheidung, zersplitterte Familien, Narzißmus – all das fördert die Isolation, die Streß so viel schwerer ertragen läßt. So überrascht es nicht, daß unter Streß leidende Menschen unter diesen Umständen immer häufiger zu Drogen und chemischen Allheilmitteln greifen in der Hoffnung, damit den Verlust der gesellschaftlichen Unterstützung wettzumachen und mit dem Leben zurechtzukommen. Die drei am häufigsten verschriebenen Arzneimittel auf der ganzen Welt werden alle dafür angewandt, die zerstörende Wirkung von Streß zu bekämpfen, ein Mittel für Magengeschwür, eines für Bluthochdruck und Valium, ein Diazepam (Beruhigungsmittel).

Valium gehört zu der Gruppe von Medikamenten, die als Benzodiazepine bekannt sind. Entdeckt wurde es durch die Kombination von Inspiration, harter Arbeit und schlichtweg Glück. Die erstmalige Entdeckung von Benzodiazepin (Librium) ist der Verdienst von Dr. Leo H. Sternbach von der pharmazeutischen Firma Hoffmann-LaRoche. Um 1930 synthetisierte Dr. Sternbach mehrere neue Verbindungen, bis er bei einem seiner letzten Versuche sich entschloß, eine plötzliche Veränderung vorzunehmen. Die daraus resultierende Verbindung Ro 5-0690, die später als Librium bekannt wurde, wurde in ein Gläschen abgefüllt und dann in ein Regal des Labors gestellt.

Eineinhalb Jahre später, beim Aufräumen des Labors, wurde das Ro 5-0690 gefunden und auf seine biologischen Wirkungen hin an Tieren getestet. Der darauf folgende Bericht stellte einen Meilenstein in der Entwicklung von Psychopharmaka dar. »Die Substanz zeigt bei Mäusen hypnotische, sedierende und Antistrychninwirkungen. . . . bei Katzen weist es eine fast doppelt so starke Wirkung in der Verursachung von Muskelentspannung auf.«

Die Entdeckung der biologisch aktiven Eigenschaften von Ro 5-0690 beflügelte die Forschung zu freiwilligen Versuchen am Menschen. Die Ergebnisse waren überwältigend positiv. Dr. Irvin Cohen, der ein frühes klinisches Versuchsprogramm mit Librium durchführte, schilderte es folgendermaßen: »Es wirkt bei der Kontrolle von Anspannung und Angst, und zwar mit einem Minimum an Nebenwirkungen. Am wichtigsten jedoch war, daß der beruhigende Effekt ohne Eintrübung des Bewußtseins oder Beeinträchtigung der intellektuellen Schärfe erzielt wurde.«

Im März 1960 wurde Librium als ein Mittel gegen Beklemmung eingeführt. Innerhalb von 3 Jahren wurde eine weitere Verbindung entwickelt, das Valium, das etwa fünfmal so wirksam war.

In den vergangenen zwei Jahrzehnten wurden Valium und Librium weit mehr als nur ein Mittel zur Verringerung von Beklemmung; sie führten auch zu weitverbreitetem Mißbrauch. In den Straßen der größeren Städte in den USA wird Valium zu Preisen zwischen drei und fünf Dollar pro Tablette feilgeboten. Nach seinen bescheidenen Anfängen rief Valium eine eigene chemische Industrie hervor. Heute werden jedes Jahr Tausende von Tonnen in Ländern der ganzen Welt verschluckt. Man schätzt zum Beispiel, daß in Kopenhagen von zwölf Erwachsenen einer Valium oder ein ähnliches Beruhigungsmittel einnimmt.

Ich erwähne Kopenhagen deshalb, da dort 1976 eine faszinierende Entdeckung über Valium gemacht wurde. Zwei junge Gehirnforscher eines kleinen dänischen pharmazeutischen Unternehmens begannen über die Auswirkungen der bekannten Eigenschaften des Medikaments nachzudenken. Am augenfälligsten erschien ihnen der hohe Wirksamkeitsgrad von Valium. Wenn Alkohol und Barbiturate in hohen Dosen eingenommen werden müssen, um eine sedierende Wirkung hervorzurufen, so erreicht dies Valium in nur geringer Konzentration. Bedeutet dies, so fragten sich die Forscher, daß das Gehirn einen spezifischen Valiumrezeptor enthält?

Um dies herauszufinden, zerteilten die beiden Forscher das Gehirn einer Ratte, um die Neuronenmembranen herauszulösen. Durch Verwendung von radioaktiviertem Valium stellten sie fest, daß das Gehirn tatsächlich Valiumrezeptoren enthielt. Diese Rezeptoren waren jedoch nicht gleichmäßig über das Gehirn verteilt, sondern konzentrierten sich hauptsächlich in der Hirnrinde und den limbischen Strukturen.

Zwar waren die beiden Forscher mit ihren Ergebnissen und der Bestätigung ihrer Ahnung zufrieden, doch stellte sich ihnen nun eine Frage völlig anderer Art. Warum enthält das menschliche Gehirn, das Millionen von Jahren zurückverfolgt werden kann, Rezeptoren für ein Medikament, das erst vor wenigen Jahren und dabei noch auf experimentellem Weg zufällig entdeckt worden war.

Legen Sie das Buch für einen Augenblick auf die Seite und überlegen Sie, was Sie schlußfolgern würden. Sie verfügen beim jetzigen Stand des Buches über dasselbe Wissen wie damals die beiden Forscher.

Eine offensichtliche und mögliche Erklärung ist, daß so, wie das Opium die gehirneigenen Schmerzbekämpfer imitierte, Valium die Wirkung eines anderen chemischen Stoffes nachahmt, der im Gehirn natürlich vorhanden ist – ein gehirneigenes Beruhigungsmittel. Aber wie könnte eine derartige Substanz jemals lokalisiert werden? Die Tatsache, daß Valium eine derart starke Wirkung in so geringer Konzentration ausübt, deutet darauf hin, daß die natürliche Substanz ebenfalls nur in sehr beschränkten Mengen vorhanden ist, in geringerer Menge als das Beta-Lipotropin, wonach Li in den Hirnanhangdrüsen der Kamele suchte.

Die beiden Forscher ließen sich dadurch jedoch nicht abschrecken und einigten sich auf die zweitbeste Möglichkeit, wenn sie schon nicht die chemische Substanz selbst finden konnten: die Ermittlung und Isolierung seines Aufspaltungsprodukts. Dazu sammelten sie mehrere Liter menschlichen Urins von Personen, von denen sie sicher sein konnten, daß sie ein Mittel, nämlich Valium, nicht einnahmen. Dadurch würde das ganze Experiment scheitern.

Nachdem sie die notwendigen Urinmengen gesammelt hatten, begannen die Forscher mit der mühsamen Aufgabe, die verschiedenen Bestandteile zu identifizieren und herauszusondern, die normalerweise im menschlichen Urin enthalten sind – annähernd 5000 Komponenten. Durch Verwendung von mechanischen Filtriergeräten entfernten sie alle unwesentlichen Bestandteile. Dabei isolierten sie eine Substanz, die Beklemmung zu *verursachen* statt zu lindern schien. Weitere Forschung ließ vermuten, daß dieser chemische Stoff ein »Ablenkungsmanöver« darstellte. Dennoch deutete das Ergebnis, daß geringe Mengen eines chemischen Stoffs Furcht hervorrufen konnten, die Möglichkeit an, daß das Gehirn nicht sein eigenes Beruhigungsmittel, sondern seine eigene chemische Furchtsubstanz enthält, die durch Valium und andere Drogen blockiert werden kann, die um die Rezeptoren kämpfen, die normalerweise von dieser Furchtsubstanz belegt werden. Die Situation gleicht sehr derjenigen bei Betablockern. Sie besetzen Stellen, die normalerweise von Adrenalin ausgefüllt sind.

Warum wohl konnte das Gehirn eine beruhigende Verbindung enthalten? Aus der Sicht der Evolution betrachtet scheint ein Beruhigungsmittel so ziemlich das Letzte zu sein, dessen unsere prähistorischen Vorfahren bedurft haben. Es ist schwierig, Verfolger zu vermeiden, wenn man sich in einer zu »sanften« Stimmung befindet. Statt durch eine beruhigende Verbindung würde ein Überleben viel eher gefördert werden, wenn das Gehirn eine Aufmerksamkeit weckende, vielleicht sogar furchterregende chemische Substanz enthielte. Es ist wahrscheinlich, daß Valium das Bindeglied für eine derartige chemische Furchtsubstanz für sich beansprucht.

Weitere Modifizierung der chemischen Diazepam-Struktur oder vielleicht die Synthese zukünftiger Verbindungen können möglicherweise Beruhigungsmittel ohne die Nebenwirkungen, die mit Valium in Verbindung gebracht werden, hervorbringen. Dies ist eine aufregende Möglichkeit, die die größeren pharmazeutischen Fabriken in der ganzen Welt zu einer wilden Suche nach dem »äußersten« Beruhigungsmittel veranlaßten. Solch fieberhaftes Streben läßt natürlich einige Grundfragen unbeantwortet, die über die Grenzen der Neurobiologie hinausreichen. Was in der heutigen Welt befällt so viele Menschen auf so beunruhigende Weise, daß sie zu chemischen Gegenmitteln greifen müssen? Ist die Gesellschaft des 20. Jahrhunderts so viel mehr streßerzeugend als die früherer Jahrhunderte? Wenn ja, warum?

5. Lernen und Gedächtnis

Erinnern Sie sich noch an den Namen des Schülers, der in der zweiten Klasse in der Bank hinter Ihnen saß? Was für eine Telefonnummer hatten Sie, als sie sechs Jahre alt waren? Wer war Ihr liebster Klassenlehrer? Den meisten von uns bereiten derartige Fragen große Schwierigkeiten. Sind diese Erinnerungen für immer verschwunden? Oder werden sie irgendwo im Gehirn gespeichert, wo sie nur auf den richtigen Abruf warten, um in all ihrer ursprünglichen Klarheit wieder aufzutauchen?

Über die Jahre kamen viele Theorien über das Gedächtnis in Mode und wurden wieder unmodern. Früher einmal glaubten die Wissenschaftler, unser Gedächtnis sei vergleichbar der Bibliothek des amerikanischen Kongresses mit ihren Hunderttausenden von Büchern. Wünschten wir mit einem Ereignis oder einer Person aus unserer Vergangenheit in Kontakt zu kommen, müßten wir nur an die richtige Zeit und den richtigen Tag denken, und schon würden wir die richtige Erinnerung hervorziehen, etwa wie wir einen staubigen Buchband aus einem selten genutzten Regal hervorholen würden. Heute haben wir Metaphern für unser Gedächtnis, wie Bücherregale oder Schubladen, verworfen. Wie funktioniert das Gedächtnis? Warum vergessen wir? Nach jahrelanger Forschung scheinen die Neurologen, die sich mit dem menschlichen Gehirn beschäftigen, der Beantwortung dieser Frage sehr nahezukommen, um so bald die Geheimnisse des Gedächtnisses zu enthüllen.

Einer der Erforscher des menschlichen Gedächtnisses ist Dr. Gary Lynch von der Universität von Kalifornien in Irvine: »In der Neurologie wurden wir mit einem Phänomen konfrontiert, das jenseits alles Möglichen scheint. Sie sitzen zum Beispiel gerade hier und nehmen ein unglaublich schwaches Signal wahr: ein Wort. Manchmal kann dieses Wort, das in Ihrem Kopf nicht länger als ein paar Sekunden als elektrisches Signal verweilt, eine Spur hinterlassen, die mehrere Jahre sichtbar bleibt. In der biologischen Welt gibt es keine Dinge, die mehrere Jahre andauern. Ihr Gehirn zerstört sich im wahrsten Sinn des Wortes selbst, falls Sie sich dies vorstellen können. Irgendwie werden die Zellen und die Proteine, die die Zellmembranen in Ihrem Gehirn bilden, abgebrochen und ersetzt, und doch bleiben die Dinge, die Sie als Kind gespeichert haben, weiterhin vorhanden.«

Das Erlebnis des französischen Romanschriftstellers Marcel Proust stützt die Ansicht, daß sich Erinnerungen viel länger halten, als manche von uns annehmen mögen. Als Proust älter wurde, behielt er dennoch lebhafte Erinnerungen an seine Kindheit. Seine Beobachtungen des eigenen Gedächtnisses lieferten einen der ersten Hinweise für spätere Gehirnforscher über den inneren Zusammenhang zwischen Eindruck und Erinnerung.

»An einem Wintertag, an dem ich durchfroren nach Hause kam, schlug meine Mutter mir vor, ich solle eine Tasse Tee zu mir nehmen ... Sie ließ darauf eine jener dicken ovalen Sandtörtchen holen, die man ›Madeleines‹ nennt ... Gleich darauf führte ich, bedrückt durch den trüben Tag ... einen Löffel Tee mit dem aufgeweichten Stück Madeleine darin an die Lippen. Sobald dieser mit dem Kuchengeschmack gemischte Schluck Tee meinen Gaumen berührte, zuckte ich zusammen und war wie gebannt durch etwas Ungewöhnliches. Ein unerhörtes Glücksgefühl, das ganz für sich allein bestand und dessen Grund mir unbekannt blieb, hatte mich durchströmt ... Woher strömte diese mächtige Freude mir zu ... Woher kam sie zu mir? Was bedeutete sie? Wo konnte ich sie fassen? ... Und dann, mit einem Mal war die Erinnerung da. Der Geschmack war der jener Madeleines, die mir am Sonntagmorgen in Combray ... meine Tante Léonie anbot, nachdem sie sie in ihren schwarzen oder Lindenblütentee getaucht hatte ... Sobald ich den Geschmack jener Madeleine wiedererkannt hatte, die meine Tante mir, in Lindenblütentee eingetaucht, gewöhnlich anbot ... trat das graue Haus mit seiner Straßenfront, an der ihr Zimmer sich befand, wie ein Stück Theaterdekoration ... hinzu ... und mit dem Hause die Stadt, der Platz, auf den man mich vor dem Mittagessen schickte, die Straßen, die ich von morgens bis abends und bei jeder Witterung durchmaß, die Wege, die wir gingen, wenn schönes Wetter war ... ebenso stiegen jetzt alle Blumen unseres Gartens und die aus dem Park von Monsieur Swann, die Seerosen auf der Vivonne, die Dorfbewohner und ihre kleinen Häuser und die Kirche und ganz Combray und seine Umgebung, alles deutlich und greifbar, die Stadt und die Gärten auf aus meiner Tasse Tee.«

Sicherlich wäre Proust ohne sein Gedächtnis nicht einer der bedeutenden Schriftsteller der Welt geworden. Auf gewisse Art kann man sogar sagen, daß seine Erinnerungen sein Leben veränderten. Wie Proust bauen wir unsere Gegenwart auf die Grundmauern der Vergangenheit. Und unter angemessenen Umständen können große Teile dieser Vergangenheit wieder hervorgeholt werden.

In den vierziger und fünfziger Jahren führte Wilder Penfield, der kanadische Neurologe, den wir schon im zweiten Kapitel erwähnt hatten, Operationsverfahren an Patienten durch, die sich einem chirurgischen

Eingriff im Gehirn unterziehen mußten. Nachdem er ihre Erlaubnis eingeholt hatte, stimulierte er die freigelegten Schläfenlappen mit elektrischem Strom, wobei die Patienten bei vollem Bewußtsein waren. Penfield's Patienten erfuhren plötzlich lebhafte Erinnerungen aus ihrer Kindheit. Eine Patientin erinnerte sich zum Beispiel an eine Melodie, die sie in ihrer Kindheit gehört und gesungen hatte, nach Stimulierung eines ganz bestimmten Teils ihres Schläfenlappens. Stimulierung derselben Stelle bewirkte eine Wiederholung der Erfahrung, eine »experimentelle Illusion«, wie Penfield sie nannte.

Alltägliche Erfahrungen wie Proust's wiederkehrender Geschmack der Madeleines können lebhafte Erinnerungen bewirken. Aber auch andere, artifiziellere Katalysatoren, wie die elektrische Stimulierung der Schläfenlappen, können ebenso lebhafte Erinnerungen auslösen. In beiden Fällen werden Erinnerungen, die in der physischen Struktur des Gehirns eingebettet sind, durch physische Mechanismen hervorgeholt. Dies stellt einen wichtigen Durchbruch bei unserem Versuch, die Geheimnisse des Gedächtnisses zu enthüllen, dar.

Vielleicht können wir unser Gedächtnis, unsere gespeicherten Erinnerungen, besser verstehen, indem wir die Veränderungen im Gedächtnis einer Person über die Jahre beobachten. Stanley Holloway, Schauspieler und Entertainer, sagte einmal kurz vor seinem Tod im Alter von 91 Jahren, als er in nachdenklicher Stimmung war: »Ich hatte ein sehr gutes Gedächtnis. Ich erinnere mich, wie wir in der Schule ›Heinrich VIII.‹ von Shakespeare aufführten. Ich spielte den Wolsey, und seit damals habe ich nie wieder den Text nachgesehen, aber Wolsey's Rede kann ich heute noch auswendig:

›. . . Fahrwohl,
Ein langes »Fahre wohl« all meiner Größe! –
So ist des Menschen Treiben: heute sprießen
Der Hoffnung zarte Knospen, morgen blühn sie
Und kleiden ihn in dichten Blumenschmuck . . .‹*

Ich könnte die ganze Rede wiederholen, obwohl ich sie seit meinem zwölften oder dreizehnten Lebensjahr nicht mehr nachgelesen habe. Doch so verhält es sich mit dem Gedächtnis: Es narrt Dich, wenn Du glaubst, Dich an Dinge erinnern zu können, und plötzlich ist alles weg.«

Holloway bemerkte spezielle Probleme mit seinem eigenen Gedächtnis, die die Neurologen aufgrund ihrer Untersuchungen dem normalen

---

* Übersetzung von Schlegel-Tieck.

Alterungsprozeß zuschreiben. »Ich stellte fest, ich kann mich an Dinge erinnern, die fünfzig Jahre zurückliegen, während ich andere, die gerade fünf Wochen her sind, überhaupt nicht mehr weiß«, fügte Holloway hinzu.

Was Holloway's Gedächtnisverlust so interessant erscheinen läßt, ist seine Unregelmäßigkeit. Man möchte glauben, alte Erinnerungen würden schneller verblassen als neue. Unser Gedächtnis aber unterliegt, wie das von Holloway, Schwankungen, je nach Interesse, Ansicht oder derzeitige Beschäftigung.

Wir erinnern uns an Dinge, Menschen und Ereignisse, die uns interessieren. Stimmungen können unser Gedächtnis verändern. Die schmerzvollsten Aspekte schwerer Depressionen sind die Erinnerungen an vergangene Fehlschläge oder Unzulänglichkeiten, wirkliche oder eingebildete. Die Behandlung derartig schwerer Depressionen erfordert häufig eine Elektroschocktherapie, die unter anderem die Intensität schmerzlicher Erinnerungen mindert. Steigt die Laune, treten andere Erinnerungen an die Stelle der schmerzlichen, und Gedanken, die noch vor kurzem Verzweiflung und Angst hervorriefen, unterliegen einer Veränderung – die Dinge scheinen doch nicht so schrecklich gewesen zu sein. Bei weiterer Verbesserung der Laune steigen noch erfreulichere Erinnerungen auf. Nach einer Weile, wenn der Patient sich von seiner Depression erholt, wird er auf diese Erinnerungen nicht länger furchtsam reagieren.

Gelegentlich können Erinnerungen durch Emotionen so gefärbt werden, daß es zu schmerzlich wird, überhaupt daran zu denken, und sie deshalb bewußt außerhalb unseres Bewußtseins gelagert werden. An »Kampfmüdigkeit« leidende Soldaten werden oft geheilt, wenn ihre Erinnerungen an die Kriegserlebnisse durch Hypnose wieder hervorgeholt werden. Während des hypnotischen Trancezustands erleben sie ihre schmerzlichen Erfahrungen noch einmal, bringen sie in ihr Bewußtsein ein und verringern dadurch ihre Intensität. Es gibt wohldokumentierte Beispiele wichtiger Erinnerungen, die unter normalen Umständen unzugänglich waren und im Dämmerzustand der Hypnose aufgedeckt wurden. Autonummernschilder, genaue »Feind«-Beschreibungen, Traumata der Kindheit – alle wurden trotz anfänglicher Gedächtnislücken unter Hypnose wieder ans Licht gebracht.

Die Gedächtnisforscherin Elizabeth Loftus von der Washington Universität wies nach, daß das Gedächtnis durch irreführende Fragen, die versteckte Suggestion wie »hat das gelbe Auto die Kreuzung bei rotem Licht überfahren«, wenn überhaupt keine Ampel, sondern nur ein Stopschild vorhanden war, tatsächlich verunsichert werden kann. Wenn der

Zeuge oder Rechtsanwalt es unterläßt, den Fragenden zu korrigieren, kann bei Gericht der Unterschied zwischen einer roten Ampel und einem Stopschild später als Beweismittel angeführt werden, um so die Glaubwürdigkeit des Zeugen in Zweifel zu ziehen.

Es gibt auch quantitative Störungen des Gedächtnisses. Ein Patient, der an schweren Gedächtnisstörungen leidet, kann sich häufig nicht daran erinnern, was er zum Frühstück aß oder, sind diese Störungen ernster Natur, weiß er seine Adresse, Monat und Datum des Weihnachtsfests nicht mehr. Auf der anderen Seite kann sich ein Paranoiker an Ereignisse der Vergangenheit bis ins kleinste Detail erinnern. Seine übermäßige Wachsamkeit und sein Argwohn führen zu einem ständigen Überprüfen der Vergangenheit, um so den Beweis für die Böswilligkeit anderer Leute zu erbringen. Ist die Krankheit weit genug fortgeschritten, können lang vergessene Ereignisse wieder aufgeweckt werden, um die Richtigkeit der verzerrten Überzeugung zu »beweisen«. Leichteren Formen von Paranoia können wir jeden Tag begegnen. Wem fällt nicht ein »Beschwerdesammler« ein, der niemals vergißt, andere daran zu erinnern, sich nicht vollständig seinem Wohlergehen gewidmet zu haben?

Um etwas Verwirrung zu stiften, wird mangelnde Mitarbeit oft als eine Gedächtnisstörung dargestellt. »Schaun wir doch mal, ob wir Dein Gedächtnis nicht etwas auffrischen können«, sagt der Gangster zu seinem Gefangenen, der sich nicht an die Zahlenkombination zum Safe »erinnern« konnte. Aber eine Gedächtnisauffrischung durch Drohungen oder während Streßsituationen kann auch zu falschen Erinnerungen führen.

Gedächtnislücken sind also mit scheinbar zusammenhanglosen Eigenschaften wie Mitarbeit oder Zuständigkeit verflochten. Das Gedächtnis ist häufig eine Kombination von sehr Persönlichem und kühl Analytischem. Wie Alice im Wunderland schlüpfen wir manchmal »hinter die kalte, glatte Oberfläche des Spiegels und finden uns in einem Phantasieland wieder, wo alles plötzlich so vertraut und doch so fremd und ungewohnlich ist«. Meiner Ansicht nach steht der Spiegel für unser Gedächtnis.

In einem internationalen Restaurant im Zentrum der Stadt Washington begrüßt Jacques Scarella, maître d'hôtel und Mitbesitzer, während der geschäftigen Mittag- und Abendessenszeiten Hunderte von Menschen. Jeder Kunde gibt bei Scarella eine Bestellung für exquisite französische Gerichte auf, die perfekt zubereitet werden müssen. Nach mehr als vierzigjähriger Restauranttätigkeit kann sich dieser tüchtige, gepflegte Mann mit seinem silbergrauen Haar an spezielle Speisefolgen, wie sie von seinen Kunden besonders bevorzugt wurden, erinnern, obwohl manche Jahre nicht mehr das Restaurant besucht hatten. Am Morgen nach einem betriebsamen Abend, währenddessen an den 64 Tischen des Lokals drei- bis viermal die Gäste wechselten, kann Scarella seine Augen schließen und sich an jede Bestellung seiner Kunden sowie die genaue Tischordnung erinnern. Seine Fähigkeit, Gesicht, Tisch und Gericht richtig zuzuordnen, verschaffte Scarella eine wohlverdiente Reputation in der Stadt als Besitzer eines Supergedächtnisses. Aber wie er selbst zugibt, weist sein Gedächtnis auch seine Grenzen auf. So kann er sich Gesichter sehr gut einprägen, Namen hingegen nicht so leicht. »Wenn Sie mich nach der Bezeichnung der Kreuzung bei unserem Haus fragen, muß ich Ihnen die Antwort schuldig bleiben. Warum sollte ich sie mir auch merken?« fragt er. »Ich weiß meinen Weg nach Hause.«

Jacques Scarella's Talent entwickelte sich als Antwort auf sein angestrebtes Ziel, Besitzer eines Restaurants zu werden, das von den Schönen und Reichen besucht wird. Sein spezielles Erinnerungsvermögen, das er für eine »natürliche Gabe« hält, entwickelte sich zusammen mit seinem Wunsch nach Erfolg. Es ist auch Teil seines beruflichen Glaubensbekenntnisses: »Die Vorliebe des Kunden ist wichtig und sollte deshalb nicht vergessen werden.«

»Ich merke mir nicht nur die Bestellungen, sondern kann mich auch an das Verhalten des Kunden bei seinem letzten Besuch erinnern. Wenn er seine Wünsche äußert, kann ich helfen, seine Aufmerksamkeit auf die Gerichte zu lenken, die ihm früher schon gut geschmeckt haben.«

Scarella verwendet nicht eines der allgemein anerkannten Gedächtnissysteme. Er kombiniert vielmehr »geistige Bilder« mit einer inneren wörtlichen Wiederholung. So kann er zum Beispiel nach 45 Jahren immer noch Victor Hugo's »Nach der Schlacht« aufsagen, was er als Schuljunge in seiner Heimatstadt Nizza lernte. »Während ich das Gedicht aufsage, höre ich die Worte in meinem Kopf ein paar Sekunden vorher. Ich sehe nicht das Gedicht vor mir geschrieben. Aus diesem Grund bin ich sehr leicht irritierbar. Wenn jemand meine Aufmerksamkeit ablenkt, indem er mich einfach etwas fragt, verliere ich den Faden und muß noch einmal von vorne beginnen.«

Scarella's Gedächtnis für Gesichter, seine Stärke, läuft nicht wie photographische oder phonographische Aufzeichnungen ab. Sein Gehirn ist fähig, die Veränderungen eines Gesichts über Jahre mit einzubeziehen. Scarella erkannte in einem Restaurant in Washington, wo er als Ober arbeitete, einen amerikanischen Soldaten wieder, den er nur ein einziges Mal als vierzehnjährigen Jungen in einer Hotelhalle in Nizza gesehen hatte. »Offensichtlich hatte er sich verändert. Trotzdem war ich mir sicher, daß er es war, und ich zögerte auch nicht, ihn anzusprechen und mit ihm über seinen Aufenthalt in Nizza zu plaudern.«

Während sich Jacques Scarella nur auf seine natürlichen Fähigkeiten, Gesichter und Geschmäcker zu kombinieren, verläßt, haben andere Menschen mit einem Supergedächtnis, sogenannte Gedächtniskünstler, Systeme entwickelt. Das berühmteste Beispiel hängt ebenfalls mit Essen zusammen, in diesem Fall mit einem griechischen Festbankett.

Wie der römische Redner Cicero überlieferte, wurde der Dichter Simonides von Scopas, einem Edelmann, gebeten, ein lyrisches Gedicht im Rahmen eines Festbanketts zu Ehren Scopas zu singen. Nach dem Gedicht ging Simonides für wenige Augenblicke nach draußen. Während seiner Abwesenheit stürzte das Dach der Festhalle ein und begrub Scopas und all seine Gäste unter den Trümmern. Später konnte sich Simonides genau an die Sitzordnung der einzelnen Gäste erinnern und half damit den Verwandten, die Toten zu identifizieren. Diese Erfahrung zeigte dem Dichter die Grundregeln jener Kunstfertigkeit auf, sich an etwas zu erinnern.

Cicero berichtet weiter, daß Menschen, die ihr Gedächtnis trainieren möchten, sich bestimmte Orte auswählen sollten und sich jene Dinge vorstellen sollten, an die sie sich gerne erinnern; sie sollten diese Vorstellungen und Orte eng miteinander verknüpfen, so daß die Reihenfolge der Orte und die damit verbundenen Vorstellungen bewahrt bleiben. Bilder, Vorstellung und Erinnerung verschmelzen zu einem Ganzen und sind vergleichbar mit den auf einer Wachstafel eingravierten Buchstaben.

Diese anschauliche Darstellung unterstreicht wichtige Tatsachen zum Gedächtnis, die auch zweitausend Jahre später noch gültig sind. Um sich eine Auflistung merken zu können, ist es am einfachsten, sich sämtliche Gegenstände auf der Liste bildlich vorzustellen. Je nachdem, welches Gedächtnissystem man verwendet, können die Gegenstände, die man sich merken möchte, auf verschiedene Weise in Bilder umgewandelt werden.

Der Gedächtniskünstler Trevor Emmott verwendete einen Code, der jedem Wort einen bestimmten Buchstaben zuordnet. Dann veränderte er die Buchstaben geringfügig, so daß sie Wörter bilden. Auf einer öffentlichen Veranstaltung teilte Emmott seine Serie von 36 von einem Computer vorgegebenen Zahlen in sechs Gruppen mit je sechs Zahlen auf.

Bemerkenswert dabei ist, daß Trevor Emmott's Technik die mögliche Umwandlung von Daten in visuelle Bilder ist, so wie Simonides die Namen seiner Zuhörer in das visuelle Bild der Sitzordnung beim Bankett umgewandelt hatte. Auch Jacques Scarella verwendet solche Bilder. Er schließt seine Augen und sieht im Geiste seine Gäste an den 64 Tischen seines Restaurants sitzen. Dies ergibt auch vom neurobiologischen Standpunkt aus gesehen Sinn. Von allen unseren Sinnen ist das Sehvermögen das, was am wahrscheinlichsten Erinnerungen hervorruft. Und je bizarrer das visuelle Bild, desto größer die Wahrscheinlichkeit, daß wir uns daran erinnern werden.

Einige recht einsichtige gedankliche Objekte können nicht in Bilder umgewandelt werden. Wenn ich Ihnen erzähle, daß ich an eine Frau denke, die »keine Wimperntusche trägt«, mag dieser Satz zwar aus dem Zusammenhang gerissen erscheinen, aber er ergibt doch Sinn. Und versuchen Sie doch einmal, sich eine Frau, die keine Wimperntusche verwendet, vorzustellen. Es gibt kein Bild für eine negative Vorstellung (etwas *nicht* tun), trotz der Tatsache, daß wir tagtäglich in negativen Begriffen sprechen. »Ich gehe heute morgen nicht zur Arbeit.« Was für eine Vorstellung entsteht durch diese Aussage? Sicherlich nicht die Art Bild, die sich aus »ich gehe in die Arbeit« (zum Beispiel eine geistige Momentaufnahme von jemandem, der in einem Bus sitzt und Zeitung liest).

Was immer Sie von diesem Argument »bilderloser Gedanken« halten mögen, es steht außer Zweifel, daß einprägsame geistige Bilder das Erinnern erleichtern. Aristoteles verglich die Gestaltung geistiger Bilder mit dem Herstellen von Wachsabdrücken mit einem Siegelring. Das Entstehen der Erinnerung hängt von der Beschaffenheit des Wachses ab. Diese Analogie nähert sich sehr den Vorstellungen zeitgenössischer Neurologen: Die Funktion des Gedächtnisses hängt zum großen Teil vom Zustand des Gehirns ab.

»Manche Menschen haben trotz eines beträchtlichen Stimulus kein Erinnerungsvermögen, aufgrund von Krankheit oder Alter. Es ist, als wolle man einen Stimulus oder ein Siegel auf fließendes Wasser aufdrükken. Die Zeichnung hinterläßt keinen Abdruck, da solche Menschen verbraucht sind wie alte Hauswände, oder weil der Untergrund, auf den der Abdruck erfolgen soll, zu hart ist. Aus diesem Grund haben sehr junge und sehr alte Menschen ein schlechtes Gedächtnis; sie befinden sich in einem unbeständigen Stadium, die jungen aufgrund ihres Wachstums, die alten aufgrund des Verfalls. Aus ähnlichem Grund scheinen weder sehr langsame noch besonders schnelle Menschen ein gutes Erinnerungsvermögen zu besitzen; erstere sind feuchter als normal, letztere härter; bei den erstgenannten weist das Bild keine Dauer auf, bei den letztgenannten hinterläßt es keinen Eindruck«, schrieb Aristoteles.

Für die alten Griechen erstreckte sich die Vorstellung von Wachs als Basis für das Gedächtnis auf alles, was wir sehen, hören oder denken. Sie nahmen auch Proust's Entdeckung der Lebhaftigkeit und Langlebigkeit der Erinnerungen vorweg. Von Appollonius von Tyana erzählte man: »Sogar noch als Hundertjähriger hatte er ein besseres Erinnerungsvermögen als Simonides. Er pflegte eine Lobeshymne auf das Gedächtnis zu singen, in der er sagte, daß alle Dinge im Laufe der Zeit vergehen, daß die Zeit jedoch unvergänglich und unsterblich durch die Erinnerungen sei.«

In den frühen zwanziger Jahren wurde ein junger Journalist in Moskau vom Herausgeber seiner Zeitung zu einer psychologischen Beurteilung geschickt. Zwar wies die Persönlichkeit des Reporters nichts ungewöhnliches auf – er verrichtete seine Arbeit ordentlich und kam mit den anderen Mitarbeitern gut aus – aber sein Gedächtnis übertraf alles, was der Herausgeber je erlebt hatte. Wichtige, oft aber auch triviale Einzelheiten, die einen Bericht lesenswert oder uninteressant werden lassen, die für jeden Artikel erforderliche Information (Adreßangaben, Namen, Telefonnummern usw.) – nichts davon schien das Gedächtnis des Journalisten im geringsten anzustrengen, ja, er machte sich sogar nie Notizen.

Nach seiner Ankunft in der Klinik wurde der Reporter, der in der psychologischen Literatur ganz einfach als S geführt wird, von Aleksandr Luria, dem vielleicht bedeutendsten Psychologen dieses Jahrhunderts, untersucht. Seit Jahren schon faszinierte Luria das Gedächtnis, und die wenigen schriftlichen Aufzeichnungen über das Leben berühmter Gedächtniskünstler, die bis dahin vorhanden waren, kannte er alle. Dennoch war Luria auf S völlig unvorbereitet. Während der ersten Stunde der Untersuchung wiederholte S eine lange Zahlenreihe mit unveränderter Genauigkeit. Luria war, um ihn selbst zu zitieren, durch diese Ergebnisse sowohl »aus der Fassung gebracht« als auch »verblüfft«.

Trotz der Tatsache, daß nach gewisser Zeit die Liste der Wörter und Zahlen ziemlich lang geworden war, wies S' Leistung keinerlei Schwankungen auf. Eine Steigerung der Reihenlänge verzögerte S' Antwort nicht im geringsten, ebensowenig erhöhte sich seine Fehlerquote. Jahre später schilderte Luria seine Versuche mit S in dem Buch »Der Verstand eines Gedächtniskünstlers«, ein schmales Bändchen von weniger als 200 Seiten. Trotz des geringen Umfangs des Werkes wird es als ein brillanter Einblick in die Gedächtnismechanismen geschätzt.

»Im Laufe meiner Untersuchungen geriet ich bald in einen Zustand nahe der Verzweiflung«, berichtete Luria über seine erste Begegnung mit S. »Denn es schien, als gäbe es weder Grenzen für die Kapazität von S' Gedächtnis noch für die Dauerhaftigkeit der Erinnerungen, die er behielt.« Diese Beständigkeit beschränkte sich nicht auf die unmittelbare Testsituation, sondern häufig auch auf ein Wiederhervorholen jener Erinnerungen bei Testsitzungen 30 Jahre später. Darüber gibt es ganz detaillierte und genaue Aufzeichnungen Luria's. Sie lassen keine Zweifel daran, daß S eine Serie wahlloser Zahlen oder Buchstaben, die er sich bei einer einzigen Gelegenheit gemerkt hatte, später auf Wunsch wiederholen konnte. Davon fasziniert übernahm Luria die Aufgabe, S' sonderbares Gedächtnismuster versuchsweise zu erklären.

Über die Jahre änderten sich die von S angewandten Methoden; er wechselte von einer Tätigkeit zur anderen über, vom Reporter zum Effizienzexperten, zum Finanzanalytiker und schließlich zum berufsmäßigen Gedächtniskünstler. Bei all diesen Berufen benützte S sein Gedächtnis in zunehmendem Maß, und seine Laufbahn erreichte ihren Höhepunkt, als er sein Gedächtnis dazu verwendete, sich seinen Lebensunterhalt damit zu verdienen.

Während der ersten Sitzungen zwischen Luria und S wurde offensichtlich, daß S nicht nur ein besseres Erinnerungsvermögen als die meisten Menschen besaß, sondern dabei auch einzigartige Wege beschritt. Setzte man ihm eine Reihe Zahlen vor, berichtete er, daß er die Zahlen in seinem Kopf »sehen« konnte. Deshalb machte es für ihn auch keinen großen Unterschied, wenn man ihn bat, die Nummern vom Ende zum Anfang hin oder vom Anfang zum Ende hin aufzusagen. Auch konnte er nur jede dritte oder vierte Zahl nennen, je nach Phantasie des Befragers.

Eines Nachmittags jedoch mußte S gegenüber Luria eine eigenartige Feststellung machen: Luria trug S die Zahlenserie in langsamem, gemessenem Tonfall vor. Jegliche Abweichung wie Bemerkungen oder Fragen von Luria legten, wie S es nannte, einen »Schleier« auf seine geistigen Bilder. Deshalb »bewegte er die Nummernreihe von dem verschleierten Bildteil weg«, wie S es beschrieb. So »konnte er deutlich sehen« und mit dem Lesen der noch verbleibenden Zahlen oder Buchstaben fortfahren. Ein weiteres Ausarbeiten dieses Themas erbrachte einen wichtigen Hinweis. S' Gedächtnismethode basierte auf einer seltsamen gegenseitigen Durchdringung der sensorischen Kanäle. Anders ausgedrückt traf er keine genauen Unterscheidungen zwischen Sicht, Geräusch, Berührung und Geschmack. Wir alle besitzen eine rudimentäre Fähigkeit, Sicht, Geräusch, Geschmack, Geruch und Gefühle miteinander zu verbinden. Wir sprechen ganz geläufig von einer »lauten« Farbe, einem »stechenden« Geräusch, einer »kalten« Stimme. Wir verbinden auch Farben mit Wochentagen. So ist der Montag »blau«, wenn uns die Arbeit mißfällt. Aber im Falle von S reichte die gegenseitige Durchdringung von Empfindungen weit über die alltäglichen Erfahrungen hinaus. Stimmen und Sprechgeräusche riefen bestimmte Farben hervor, manchmal in der Form von »Klecksen«.

»Ich sehe Farben, sobald ich Geräusche höre«, schrieb S 1953. »Was mich zuerst aufmerken läßt, ist die Farbe von Stimmen. In Momenten, in denen der Klag einer Stimme häufig wechselte (wie die eines berufsmäßigen Schauspielers beispielsweise), rufen die Stimmänderungen verschiedene Farben, eine ganze Farbkomposition, eine ›Farbpalette‹ hervor.«

Luria's Untersuchungen an S enthüllten, daß diese ganz spezielle Fähigkeit – eigentlich ein Zwang – Dinge in all ihren Einzelheiten über viele Jahre im Gedächtnis zu behalten, mehr mit Wahrnehmung gemein hatte als mit dem, woran wir normalerweise denken, wenn wir von Gedächtnis sprechen. S unternahm manchmal einen »Gedächtnisspaziergang« in einer seiner Moskauer Lieblingsstraßen. Während dieser Übung stellte er gedanklich die Gegenstände, die er sich merken wollte, vor gewisse Schlüsselhäuser, Schaufenster oder Standbilder. Um sich später der Gegenstände zu erinnern, ließ er einfach die Straße vor seinem geistigen Auge wiedererstehen mit all diesen auf der Strecke wohlverteilten Gegenständen. Gelegentlich jedoch ließ ihn sein Gedächtnis im Stich, und er übersprang einen Gegenstand der Serie. Verwirrt darüber, überprüfte er die Angelegenheit und kam zu einer unerwarteten Erklärung.

In vielen Fällen vergaß er die Gegenstände aufgrund einer physikalischen Eigenschaft, die mit Helligkeit oder Farbe zu tun hatte. Er berichtete beispielsweise, daß ein weißer Gegenstand (ein Ei) dem Zugriff seines Gedächtnisses entgangen sei, da er es ungewollt vor einen weiß gestrichenen Zaun plaziert hatte. Bei einer anderen Gelegenheit erklärte er, daß das Licht nicht ausreichend gewesen sei. »Manchmal stelle ich ein Wort an einem dunklen Ort ab und habe dann Schwierigkeiten, es beim Vorbeigehen auszumachen«, schrieb er 1932 in das Tagebuch, das er für Luria führte. »Einmal plazierte ich das Wort ›Schachtel‹ vor ein Tor. Da es dort dunkel war, konnte ich sie nicht sehen.«

Bei einer anderen Gelegenheit vorübergehender Gedächtnisschwäche konnte S das Problem auf die Wirkung eines sensorischen Kanals, der sich mit einem anderen vermischt hatte, zurückführen. Ein plötzliches Geräusch oder eine Stimme beispielsweise rief diesen »Schleier« hervor, der S die Sicht auf seine geistigen Bilder nahm wie bei einem Foto, auf dem man wegen Unschärfe ein bekanntes Gesicht nicht mehr erkennen kann.

Diese Fähigkeit, sich ein Wort oder einen Gegenstand in einer geistigen Landschaft zu vergegenwärtigen und später »abzulesen«, ähnelt sehr den Gedächtnissystemen von Simonides und anderen. Bei S scheint der Vorgang jedoch eher natürlich als ersonnen. Die Bilder kamen häufig spontan, und nur, wenn S mit besonders schwierigen Herausforderungen konfrontiert war, unternahm er solche »Gedächtnisspaziergänge«.

»Was für nichtssagende Bilder können doch wegen eines einzigen Wortes auftauchen«, schrieb er einmal wohl mehr aus Frustration denn aus Eigenlob. »Da ist beispielsweise das Wort ›etwas‹. Immer löst es die Vorstellung einer dichten Dampfwolke mit der Farbe von Rauch aus.« Bei den wenigsten Menschen ruft ein Wort wie »etwas« ein Bild hervor.

Jetzt ist Ihnen wahrscheinlich auch klar, daß ein Gedächtniskünstler – zumindest S als einziger Gedächtniskünstler, der sich jemals einer so gründlichen neuropsychologischen Untersuchung unterzog – sein Erinnerungsvermögen auf eine Art und Weise handhabt, die wir niemals erlernen können. Dennoch kann man dagegen anführen, daß sich Gedächtnisexperten, von Simonides bis Emmott, Systeme zur Erhöhung ihrer Merkfähigkeit ausdachten, und alle diese Fachleute sind in mehr oder weniger starkem Umfang von ähnlichen Mechanismen abhängig: die Schaffung starrer und originaler Bilder; volle Konzentration während des Einprägemoments; Praxis, und, was vielleicht am wichtigsten ist, der starke Wunsch nach Verbesserung ihrer Gedächtnisfähigkeiten. Sind besondere Fähigkeiten erforderlich, um das Niveau eines professionellen Gedächtniskünstlers zu erreichen? Hätte S einen so erstaunlichen Leistungsgrad ohne spezielle Begabung erzielt? Auch wenn man darüber nur Mutmaßungen anstellen kann, so scheint es doch unwahrscheinlich. Sicherlich glaubte Luria bis zum Zeitpunkt seines Todes, daß S einzigartige geistige Fähigkeiten besaß:

»Es besteht kein Zweifel, S' außergewöhnliche Gedächtnisleistung war angeboren, ein Element seiner Persönlichkeit, und die von ihm angewandten Techniken wurden auf eine bereits vorhandene Struktur aufgebaut, er ahmte sie nicht mit Hilfsmitteln nach, sondern gebrauchte lediglich seine natürlichen Gaben.«

Trotz des naheliegenden allgemeinen Rufs nach Systemen und Methoden zur Gedächtnisverbesserung gibt es verschiedene Gründe, warum es unwahrscheinlich ist, daß es jemals ein »vollkommenes« Gedächtnis oder ein System zur Verwirklichung dieses Ziels geben wird. Zum einen, wie S ja so gut bewiesen hat, ist ein Supergedächtnis ein zweischneidiges Schwert. Es gibt unzählige Dinge, an die man sich nicht zu erinnern wünscht (Telefonnummern von Leuten, die nicht länger interessant sind, ermüdende Termine für Verabredungen, die man nicht mehr treffen möchte). Sowohl natürliche wie auch ersonnene Gedächtnishilfen können sich leicht als Last und als Verbindlichkeit im täglichen Leben erweisen.

»Ein Individuum, dessen bewußtes Wahrnehmungsvermögen so ausgebildet ist, daß sich ein Geräusch mit einem Farb- oder Geschmackssinn vermischt, für den jeder flüchtige Eindruck ein lebhaftes, immerwährendes Bild hervorruft, für den Worte eine völlig andere Bedeutung haben als für uns – solch ein Mensch kann nicht auf die gleiche Weise heranreifen wie andere. Ebensowenig wird seine innere Welt, seine Lebensgeschichte nicht wie die anderer sein«, schrieb Aleksandr Luria über seinen Patienten S.

In den kargen Ebenen Nordwest-Australiens untersuchte die Psychologin Dr. Judy Kearins die Kinder Eingeborener auf ihre Fähigkeit hin, sich die Position von Gegenständen auf einem Regal zu merken. Sie verglich ihre Ergebnisse mit denen weißer australischer Kinder. Dr. Kearin stellte sowohl natürliche als auch vom Menschen geschaffene Gegenstände auf das Regal und bat beide Gruppen, sie sich einzuprägen. Um die Dinge zu erschweren und um auszuschließen, daß das Gedächtnis durch wörtliche Beschreibung ersetzt wird, fügte sie auch noch eine Reihe identischer Steine hinzu.

»Ich untersuchte Kinder im Alter zwischen sechs und sechzehn Jahren, und ihre Leistung war stets besser als die weißer australischer Kinder ... sie waren ihnen in diesem Punkt etwa drei Jahre voraus, so daß ein Eingeborenenkind von circa sieben Jahren etwa die Leistung eines zehnjährigen weißen australischen Kindes erbrachte«, sagte Dr. Kearins. Dieser Leistungsunterschied zwischen den beiden Gruppen zeigte sich bei allen räumlichen Gedächtnisaufgaben und bei allen untersuchten Altersgruppen. Man kann über die Ursache dieser Unterschiede nur Spekulationen anstellen, aber es scheint wahrscheinlich, daß die Lebenserfahrung der Eingeborenenkinder – das Leben in einer eintönigen Landschaft, die man nur durchqueren kann, wenn man winzigste Standorthinweise sofort wahrnimmt – zu besser ausgeprägten räumlichen Gedächtniseigenschaften führen. Würde sich dieser Vorsprung verringern, wenn die Erfahrungen der Eingeborenen weniger von räumlichen Hinweisen abhängig wären?

Vor einigen Jahren beschrieb der Psychologe M. Cole in »The Cultural Context of Learning and Thinking« (Der kulturelle Zusammenhang zwischen Lernen und Denken), wie stark kulturelle Einflüsse auf das Gedächtnis wirken. Er verglich die einzelnen Leistungen verschiedener Kulturgruppen; ihnen war eine Liste von zwanzig, in bekannte Kategorien eingeteilte Wörter vorgelegt worden. Man las den Testpersonen diese Liste vor und bat sie, sich diese zu merken. Dieser Vorgang wurde insgesamt fünfmal wiederholt. Unter den Testgruppen befanden sich liberianische Reisbauern, deren Leistung ziemlich beschränkt war (sie konnten sich lediglich an neun bis elf einzelne Punkte erinnern). Was die Untersuchung jedoch besonders interessant machte, war die kaum sichtbare Verbesserung nach wiederholten Versuchen: Sie zählten beim letzten Versuch in etwa die gleichen Begriffe auf wie beim ersten. Man stellte ihnen sogar eine Belohnung in Aussicht, zeigte ihnen die Gegenstände, die sie sich merken sollten, unterteilte die Wörter in ihrem Gebrauch entsprechende Kategorien – all diese Bemühungen zur Verbesserung der Leistung der Reisbauern scheiterten. Amerikanische Gruppen hingegen verbesserten sich bei wiederholten Versuchen um ein Vielfaches, und nach einer Weile teilten sie die Wörter in spezifische Gruppen auf, was mit der Zeit zu noch größerem Erinnerungsvermögen verhalf.

Nun fügten die Forscher die Testwörter in Volkssagen ein. Bei den liberianischen Bauern zeigte sich sofort eine Wirkung; als Folge davon verbesserte sich ihr Erinnerungsvermögen erheblich. Offensichtlich war eine Methode, aus dem Zusammenhang gegriffene Wörter in einen kulturellen Kontext einzubringen, erforderlich. Während es in der westlichen Bildung gebräuchlich ist, nackte Angaben zu verwenden, gibt dies in der liberianischen Kultur keinen Sinn. Folgestudien bestätigten, daß sich die Fähigkeit (und möglicherweise auch die Bereitschaft), eine Liste unzusammenhängender und beziehungsloser Gegenstände zu merken, je nach Bildungsgrad erhöhte. In der Tat kann man die Bereitschaft, scheinbar bedeutungslose Daten im Gedächtnis zu behalten, als Maß für die Abstraktionsfähigkeit einer Kultur verwenden.

Vor hundert Jahren versuchte ein junger Deutscher, Hermann Ebbinghaus, zum ersten Mal, das menschliche Gedächtnis psychologisch zu ergründen. Er prägte sich eine lange Liste sinnloser Silben nach einem strengen Rhythmus ein. Da die Worte keinerlei Bedeutung hatten, schien die Aufgabe kaum überwindbar: »Baf, dak, gel, kim, wauch, fol, hess usw.« Nach mehrmaligem Wiederholen richtete er seinen Takt nach dem Ticken der Uhr und fuhr so lange fort, bis er die Liste vollkommen auswendig gelernt hatte. Ebbinghaus stellte eine mathematische Beziehung auf zwischen der Anzahl der Wiederholung der Liste pro Tag und der Schnelligkeit, mit der er sie am nächsten Tag hersagen konnte. Dies eröffnet uns zwar ein Detail des Gedächtnisses (Übung macht den Meister, oder Wiederholung erhöht die Wahrscheinlichkeit, sich später an etwas zu erinnern), aber es sagt sehr wenig darüber aus, wie das Gedächtnis in der wirklichen Welt arbeitet. Oder, wie es ein experimenteller Psychologe formulierte: »Das Lernen unsinniger Silben ist wahrscheinlich der Urtyp psychologischer Irrelevanz.«

In einer vor nicht allzu langer Zeit durchgeführten Untersuchung verglich man Studenten aus Ghana mit Studenten aus Kinderentwicklungsklassen der Universität New York. Beiden Gruppen wurde eine Geschichte vorgelesen, und Wochen später forderte man sie auf, Einzelheiten der Erzählung wiederzugeben. Im allgemeinen konnten sich die Studenten aus Ghana an die Geschichte besser erinnern als die amerikanische Gruppe. Das Ergebnis ist um so verblüffender, wenn man bedenkt, daß die ghanesischen Studenten die Erzählung in Englisch hörten und später auch in dieser Sprache darüber schreiben mußten, die für sie ja eine erlernte Zweitsprache darstellte. Man vermutet, daß der Grund für ihre Fähigkeit, sich an Einzelheiten von Geschichten zu erinnern, die sie Wochen vorher gehört hatten, in ihrer stärkeren Tradition des gesprochenen Wortes liegt. Unsere eigene Kultur, die sehr viel mehr von einer schriftlichen als einer mündlichen Überlieferung abhängt, befindet sich im Nachteil im Hinblick auf auswendiges Wiedergeben von Geschichten, die vorgelesen und nicht selbst gelesen wurden. Solche Ergebnisse bestätigen sich in ähnlichen Untersuchungen. Das Gedächtnis unterliegt einer Art Nichtnutzungsatrophie in Kulturen, die stark abhängig sind von schriftlichen Unterlagen.

Angefangen bei den alten Griechen bis hin zum Elisabethanischen Zeitalter schienen Gedächtnissysteme in direktem Verhältnis zur Nichtverfügbarkeit von Büchern zu stehen. Mit Beginn des Buchdrucks und der starken Verbreitung schriftlicher Dokumente gab es weniger Ansporn, ein Supergedächtnis zu entwickeln. Heutzutage wird das Gedächtnis in Bildungskreisen wenig hervorgehoben. Nationale Untersuchungen ergaben eine geringe Einschätzung der Merkfähigkeit. Zwar können diese Überlegungen als Diskriminierung der kulturell weniger Bevorzugten gewertet werden, aber nichtsdestoweniger ist wichtig, daß die Merkfähigkeit derzeit abgewertet, ja sogar von ihr abgeraten wird: »Merk dir's nicht ... überdenke es gut«, sagt der Lehrer.

Die Annahme scheint gerechtfertigt, daß, je weiter die Computer in das tägliche Leben an unseren Schulen vordringen, desto mehr unsere Merkfähigkeit zurückgeht. Wird man ein gutes Gedächtnis bald nur noch bei geübten Gedächtniskünstlern feststellen können?

Nicht nur Neurologen und Neurochirurgen, sondern auch Allgemeinärzte begegnen täglich Patienten mit »Gedächtnisstörungen« in ihrer

Praxis: Kopfverletzungen aufgrund von Verkehrs- oder Sportunfällen, Anfälle von Enzephalitis (Gehirnhautentzündung) oder Dementia (Verlust der intellektuellen Funktionen) – daraus ergeben sich im allgemeinen Gedächtnisstörungen, die, je nach betroffener Gehirnzone, variieren.

Eine der am weitesten verbreiteten Gedächtnisstörungen, die Korsakoff-Psychose, wird durch jahrelangen Alkoholkonsum hervorgerufen. Die Krankheit, die nach ihrem Entdecker, einem Neurologen, benannt ist, ist normalerweise überhaupt keine Psychose. Bezeichnend für sie ist jegliches Fehlen von Impulsivität, Erregung, Halluzinationen oder bizarren Wahnvorstellungen. Im Gegenteil, der Patient ist normalerweise ruhig, voll kooperativ und weist normale Leistungen bei Standard-Intelligenztests auf. Nur das Erinnerungsvermögen ist betroffen, und dies auf sehr sonderbare Weise. Es können keine neuen Erinnerungen aufgebaut werden. Unterhält man sich mit einem Patienten, der unter der Korsakoff'schen Psychose leidet etwa fünf bis zehn Minuten, verläßt dann den Raum und kehrt fünf Minuten später zurück, so wird er den Betreffenden nicht wiedererkennen. Deutet man daraufhin an, man habe den Patienten anderswo getroffen, so wird er ohne Zögern die Umstände dieser fiktiven Begegnung beschreiben. Es ist, als würde der Patient die Andeutung benützen, um große Lücken in seinem Gedächtnis auszufüllen.

Zu dieser starken suggestiven Beeinflußbarkeit kommt, daß ein an der Korsakoff'schen Psychose erkrankter Patient nicht behält, was man ihn lehrt. Neue Informationen verschwinden wie Wasser durch den Ablauf.

Wenn ich Sie auffordere, sich drei Wörter zu merken (Orange, Bleistift, Wand) und Ihnen im voraus sage, daß dies Ihre Fähigkeit, Dinge im Gedächtnis zu behalten, herausfordert, sind die Aussichten groß, daß Sie die drei Wörter nach fünfzehn Sekunden wiederholen können, ganz egal, womit sonst Sie in der Zwischenzeit beschäftigt waren. Beim Korsakoff'schen Patient ist es anders. Die bloße Aufforderung, alle geraden Zahlen von Hundert rückwärts aufzuzählen, wird sein Erinnerungsvermögen an die drei Wörter vollständig löschen. Die Prozesse zur Verschlüsselung von Informationen innerhalb des Gehirns scheinen ständig ohne Zusammenspiel. Jede hinzukommende Aufgabe, auch etwas so einfaches wie Subtrahieren, wird den ersten Schritt zur Bildung von Erinnerung unterbrechen.

Eine Untersuchung der Gehirne von Korsakoff-Patienten zeigt einen Nervenzellenverlust innerhalb des Thalamus-Bereichs, der der Mittellinie am nächsten ist. Befindet sich dort das Zentrum, das für die Erinnerungsfähigkeit verantwortlich ist? Wahrscheinlich nicht, da andere Gedächtnisstörungen mit ganz verschiedenen Zonen des Gehirns in Verbindung gebracht wurden. Die meisten Krankheitsprozesse sind über die unterschiedlichen Gehirnzonen verbreitet. Eine heftige Enzephalitis beispielsweise greift das ganze Gehirn an trotz der Tatsache, daß sie eine gewisse Zone des Gehirns bevorzugen kann. Aber es gibt eine Möglichkeit, bei der sich die Neurologen über den genauen Ort des Störungsherdes sicher sind, durch die bewußt vorgenommene Gehirnverletzung.

Vor etwas mehr als 25 Jahren fand sich ein junger Mann zur Behandlung in einem Krankenhaus in Hartford, Connecticut, ein: Opfer epileptischer Anfälle seit seinem 16. Lebensjahr. Er war von seinen Ärzten, die nicht mehr daran glaubten, noch irgendein Mittel zu finden, das seine fast täglichen Anfälle verhindern würde, ans Krankenhaus verwiesen worden. Medikamente hatten nicht geholfen. Man schlug deshalb einen neurochirurgischen Eingriff vor, die Entfernung der vorderen Teile beider Stirnlappen. Zwar hatte man diese Operation schon früher an anderen Patienten durchgeführt, aber sie beschränkte sich bisher auf einen statt auf zwei Temporallappen. Was vorgenommen werden sollte, würden wir heute mit »Experimentalchirurgie« bezeichnen. 1953 jedoch war die Ärztegemeinschaft weniger genau in ihren Unterscheidungen. Außerdem waren sowohl der Patient wie auch die Familie und die behandelnden Ärzte weniger an einer ausgefeilten Terminologie als an einer Beendigung der epileptischen Anfälle des Patienten, die inzwischen lebensbedrohend geworden waren, interessiert.

Die Operation, so verlautete, verlief ohne besondere Vorkommnisse. Erst später – genauer gesagt in den ersten Stunden nach dem Eingriff – wurde für jedermann offensichtlich, daß irgendetwas überhaupt nicht mehr in Ordnung war. Zwar hatten die Anfälle aufgehört, aber H. M., der Patient, konnte weder sein Zimmer wiederfinden noch die Mitglieder des Ärzteteams wiedererkennen. Stellte man ihm jemanden vor, vergaß er innerhalb Minuten dessen Namen und Gesicht.

In den darauffolgenden dreißig Jahren wurde H. M. ausführlich von Psychologen untersucht und von eifrigen Wissenschaftsjournalisten befragt. Keiner konnte eigentlich glauben, daß dieser hochgewachsene ergraute Mann, jetzt gegen Ende fünfzig, unfähig ist, seinen Weg in der näheren Umgebung zu finden oder sich an Gesichter oder Telefonnummern zu erinnern oder sein eigenes Alter sich zu merken (normalerweise muß er sein Geburtsjahr vom derzeitigen Kalenderjahr abziehen).

Aber der am meisten erschreckende Aspekt von H. M.'s Gedächtnisstörung ist seine Unfähigkeit, sich an etwas zu erinnern. Nennt man ihm eine siebenstellige Zahl und bittet ihn, diese zu wiederholen, kann er dies bestens ausführen, solange keine Verzögerung zwischen dem Hören der

Zahlen und deren Wiedergabe auftritt. Je länger der Zeitabstand zwischen Hören und Wiederholen, desto geringer ist seine Leistung. Sogar so einfache Dinge wie die Bestimmung, ob zwei Stimuli (Geräusche, Farben) identisch oder unterschiedlich sind, wird schwierig, sobald eine Verzögerung eintritt. Nach einem Zeitabstand von etwa einer Minute kann H. M. solche Dinge nur noch raten. Ähnlichen Schwierigkeiten ist er ausgeliefert, fordert man ihn auf, seinen Weg durch ein Labyrinth zu finden. Er kann sich Richtungen nur für wenige Sekunden merken, schon schwenkt er wieder auf Raten um. Hat er aber seinen Pfad nach beständigem Versuchen und Irrgängen erlernt, kann er die Leistung, durch einen Irrgarten bis an den Ausgang zu gelangen, wiederholen, trotz seiner Unfähigkeit, sich an vorangegangene Versuche zu erinnern.

Ähnliche Unterschiede zwischen Leistung und Erinnerung wurden bei anderen Amnesiepatienten geschildert: Ein Patient lernte, eine Klaviermelodie aus dem Gedächtnis zu spielen. Er behielt diese Fähigkeit bei, trotz seines Unvermögens, sich an die anfänglichen Übungssitzungen zu erinnern. Es schien, als sei die Leistung innerhalb des Gehirns verschlüsselt, aber die Erfahrungen, die zur Verschlüsselung führten, seien für immer verschwunden.

1981 unterzog man H. M. der vielleicht gründlichsten und mühsamsten neuropsychologischen Untersuchung, die je durchgeführt wurde. Die Folgerungen des Psychologen lauteten: »Er zeigt weiterhin eine tiefe Amnesie und weiß nicht, wo er lebt, wer für ihn sorgt oder was er bei seiner letzten Mahlzeit zu sich genommen hat . . . dennoch weist er Erinnerungsbruchstücke auf, er weiß zum Beispiel, daß ein Astronaut jemand ist, der im Weltraum reist . . . Tätigkeiten eines für ihn typischen Tages beinhalten das Lösen von Kreuzworträtseln oder Fernsehen.« Die Untersuchung ergab auch, daß H. M. seine Fähigkeit, Rätsel zu lösen, verbessern konnte. Aber der wichtigste Beitrag der Untersuchung zu unserem Verständnis des Gedächtnisses liegt in dem Beweis, daß das Gedächtnis nicht ein einziges globales System ist, sondern vielmehr aus vielen Untersystemen besteht.

Die Tragödie von H. M. überzeugte Neurologen auf der ganzen Welt von der Wichtigkeit des Hippocampus für das Entstehen von Erinnerungen. Andere Beobachtungen, daß ein kurzer elektrischer Stromstoß nahe der Hippocampusebene bei wachen Patienten flüchtige Erinnerungen hervorrufen kann, ergänzte die an H. M. gemachten Erfahrungen. Weitere Erklärungen bedurften der Mikrotechnik, um den Mechanismus der Hippocampusfunktionen darzulegen. Grundlage für diese Untersuchun-

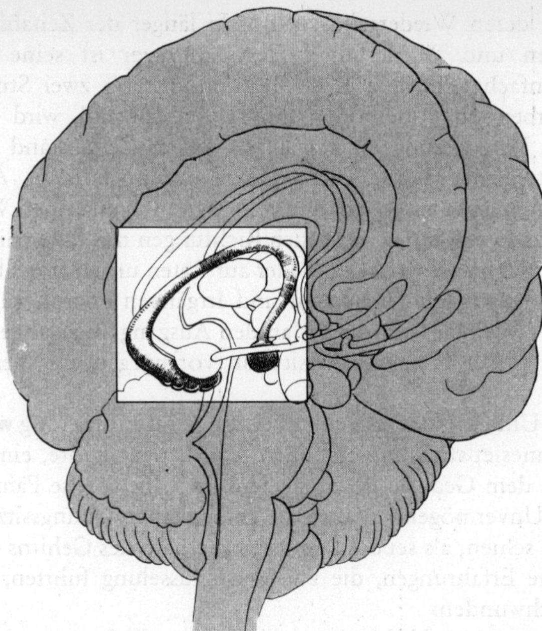

Dieses Diagramm zeigt einige der Strukturen des limbischen Systems. Hippocampus und seine in der Tiefe sich erstreckenden Verbindungen zum Hypothalamus sind besonders hervorgehoben.

gen war die Frage: Was ist das Besondere am Hippocampus? Warum ist er für das Gedächtnis so wichtig?

Der Name Hippocampus rührt von seiner Kurvenform, die frühe Neurologen an ein Seepferdchen (und andere an das Horn eines Widders) erinnerte. Der Hippocampus ist einer der ältesten Teile im Gehirn und direkt mit den Fasern, die multisensorische Eingangsenergien (Berührung, Sicht, Geräusch und Geruch) weiterleiten, sowie mit Teilen des limbischen Systems verbunden.

Der Hippocampus nahm als einer der ersten Teile im Gehirn eine sehr bestimmte Form an. Als sich das Vorderhirn im Laufe der Evolution verbreiterte, wurde der Hippocampus verschoben, bis er sich schließlich an die Schläfenlappen anhängte. (Der Hippocampus ist ein als Paar angeordnetes Organ, wobei sich je ein Teil auf jeder Seite des Gehirns befindet.) Als sich der Stirnlappen noch weiter vergrößerte, wurde der Hippocampus mitgezogen und setzte sich schließlich völlig innerhalb des Lobus fest. Auch der Nervenzellenaufbau innerhalb des Hippocampus ist sehr eigentümlich: Stereotype Mikrokreisläufe sind in einem verschlungenen Muster erregender und hemmender Neuronen ausgelegt.

Die am häufigsten auftretende Ursache für eine Schädigung des Hippocampus ist die mangelnde oder fehlende Sauerstoffzufuhr bei der Geburt. Ein kurzer Anoxie-Zeitraum (totaler Sauerstoffmangel) verursacht im Hippocampus den größten Schaden. Die meisten Patienten mit idiopathischer Epilepsie (deren Ursache unbekannt ist) litten bei der Geburt an Anoxie, die den Hippocampus beschädigte.

In der Beziehung zwischen Hippocampus und Gedächtnis ist die bemerkenswerte Hippocampusreaktion auf wiederholte Stimulierung hervorzuheben. Seine Synapsen, insbesondere die, die Eingangsenergie aus dem Umfeld erhalten, verändern sich entsprechend vorangegangener Erfahrungen. Die Freisetzung von Neurotransmittern, die das synaptische Potential der Hippocampuszellen erhöht, steigt. Solche funktionellen Veränderungen können die strukturelle Untermauerung des Gedächtnisses bilden.

Eine Untersuchung von Hippocampus-Gewebeteilen, die während einer Operation entfernt wurden, offenbarten die Neurochemie dieser Kreisläufe. Man vermutet beispielsweise, daß der Neurotransmitter Glutamat die für Erregung verantwortliche Substanz ist, während Gammaaminobuttersäure, ein weiterer Neurotransmitter, hemmende Wirkung hat.

Tritt ein Ungleichgewicht dieser Neurotransmitter auf, können epileptische Anfälle oder Gedächtnisstörungen – oder beides – auftreten. Epileptiker mit einer langen Krankengeschichte und vielen Anfällen weisen normalerweise bei Tests Gedächtnisstörungen auf.

Untersuchungen über die für das Gedächtnis zuständigen Mechanismen erzielten in den sechziger Jahren einen außerordentlichen Fortschritt durch die Entdeckung von Chosaburo Yamamoto und Henry McIlwain in London, daß Scheibchen des menschlichen Gehirns nach chirurgischer Entfernung präpariert und für kurze Zeit am Leben erhalten werden können. Seit dieser Zeit hat man viele Teile im Gehirn einschließlich des Hippocampus unter Bedingungen untersucht, die den im Körper vorhandenen nachempfunden sind. Durch Aufzeichnungen über Mikroelektroden des isolierten menschlichen Hippocampus entdeckten die Neurologen erregende und hemmende Kreisläufe sowie die Tatsache, daß wiederholte Stimulierung zu einer erhöhten Neurotransmitterfreisetzung führt. Solche Bemühungen schienen die vitale Bedeutung des Hippocampus für das Gedächtnis festzulegen. Aber die Dinge sind nicht ganz so einfach.

Das durch Entfernung des Hippocampus hervorgerufene Unheil beruht vielleicht nicht so sehr auf der Beschädigung des Hippocampus selbst, sondern in der Verletzung von »Leitungen« nahe der Mittellinie, die über den Hippocampus eine Verbindung zum Stirnlappenkortex herstellen. Korsakoff-Patienten, von denen wir bereits früher sprachen, weisen häufig einen beidseitig völlig normalen Hippocampus auf bei gleichzeitig schwerer Schädigung der Mittellinienstrukturen des Thalamus. Tierversuche unterstützen die Vermutung einer wachsenden Zahl von Neurologen, daß es keine ausschließlichen »Stellen« oder »Zonen« gibt, die für das Gedächtnis verantwortlich sind. Beidseitige Entfernung des Hippocampus bei Affen oder Ratten zerstört nur einen Teil ihres Gedächtnisses. Manchmal vergessen die Tiere, wie man gewisse motorische Handlungen stoppt, sie machen damit weiter, obwohl diese längst aufgehört haben, sinnvoll zu sein. Oder die Tiere verlieren ihre Instinkte, wie beispielsweise Futter zu sammeln. Dies verneint nicht die Bedeutung des Hippocampus, sondern deutet vielmehr darauf hin, daß der Hippocampus eine von mehreren Strukturen birgt, die auf verschiedene Weise

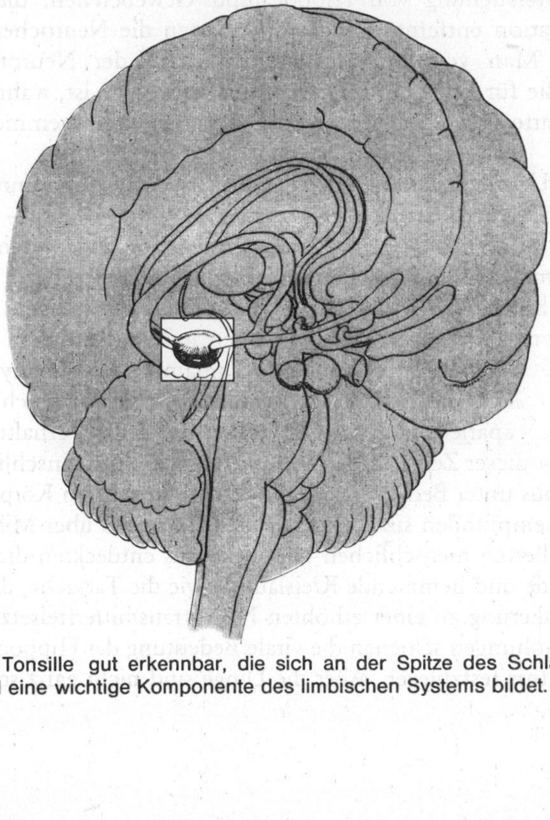

Hier ist die Tonsille gut erkennbar, die sich an der Spitze des Schläfenlappens befindet und eine wichtige Komponente des limbischen Systems bildet.

für das Gedächtnis wichtig sind. Außerdem können auch innerhalb derselben Gehirnzonen verschiedene Gedächtnisfunktionen durch zwei Zonen, die nur wenige Millimeter voneinander getrennt sind, ausgeführt werden.

Nahe beim Hippocampus befindet sich ein Teil des limbischen Systems, das Tonsille genannt wird. Jüngste Forschungen deuten darauf hin, daß der Hippocampus für einfache Erinnerungsvorgänge von Bedeutung sein mag, während das Wiederablaufen geistiger Bilder, wie in Phantasievorstellungen, durch die Tonsille vermittelt werden. Beide hängen von einem stark ineinander verflochtenen Netzwerk sensorischer Verbindungen ab.

Dr. Mortimer Mishkin der sich mit der Erforschung des Erinnerungsvermögens am Nationalen Institut für geistige Gesundheit befaßt, wo er mit seinem Kollegen Leslie Ungerlieder zusammenarbeitet. »Jeder Gedächtnisstimulus hat einen mehr oder weniger indirekten eigenen Weg, durch den er mit zwei Hirnzonen verbunden wird, die wir für besonders bedeutend für das Gedächtnis halten, nämlich Tonsille und Hippocampus«, erklärt Dr. Mishkin. Alle unsere Sinne – Sehen, Hören, Berührung, Geschmack und Geruch – können Erinnerungen hervorrufen, aber sie unterscheiden sich darin, wie diese Erinnerung ausgelöst wird. Wie Proust mit seinem Madeleine-Erlebnis festgestellt hatte, sind Geschmack und Geruch besonders starke Stimuli für Erinnerungsvermögen. Teilweise liegt dies darin, daß die Riechfasern direkt mit dem Hippocampus und der Tonsille verbunden sind, während das Sehen mehrerer Verbindungen bedarf. Eine visuelle Szene, die von den Empfangszellen der Netzhaut aufgenommen wird, durchläuft auf vielen Wegstationen zwischen Netzhaut und visueller Hirnrinde verschiedene Umwandlungen. Es ist beispielsweise nicht möglich, die Netzhautfläche, die von einem menschlichen Gesicht stimuliert wird, mit der hervorgerufenen Emotion in Zusammenhang zu bringen. Es wären viel zu viele Verbindungen erforderlich, und dazu müßte das menschliche Gehirn wahrscheinlich um ein Zehnfaches seines jetzigen Umfangs größer sein. Und dadurch würden wir so kopflastig werden, daß das Gehen für uns unmöglich würde. Statt dessen werden an verschiedenen Wegstationen – in Bereichen, die man als äußeren Kniehöcker, Area striata, Area peristriata, Stirnlappen und schließlich Hippocampus und Tonsille bezeichnet – die Informationen zu einer Hierarchie aufgebaut. Das Endprodukt, das zur Aufbewahrung in die Gedächtniszonen gelangt, ist äußerst abstrakt und es sind viele Synapsen erforderlich, um zum ursprünglichen Stimulus zurückzukommen. Geruch hingegen verbindet sich unmittelbar mit den

Gedächtnisstrukturen, und daher rührt auch sein starker Einfluß auf das Erinnerungsvermögen.

»Wir wissen, daß bei Affen und anderen Primaten und wahrscheinlich auch im Menschen ein hierarchisches Gedächtnismodell vorhanden ist«, sagt Mishkin. »Ferner haben wir Anlaß zu glauben, daß Tonsille und Hippocampus verschiedene Arten von Erinnerungen aufbewahren.«

Die Tonsille ist für Erinnerungen mit einer emotionalen Komponente bedeutsam. Man vermutet, daß, wenn eine Wahrnehmung die Hirnrinde erreicht, diese in der Tonsille gelagert wird, falls sie Emotionen erweckt: Furcht beim Anblick eines Tigers oder, im Falle Proust's, angenehme Gefühle beim Rückdenken an Combray, die Stadt seiner Kindheit. Hat das Bild eine räumliche Bedeutung – zum Beispiel der Stadtplan von Combray –, dann wird die Erinnerung im Hippocampus gelagert. So spielt die Art der Erinnerung eine wichtige Rolle dafür, wie sie in naher Zukunft abgerufen werden kann.

Affen beweisen die Hypothese von Dr. Mishkin. Ihr Gedächtnis erleidet auf zweierlei Weise einen Zusammenbruch, je nachdem, ob die Tonsille oder der Hippocampus nicht mehr funktionieren. Zerstörung des Hippocampus führt beim Affen zum Verlust seiner räumlichen Wahrnehmungsfähigkeit, Zerstörung der Tonsille hingegen zum Verlust des emotionalen Gedächtnisses – das Tier reagiert auf seine Gegner nicht länger mit Furcht.

Zwar wurde aus offensichtlichen ethischen Gründen beim Menschen keine selektive Zerstörung des Hippocampus oder der Tonsille durchgeführt, demnach besteht Anlaß zu glauben, daß auch unsere Erinnerungen in verschiedener Weise aufbewahrt sind. Es ist einfach, sich an Ereignisse aus unserer Kindheit zu erinnern, besonders wenn wir durch ein Familienfotoalbum gelenkt und unterstützt werden, aber es ist sehr viel schwieriger, auch die entsprechenden Emotionen dabei wachzurufen.

Ich besitze ein Foto, das mich als Zwölfjährigen zeigt: Ich hatte gerade mein erstes Fahrrad erhalten. Ich kann mich zwar erinnern, daß dies einer der glücklichsten Tage meiner Kindheit war, aber ich kann die damaligen Gefühle nicht mehr hervorrufen. Dazu wäre vielleicht erforderlich, das Fahrrad noch einmal zu sehen, sich sogar daraufzusetzen oder so viel sensorische Aspekte jenes Augenblicks wie möglich wiederzuerschaffen.

»Aus Gründen, die wir nicht verstehen, sind die mit gewissen Situationen verbundenen Emotionen unserem Gedächtnis oft weit weniger zugänglich als die Bilder, die wir von Ereignissen der Vergangenheit aufbewahrt haben«, erläutert Dr. Mishkin.

Es ist wahrscheinlich, daß die Menschen unterschiedliche Fähigkeiten zur Wiedererfahrung ihrer emotionalen Erinnerungen besitzen. Kreativität, ganz besonders der beschwörende Genius eines Proust, hängen möglicherweise von einer erhöhten Fähigkeit, mit Emotionen und nicht nur mit Bildern Kontakt mit der Vergangenheit aufzunehmen, ab. Die Kehrseite dieser Eigenschaft können jedoch schmerzliche, quälende Erinnerungen sein, die trotz aller Anstrengungen nicht ausgelöscht werden können. Solche Erinnerungen treiben schwer depressive Patienten manchmal zum Selbstmord – dies sind fehlgeleitete Erinnerungen, die ein bösartiges Eigenleben zu führen scheinen.

Auch der Alltag kann intensive Erinnerungen verursachen im Zusammenhang mit emotional aufregenden Ereignissen. Erinnern Sie sich noch, wo Sie sich aufhielten, als Präsident Kennedy erschossen wurde? Die meisten Menschen, die 1963 erwachsen waren, können sich noch heute gut daran erinnern, womit sie gerade beschäftigt waren, als sie zum erstenmal die Nachricht hörten, der amerikanische Präsident sei ermordet. Diese »blitzlichtartigen« Erinnerungen, wie man sie bezeichnet, sind tief in unserem Gedächtnis eingraviert, sie lösen ein plötzliches Aufwallen heftiger Gefühle aus: Schock, Mitleid, Ärger, Unglauben, Wut.

Bedeutet dies, daß »blitzlichtartige« Erinnerungen im Gehirn anders verschlüsselt werden als Erinnerungen an normale Ereignisse? Dies ist mit ziemlicher Sicherheit der Fall. Unsere Erinnerungen an jeden anderen Tag im November 1963 sind weitgehend Mosaiksteinchen: Wir erinnern uns an Bruchteile unseres damaligen Lebens und setzen sie dann zu einem »typischen« Tag zusammen, der nur in unserer Phantasie vorhanden ist. Aber der 22. November ragt deutlich heraus. Manche Menschen können sich sogar noch an die genauen Worte und den Klang der Stimme des Menschen erinnern, der ihm zuerst von der Ermordung berichtete. Hier gibt es offensichtlich ein mächtiges Bindeglied zwischen Emotionen und Erinnerungen. Bringt man die Emotionen zum Verstummen, wird auch die Erinnerung schwächer. Aus diesem Grund ergibt sich die Frage, ob ein ähnliches Ereignis jemals wieder die gleiche heftige Wirkung im Gedächtnis so vieler hervorrufen kann. Die öffentliche Reaktion auf den nächsten schwerwiegenden Mordversuch, das Attentat auf Präsident Reagan, war weit weniger heftig – darin stimmen die meisten Beobachter überein – als die Reaktion auf den Anschlag auf Präsident Kennedy. Man kann nun mutmaßen, daß die unterschiedlichen Reaktionen damit zu begründen sind, daß Präsident Kennedy getötet wurde, Präsident Reagan jedoch nicht. Auch wenn man diesem Argument Rechnung trägt, ist es doch interessant, wieviele Menschen sich noch daran erinnern können, was sie gerade taten, als sie von John Hinckley's Anschlag auf das Leben Ronald Reagan's erfuhren. Wenn sich weniger Menschen an diesen Vorfall erinnern können, kann dies bedeuten, daß unser Erinnerungsvermögen danach unterscheidet, wie sehr wir uns von einem Ereignis betroffen fühlen: Ob wir schockiert sind, uns Sorgen machen, das Leben nur intensiv und unmittelbar erfahren. In jedem Fall ist die Beziehung zwischen Gedächtnis und Emotion sicherlich mehr als nur rein zufällig. Wir können uns am besten an die Ereignisse erinnern, die eine emotionale Wirkung auf uns hatten, es sei denn, diese Ereignisse waren zu aufwühlend.

Viele der Erinnerungen, die Wilder Penfield in seinen epileptischen Patienten wachgerufen hatte, wurden von extrem intensiven emotionalen Ausbrüchen der Patienten begleitet. Obgleich Penfield die Hirnrinde im Bereich der Temporallappen stimulierte, überlegen die Neurologen heute, daß er seine Ergebnisse aufgrund der Stimulationsauswirkungen auf die limbischen Strukturen erzielte. Die Temporallappenrinde weist eine Doppelverbindung mit dem Hippocampus und der Tonsille auf, und es ist wahrscheinlich, daß die Einbeziehung dieser Strukturen eher für die emotionale Komponente des Gedächtnisses verantwortlich ist als die Hirnrinde. Sollte diese Theorie richtig sein, stützt sie die Bedeutung der subkortikalen Zonen des Gehirns, der tief unterhalb der Hirnrinde liegenden Zentren, wo die Erinnerungen gespeichert werden.

»Man muß sich das Gedächtnis mit überaus weit verstreuten Neuronenverbindungen vorstellen, die durch die Erfahrung gebildet werden, und Strukturen, die weit voneinander entfernt sind; sie alle sind für die Bildung von Erinnerungen wichtig«, meint Dr. Mishkin.

Die Untersuchungen, wie sich Schäden ausgewählter Gehirnzonen (Tonsille und Hippocampus) auswirken, veranlassen die Neurologen zu neuen Behandlungsmethoden. Ein Mensch, dem dadurch enorm geholfen werden konnte, ist Lori, eine heute zwanzigjährige Patientin von Dr. Nelson Butters in Boston, einem Spezialisten in der Beurteilung und Behandlung von Gedächtnisstörungen.

Drei Jahre vorher hatte sich Lori eine schwere Form von Enzephalitis zugezogen, die ihre Temporallappen, insbesondere den Hippocampus, stark in Mitleidenschaft gezogen hatten. Nachdem sie sich von der Krankheit erholt hatte, aufgrund der sie einige Wochen im Krankenhaus im Koma gelegen hatte, konnte sich Lori an nichts mehr erinnern. Es gelang ihr nicht, ihre Schulfreunde, nicht einmal ihre eigene Mutter zu erkennen.

Heute schließt Lori intensive Rehabilitierungsbemühungen ab, zu denen Dr. Butters, Sprachtherapeuten, Lori's Eltern und ihre eigenen Freunde beitrugen. Ein großer Teil der Therapie besteht in mühsamen Anstrengungen aller Beteiligten, mit Lori die vergangenen Ereignisse ihres Lebens, die ihrem Gedächtnis entfallen sind, durchzugehen. Sie sitzt stundenlang mit ihrer Mutter über alten Photoalben und läßt sich berichten, wo sie als kleines Mädchen gelebt hatte, ferner die Namen ihrer Freunde, den Namen des Jungen, der sie auf die Schulabschlußfeier ausgeführt hatte.

Während einer Versuchssitzung wandte Dr. Butters einen von ihm entworfenen Test an, den »berühmte-Gesichter-Test«. Er besteht aus einer Reihe von Photographien berühmter Personen, mit Aufnahmen der fünfziger Jahre bis in die achtziger; er testet die Fähigkeiten eines Menschen, sich an Ereignisse und bedeutende Persönlichkeiten der Vergangenheit zu erinnern. Normalerweise sollte ein Mensch ohne Gedächtnisschwierigkeiten in der Lage sein, etwa achtzig Prozent der Gesichter zu identifizieren. Anfangs, als Lori während der ersten Wochen nach ihrer Krankenhausentlassung befragt wurde, konnte sie nur ein einziges Gesicht der siebziger Jahre richtig erkennen. Heute hat sich Lori's Lage erheblich gebessert. Dank der enormen Bemühungen seitens ihrer Therapeuten und ihrer Familie kann Lori sich nun an eine wachsende Anzahl Einzelheiten ihrer Vergangenheit erinnern.

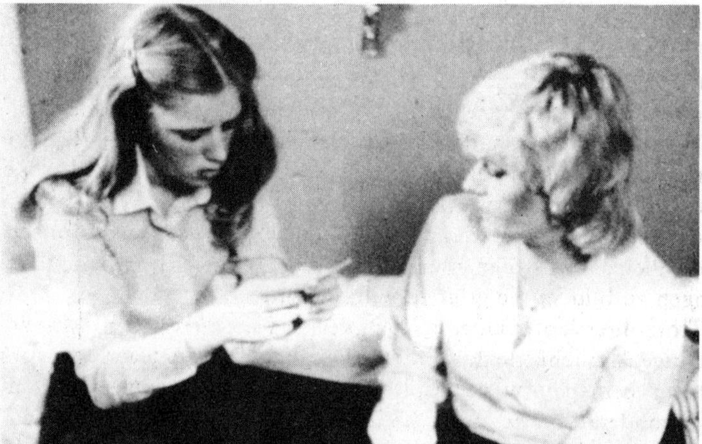

Patienten wie Lori, die hier zusammen mit ihrer Mutter abgebildet ist, helfen den Wissenschaftlern auf ihrer Suche nach speziellen Zonen im Gehirn, die das Gedächtnis und seine Erinnerungen unterstützen.

Dr. Butters ist der Ansicht, daß Lori's ausgezeichnete Fortschritte zwei Ursachen haben. Zum einen war Lori eine junge Frau, als sie sich die Gehirnhautentzündung zuzog. Wäre die Krankheit im Alter von fünfzig Jahren aufgetreten, hätte weniger Hoffnung auf eine wesentliche Besserung bestanden. Zum anderen arbeitete Lori zusammen mit ihren Ärzten und Freunden intensiv daran, ihre Erinnerung wiederzuerlangen. Dr. Butters ist der Ansicht, daß sich ihr Zustand bereits so weit gebessert hat, daß sich ihre Fähigkeit zu lernen und neue Informationen zu behalten innerhalb eines weiteren Jahres fast normalisiert haben wird. Lori's Fähigkeit, sich an die Vergangenheit zu erinnern, verlief jedoch nicht in gleichmäßigen Fortschritten.

Dr. Butters erläutert: »Ich denke, daß wir an Lori zwei sehr interessante Aspekte feststellen können. Einerseits muß man unterscheiden zwischen der Fähigkeit, neue Informationen aufzunehmen, und der Fähigkeit, sich an die Vergangenheit zu erinnern. Früher glaubte man sehr oft, diese beiden Dinge gehörten zusammen: Konnte man die Fähigkeit eines Menschen, neue Informationen aufzunehmen, abschätzen, glaubte man automatisch zu wissen, wie gut oder schlecht seine Erinnerung an die Vergangenheit war – sie bildeten in gewisser Weise die beiden verschiedenen Seiten derselben Medaille. Lori zeigt sehr deutlich, daß es sich um zwei völlig getrennte Eigenschaften handelt; und die eine kann sich sehr viel schneller verbessern als die andere. Dies läßt vermuten, daß sie wahrscheinlich von verschiedenen Teilen des Gehirns vermittelt werden.

Lori's Gedächtnisproblem unterscheidet sich von dem H. M.'s folgendermaßen: Zwar kann sich H. M. an Ereignisse vor seiner Operation erinnern, er ist jedoch unfähig, die gegenwärtigen Erfahrungen in neue Erinnerungen umzuwandeln, aus denen sich seine Identität formen könnte. Lori dagegen lernt über ihre Vergangenheit zur gleichen Zeit, in der sich auch ihr Gehirn erholt und ihre Fähigkeit, neue Erinnerungen zu bilden, steigert. Auch wenn beide Arten von Gedächtnisstörungen eine Persönlichkeit zerstören können, ist doch das Unvermögen, neue Erinnerungen zu bilden, die größere Behinderung.

Trotz ihrer Unterschiedlichkeit weisen Patienten wie H. M. und Lori wichtige Ähnlichkeiten in ihrer Gedächtnisschädigung auf. Ihre Amnesie tritt in bemerkenswerter Isolierung zu anderen Schwierigkeiten auf. Insbesondere Lori zeigt alle üblichen und notwendigen sozialen Fähigkeiten. Sie spricht normal, ist freundlich und besitzt eine normale Intelligenz. Lediglich ihr Gedächtnis ist beeinträchtigt. Auch H. M. bestand die Intelligenztests mit gewöhnlichen Ergebnissen und drückte sich in einer Art aus, die für seine Zuhörer völlig verständlich war. In beiden Fällen jedoch, und insbesondere bei Lori, ist es erforderlich, besondere Tests anzuwenden, um das Ausmaß ihrer Gedächtnisschädigung festzustellen. Die Spezialisten für die Durchführung solcher Tests bilden eine neue Gruppe unter den Psychologen, Neuropsychologen genannt. Sie gebrauchen die Mittel der traditionellen Psychologie – Zeichnungen, Holzstückchen, Bilder von Gesichtern und Gegenständen – aber sie verwenden diese Dinge besonders dazu, Schlüsse zu ziehen, welche Teile des Gehirns bei gewissen Patienten möglicherweise beschädigt sind.

Dr. Neal Cohen ist Neuropsychologe an der Johns Hopkins Universität. Untersuchungen an Patienten mit Gedächtnisstörungen wie Paul* überzeugten ihn, daß wir die Grundlagen des menschlichen Gedächtnisses zu einem höheren Maß noch nicht einmal erkannt, geschweige denn erforscht hatten. Beispielsweise scheinen manche Patienten unfähig, sich an den Namen des Vizepräsidentschaftskandidaten zu erinnern, der sich 1964 zusammen mit Barry Goldwater um die Amtsführung bewarb. Gibt man ihnen einen zusätzlichen Hinweis, daß der Familienname des Kandidaten der gleiche sei wie der Refrain einer weit bekannten Bierwerbung, fangen sie vielleicht zu summen an »es ist Miller-Zeit«, worauf sie dann den richtigen Namen »William Miller« nennen. War in diesem Augenblick die Erinnerung an den Namen »William Miller« intakt und lediglich für den Augenblick unzugänglich? Oder war sie verblaßt wie die Farben eines bunt bedruckten Kleides? Lag das Problem in der Wiedererlangung, dann erleichterte es der Hinweis, die isolierte Information hervorzuholen. Entsprach der Gedächtnisverlust jedoch mehr dem Schmelzen eines Eiswürfels, dann mußte man der Erinnerung ausführlicher nachhelfen, etwa durch erläuternde Hinweise.

Stellen Sie sich einmal die Situation vor, in der Sie am Morgen aufwachen und bemerken, daß Sie vergessen haben, wo Sie am Abend vorher Ihr Auto geparkt haben. Ist die Erinnerung tatsächlich verloren, oder befindet sie sich noch in Ihrem Gedächtnissystem, und Sie können lediglich keinen Zugang dazu erlangen? Vom Verhaltensstandpunkt her ist eine Antwort fast unmöglich.

»Aus neuropsychologischer Sicht gesehen können wir dieselbe Art Fragen stellen. Wir können fragen, ob die Veränderungen der synaptischen Verbindungen, die das Gedächtnis untermauern, noch vorhanden sind, wenn jemand etwas vergessen hat, oder ob sie ihre Kraft, ihre Beziehung zueinander verloren haben. Im letzteren Fall wäre Vergessen gleich-

* Dieser Paul wird im Text nicht weiter erwähnt.

zusetzen mit dem tatsächlichen Verschwinden der erinnerungsbildenden Vorgänge im Gehirn. Im vorhergehenden Fall – dem Fall, wo die erinnerungsbildenden Vorgänge noch vorhanden scheinen, Erinnerungen aber nicht geweckt werden – mögen wir argumentieren, dies sei ein *Verlust der Fähigkeit*, Erinnerungen abzurufen, obwohl sie in Wirklichkeit lebendig und erhalten sind«, meint Dr. Cohen.

Und hier sind sich die Neuropsychologen uneins, welche dieser Erklärungen die richtige ist. Ein Teil ihrer Schwierigkeiten, sich zwischen der Gedächtnis-Wiedererlangungstheorie und der Gedächtnis-Erneuerungstheorie zu entscheiden, beruht auf unserem Unvermögen, zwischen dem, was Neal Cohen als »wissen was« und »wissen daß« nennt, zu unterscheiden.

»Ich glaube, ein anschauliches Beispiel zum Unterschied zwischen ›wissen was‹ und ›wissen daß‹ liefern uns John McEnroe's Tenniskünste«, berichtet Dr. Cohen. »Trotz seiner offensichtlichen Meisterschaft, den Ball übers Netz zu jagen, zweifle ich, daß McEnroe sich erinnern kann, wo er tatsächlich die verschiedenen Einzelheiten dieser Fähigkeit erwarb. Und ich bezweifle, daß er das tatsächliche Wissen über das Tennisspielen in irgendwelchen Details aufzählen kann. Er weiß ganz genau, wie man es macht, ohne aber in der Lage zu sein, Ihnen schildern zu können, wie er das Tennisspiel lernte und was er überhaupt lernte.«

Dr. Cohen vermutet, daß unser Gedächtnisbegriff viel zu eng gefaßt ist. Beim Erwähnen des Worts »Gedächtnis« denken die meisten von uns

Dieses Photo zeigt Dr. Cohen mit Paul bei ihrer Arbeit, Paul's Gedächtnisverlust beizukommen.

an eine Situation, in der sie über ein Ereignis der Vergangenheit befragt werden. Zwar ist ein derartiges Befragen sicherlich ein Test für einen Teilbereich unseres »Gedächtnisses«, aber es beinhaltet offensichtlich viel mehr. Wir haben Erinnerungen an viele Dinge, über die wir nicht sprechen können.

»Das Gedächtnis durchdringt in der Tat alles, was wir tun, was wir sind, unsere Persönlichkeit, wie wir mit anderen Menschen umgehen, wie wir Auto fahren, wie wir einfache motorische und komplizierte intellektuelle Akte ausführen usw. Wir denken dabei nicht an spezielle Erinnerungen, da wir uns nicht genau erinnern, wo wir dieses Wissen erworben haben. Dennoch leitet es unsere Leistung. Es leitet unser Verhalten und durchdringt alles, was wir tun«, stellte Dr. Cohen fest.

Die Untersuchungen von gehirnverletzten Patienten wie Lori und H. M. deuten darauf hin, daß unser Sinn für Identität, unser Ich, von einem normal funktionierenden Gedächtnis abhängen.

Denken Sie sich eine Situation in einem Science Fiction-Film, bei der ein Gehirn eines Menschen in einen anderen Menschen transplantiert wird. Erhält der Empfänger ein neues Gehirn, oder bekommt der Spender einen neuen Körper? Ist das Ich das Gehirn? Oder ist das Ich der Körper? Zu einer Entscheidung gezwungen, würden die meisten Menschen wohl argumentieren, daß das wahre Ich das Gehirn sei und der Körper lediglich Mittler, durch den das Gehirn gewisse Verhaltensweisen hervorbringt. (Es gibt eine Menge Probleme, bei denen zwei Antworten möglich sind, aber darauf werden wir im achten Kapitel zurückkommen. Im Augenblick wollen wir davon ausgehen, daß Gehirn und Verstand sorgfältig voneinander getrennt sind.) Einer der Bereiche des Gehirns, der äußerst wichtig für das Gefühl des eigenen Ichs ist, ist das Gedächtnis. Unsere Erfahrungen, was wir lernten, das Wissen, das wir im Laufe unseres Lebens erwarben – all dies ist auf Dauer in unserem Gehirn verschlüsselt. Beraubt man eine Person der Fähigkeit, ihre Erinnerungen wachzurufen, wie dies mit Lori geschah, hat man einen Teil der Persönlichkeit dieses Menschen zerstört. Unterbricht man die Fähigkeit einer Person, weiterlaufende Erfahrungen im Gedächtnis einzuspeichern, wie bei H. M., ist dies ein noch häßlicherer Anschlag auf die Identität. Auf gewisse Weise spiegelt der Erinnerungsreichtum den Persönlichkeitsreichtum wider. Je mehr Informationen über das Gedächtnis in die Gegenwart eingebracht werden, desto hellsichtiger werden unsere gegenwärtigen Verhaltensweisen und insbesondere unsere Entscheidungen. Denken Sie an die Schwermut, die eine der Begleiterscheinungen starker Amnesie ist.

Dr. Cohen stellte einmal fest: »Patienten mit Gedächtnisproblemen scheinen in der Zeit festgefahren, besonders in dem Zeitabschnitt, zu dem ihre Amnesie einsetzte. Es gibt viele Dinge, die Art, wie sie sich benehmen, wie sie sich kleiden, wie sie aussehen, die genau diesen Zeitabschnitt festhalten. Neue Ereignisse kommen und gehen. Die Patienten nehmen davon wenig Notiz. Was sie sich aneignen, wird nicht auf dieselbe Weise hinzugefügt, in der die meisten Menschen neues Wissen verarbeiten. Kurz gesagt führen sie ein sehr eingeengtes, beschränktes Leben. Sie neigen dazu, für sich zu sein, da Freundschaften schließen so schwierig ist. Sie wissen nicht, was sie sagen sollen. Sie können nicht erzählen, was sie vor kurzem unternahmen. Sie können sich nicht erinnern, was Freunde mit ihnen vor kurzem unternommen hatten. Wie man als Außenstehender feststellen kann, scheinen Patienten mit Gedächtnisschwierigkeiten ausschließlich in der Gegenwart zu leben. Sie erinnern sich nicht an das letzte Mal, als Sie ihnen begegneten. Deshalb neigen sie dazu, andere Menschen zu meiden. Sie neigen dazu, keine Bücher zu lesen oder nicht fernzusehen, da es für sie sehr schwierig ist, den Sinn zu erkennen. Es fällt ihnen schwer, ihre eigene Geschichte zu verfolgen, vieles in ihrem Leben bleibt unerledigt.«

Die neurobiologische Erforschung des menschlichen Gedächtnisses warf Licht auf Aspekte unseres geistigen Lebens, die bis vor kurzem ausschließlich Fachgebiet von Psychiatern waren. So wurde zum Beispiel die Schwierigkeit, Erinnerungen aus frühester Kindheit hervorzuholen, traditionell mit »Verdrängung« erklärt. Entsprechend dieser Theorie wurden schwierige, negative oder traumatische Ereignisse unterdrückt, um schmerzliche Erfahrungen der Vergangenheit in der Gegenwart nicht wieder durchzuleben. Aber nun deuten Untersuchungen der Amnesie eine neue Möglichkeit an: Es ist wahrscheinlich, daß in unserer frühesten Kindheit jene Teile unseres Gehirns noch nicht entwickelt waren, die für die Aufzeichnung von Erinnerungen erforderlich sind. Zum Beweis verweise ich Sie auf Aleksandr Luria's Patienten S, der Erinnerungen an seine Säuglingszeit und Kindheit sein ganzes Leben lang behielt. Psychoanalytiker könnten S' früheste Erinnerungen mit großem Gewinn studieren. Lassen Sie mich nur eine wiedergeben:

»Ich hatte folgendes Empfinden für meine Mutter: Bis zum Zeitpunkt, als ich begann, sie zu erkennen, war es einfach ein Gefühl »das ist gut«. Keine Form, kein Gesicht, nur etwas, das sich über mich beugte, von dem Gutes kommen würde . . . Erfreuliches. Meine Mutter zu sehen, war wie etwas durch die Linse einer Kamera zu betrachten. Zuerst kann man nichts erkennen, nur einen runden, dunklen Fleck . . . dann erscheint ein Gesicht, schließlich werden die Konturen schärfer . . .«

Sind diese Erinnerungen »Bestandteile« vieler verschiedener Erfahrungen mit seiner Mutter? Oder aber erinnert sich S wirklich an einen ganz bestimmten Tag und an seine Gefühle gegenüber seiner Mutter? Die einzige Möglichkeit, dies mit Sicherheit zu entscheiden, wäre herauszufinden, wie Erinnerungen im menschlichen Gehirn gespeichert sind. Zum jetzigen Zeitpunkt ist eine vollständige Erklärung unmöglich. In der Zwischenzeit jedoch wird die Suche nach der molekularen Grundlage für das Lang- und Kurzzeitgedächtnis festgesetzt.

Eine vielversprechende Spur ist *Tubulin,* ein Bestandteil der Zellmembranen, insbesondere der synaptischen Membranen. Tubulin ist im Gehirn in einem sich wiederholenden Muster langer fädchenartiger Polymere, die als Mikrotubuli bekannt sind, angeordnet. Während des Stadiums des Gehirnwachstums sammelt sich Tubulin zur Bildung von Mikrotubuli an, die Nährstoffe in Neuronenzonen weiterleiten, wo sie zur Wachstumsförderung oder Erhaltung von Zellprozessen verwendet werden. Es ist möglich, dieses regelmäßige Tubulinmuster zu unterbrechen, wobei man die Mikrotubuli abschneidet und den Materialfluß stört. Dies verhindert das Wachstum der Neuronen und trennt eine Nervenzelle von der anderen. Neurologen der Universität Manchester vertreten die Ansicht, daß diese Prozesse auch das Gedächtnis stören können.

Zum Beweis dieser Hypothese lehrten sie Goldfische, zwischen einer gelben und einer blauen Scheibe am jeweils entgegengesetzten Ende des Fischbeckens zu unterscheiden. Um einen Elektroschock zu vermeiden, lernten die Fische bald, auf die gelbe Scheibe statt auf die blaue zuzuschwimmen. Nach einer anfänglichen Trainingsperiode wurde eine neutrale Salzlösung in die Öffnung direkt über dem Gehirn der Fische eingebracht. Dies wurde durchgeführt, sobald die Fische gelernt hatten, zwischen gelb und blau zu unterscheiden. Ein erneuter Versuch zwei Tage später zeigte, daß die Fische immer noch fähig waren, die Farben zu unterscheiden, was bewies, daß die Fische das Erlernte erfolgreich vom Kurzzeit- ins Langzeitgedächtnis übertragen hatten. Als man jedoch unmittelbar nach der Trainingszeit Kolchizin, ein Medikament zur Unterbrechung von Tubulin injizierte, waren die Fische, als man sie zwei Tage später testete, nicht mehr in der Lage, die Farbunterscheidung vorzunehmen. Das Medikament beeinträchtigte nicht die Fähigkeit des Fisches, die Aufgabe zu erlernen, sondern die Fähigkeit, bei späteren Tests sich daran zu erinnern.

Wurde Kolchizin etwa eine Stunde nach dem Trainingszeitraum verabreicht, behielten die Fische ihre Farbunterscheidungsfähigkeit bei, wenn man sie einige Tage später prüfte. Vermutlich hatte zum Zeitpunkt der Kolchizinverabreichung der Umwandlungsprozeß vom kurzfristigen zum langfristigen Gedächtnis bereits stattgefunden oder er lief gerade ab. Wurde Kolchizin jedoch etwa eine Stunde vor dem Training verabreicht, lernten die Fische zwar ihre Unterscheidungsaufgabe, aber sie verloren über die darauffolgenden zwei Tage ihre Erinnerungen daran.

Diese Experimente deuten darauf hin, daß Kolchizin die Umwandlung einer neu erworbenen in eine langfristige (sehr wahrscheinlich eine stabile Molekularzusammensetzung) verhindern kann. Auch wenn die genauen Einzelheiten nicht klar sind, scheint die Feststellung gerechtfertigt, daß zumindest beim Versuchsmodell Mikrotubuli für die Vermittlung einiger Wachstums- und Strukturveränderungen zur Errichtung einer langfristigen Erinnerung von Bedeutung sind. Die Zeitfolgen dabei sind besonders interessant. Aus Beobachtungen von Patienten mit Kopfverletzungen weiß man, daß ein kritischer Zeitraum für die Umschaltung vom Kurzzeit- auf das Langzeitgedächtnis erforderlich ist. Eine durch einen Schlag verursachte Erschütterung des Kopfes löscht unmittelbar vorangegangene Ereignisse im Gedächtnis aus. Diese Ergebnisse stimmen mit der Ansicht überein, daß das Gedächtnis Veränderungen der Neuronenverbindungen bewirkt. Stimmt diese Theorie, dann beinhaltet sie auch einen Umkehrschluß: Medikamente mit der Eigenschaft, Schlüsselmolekülkomponenten zu stabilisieren, können zu einer Verbesserung des Erinnerungsvermögens führen. Bei den Goldfischen bewahrheitete sich dies. Schweres Wasser, Deuteriumoxid, ein Stabilisator für Mikrotubuli, erleichtert Fischen das Lernen, indem es das Wachstum der Nervenprozesse in isoliertem Nervengewebe beschleunigt. Man vermutet, daß dies über die Stabilisierung der Mikrotubuli und die Verbesserung des Materialflusses entlang der Nervenzellprozesse geschieht. Deuten alle diese Untersuchungen darauf hin, daß das Gedächtnis und seine Störungen auf der Basis von Tubulin zu verstehen sind? Überhaupt nicht. Änderungen einer Komponente im Gehirn rufen oft Änderungen andernorts, sogenannte Epiphenomena, hervor. Dadurch wird es schwierig, die Hauptursache von ihren Folgen zu unterscheiden, da eine Störung der Membrandurchlässigkeit Änderungen in den Konzentrationen von Schlüsselionen oder Neurotransmittern bewirken kann. Das Flüssigkeits- und Elektrolytgleichgewicht kann zu einem neuen, instabilen Aufbau übergehen. Unter solchen Umständen mag der übereifrige Forscher seine Gedächtnistheorie auf das Funktionieren eines speziellen Neurotransmitters stützen und dabei völlig die Möglichkeit übersehen, daß er ja eigentlich die Folge und nicht die Ursache studiert.

Hinzu kommt, daß in einem dynamischen System zahlreiche Komponenten sich gegenseitig beeinflussen entsprechend ihrer verschiedenen Komplexitäts- und Aufbaustufen. Eine Erhöhung eines bestimmten Neuropeptids wie etwa das Hormon Vasopressin kann zu einer Stauung von Wasser im Körper führen und dies wiederum zu einer Verdünnung gewisser Ionen im Blut. Hypokaliämie (Kaliumspiegelverminderung) und Hyponatriämie (Natriumspiegelverminderung) sind wegen ihrer Eigenschaft bekannt, Neuralverhaltensveränderungen (Verwirrung, Desorientierung, psychoseähnliche Zustände) hervorzurufen. In diesem hypothetischen Fall ist der Schuldige jedoch nicht das Ionenungleichgewicht selbst, sondern eher eine Störung der Vasopressinausschüttung. Kurz, man muß äußerst vorsichtig sein beim Akzeptieren zu vereinfachter Erklärungen komplexer Gehirnprozesse. Mit Ausnahme von Infektionskrankheiten (Bakterien, Viren usw.) ist selten eine Kraft allein die einzige Erklärung, warum Dinge schief laufen. Will man jedoch normale Funktionen im Gegensatz zu pathologischen erklären, wird die Lage noch schwieriger.

Auch wenn man zugesteht, daß ein gestörtes Gedächtnis seine Ursache in einem speziellen Ungleichgewicht oder einer Fehlfunktion im Gehirn hat, liefert dies noch lange keine Erklärung dafür, wie ein normales Gedächtnis arbeitet. Diese Überlegungen werden wichtig, will man Methoden zur Verbesserung unseres Gedächtnisses durch Anwendung chemischer Stoffe vorschlagen. So stellten mehrere Forscher fest, daß das Gedächtnis sowohl bei Versuchstieren wie auch bei Menschen durch Verabreichung des Neuropeptids Vasopressin gesteigert werden kann. Diese Substanz wird im Hypothalamus hergestellt und über die Axone der Nervenzellen transportiert, bis sie endlich am Nervenende innerhalb der Hypophyse abgelagert wird. Eine Aktivierung führt zu einer Freisetzung des Neuropeptids in den allgemeinen Kreislauf, wo es eventuell in den Nieren wirkt und Körperwasser staut.

In den letzten zehn Jahren bestätigten Neurologen verschiedener Länder und voneinander unabhängig, daß Vasopressin das Gedächtnis und das Lernvermögen fördern.

In einer Versuchsanordnung lehrte man Ratten, das Betreten einer dunklen Schachtel zu vermeiden, indem man ihnen elektrische Stromstöße versetzte. Der Effekt, die schwarze Schachtel zu vermeiden, hielt nach dem Training viel länger an, wenn man ihnen eine Vasopressinspritze gab. Dr. Floyd Bloom vom Salk Institut wandelte zusammen mit anderen Neurologen 1978 das Verfahren ab und stellte fest, daß eine Vasopressininjektion direkt in die Hirnkammern zu einer Verdoppelung des Merkzeitraums führte, bevor die Ratten das Gelernte wieder »vergaßen«.

Dr. Philip Gold, Psychiater am Nationalen Institut für geistige Gesundheit, entdeckte Störungen des Vasopressinspiegels in der Rückenmarksflüssigkeit von Patienten mit schweren Depressionen. Dieser gestörte Vasopressinspiegel wird von einer Änderung des Neuropeptids Oxytocin, das ebenfalls im hinteren Hypothalamus erzeugt und in die Hirnanhangdrüse geleite wird, begleitet. Könnte es möglich sein, überlegte Dr. Gold, daß Vasopressin und Oxytocin die beiden Seiten der Gedächtnismedaille sind? Daß Vasopressin die Gedächtnisleistung fördert und Oxytocin sie hemmt? Zwar ist eine definitive Antwort in diesem frühen Stadium der Untersuchungen noch nicht möglich, aber verschiedene Versuchsergebnisse deuten auf die entgegengesetzten Wirkungen von Vasopressin und Oxytocin auf das Gedächtnis hin. Dr. Gold's depressive Patienten verbesserten ihre Gedächtnisleistung nach Inhalieren von Vasopressin (auch Personen mit normalen Stimmungen verbesserten ihre Leistungen). Und manische Patienten neigten zu höheren natürlichen Vasopressin- und niedrigeren Oxytocinspiegeln. Ist dies die Ursache dafür, daß manische Menschen von zu vielen Erinnerungen überfallen werden, die sie oft widerspruchsvoll und desorganisiert werden lassen? In diesem Fall ist der Beweis für die gedächtnisfördernde Eigenschaft von Vasopressin überzeugend genug, so daß große pharmazeutische Firmen heute intensiv an der Entwicklung von Gedächtnispillen forschen. Aber wofür sollen diese Medikamente eingesetzt werden? Werden sie eine Art chemisches Surfboard sein, mit denen wenig motivierte oder faule Studenten auf den Wellenkämmen reiten, statt sich in die tiefen Fluten der Akademia zu stürzen? Und stellen Sie sich vor, diese »Gedächtnispillen« würden es uns ermöglichen, längst verloren geglaubte Kindheitserinnerungen wieder hervorzuholen! Würde dies eine Wohltat sein? Nicht jedermanns Kindheit war rosig, und viele Menschen werden zweifelsohne sagen »danke, nein danke« zum Angebot, sich an Szenen voller Armut, gefühlsmäßiger Gleichgültigkeit und vielleicht sogar Mißbrauch zu erinnern.

Für die geistige Gesundheit ist Vergessen oft ebenso wichtig wie Erinnerung. »Es gibt so etwas wie ein zu gutes Gedächtnis«, warnt der Psychiater Frederick K. Goodwin, Forschungsdirektor am Nationalen Institut für geistige Gesundheit. Gemeinsam mit anderen mutmaßt Dr. Goodwin, daß gewisse Ängste und Phobien wie auch Besessenheit und Sorgen

Beispiele von überstarkem Erinnerungsvermögen sind, das einen fast dämonischen Einfluß auf unser Leben ausübt. Das Tagebuch des Gedächtniskünstlers S stellt eine Aufzeichnung der Seelenqual dar, die sich ergeben kann, wenn ein Mensch nicht mehr vergessen kann. In einem Tagebucheintrag vom Dezember 1935 spricht S von »allzu vielen Konflikten«, die durch seine Gedächtniskräfte geschaffen wurden.

»Es fällt mir schwer zu lesen. Alles in mir verlangsamt sich, meine Aufmerksamkeit ist abgelenkt, und ich kann die wichtigen Ideen in einem Kapitel nicht erfassen. Auch wenn ich von Gegebenheiten lese, die mir völlig neu sind, wenn zum Beispiel eine Treppe beschrieben wird, dann verwandelt sie sich für mich in die Stiege eines Hauses, in dem ich einst lebte, und ich beginne, sie zu erklimmen und versäume das wesentliche meiner Lektüre. Was geschieht, ist, daß ich einfach nicht lesen kann, nicht studieren kann, da ich eine enorme Menge meiner Zeit dafür verwenden muß.«

1950 veröffentlichte der Psychologe Karl Lashley einen Text mit dem Titel »Auf der Suche nach der Gedächtnisspur«. Darin beschrieb er die Ergebnisse seiner Forschungstätigkeit, die ihn fast sein ganzes Berufsleben beschäftigt hatten. Er folgerte, daß Lernen und Gedächtnis nicht irgendeiner Struktur im Gehirn zugeschrieben werden konnten, sondern daß sie über das ganze Gehirn verstreut seien. Lashley's Schlußfolgerungen sind ein klares Ja für die Ansicht, daß die Untersuchung des Neuronenaufbaus nicht zur Beantwortung der Frage führen wird, wo und wie das Gedächtnis im Gehirn gelagert ist. Lashley ging sogar so weit, mit halbem Ernst zu behaupten, daß er nach einem Leben, das dem Studium von Gedächtnis und Lernen gewidmet war, allmählich beginne, an der Existenz dieser Prozesse zu zweifeln. Zu dieser Zeit besaß Lashley's Arbeit starken Einfluß auf Neurologen, von denen viele Lashley's Schlußfolgerungen als das letzte Wort zu diesem Thema betrachteten.

Etwa zur gleichen Zeit, zu der Lashley Einschnitte in die Gehirne von Ratten vornahm und die Auswirkung auf das Verhalten dieser Tiere prüfte, schlug einer seiner Studenten, Donald Hebb, vor, daß Lernen und Gedächtnis Veränderungen der Neuronenkreisläufe beinhalten mußten, wirkliche physische Veränderungen, die mit geeigneter Technik nachweisbar sein sollten. Hebb deutete in seinem Buch »Der Aufbau des Verhaltens« an, daß jede psychologische Funktion wie die Erinnerung oder das Lernen von den Aktivitäten in einer Zellansammlung, in der die Zellen zu besonderen Kreisläufen zusammengeschlossen sind, herrühren müßte. Er vermutete, daß, agiert eine Zelle, ihre synaptischen Verbindungen innerhalb der Kreisläufe modifiziert worden seien. Diese Änderung kann beispielsweise eine relativ kurzzeitige Erhöhung der Erregbarkeit (nützlich für das Kurzzeitgedächtnis) sein, sie kann auch eine Art länger anhaltender struktureller Abwandlung der Synapsen (nützlich für das Langzeitgedächtnis) beinhalten. Hebb's Theorie, daß lokale Kreisläufe und Zellansammlungen die Grundlage des Verhaltens seien, bildete den theoretischen Rahmen für neurobiologische Forschungstätigkeit. Wie sollte man diese Kreisläufe definieren? Welche Arten synaptischer Veränderungen werden hervorgerufen, wenn Erinnerungen festgehalten sind? Wo befinden sich diese Kreisläufe und Zellsansammlungen? Diese Frage beschäftigt Neurologen in den drei Jahrzehnten seit Erscheinen von Hebb's prophetischer Schrift.

Donald Hebb lebt in einem 100 Jahre alten Haus in einer ländlichen Gegend etwa fünfzig Meilen außerhalb von Halifax, Nova Scotia, in Kanada. Er ist einer der fortschrittlichsten Theoretiker zum Thema des menschlichen Gehirns und forscht noch heute, im Alter von 79 Jahren, aktiv nach einer Erklärung für das menschliche Gedächtnis. An einem wunderschönen Frühlingsnachmittag ließ er für eine gewisse Zeit von seiner Schreibtätigkeit ab, um über seine Vorstellungen der »Zellansammlung« zu sprechen.

»Ich habe viel Zeit damit verbracht zu überlegen, wie das Gehirn wohl funktioniert. Alle Theorien, die ich kannte, stellten das Gehirn als völlig kontrolliert von den Dingen dar, die um es herum geschahen, als unbeeinflußt von den sensorischen Ereignissen, denen es ausgesetzt war. Etwa 1945 kam mir der Gedanke, daß das Gehirn unabhängig von den Botschaften, die es von der Außenwelt empfängt, funktionieren könnte. So schuf ich die Idee, daß die Gehirnaktivität eigentlich die Aktivität einer Anzahl getrennter Systeme sei, die ich Zellansammlungen nenne. Dank dieser Zellansammlungen kann die Aktivität im Gehirn ohne jede äußere Stimulierung weiterlaufen. Wenn ich beispielsweise völlig ruhig sitze, so wie jetzt in meinem Lehnsessel, ohne Geräusche zu hören und ohne visuelle Stimulationen – vielleicht sogar mit geschlossenen Augen –, dann ist mein Gehirn möglicherweise immer noch äußerst aktiv, auch wenn keine Botschaften von außen eindringen. In diesem Fall wird das Gehirn nicht durch die Außenwelt programmiert, sondern es programmiert sich selbst. Dies ist möglich, da die Gehirnaktivität aus den Aktivitäten von Zellansammlungen besteht – kleine Zellgruppen, die sich gegenseitig beeinflussen.«

Nach Hebb arbeiten die Zellansammlungen zusammen, so daß »eine Zellansammlung A eine zweite Zellansammlung B erregt, die wiederum eine andere, C, erregt«. Erfahrungen werden aus der Kombination von

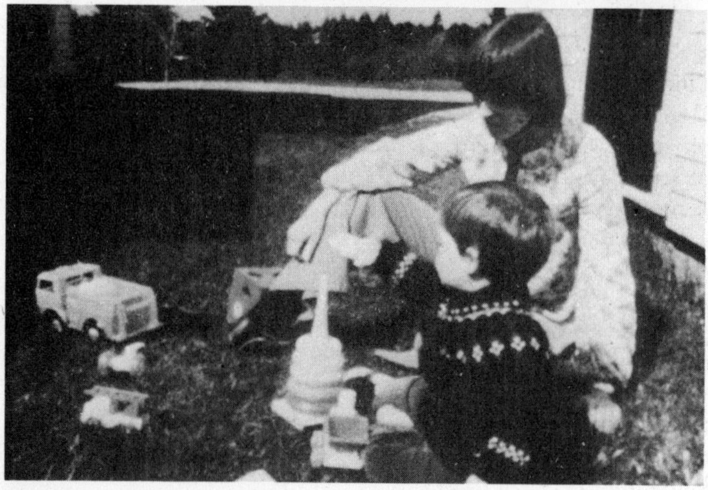

Dr. Doland Hebb; darunter sein Enkel Matthew im Spiel mit seiner Mutter.

Zellansammlungen gebildet. Der Anblick eines Gegenstandes mag eine Gruppe von Zellansammlungen ansprechen, wobei der Name des Gegenstandes eine gesonderte Gruppe betrifft. »Die Entwicklung eines Kindes in einem Stadium vor dem Sprechenlernen besteht in der Entwicklung von Zellen zum Hören, Sehen, Riechen, Schmecken und für Körperkontakt. Jede Zellgruppe entspricht einer besonderen Art Erfahrung, die das

Kind machen kann. Und der Verlauf der Entwicklung des Kindes während der ersten Jahre wird im Aufbau verschiedener Systeme im Gehirn bestehen; Gruppen von Gehirnzellen, die zusammen agieren werden und gegenseitig ihre Aktivitäten verstärken werden.«

Hebb glaubt an das Vorhandensein von Abertausenden von Zellansammlungen, deren Wirksamkeit mit dem normalen Alterungsprozeß nachläßt. Vergessen ist das direkte Ergebnis mangelnder Kommunikation zwischen den Nervenzellenansammlungen. Hebb's Theorie der Zellgruppierungen schafft einen wertvollen Kompromiß zwischen denen, die daran festhalten, daß das Gedächtnis lokalisierbar sein muß, und den Neurologen, die glauben, das Gedächtnis erstrecke sich über das ganze Gehirn. Im Augenblick ist die Theorie unparteiisch. Zellansammlungen können aus benachbarten, dicht aufgebauten Zellen bestehen; genauso gut können die Zellen, die solche Zusammenschlüsse bilden, sich an mehreren Stellen im Gehirn befinden.

Die Zellgruppentheorie ist auch vereinbar mit den verschiedenen Möglichkeiten für einen Gedächtniszusammenbruch. Beispielsweise fällt uns gelegentlich die Bezeichnung eines Gegenstands nicht ein, obwohl wir ihn erkennen und seine Verwendung erklären können. Vermutlich sind die für die Bezeichnung des Gegenstands verantwortlichen Zellen vorübergehend isoliert. Bei der Dementia kann diese Abtrennung permanent sein. Kreativität als anderes Extrem kann darin bestehen, daß Zellansammlungen einzigartig zusammenspielen. Hebb glaubt, jeder besitze das Potential zur Kreativität – er muß geradezu kreativ sein.

»Jeder normale Mensch ist jederzeit kreativ, wenn er neue Möglichkeiten, Brot zu backen, das Frühstück zu servieren oder den Garten zu bepflanzen, ausdenkt. Kreativität ist nicht etwas, das nur im Gehirn herausragender Persönlichkeiten stattfindet. Sie ist ein normaler Aspekt in der Funktion des menschlichen Gehirns.«

Am Tag unseres Besuchs bastelte Hebb ein Boot für seinen zwei Jahre alten Enkel Matthew. Bei dieser Gelegenheit fragten wir ihn, welche Zellansammlungen sich wohl in Matthews jungem Gehirn gerade bilden würden.

»Matthews Erfahrungen mit Booten sind so gering, daß er im derzeitigen Lebensstadium sicher noch keine Zellansammlung gebildet hat, die der Idee oder der Erfahrung, ein Boot zu sehen, entspricht. In vielleicht drei Jahren wird er sehr wohl eine Vorstellung von einem Boot entwickelt haben – das heißt, er wird eine oder mehrere Zellgruppen haben, die den verschiedenen Erfahrungen mit einem Boot, Seitenansicht, Vorderansicht, unter Segeln, auf dem Wasser usw., entsprechen. Zum gegenwärtigen Zeitpunkt bezweifle ich wirklich sehr, ob sich eine Zellansammlungsaktivität entwickelt hat. Im Augenblick sieht er statt einem Boot, das langsam Gestalt annimmt, nur mich, wie ich mit der Axt auf ein Stückchen Holz einschlage.«

Am Vormittag hatte Hebb Matthew ein Spielzeugruderboot geschenkt, um damit in seiner Badewanne zu spielen. Konnte dies Matthews zwei Jahre altes Gehirn nicht auf die Möglichkeit hinweisen, daß das durch die Axt bearbeitete Stück Holz später ein Boot werden würde?

»Ich glaube, daß dies in nicht allzu langer Zeit die Grundlage für die Vorstellung eines Bootes bilden könnte. Es ist möglich, daß dank der Erfahrung mit dem Spielzeugruderboot das Wort ›Boot‹ für ihn in ein paar Wochen viel mehr bedeuten wird als jetzt.«

Nach Hebb's Ansicht wird Matthews Gehirn in den nächsten zwei oder drei Jahren Zellgruppen aufbauen, die dem Ton von Worten entsprechen, und andere Zellgruppen, die die Gegenstände bezeichnen, auf die diese Wörter angewandt werden. Zur gleichen Zeit werden sich andere Zellgruppen entwickeln, die sich auf die Erzeugung von Wörtern zur Benennung dieser Gegenstände konzentrieren. Irgendwann einmal wird ein reicher Myriadenteppich daraus entstehen, der sich aus all den verschiedenen Sinnes- und Denkaspekten von Booten und dem Fahren in einem Boot zusammensetzt. Es ist möglich, daß die Entwicklung des Gehirns darin besteht, wie viele spezielle Zellgruppierungen entstehen.

Als Hebb's neuartige Theorie 1949 zum erstenmal in »Der Aufbau des Verhaltens« veröffentlicht wurde, gab es wenige Beweise für das Vorhandensein von solchen Zellgruppierungen. Die Theorie war interessant und stimmte mit den Beobachtungen über das normale Lernen und Vergessen überein. In den darauffolgenden drei Jahrzehnten jedoch wurde Hebb's Zellansammlungstheorie in neurobiologische Terminologie übersetzt.

Das menschliche Gehirn leistet den Untersuchungen der Neurologen, die sich bemühen, das Gedächtnis unter mehreren Gesichtspunkten zu verstehen, Widerstand. Wie wir bereits dargelegt hatten, schließt die bloße Anzahl der beteiligten Neuronen aus, die Neuronenimpulse, die den einfachsten Stimulus begleiten, aufzuspüren. Allein aus diesem Grund waren die Neurologen lange Zeit fasziniert von den Organismen mit einem einfachen Nervensystem. Einige dieser Organismen, der Flußkrebs, der Blutegel, die Grille und die Heuschrecke, besitzen nur zwischen zehn- und hunderttausend Gehirnzellen verglichen mit den Milliarden Neuronen im menschlichen Gehirn. Ferner sind diese Zellen in Gruppen, den sogenannten Ganglien, zusammengefaßt, wovon jede nicht mehr als 500 bis 2000 einzelne Nervenzellen beinhalten kann. Wichtiger jedoch als die dabei beteiligte Anzahl ist die Unveränderlichkeit der Lage, die die Neuronen aufweisen. Die Ganglien des primitiven Ascariswurms beispielsweise beinhalten genau 162 Zellen. Das bedeutet, daß ein Neurologe in Sydney, Australien, einen Ascariswurm aufschneiden und genau denselben Aufbau und dieselbe Anzahl Ganglien vorfinden kann wie ein Neurologe in Cambridge, Massachusetts, der einen Ascaris seziert. Solche Ähnlichkeiten des Gehirnaufbaus findet man beim Menschen nicht, nicht einmal bei eineiigen Zwillingen.

Diese Beständigkeit der Zellenanzahl unter wirbellosen Tieren wirft zwei Fragen auf: Nimmt jede Nervenzelle immer die gleichen Verbindungen in verschiedenen Organismen derselben Art auf? Und, wenn der anatomische Aufbau der gleiche ist, weisen die Zellen ähnliche funktionelle Merkmale auf, das heißt, erregen oder hemmen sie ihre benachbarten Zellen? Die Antwort auf beide Fragen ist ein deutliches Ja. Nicht nur ist die anatomische Anordnung ähnlich, sondern die Nervenzellen in zwei Organismen derselben Art üben identische Wirkung auf ihre Zielzellen aus. Es ist also ein hoher Grad an Übereinstimmung innerhalb des Gehirns einfacher wirbelloser Tiere vorhanden, eine Übereinstimmung, die darauf hinweist, daß Descartes mit seiner Vermutung recht hatte, daß Tiere im Gegensatz zum Menschen wie ein Uhrwerk funktionieren. Aber es gibt einen offensichtlichen Unterschied zwischen dem Funktionieren eines Uhrwerks, das, ist es einmal aufgezogen, immer auf die gleiche Weise läuft, egal wie die Bedingungen sind (Nacht – Tag, Winter – Sommer), und dem eines Organismus, auch wenn er noch so einfach ist und sich am Ende einer evolutionären Entwicklung befindet.

Der lebende Organismus muß sich den Veränderungen seiner Umwelt anpassen. Das Ausmaß, in dem er dies erfolgreich durchführen kann, bestimmt den Platz des Organismus auf der Evolutionsskala. Daher sollte die Feststellung der Homogenität im Nervensystem von wirbellosen Tieren nicht überraschen: Die relative »Starrheit« ihres Neuronenaufbaus wird von den Beschränkungen ihres Verhaltensrepertoires widergespiegelt. Flußkrebse sprechen nicht. Sie wählen nicht. Und soweit man dies feststellen kann, fragen sie nicht nach Sinn und Zweck ihres Daseins oder erleiden eine Identitätskrise. In der Tat konzentriert man sich nur auf Dinge, die wirbellose Tiere nicht tun können (in anderen Worten, Dinge, die wir tun und diese nicht können), scheinen sie uns wenig Hilfe bieten zu können beim Verständnis unseres eigenen Gehirns. Aber wenn wir unseren Chauvinismus überwinden, zeigen sich uns sofort einige Ähnlichkeiten.

Eine erfolgreiche Anpassung an die Umwelt erfordert, daß der Organismus Lernfähigkeit besitzt. Entsprechend sollten die Kennzeichen des Lernens (Änderung des Verhaltens als Antwort auf die Erfahrung) und des Gedächtnisses (die Fähigkeit, Wissen zu lagern, abzurufen und entsprechend zu handeln) allen Neuronensystemen gemeinsam sein, angefangen vom Erdwurm bis zum Rhodes-Studenten. Wichtig dabei ist natürlich, ob die Nervensysteme von Erdwürmern und Rhodes-Studenten das Lernen und Erinnern auf eine Weise vornehmen, die so ähnlich ist, daß Neurologen auf Wechselbeziehungen schließen können.

In den letzten zwei Jahrzehnten untersuchten Dr. Eric R. Kandel und seine Kollegen am Columbia University College für Ärzte und Chirurgen in New York das Nervensystem der Seeschnecke Aplysia. Dr. Kandel, ein Psychiater und Neurobiologe, interessierte sich besonders für die Lernfähigkeit dieses primitiven und – im Vergleich zum Menschen – biologisch einfachen Organismus. Um die Lern- und Gedächtnisfähigkeiten der Aplysia zu erforschen, konzentrierte sich Dr. Kandel auf die Fähigkeit des Organismus, sich gegen unerwartete Eindringlinge durch Zurückziehen in das schützende Haus zu wehren. In »entspanntem« Zustand stülpt die Aplysia die Kieme aus der Atmungskammer, der Mantelhöhlung, nach außen. Der Kiemenrückziehreflex wird jedesmal dann angeregt, wenn ein Teil des Mantelschilds (ein Sauger) stimuliert wird. Dies ist ein Schutzreflex und unterscheidet sich in seinem Zweck durch nichts von einem Zucken des Augenlids wegen eines Staubkorns.

Durch wiederholte Stimulierung entdeckte Dr. Kandel, daß die Aplysia aus Erfahrung lernt und nach einer Weile wiederholtes Stimulieren sogar ignorieren kann. Nachdem man mehrere Male harmlose Wassergüsse auf ihren Sauger schüttete, verringerte sich die Reflexreaktion des Tieres auf ein Drittel des normalen Werts. Neurochemisch gesehen entspricht dies einer Verringerung der Anzahl chemischer Päckchen, Quanta, die von einer Neuronengruppe auf ihre Zielzellen losgelassen werden. Dieser Vorgang ist als Gewöhnungseffekt bekannt: die Fähigkeit, wiederholte Stimuli, die weder lohnend noch verletzend sind, unbeachtet zu lassen. So kann die Aplysia lernen, gewisse Veränderungen in ihrer Umwelt zu ignorieren, bei denen die Erfahrung zeigte, daß sie ohne Folgen sind. Sie kann sie jedoch wieder geltend machen, falls der Stimulus sich ändert. Konfrontiert man eine andere Zone des Saugers beispielsweise mit einem schädlichen Stimulus, wird der Organismus sensibilisiert, und der abwehrende Rückziehreflex ist in all seiner Ursprungskraft wieder vorhanden.

Untersuchungen an der Aplysia ergaben, daß Schlußfolgerungen zum allgemeinen Verständnis von Struktur und Funktion tatsächlich Irrtümer allererster Ordnung waren. Die Untersuchungsergebnisse, daß die Nervenzellen der Aplysia auf exakte und unveränderliche Art angeordnet sind, würden darauf hinweisen, daß auch ihre Reaktionen unveränderlich seien. Statt dessen ist ihr Organismus jedoch fähig, aus Erfahrungen zu lernen. Sowohl ein Kurzzeit- wie auch ein Langzeitgedächtnis kann eingerichtet werden. Nach einer Übungssitzung mit etwa zehn bis fünfzehn Berührungsstimuli auf den Sauger verringerte sich der Rückziehreflex. Diese Erinnerung war jedoch nur für einen kurzen Zeitraum verloren. Innerhalb einer Stunde begann das Tier erneut, auf den Stimulus zu reagieren; nach einem Tag hatte sich die Reaktion normalisiert.

Eine andere Reaktion wurde erzielt, wenn die ursprünglichen Stimuli über einen längeren Zeitraum angewendet wurden. Vier wiederholte Sitzungen mit je zehn Stimuli bauten Erinnerungen auf, die für Wochen andauern konnten. Während dieses Zeitraums wurde der Reflex unterdrückt oder hörte manchmal ganz auf.

Diese Experimente zeigen, daß es bei der Aplysia lang- oder kurzfristige Gedächtnisspuren gibt. Natürlich ist die wesentliche Frage nun, ob ähnliche Prozesse stattfinden, wenn Erinnerungen im Gehirn verschiedener Organismen aufgebaut werden. Dr. Eric Kandel ist der Ansicht, daß es sich um einen identischen Vorgang handeln könnte:

»Es scheint keinen fundamentalen Unterschied in der Struktur, dem chemischen Aufbau oder der Funktion von Neuronen und Synapsen beim Menschen oder denen eines Tintenfisches, einer Schnecke oder eines Blutegels zu geben.«

Falls Dr. Kandel recht hat – und viele Forschungsergebnisse deuten darauf hin, daß dem so ist –, so kann uns ein Studium der Lern- und Gedächtnismechanismen der Aplysia viel über dieselben Vorgänge in unserem Gehirn lehren. Nehmen Sie beispielsweise den Einfluß einer Zelle auf mehrere andere. Die Tradition bevorzugte die Ansicht, daß jede Zelle dazu neigt, entweder erregend oder hemmend zu wirken. Vor weniger als zehn Jahren veröffentlichte Untersuchungsberichte erwähnen stimulierende oder hemmende Neuronen. Tatsächlich sind die Aktivierungsmuster der einzelnen Nervenzellen viel komplexer. Die Zellen können Handlungen über verschiedene Verbindungen vermitteln. Sie können eine Zielzelle erregen und dabei gleichzeitig eine andere hemmen, oder sie gehen eine doppelte Verbindung ein und erregen und hemmen gleichzeitig eine Zelle. Noch wichtiger ist, daß jede dieser Aktivitäten von einem *einzigen Neurotransmitter* vermittelt werden kann. Wenn der gleiche Neurotransmitter (Bote) verschiedene Wirkungen hervorrufen kann, dann kann man offensichtlich daraus folgern, daß das Endergebnis sowohl vom Neurotransmitter als auch von der Natur des Empfängers, auf den er wirkt, abhängen muß. Wie sich herausstellt, wird die Synapsenaktivität von der Wirkung des Neurotransmitters auf den Rezeptor der Zielzellen kontrolliert. Im einen Fall kann der Neurotransmitter den Empfängerkanal, der für den Durchfluß von Natrium (ein Wirkstoff, der Erregung hervorruft) wichtig ist, beeinflussen. Bei einer anderen Zelle wiederum mag der gleiche Neurotransmitter keinerlei Einfluß auf das Natrium haben, dafür jedoch die Vorrichtung beeinträchtigen, über die Chlorid durch den Rezeptorkanal der Membran gelangen kann (ein Vorgang mit hemmender Auswirkung). Entsprechend können Neurotransmitter wie die Neuronen auch nicht in erregende und hemmende Kategorien unterteilt werden. Statt dessen ist die Endwirkung eines bestimmten Neurotransmitters abhängig von seiner Reaktion auf spezielle Rezeptoren der Membranen seiner Zielzielle. Eine Zielzelle mit unterschiedlichen Membraneigenschaften wird verschiedene Reaktionen hervorrufen. Stellen Sie sich dies so vor: Wäre dieser Satz in italienischer Sprache geschrieben, würde er bei einem Leser, der diese Sprache versteht, eine Reaktion hervorrufen, während er für jemanden ohne italienische Sprachkenntnisse unverständlich wäre. Der Satz selbst »spricht« nicht alle Leser an. Ähnlich ist die Situation bei den Neurotransmittern.

»Der chemische Überträger hat nur eine zulassende Funktion«, schrieb Eric Kandel. »Weisunggebende Komponenten der synaptischen Übermittlung sind die Natur des Empfängers und die Ionenkanäle, mit denen der Empfänger in Verbindung steht.«

Die aufregendsten Aspekte von Dr. Kandel's Arbeit sind ihre Auswirkungen auf unser Verständnis der chemischen und molekularen Basis des Gedächtnisses. Zumindest bei der Aplysia steht nun eindeutig fest, daß Lernen eine Veränderung des Neuronencharakters beinhaltet. Die Menge der freigesetzten Neurotransmitter verändert sich, je nachdem, ob der Stimulus neuartig (erhöhte Menge) oder wiederholt (verringerte Menge) ist. Nach wiederholter Stimulierung hat der Organismus »gelernt« und kann »sich erinnern«. Nach Verstreichen einer gewissen Zeit jedoch »vergißt« der Organismus, und die Wiederholung desselben Stimulus erzeugt eine Erneuerung der ursprünglichen heftigen Reaktion. Bei längerfristigen Erinnerungszeiträumen (als Ergebnis einer über längere Zeit durchgeführten Stimulierung) hat es den Anschein, daß die Nervenzellenstruktur, die den Neurotransmitter freisetzt, einer Veränderung unterliegt hinsichtlich der Anzahl aktiver Zonen zur Freisetzung der Neurotransmitter.

Könnten wir uns einige Ereignisse über Jahre merken, weil unser Nervensystem sich strukturell veränderte, aufgrund der ursprünglichen Erfahrung? Dies ist eine etwas beängstigende Vorstellung. Sollte sie sich bewahrheiten, beseitigt sie dadurch die strenge Unterscheidung zwischen angeboren und erlernt. Sollte eine Erfahrung die Gehirnzellen verändern können trotz starker genetischer Einflüsse auf ihre Struktur und Funktion, dann geben weder die Außeneinflüsse noch die Erbanlagen allein ausreichende Erklärung für Verhaltensweisen.

Zwar empfanden viele Philosophen intuitiv, daß weder die Natur- noch die Erziehungsseite des Arguments sehr überzeugend wirkte; dennoch wurde diese Ansicht noch nicht anerkannt, zumal bis jetzt noch niemand nachweisen konnte, daß ein »psychologisches« Ereignis zu strukturellen Konsequenzen im Gehirn führen könnte. Aber Dr. Kandel's Arbeit mit der Aplysiaschnecke zeigt, daß die vielgerühmte »Plastizität« des Gehirns mehr als eine bloße Metapher ist. Um es mit Eric Kandel's Worten zu sagen: »In die Betrachtungen über das Gehirn wird eine neue Dimension eingeführt.«

Die Verbindungen zwischen den Gehirnzellen – hauptsächlich eine Sache genetischer und derzeit unbekannter Einflüsse – werden durch Erfahrungen ausgebaut oder verringert. Lernen sowie Gedächtnisübungen, vielleicht nach den früher erwähnten Regeln von Merksystemen, führen zu einer Verbesserung der Gehirnfunktion. Ist es denn möglich, daß, je mehr wir unser Gehirn gebrauchen, es ein um so leistungsfähigeres und erstaunlicheres Organ wird? Dies ist zumindest mit jedem anderen Teil unseres Körpers der Fall. Warum also nicht auch beim Gehirn?

Über die Jahrhunderte hinweg wurden kritische Anmerkungen über die mächtigen formenden Einflüsse auf den Verstand gemacht. »Alles, was wir sind, ist das Ergebnis dessen, was wir gedacht haben« steht in dem buddhistischen Text *Dhammapada*. Dr. Kandel's Arbeit hat dem eine weitere Dimension hinzugefügt. In einem seiner weitschweifigen, frei formulierten Essays (er ist sowohl erfahrener Psychiater wie auch Neurobiologe) stellte er sogar Mutmaßungen über seine Aplysiaforschung und deren Auswirkung auf die Psychotherapie an. So schrieb er in »Psychotherapie und die einzelne Synapse: die Auswirkung auf die neurobiologische Forschung«:

»Wenn ich zu jemandem spreche und diese Person hört mir zu, dann nehme ich nicht nur Blick- und Stimmkontakt auf. Vielmehr hat die Aktivität der Neuronenmaschinerie in meinem Gehirn eine direkte und, so hoffe ich, langanhaltende Wirkung auf die Neuronenmaschinerie im Gehirn des Gesprächspartners und umgekehrt. In der Tat würde ich sagen, daß nur in dem Ausmaß, wie unsere Worte Veränderungen im Gehirn eines anderen hervorrufen können, das Eingreifen eines Psychotherapeuten Veränderungen in den Gedanken eines Patienten hervorrufen. Von dieser Warte aus vereinen sich biologische und psychologische Annäherung.«

6. Das zweigeteilte Gehirn

Im Jahre 1861, bei Ausbruch des amerikanischen Bürgerkrieges, wurde gleichzeitig ein unblutiger, aber ebenso tief empfundener Konflikt zwischen zwei rivalisierenden Gruppen von Gehirnforschern ausgetragen. Die traditionelle Gruppe vertrat die Ansicht, daß die zwei Gehirnhemisphären Spiegelbilder voneinander seien, und deshalb keinerlei Anlaß gegeben sei, den einzelnen Hemisphären spezielle Funktionen zuzuweisen. Im Gegensatz dazu glaubte die rebellische Gruppe, daß die Hemisphären nach gewissen Richtlinien spezialisiert seien und daß Fähigkeiten wie Rede und Sprache in einer Hemisphäre »ansässig« seien. Auch wenn jede der beiden Gruppen gegenüber der anderen von Zeit zu Zeit im Vorteil war, blieb der Streitgegenstand doch weitgehend ungelöst, bis endlich im April des Jahres die Schlacht von der Gruppe entschieden wurde, die eine Gehirnlokalisierung befürwortete.

Bei einer Versammlung der Pariser Anthropologen-Gesellschaft im April 1861 zeigte der Chirurg und Neuroanatom Paul Broca das Gehirn eines Patienten, der bis zum Zeitpunkt seines Todes an schweren Sprachstörungen (wissenschaftliche Bezeichnung Aphasie) gelitten hatte. Broca's Patient, ein Mann namens Leborgne, wurde allgemein »Tan Tan« wegen seiner Unfähigkeit, irgendwelche anderen Wörter auszusprechen, genannt. Der Patient verstand, was man zu ihm sagte, und er konnte durch wechselnden Gesichtsausdruck und Handbewegungen sich seiner Umwelt verständlich machen. Lediglich seine Sprechfertigkeit war gestört.

Bei einer Untersuchung ergab sich in Tan's Gehirn ein teilweise geschädigter Bereich von der Größe eines Hühnereis in der linken Hemisphäre. Broca argumentierte gegenüber den Mitgliedern der Gesellschaft überzeugend, daß Tan's Sprechprobleme ihre Ursache in diesem Schaden der linken Hemisphäre hatten.

Zehn Jahre später entdeckte der deutsche Neurologe Carl Wernicke eine andere Art Aphasie bei verschiedenen seiner Patienten. Anders als Tan waren die von Wernicke beschriebenen Patienten durchaus wortgewaltig, aber ihre Sprache war völlig unverständlich. Fragte man zum Beispiel einen von Wernicke's an Aphasie erkrankten Patienten: »Wer führt jetzt den Laden?«, so konnte er antworten:

»Ich weiß nicht, ja, der will, oh, ja, ich meine der Bol Hol Gol oder Fdtoror. 'türlich vergaß ich den Weltensor.«

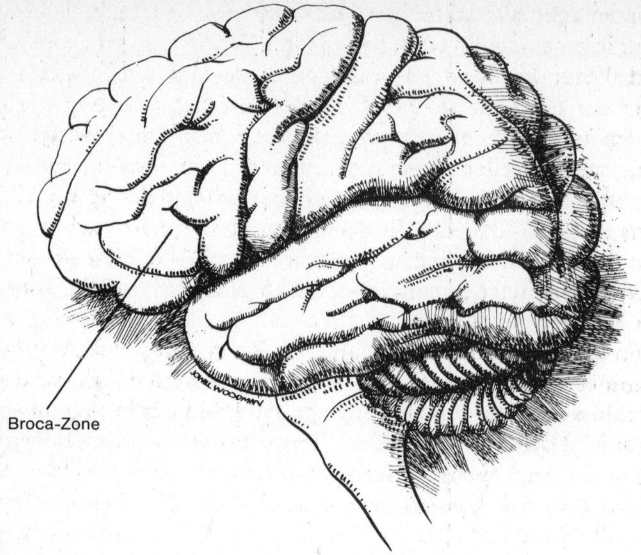

Die Broca-Zone ist für die Sprachfähigkeit von entscheidender Bedeutung.

Jede der beiden Aphasieformen, die von Broca und die von Wernicke, entsprach genau feststellbaren Zonen der linken Hemisphäre. Aufgrund dieser anatomischen Lokalisierung hatte es den Anschein, als befände sich die Sprachfunktion in einer Hemisphäre, normalerweise bei Rechtshändern in der linken Hälfte. Es schien ebenfalls angemessen, daß auch andere Funktionen in gewissen Zonen des Gehirns lokalisiert werden konnten.

Aber trotz der von Broca und Wernicke gewonnenen Schlacht wurde die Debatte zwischen den Vertretern der Lokalisierung und denen der Spiegelbildlichkeit, die das Gehirn als ein einheitliches ganzes Organ betrachteten, weitergeführt. 1906 wurde das Gehirn von Broca's Patient noch einmal untersucht, diesmal von dem französischen Neurologen Pierre Marie, der von weitreichenderen Beschädigungen in Tan's Gehirn als ursprünglich von Broca berichtet sprach. Zwar hielt er sich gerade noch zurück, Broca einen unsachverständigen Betrüger zu schimpfen, aber er scheute doch nicht vor der dreisten Feststellung zurück, daß Broca's Gehirnzone »keine Rolle in der Funktion der Sprache spiele«. Eine nochmalige Untersuchung, diesmal mit einem CAT-Scanner, zu

Beginn der achtziger Jahre dieses Jahrhunderts, bestätigte, daß Marie zumindest in einem Punkt recht hatte: Tan's Gehirn wies größere Verletzungen auf als nur die Hühnerei große Zerstörung in der linken Hemisphäre.

Trotz der Feststellung, daß Broca's Meinung etwas vereinfacht war, konnte man doch nicht leugnen, daß eine Schädigung gewisser Teile des Gehirns zu speziellen, genau definierten Funktionsstörungen führte. Heute müssen auch die redegewandten Vertreter des spiegelbildlichen Gehirns zugeben, daß sich in der linken Hemisphäre Zonen befinden, die mit Sprache und Sprechen »assoziiert« sind. Wie diese Wissenschaftler aber sehr schnell betonen, ist es jedoch gefährlich, solche Zonen in zu engem Rahmen festzulegen.

Wenn Sie in Ihr Auto steigen und den Zündschlüssel darin umdrehen, um dann festzustellen, daß Ihr Wagen nicht starten will, ist dann der Zündschlüssel das für die Leistung der 350 PS-Maschine verantwortliche »Zentrum«? Natürlich nicht. Der Vergaser kann von den schweren Regenfällen der vergangenen Nacht überflutet sein, die Zündkabel können naß sein, oder Sie können ganz einfach kein Benzin mehr im Tank haben. Alle diese Einzelteile – Vergaser, Zündkabel, Benzintank – müssen zusammenwirken, damit das Auto fährt. Funktioniert nur ein Teil nicht, startet der Wagen nicht.

Ähnliche Schwierigkeiten treten auf, will man das »Zentrum« für Sprechen und Sprache lokalisieren. Wer hat nicht schon einmal erfahren, wie es ist, das »richtige Wort« nicht zu finden? Dieses Phänomen kann auf Übermüdung oder Überarbeitung beruhen, es kann jedoch auch von den verschiedensten Gehirnschädigungen resultieren. Wenn wir die Schwierigkeiten, ein tatsächliches »Zentrum« im Gehirn für eine spezifische Tätigkeit festlegen zu wollen, im Auge behalten, werden uns viele derzeitige Überlegungen zur Spezialisierung der Hemisphären viel weniger verwirrend erscheinen.

Sieben Jahre nach Broca's Entdeckung der Bedeutung der linken Gehirnhemisphäre für die Sprache verwendete J. Cotard, ein weiterer Neurologe, Autopsiestudien zum Nachweis, daß die Gehirne kleiner Kinder anders aufgebaut seien als die Erwachsener. Ein Gehirnschlag bei einem Kind von sechs oder sieben Jahren hat keinerlei Auswirkungen auf die spätere Sprachentwicklung. Erleidet jedoch ein Erwachsener einen Gehirnschlag, zeigt sich eine verheerende Wirkung: ein schwerer und meistens dauerhafter Verlust der Sprechfunktion. Warum? Was könnte geschehen? Wie kann ein Gehirnschlag einen Erwachsenen seiner Sprache berauben und bei Kindern fast keine Auswirkung auf die normale Sprachentwicklung haben?

Gemäß einer Theorie weisen die beiden Hemisphären ein gegenseitiges Ersatzsystem für den Fall der Beschädigung nur einer Hemisphäre auf. Eine derartige Einteilung ist bei anderen Organen außer dem Gehirn üblich. Wir besitzen zwei Beine, zwei Arme, zwei Lungenflügel, zwei Augen, zwei Ohren und zwei Gehirnhemisphären, was von der Evolution her betrachtet durchaus Sinn ergibt: Durch ein Ersatzorgan wird die Überlebenschance deutlich vergrößert.

Vor der Entwicklung moderner Geburtshilfe waren Verletzungen des Gehirns bei der Geburt viel häufiger als heutzutage. In diesen Fällen konnte eine gesunde Hemisphäre die Funktionen übernehmen, die normalerweise von der beschädigten Hemisphäre ausgeführt wurden. Untersuchungen über die Langzeitwirkung von Hemisphärektomie (die chirurgische Entfernung einer Gehirnhemisphäre) in einem frühen Lebensstadium unterstützen diese Feststellung. Kinder, bei denen die chirurgische Entfernung einer Gehirnhemisphäre erforderlich worden war, zeigten ausgezeichnete physische und geistige Entwicklung. Während jedoch die Nieren oder die Lungenflügel sich ein Leben lang untereinander stützen können, spezialisieren sich die Gehirnhemisphären so, daß völlige Erholung von einem Gehirnschlag in einer Hemisphäre nach Beendigung der Kindheit äußerst selten wird.

Einige Wissenschaftler mutmaßten, daß die Wurzeln der Spezialisierung des erwachsenen Gehirns in prähistorischen Zeiten tief vergraben liegen. In der Zeit des Jagens und des Nahrungsammelns, besonders zwischen Bäumen, war es für die Menschen der Frühzeit erforderlich, ihre Arme unabhängig voneinander zu benützen. Dies machte eine asymmetrische Anordnung in den Gehirnhemisphären notwendig, die sich von den symmetrischen Aktivitäten wie Schwimmen, Gehen, Haltungsangleichungen usw. unterschieden. Als dann eine bestimmte Hand oder ein bestimmter Arm bevorzugt benützt wurden, begannen sich die Hemisphären weiter zu »spezialisieren«. So schritt die Spezialisierung und Lateralisierung von Gehirn und Hand über die Jahrtausende gleichgeschaltet fort.

Wie sich herausstellt, sind die Asymmetrie unserer Hände und unserer Gehirnhälften sehr wohl Teil der natürlichen Ordnung der Dinge. Rechts- und linksläufige Zuckermoleküle unterscheiden sich in ihrer Geometrie, eine Eigenschaft, die bei einem Programm zur Gewichtsverringerung vorteilig verwendet werden kann. Da unsere Körperzellen nur rechtsläufigen Zucker verarbeiten, kann man mit linkssteuerndem Zucker unsere Nahrungsmittel süßen, ohne uns mit nutzlosen Kalorienfragen zu belasten. Umgekehrt ist die Lage bei den Aminosäuren, die Bausteine für

Protein, die vom Körper nur dann genützt werden können, wenn sie linksdrehend sind.

Autopsieuntersuchungen des menschlichen Gehirns zeigen eine deutliche Asymmetrie in der Sprachzone. Bei zwei Drittel aller untersuchten Gehirne ist dieser Teil, das Planum temporale, entschieden größer in der linken Hemisphäre. Dieser Unterschied ergab sich auch bei einem drei Wochen alten Foetus.

Röntgenstrahlenuntersuchungen mit dem CAT-Scanner enthüllen die gleiche Asymmetrie bei Erwachsenen. Die Sylviussche Furche (eine tiefe Kluft in der äußeren Oberfläche des Gehirns, um die herum sich die hauptsächlichen Sprachzentren befinden) ist in der linken Hemisphäre länger und mehr horizontal als in der rechten. Bei manchen Linkshändern ist die Neigung zu akuter Winkelausrichtung weniger ausgeprägt, ein erster Hinweis auf die unterschiedliche Gehirnstruktur von Rechts- und Linkshändern.

Da die Sylviussche Furche ein Muster auf der inneren Schädeloberfläche zurückläßt, ist es möglich, diese Asymmetrien in ihrer Entwicklung zurückzuverfolgen. Die Neuroradiologin Marjorie LeMay von der Harvard Universität untersuchte einen 30 000 – 50 000 Jahre alten Schädel eines Neanderthalers und den 300 000 Jahre alten Schädel des Pekingmenschen und stellte fest, daß sie eine Asymmetrie der Sylviusschen Furche aufwiesen, ähnlich der bei Gehirnen aus dem Jahr 1980, was darauf hinweist, daß zerebrale Asymmetrie und Vorrangigkeit für Sprache in der linken Hemisphäre keine der jüngsten Evolutionsentwicklungen sind.

Mit der Entwicklung von zunehmend besseren Mikroskopen und speziellen Farbstoffen, die einige Teile des Gehirns färben, während sie andere unberührt lassen, wurde es möglich, gewisse Teile des Gehirns einer besonders detaillierten Untersuchung zu unterziehen. Solche Studien, die normalerweise von Neurologen durchgeführt werden, die eine besondere Ausbildung aufweisen, um die »Zicks« und »Zacks« der Neuronenprozesse zu interpretieren, enthüllten überraschende Ergebnisse. So untersuchte beispielsweise 1979 Dr. Albert M. Galaburda und Dr. Thomas L. Kemper vom Beth Israel Krankenhaus in Boston das Gehirn eines Mannes mit Dyslexie, der an inneren Verletzungen infolge eines Sturzes gestorben war.

Dyslexie (Fachausdruck für extreme Leseschwierigkeiten bei ansonsten normal intelligenten Menschen) befällt etwa fünf Prozent aller Kinder im Schulalter. Bisher entzogen sich ihre Ursachen der Kenntnis von Erziehern und Neurologen. Da Dyslexie keine Krankheit mit fatalen Folgen ist, ergibt sich nicht allzu oft Gelegenheit, das Gehirn eines an Dyslexie leidenden Menschen zu untersuchen. Als deshalb Dr. Galaburda und Dr. Kemper über den Unfalltod eines Erwachsenen mit Dyslexie lasen, beeilten sie sich, Erlaubnis zu erlangen, sein Gehirn (es war bei dem Unfall nicht direkt verletzt worden) untersuchen zu dürfen.

In den Sprachzonen der linken Hemisphäre entdeckten sie »ungeordnete Hirnrinde .. in diesem Teil des Gehirns waren die einzelnen Schichten mit primitiven, größeren Zellen vermischt und durchsetzt«. Diese Unterbrechungen der normalen Neuronenarchitektur wurde hauptsächlich in Sprech- und Sprachzonen festgestellt. Ferner fand man nicht den üblicherweise vorhandenen Unterschied des Planum temporale (die linke Seite größer als die rechte Seite). Beide Seiten waren in etwa gleich groß. Galaburda's und Kemper's Entdeckungen waren der erste Hinweis auf eine andersartige Struktur im Gehirn von Patienten mit Dyslexie. Zwar werden noch weitere Bestätigungen benötigt, bevor sich die Neurologen sicher sein können, daß die Entdeckungen von Galaburda und Kemper typisch sind, aber diese Ergebnisse erschließen bereits aufregende neue Bereiche.

Ist die Spezialisierung der zerebralen Hemisphäre auf den Menschen beschränkt? Zwar suchen die Neurologen erst in jüngster Zeit nach Unterschieden in den beiden Gehirnhemisphären, sie stellten jedoch bereits verhaltensmäßige und anatomische Asymmetrien in den Gehirnen verschiedener Affenarten sowie bei Vögeln und Ratten fest. Fernando Nottebohm von der Rockefeller Universität entdeckte Zentren in der linken Gehirnhemisphäre von Kanarienvögeln, die für die Entwicklung ihres Zwitscherns verantwortlich sind. In den Gehirnen von Ratten variiert die Breite der zerebralen Kortex nach geschlechtlichen Kriterien.

Man vermutet zwar sehr starke anatomische Unterschiede in den Gehirnen von Männern und Frauen, es wurde jedoch noch kein überzeugender Beweis dafür gefunden. Bei Männern ist aber die Wahrscheinlichkeit größer, daß sie Linkshänder sind, und daß sie an Dyslexie leiden können. Wir brauchen gar nicht zu erwähnen, daß die Feststellung geschlechtsbedingter Unterschiede im Gehirn zu erhitzten Debatten führte, und alles deutet darauf hin, daß das Thema weiterhin heftige Kontroversen herbeiführen wird. Dr. Elliot S. Gershon, Chef der psychogenetischen Sektion der Abteilung biologischer Psychiatrie des Nationalen Instituts für geistige Gesundheit sagte dazu: »Geschlechtsbedingte Unterschiede stehen seit langem fest. Die Ideologie des Feminismus und nicht ein Beweis führten dazu, dieses Forschungsgebiet als ›wissenschaftliche Phantasie‹ zu bezeichnen.«

Geschlechtsbedingte Unterschiede im Gehirn – gibt es das?
Männer weisen allgemein bessere räumliche Funktionen auf als Frauen. Dies bezieht sich auf ihre Fähigkeit, sich Gegenstände im dreidimensionalen Raum vorzustellen und diese darin zu bewegen. Bei Männern jedoch, die nicht das männliche Hormon Testosteron produzieren, sind diese Eigenschaften sehr schlecht entwickelt. Der Neurologe Norman Geschwind von der Harvard Universität bemerkte einmal: »Es ist sehr wichtig hervorzuheben, daß es Frauen mit außerordentlichem räumlichen Vorstellungsvermögen gibt und viele Männer, deren räumliche Vorstellungsfähigkeiten völlig unzulänglich sind. Aber durchschnittlich gesehen weisen Männer ein besseres räumliches Vorstellungsvermögen auf als Frauen.« Eine praktische Folgerung davon ist die Schwierigkeit mancher Menschen, auf Anhieb rechts von links zu unterscheiden. Bei einer Untersuchung berichteten doppelt so viele Frauen wie Männer von »häufigen« Problemen bei schnellen Entschlüssen, sich zwischen rechts und links zu entscheiden (an einer Kreuzung nach rechts abbiegen; auf den Befehl, die rechte oder linke Hand zu erheben, schnell zu reagieren usw.).

Andere Gehirnzonen, bei denen geschlechtliche Unterschiede eine wesentliche, jedoch auf keinen Fall ausschließliche Rolle spielen, sind:

Sprachfertigkeit

Frauen beginnen normalerweise früher zu sprechen, erlernen Fremdsprachen leichter und übertreffen Männer bei Sprachfertigkeitstests.

Geschicklichkeit der Hände

Bereits in jungen Jahren zeigen Mädchen bessere Leistungen bei schnell aufeinanderfolgenden Bewegungen und weisen folglich eine bessere Schreibfertigkeit auf als Knaben gleichen Alters.

Mathematische Fähigkeit

Untersuchungen an mathematisch begabten Schülern zeigen, daß Knaben den Mädchen im besseren Rechnen zahlenmäßig überlegen sind. Die Forscher Camilla Benbow und Julian Stanley von der Johns Hopkins Universität meinten dazu:
»Wir bevorzugen die Hypothese, daß geschlechtsbezogene Unterschiede beim Erlangen besserer mathematischer Ergebnisse in einer höheren männlichen mathematischen Begabung begründet sind, die wiederum auf die bessere männliche Fähigkeit für räumliche Aufgaben zurückzuführen ist.«

Dyslexie, Stottern, Sprachverzögerung, Autismus, Hyperaktivität

Alle diese nervlich bedingten Verhaltensstörungen treten häufiger bei Männern auf.

Die oben aufgeführten geschlechtsbedingten Unterschiede sind zwar wohlbegründet, es gelang jedoch noch niemandem, die anatomischen Unterschiede in den Gehirnstrukturen von Männern und Frauen überzeugend nachzuweisen. Diese Verhaltensunterschiede mögen das Ergebnis chemischer Veränderungen in der Gehirnfunktion sein, die vom Einfluß der Sexualhormone in der frühen vorkindlichen Entwicklung herrühren.

Die beiden Gehirnhemisphären sind durch ein etwa zehn Zentimeter langes und sechs Millimeter dickes bleistiftförmiges Nervenfaserbündel, das sogenannte Corpus callosum, miteinander verbunden. Über lange Zeit blieb die Funktion dieses Bindegliedes zwischen den beiden Gehirnhemisphären ungeklärt. Ein Gehirnforscher scherzte sogar, das Corpus callosum habe keine andere Funktion als epileptische Entladungen von einer Gehirnhemisphäre zur anderen zu transportieren. Hinter diesem Scherz verbarg sich bittere Wahrheit. Einige Patienten mit unheilbaren epileptischen Anfällen starben an der Übertragung von Anfällen über das Corpus callosum. Was wäre wohl das Ergebnis, würde das Corpus callosum verletzt werden, würde man es beispielsweise wie ein Kabel, das zwei Lastkähne miteinander verbindet, durchtrennen – diese Frage stellte sich ein Neurochirurg namens W. P. Van Wagenen in den vierziger Jahren.

Sicher war, daß die beiden Gehirnhemisphären sich nicht voneinander entfernen würden. Das Gehirn ist von drei stützenden Abdeckungen dicht umschlossen, die wiederum von einem unnachgiebigen Schädel festgehalten werden. Die Hemisphären selbst sind nur oberstes Zutagetreten des Gehirns. Darunter sind die subkortikalen Strukturen und der Hirnstamm fest miteinander verschmolzen.

In einem letzten verzweifelten Versuch, Patienten mit unheilbarer Epilepsie zu retten, durchtrennte Dr. Van Wagenen das Corpus callosum. Dies war ein mutiger und völlig neuartiger Schritt, der sich sowohl für Van Wagenen's Patienten wie auch für die medizinische Wissenschaft als lohnend erwies.

Sobald die Entladungen das Corpus callosum nicht mehr überqueren konnten, stoppten die vorher unbehandelbaren epileptischen Anfälle. Dann entdeckten die Neurologen zu ihrer Freude, daß die Operation keine feststellbare Verschlechterung der geistigen Funktionen mit sich brachte.

Diese Entdeckung, die zwar eine Gottesgabe für Patienten und Neurochirurgen bedeutete, stellte für die Gehirnforscher ein herausforderndes Rätsel dar. Der gesunde Menschenverstand verlangte, daß so viele Millionen Nervenfasern einen Sinn und Zweck aufweisen mußten. Aber worin lag er?

Von der Vorstellung ausgehend, das Corpus callosum erfülle keinen Zweck, gelang es den Forschern – einschließlich Dr. Van Wagenen und seinem Kollegen Dr. Andrew Akelaitis – in den vierziger Jahren nicht, irgendeine Veränderung bei Patienten nachzuweisen, deren Corpus callosum durchtrennt worden war. Dies war ein klassischer Fall. Geht

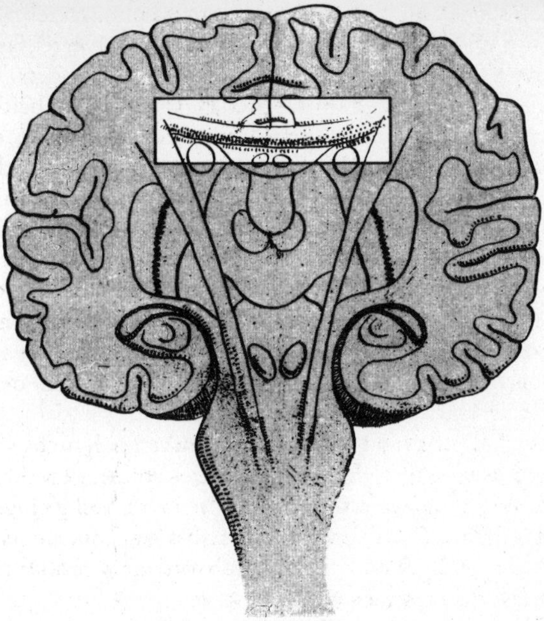

Das Corpus callosum (helle Fläche), der Brückenweg der Nervenfasern, die die beiden Hemisphären verbinden. Ein Durchtrennen dieser Fasern isoliert die Hemisphären voneinander.

man von der Voraussetzung aus, daß nichts zu finden ist, so ist es erstaunlich, wie erfolgreich man darin sein kann.

Zwei Jahrzehnte später wiesen der Experimental-Psychologe Dr. Roger W. Sperry gemeinsam mit seinen Kollegen, insbesondere Dr. Michael S. Gazzaniga, nach, daß das Corpus callosum eine Funktion aufweist. Sie erforschten mit Hilfe genauester Untersuchungen des visuellen Systems eines einzigen Patienten die Bedeutung des Corpus callosum.

Fixiere ich, so Dr. Gazzaniga, meinen Blick auf die Nase einer vor mir stehenden Person, dann wird die linke Gesichtshälfte dieser Person von meiner rechten Gehirnhemisphäre und die rechte Gesichtshälfte von meiner linken Hemisphäre projiziert. Aber statt zwei getrennte Gesichtshälften zu sehen, sehen wir *das ganze Gesicht.* Dieser Vorgang findet durch das Corpus callosum statt, das die Informationen der beiden Gehirnhälften integriert und sie so »befähigt«, ein komplettes *zusammengesetztes* »Bild« zu erstellen.

In den frühen sechziger Jahren studierte diese Forschungsgruppe einen 48 Jahre alten Epileptiker mit dem Spitznamen W. J. Dr. Gazzaniga's Labor entsprach bei weitem nicht dem wohlausgestatteten Labor, das man normalerweise mit Gehirnforschung in Verbindung bringt. Es bestand lediglich aus einem kahlen Raum mit einem Tisch, einem Stuhl und unverputzten Rohren an der Decke. Auch der ursprüngliche Experimentierapparat war überraschend einfach: ein 1,2 Meter langer und ebenso breiter Bildschirm, der an den Warmwasserrohren befestigt war und von dort herunterhing, sowie ein Diaprojektor.

Trotz der Einfachheit der Ausrüstung war das Testen der beiden Hemisphären alles andere als einfach und erforderte genaueste Beobachtung der Details. Die Augen des Patienten mußten beispielsweise auf die Leinwand geheftet bleiben. Dann wurde der visuelle Stimulus, normalerweise irgendein Haushaltsgegenstand, nur etwa eine Zehntelsekunde blitzartig vorgeführt, bevor die Augen überhaupt Zeit hatten, sich zu bewegen.

Vor seiner Operation konnte W. J. sichtbare Gegenstände, die man rechts oder links von ihm an einem festgelegten Punkt zeigte, schnell und genau erkennen. Nach dem chirurgischen Eingriff, die sein Corpus callosum und damit die beiden Gehirnhemisphären in zwei unzusammenhängende Hälften getrennt hatte, war W. J.'s Leistung entschieden verändert. Zeigte man für einen kurzen Augenblick seinem rechten Sehfeld (das in der linken Hemisphäre projiziert wird, wo Sprache ausgearbeitet wird) ein Dia von einem Apfel, konnte er umgehend das Bild identifizieren. Führte man dasselbe Dia dem linken Sehfeld vor, wurde es überhaupt nicht registriert. Ja, W. J. stritt ab, daß irgendetwas geschehen sei.

Michael Gazzaniga testete W. J. über einen Zeitraum von mehr als einem Jahr. (Bei Gelegenheiten, bei denen der Patient unfähig war, ins Labor zu kommen, brachte Dr. Gazzaniga das Labor zu ihm. Er stapelte ganz einfach einen tragbaren Satz Testapparate in sein altes Auto und fuhr vom California Institut für Technologie nach Downey, ebenfalls in Kalifornien.)

Auf der Grundlage ihrer Ergebnisse begannen Dr. Gazzaniga und sein Mentor Roger Sperry, dem später 1981 der Nobelpreis für Medizin und Physiologie für seine Forschung zur Gehirnspaltung verliehen wurde, die zweite Phase ihrer Untersuchungen – den Nachweis, daß die beiden Gehirnhemisphären Informationen unterschiedlich verarbeiten.

»Phase II fing 1961 ziemlich bescheiden an«, erinnert sich Dr. Gazzaniga. »Ich führte vor, daß W. J. mit seiner rechten Hand unfähig war,

Dr. Roger Sperry

einen Standardsatz roter und weißer Klötzchen zu einem bildlichen Muster zusammenzufügen, während die linke, nicht bevorzugte Hand die Aufgabe ausführen konnte . . Der Anspruch, den wir diesen Ergebnissen zugrunde legten, war, daß die linke Hemisphäre bei Sprachvorgängen und die rechte Hemisphäre bei visuell-konstruktiven Aufgaben dominant seien.«

In den darauffolgenden 25 Jahren seit den ersten Untersuchungen über die Spezialisierung der Hemisphären lernten die Neurologen sehr viel darüber, was jeweils die eine der beiden Hemisphären besser kann. Allgemein kann man sagen, daß die linke Hemisphäre für Sprache und gewisse motorische Fähigkeiten wichtiger ist. Die rechte Seite hingegen ist eher für gewisse räumliche Funktionen besser eingerichtet – in Gedanken durch einen Irrgarten wandern, Landkarten lesen und damit arbeiten, sich an Gesichter erinnern und sie sich vorzustellen, sowie sonstige Leistungen, die nicht von wörtlicher Beschreibung abhängig sind.

Aber wie das Leben selbst kann auch das menschliche Gehirn nicht in exakte Kategorien aufgeteilt werden. Denken Sie daran, daß das Gehirn vor allem ein funktionelles Organ ist, das innerhalb eines durch die Evolution geschaffenen Rahmens arbeitet, und dessen Leistung am besten als die Wahl des Bestmöglichen unter den gegebenen Umständen zu verstehen ist. Anders ausgedrückt, kann dieselbe Tätigkeit von verschiedenen Gehirnhälften entsprechend vergangener Erfahrung und gegenwärtiger Ziele ausgeübt werden. Durch die Entwicklung des PET-Scanners, mit dem man zerebrale Veränderungen messen kann, wurden die Untersuchungsergebnisse der Hemisphärenspezialisierung nach unterschiedlichen Richtlinien bei verschiedenen Menschen bestätigt.

Als jüngstes richtungweisendes Experiment verglichen Dr. John Mazziotta und andere Forscher von der Kalifornischen Universität in Los Angeles die Positronenemissions-Tomographien von Menschen, die nach äußerst spezifischen Anweisungen Musik hörten. Die Forscher überprüften ihre Vermutung, daß das Gehirn je nach den vom Hörer angewandten Techniken unterschiedlich reagiert. Stellen Sie sich als Beispiel für die Art der von den Forschern durchgeführten Experimente vor, ich würde Ihnen zwei Musikklänge vorspielen und Sie dann fragen: Sind das dieselben oder unterschiedliche Klänge? Wenn Sie lediglich zuhören und reflexartig darauf antworten, indem Sie einen Knopf drücken, sollten es dieselben Klänge sein, oder einen anderen, sollten sie unterschiedlich klingen, dann wird die Aufgabe wahrscheinlich von der rechten Gehirnhemisphäre durchgeführt. Sie reagieren ganz einfach auf Ihre Wahrnehmungen. Aber sollten Sie auf meine Frage antworten, indem Sie die Klänge geistig auf einer Skala anordnen (eine Aufgabe, die offensichtlich ein musikalisches Verständnis erfordert), dann verlagern Sie die Aufgabe auf einen eher symbolischen Modus in der linken Hemisphäre.

Bei all diesen Experimenten blieb der Stimulus gleichbleibend (alle Versuchspersonen wurden mit denselben musikalischen Noten oder Klängen konfrontiert), und dennoch bestätigte der PET-Scanner eine unterschiedliche Hemisphärenaktivität und deutete damit etwas sehr Wichtiges an; daß nämlich die Hemisphärenspezialisierung abhängig war von der vom Zuhörer angewandten Verfahrensweise. Wird der Versuchsperson ferner beigebracht, die gehörten Töne auf einer Skala, die von hoher zu niederer Intensität reicht (eine analytische Strategie, wie sie ähnlich von Musikern verwendet wird), gedanklich einzuzeichnen, wandert die Hemisphärenspezialisierung von rechts nach links. Dies ist eine zusätzliche Bestätigung, daß nicht so sehr das verwendete Material (Musiktöne, Musikklänge etc.) als vielmehr die angewandte Denkstrategie (geistige Verarbeitung) ausschlaggebend ist. Dies deutet darauf hin, daß eine Person mit musikalischem Verständnis, die Musik nicht nur anders »verarbeitet« wie ihr naiver Gegenspieler (eine von Originalität weit entfernte Einsicht), sondern auch andere Zonen des Gehirns verwendet, um die Aufgaben, Musik zu hören und zu spielen, auszuführen.

PET-Scanner (Positronenemissions-Tomographie)

Stoffwechselveränderungen im Gehirn schwanken je nach der augenblicklichen Aktivität. Das ruhende Gehirn unterscheidet sich vom aufmerkenden, wachen Gehirn durch seinen Blutstrom und die Verwendung von Glukose. Aus diesem Grund liefern Messungen der Stoffwechselveränderung im Gehirn einen indirekten Hinweis darauf, welche Teile des Gehirns zu verschiedenen Zeitpunkten aktiv sind. Bewegt man zum Beispiel die rechte Hand, so erhöht sich die Stoffwechselaktivität in der Handzone der entgegengesetzten Hemisphäre.

Als Folge der Entwicklung radioaktiver Isotope ist es nun möglich, radioaktivierte Substanzen über eine intravenöse Injektion zu verabreichen und das Isotop im Gehirn durch Instrumente, die den Zerfall der Isotope aufdecken und messen, »aufzuspüren«. So ist FDG (Fluorodeoxyglukose) beispielsweise eine Positronen aussendende Verbindung. Da diese Verbindung durch die Gehirnzellen nicht wie reguläre Glukose metabolisiert werden kann, neigt sie zu einer Anhäufung innerhalb der Gehirnzellen proportional zur Gehirnaktivität zu einer festgesetzten Zeitspanne. Ist die visuelle Hirnrinde aktiv (eine Person starrt auf ein Muster), sammelt sich die FDG in den visuellen Zonen. Zerfällt das Radioisotop, sendet es Gammastrahlen aus. Nach Entdeckung und Aufzeichnung dieser Gammastrahlen wandelt der Computer diese Information in eine farbige biochemische Landkarte des Gehirns um. Im Wesentlichen wird die Umwandlung von Materie in Energie im Gehirn in ein farbiges visuelles Bild übersetzt, das der Gehirnaktivität entspricht.

Der PET-Scanner (Kurzform für Positronenemissions-Tomograph) wird derzeit dazu verwendet, »Landkarten« des Gehirns zu erstellen. Spezifische Gehirnzonen, die zu Bewegung, Empfindung, Denken und sogar zum Gedächtnis beitragen, können durch gemessene Veränderungen des Glukoseverbrauchs im Gehirn genau festgelegt werden.

Heutzutage erweist sich der PET-Scanner bereits nützlich bei der Diagnose von Schizophrenie, Manie und Depression und bei sonstigen Geistes- und Gemütskrankheiten. Am aufregendsten jedoch ist die Verwendung des PET-Scanners bei der Untersuchung des »normalen« Gehirns. Man hofft, eines Tages dadurch oder durch Verwendung eines anderen neu entwickelten technischen Geräts zur Bestimmung kurzlebiger Radioisotope Mittel zu erhalten, eine Gehirnhälfte von der anderen deutlich unterscheiden zu können.

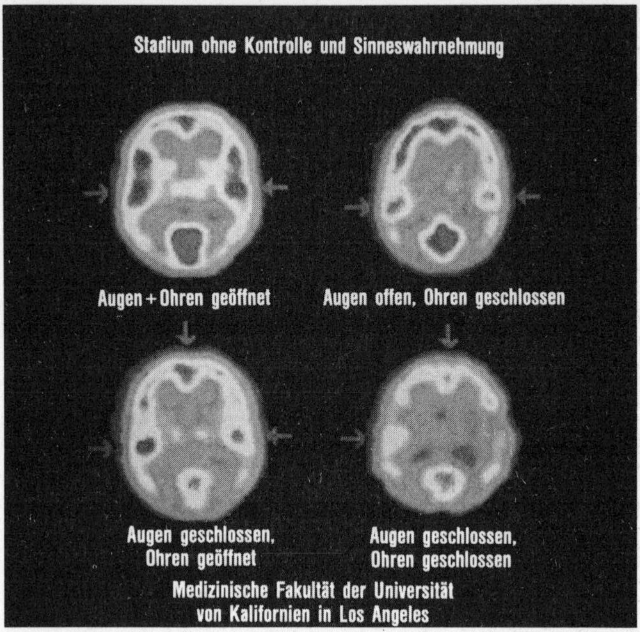

Die Positronenemissions-Tomographien zeigen das Gehirn von oben als Draufsicht auf den Schädel. Das Gesicht ist nach vorne gewandt (Blick zur Oberkante der Buchseite). Diese Aufnahmen wurden während des von Dr. John Mazziotta geleiteten Musikhör-Experiments an der Universität von Kalifornien in Los Angeles gemacht.

Zwar wurde es erst in jüngster Zeit möglich, Studien wie diese an der Universität in Los Angeles durchzuführen, es ist jedoch wahrscheinlich, daß das lokale Aufzeichnen von metabolischen Vorgängen im Gehirn bei Personen, die mit anderen Tätigkeiten beschäftigt sind, ähnliche Unterschiede aufweisen wird. Die Menschen können nicht nur verschiedener »Ansicht« zu einem bestimmten Thema sein, sie können auch verschiedene Zonen des Gehirns für dieselben Aktivitäten verwenden.

Diese Entdeckung bereichert unser Verständnis des menschlichen Gehirns enorm. Statt zu denken, die linke Hemisphäre sei auf Sprache spezialisiert, hält man sie vielmehr für symbolische Darstellung zuständig. Die rechte Hemisphäre hingegen scheint sich mit Wiedergaben zu beschäftigen, die die Wirklichkeit direkter widerspiegeln, diese großen Mengen an Erfahrung, die keine Sprache verwenden. Ein Beispiel für die Spezialisierung der rechten Gehirnhälfte ist die Fähigkeit, eine Person von einer anderen zu unterscheiden. Polizeizeichner werden routine-

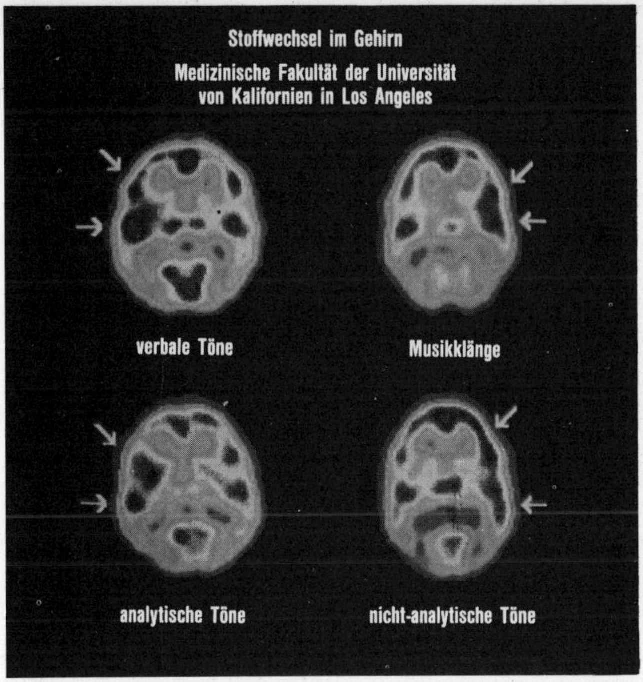

Bei den meisten Menschen ist die linke Hemisphäre für Lesen, Sprechen, Schreiben, Rechnen und andere »überlegende« Fähigkeiten zuständig. Dies sind jedoch lediglich allgemeine Richtlinien, da das Gehirn auf allumfassende Weise durch Kombination all dieser Fähigkeiten arbeitet.

mäßig eingesetzt, um den Zeugen zu helfen, Verdächtige bei kriminalistischen Untersuchungen zu identifizieren, da die Sprache nicht ausreicht, die notwendigen Details zu vermitteln.

Die Aufteilung der Hemisphären in symbolisch-begrifflich (linke Hemisphäre) gegenüber nichtsymbolisch-direkt wahrgenommen (rechte Hemisphäre) vermeidet viele zu starke Vereinfachungen. So ist es beispielsweise nicht völlig richtig, die Sprachfertigkeit in der rechten Hemisphäre ganz auszuschließen. Sie kann nach einiger Übung dazu fähig sein, ein Wort wie »Pferd« zu entschlüsseln. Sie wird jedoch bei einem Wort mit mehr Symbolgehalt wie »Glaube« Schwierigkeiten haben. Es scheint, als könne die rechte Hemisphäre äußerst leicht die Bedeutung eines konkreten Gegenstands oder Ereignisses erfassen. Beachten Sie bitte, daß ich in die beiden letzten Sätze die Ausweichformulierungen

»wird Schwierigkeiten haben« und »äußerst leicht« eingefügt habe, die beide beinhalten, daß die Angelegenheit noch nicht völlig entschieden ist. Diese Qualifikationen sind notwendig, da es den Anschein hat, als könne die rechte Hemisphäre lernen, ihre verbal-symbolischen Fähigkeiten zu verbessern ohne gleichzeitiges offensichtliches Zunehmen der Sprachfertigkeit.

Beispielsweise zeigte man bei einem von Dr. Gazzaniga und Margery Pinsley durchgeführten Experiment einer männlichen Versuchsperson Bilder, die jedoch nur der rechten Hemisphäre sichtbar gemacht wurden. Unmittelbar danach erhielt der Patient vier Karten zur Auswahl und wurde gebeten, diejenige herauszusuchen, die dem Stimulus am meisten entsprach. In manchen Fällen bezogen sich die Karten auf den Stimulus in einer Art, die Bezugnahme, Wertung oder Schlußfolgerungen erforderlich machten. Wurde der rechten Hemisphäre beispielsweise eine Hühnerkralle vorgeführt, traf die Versuchsperson unter den Karten die richtige Wahl, die bildliche Wiedergabe eines Eies. Hier wird deutlich, daß die Beziehung zwischen einem Hühnerfuß und einem Ei nicht einfach nur aus zusammenpassenden Bildern besteht, sondern das Erstellen einer Beziehung nötig macht. Und hier gibt es nun ein Problem: Das Herstellen von Beziehungen erfordert Logik und Sprache, inneres Abwägen oder »die Dinge ausdiskutieren«. Trotzdem kann der Patient nicht sagen, was er gesehen hat; er kann nur auf eine der vier Karten deuten. Fragt man ihn, warum er das Ei herausgesucht hat, kann er keine Antwort geben, und er erinnert sich auch nicht, daß man ihm nur einen Augenblick vorher ein blitzartiges Bild von einer Hühnerkralle gezeigt hatte.

Diese Ergebnisse führen uns ein scheinbar unlösbares Paradoxum vor. Es gibt jedoch eine Lösung, wenn wir eine wichtige Unterscheidung hinzugeben können. Tests der getrennten Hemisphären können das Erproben zweier verschiedener Ichs sein. Die meisten schrecken vor einer derartigen Ansicht zurück. Unser Gefühl persönlicher Kontinuität scheint einem solchen Vorschlag zu widersprechen. Wir wissen tagein und tagaus, wer wir sind (zumindest denken die meisten von uns so). Aber ein wirklich sich selbst beobachtender Mensch wird erkennen, daß er gelegentlich Dinge tut, die er eigentlich nicht zufriedenstellend erklären kann. Die Antwort kann in der Erforschung des zweigeteilten Gehirns liegen.

Vicki ist eine geschiedene Mutter mit einer sieben Jahre alten Tochter. Vor einigen Jahren mußte sich Vicki einer Operation unterziehen, in der ihre beiden Gehirnhälften voneinander getrennt wurden. Sie ist zwar fähig, ihren Pflichten als Mutter nachzukommen und ein Heim zu schaffen, aber es gibt dennoch Erfahrungen, die sie beunruhigen. Sucht sie zum Beispiel die Kleider aus, die sie heute tragen will, so greift ihre linke Hand oft in die Schublade und holt ein paar zusätzliche Dinge hervor.

»Ich griff hinein und faßte nach etwas, was ich überhaupt nicht wollte. Mehrmals hatte ich bereits ein Paar Shorts an, und ich ertappte mich dabei, wie ich ein weiteres Paar Shorts darüberzog ... es war, als würden meine Hände die Kontrolle übernehmen, das zusätzliche Paar Shorts zu holen ... ich kannte bereits derartige Schwierigkeiten.«

Vickys eigenartige Symptome sind das Ergebnis der Durchtrennung der Verbindung der rechten mit der linken Hemisphäre. Normalerweise findet über das Corpus callosum zwischen den beiden Hemisphären ein Zwiegespräch statt. Ist jedoch dieses fünzig Millionen-Faser-Bindeglied einmal verletzt, dann sind die beiden Hemisphären nicht länger in der Lage, miteinander in Verbindung zu treten. Zündet Vicki ein Streichholz an, so ist jede Hand von der ihr entgegengesetzten Gehirnhälfte kontrolliert. Aber da Vicki beide Hände gleichzeitig sehen kann, ist sie in der Lage, sie zu koordinieren. Mit verbundenen Augen wäre Vicki nicht fähig zu erzählen, daß ihre linke Hand die Zündholzschachtel hält. Die Sprache ist hauptsächlich in der linken Hemisphäre angesiedelt, die jedoch nur vom Streichholz in Vickis rechter Hand weiß.

Im Lauf eines Jahres wird Vicki mehrmals von Dr. Gazzaniga getestet. Während eines typischen Experiments leuchtet ein Bild blitzartig vor Vickis rechtem Sehfeld (das von Vickis linker Gehirnhemisphäre bedient wird) auf. Sie erkennt es sofort. Wird derselbe Stimulus der rechten Hemisphäre vorgeführt, ist der Unterschied kraß. Bei einem solchen Versuch identifizierte Vicki ein Bild von einer Frau, die in ein Telefon sprach, ganz einfach als »Frau«. Hier nun bat sie Dr. Gazzaniga: »Schreiben Sie mit Ihrer linken Hand, was die Frau gerade tat. Schließen Sie Ihre Augen und lassen Sie Ihre linke Hand einfach losschreiben.«

Als Vicki dies beendet hatte, fragte Dr. Gazzaniga sie: »Was haben Sie geschrieben?«

»Sprungseil.«

Darauf Dr. Gazzaniga: »Ich will Ihnen zeigen, was Sie geschrieben haben.«

Vicki: »Telefon.«

Bei diesem Beispiel war Vickis rechte Hemisphäre nicht in der Lage, mit Worten mehr als die Erkenntnis, daß das Bild eine »Frau« zeigte, auszudrücken. Danach bat man sie, mit geschlossenen Augen mit der linken Hand zu schreiben, die von der rechten Hemisphäre kontrolliert wird. Diese erteilte Vicki die Anweisung, den anderen wichtigen Bestandteil des Bildes, das Telefon, niederzuschreiben. Aber als Dr. Gazzaniga Vickis schriftlichen Bericht wegnahm und sie dann bat zu erzählen, was sie aufgeschrieben hatte, konnte Vicki nur raten: »Sprungseil«.

Diese Isolierung der einen Seite von Vickis Gehirn von der anderen zeigt die Möglichkeit – andere bezeichnen es als Notwendigkeit – auf, daß zwei getrennte Ichs oder Persönlichkeiten vorhanden sind, wobei die eine der linken Hemisphäre zugeordnet ist und die andere der rechten. Sollten Sie es immer noch als schwierig empfinden, dies zu akzeptieren, so überlegen Sie folgendes:

Auf einem unterteilten Bildschirm leuchtet links das Wort »klatschen« und rechts das Wort »lachen« auf. Sofort lacht und klatscht Vicki gleichzeitig.

Dr. Gazzaniga: »Was sahen Sie diesmal?«

Vicki (lachend): »Soll ich möglicherweise zwei Wörter sehen?«

»Die linke Hemisphäre kontrollierte die Lachreaktion und die rechte das Klatschen«, stellte Dr. Gazzaniga fest. »Zwingt man jedoch jemanden in eine derartige Situation, ist die linke Hemisphäre vorrangig, und Vicki behauptet, daß der einzige Befehl, der ihr erteilt wurde, der zu lachen sei. Sehr wichtig ist dabei die Unabhängigkeit der beiden Gehirnhälften. Man kann beiden gleichzeitig eine Anweisung geben. Sie können gleichzeitig eine Bewegung aufbauen. Und sie können sie gleichzeitig ausführen.«

Dr. Gazzaniga's Arbeit mit Vicki und anderen Patienten mit durchgetrennter Verbindung der Gehirnhälften überzeugte ihn, daß sich in jedem von uns mehrere Ichs befinden, von denen nicht alle gut miteinander auskommen. Als Beispiel dafür folgt der Dialog mit der rechten Hemisphäre des Patienten P.S., der kurz nach seiner Durchtrennungsoperation aufgezeichnet wurde:

»Wer sind Sie?«

»P.S.«

»Wo sind Sie?«

»Vermont.«

»Was möchten Sie gerne sein?«

»Ein Autorennfahrer.«

Stellte man die gleiche Reihe Fragen der linken Hemisphäre, so riefen sie dieselben Antworten hervor, mit Ausnahme der letzten Frage:

»Was möchten Sie gerne sein?«

»Ein Konstrukteur.«

P.S. ist vielleicht der ungewöhnlichste Patient, der jemals nach einer Gehirndurchtrennungsoperation getestet wurde. Statt nur in knappen und nicht ausgearbeiteten Sätzen zu sprechen, ist seine rechte Hemisphäre fähig, sehr persönliche Antworten (den »Autorennfahrer« beispielsweise) zu geben. Am interessantesten ist jedoch die Einstellung, die P.S. gegenüber der Leistung seiner rechten Hemisphäre ausdrückt. Werden beispielsweise Fragen über seine Lieblingsgerichte oder -fernsehsendungen seinem linken Sehfeld (der rechten Hemisphäre) übermittelt – wobei sorgfältig vermieden wird, daß die linke Hemisphäre die Frage sieht –, so antwortet er: »Ich sah überhaupt nichts.« Aber wenige Sekunden später wird seine linke Hand einen Bleistift aufnehmen und eine Antwort auf die Frage niederschreiben. P.S.' rechte Hemisphäre, so behauptet Michael Gazzaniga, beinhaltet »ein getrenntes geistiges System«, das fähig ist, seine eigenen Gefühle und Vorlieben auszudrücken. Gleichzeitig neigt seine linke Hemisphäre mit ihrer Bevorzugung des verbalen symbolischen Ausdrucks dazu, Gründe, manchmal auch unechte, dafür zu erarbeiten, was vor sich geht.

Während einer Testsitzung zeigte man P.S. zwei Bilder, eines wurde der linken Hemisphäre übermittelt (eine Hühnerkralle) und eines der rechten (eine verschneite Landschaft). Man bat ihn, aus einer Reihe Bilder herauszusuchen, was er gerade gesehen hatte. Mit der rechten Hand wählte P.S. das Bild einer Hühnerkralle und mit der linken das einer Schneeschaufel. Auf die Frage, warum er diese besondere Auswahl treffe, antwortete P.S.: »Das ist doch einfach. Die Hühnerkralle gehört zum Huhn, und um den Hühnermist wegzuräumen, braucht man eine Schaufel.«

In diesem Fall gebrauchte P.S.' linke Hemisphäre ihre größere Sprachfertigkeit zur Konstruktion einer plausiblen »logischen« Erklärung für die von ihm getroffene Wahl. Aber die Erklärung war falsch, und dieser Irrtum läßt Michael Gazzaniga vermuten, daß unser Sprach- und Sprechsystem gewohnheitsmäßig versucht, eher zu interpretieren als einfach über unsere Aktivitäten zu berichten. Wenn P.S.' Erklärung überhaupt bezeichnend für uns ist, weist sie darauf hin, daß die Gründe, die wir für unser Verhalten angeben, nicht unbedingt die augenscheinlichsten sein mögen.

Psychiater hatten schon immer behauptet, daß viele Aspekte unseres tagtäglichen Verhaltens vernunftgemäße Erklärungen beinhalten. Wir mögen zwar für gewisse Taten plausibel klingende Gründe angeben, aber diese sind nicht notwendigerweise wahr. Nun liefern Neurologen wie Michael Gazzaniga den Beweis für die Richtigkeit der Behauptung, daß »unsere rechte Hand nicht weiß, was die linke tut«, oder um es genauer auszudrücken, daß »unser linkes Gehirn nicht weiß, was das rechte tut«.

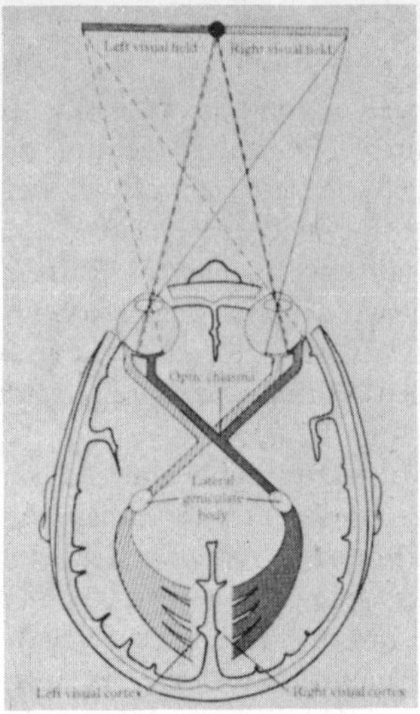

Im visuellen System des Menschen werden Impulse auf die rechte Seite des Sehfeldes in der linken Hemisphäre verarbeitet und umgekehrt.

Der zwingendste Einwand auf Dr. Gazzaniga's Arbeit mit P.S. – eigentlich auf die Erforschung abgetrennter Gehirnhälften überhaupt – ist wohl der, daß bei Patienten, die sich der operativen Trennung ihres Corpus callosum unterziehen müssen, das Gehirn von Anfang an nicht normal ist. Und das trifft zu: Würden ihre Gehirnhälften völlig normal funktionieren, hätten sie nichts mit Neurochirurgen, Operationssälen und experimentellen Psychologen zu tun. Können irgendwelche Ergebnisse dessen, was Dr. Gazzaniga das »multiple System« des Verstands nennt, bei Menschen, die nicht an einer Erkrankung des Gehirns leiden, entdeckt werden?

Bei einer Methode zur Überprüfung dieser Hypothese verwendet man eine lange Röhre, einen Katheter, den man in die Arterien, die sich an der rechten oder linken Seite des Gehirns befinden, einführt. Liegt er an der richtigen Stelle, kann man eine Seite des Gehirns durch ein Anästhetikum einschläfern, während die entgegengesetzte Seite weiterhin funktioniert. Da die linke Hemisphäre normalerweise die Seite des Gehirns ist, die Sprache und Sprechen formuliert, bewirkt ein dort verabreichtes Anästhetikum einen verstummten Patienten, der für etwa zwei Minuten nichts mehr sagen kann. Während dieser Zeit behält die rechte Hemisphäre jedoch ihre Funktionsfähigkeit bei, was Michael Gazzaniga für seine Forschungszwecke ausnützte.

»Meine Idee war, der rechten Hemisphäre Erinnerungsmaterial zu geben, während die linke Hemisphäre schlief. Nachdem diese erwacht war, wollte ich sie fragen, ob sie etwas von der Information wisse, die ich in die rechte Hemisphäre eingegeben hatte.« Dr. Gazzaniga stellte fest, daß die linke Gehirnhälfte nichts über die Information, die der rechten Hemisphäre vermittelt worden war, sagen konnte. Gab man ihr jedoch die Möglichkeit, sich auszudrücken, normalerweise durch Deuten auf eine Anhäufung von Auswahlmöglichkeiten, waren ihre Antworten stets korrekt.

»Kurz gesagt, wir hatten Daten gesammelt, die anzeigten, daß sogar im normalen Gehirn die rechte Hemisphäre Wissen besaß, das in einer Form verschlüsselt war, die vom Suchvorgang des Sprachsystems der linken Hemisphäre abgesondert blieb«, meinte Dr. Gazzaniga.

Aufgrund der Erfahrungen mit P. S. und anderen Patienten mit abgetrennten Gehirnhälften und der Arbeit mit normalen, gesunden Versuchspersonen, wie oben beschrieben, folgerte Michael Gazzaniga, daß das menschliche Gehirn wie eine »geistige Gesellschaft« aufgebaut sei. In anderen Worten kann entlang unseres verbalen Systems eine beliebige Anzahl »geistiger Einheiten« angesiedelt sein, mit Erinnerungen, Wert und Emotionen, und all dies kann über eine Anzahl Reaktionssysteme ausgedrückt werden. Was diesen ganzen Vorgang so unheimlich erscheinen läßt, ist die Tatsache, daß diese Systeme überhaupt nicht mit dem verbalen System verbunden sein können, sondern ihre eigene Existenz außerhalb der für unsere Sprache und unsere Logik zuständigen Gehirnzonen haben können.

Denken Sie noch einmal an Paul Broca's Entdeckung der Bedeutung der linken Hemisphäre für die Sprache. Wie wir wissen, läßt die Zerstörung der »Broca-Zone« einen Sprecher unfähig werden, einen so einfachen Satz wie »Ist es das, was Sie wirklich meinen?« zu sagen. Aber sogar ein so simpler Satz wie dieser ruft Fragen auf, die weit mehr beinhalten als nur die Sprache. Zusätzlich zu den beiden semantischen und grammatikalischen Komponenten verwenden alle gesprochenen Mitteilungen einen dritten Bestandteil: Prosodie (Lehre von der Silbenmessung), die melodischen und betonungsmäßigen Umrisse der Sprache.

»Ist es *das*, was Sie wirklich meinen?« mit Betonung auf dem dritten Wort, führt zu einer völlig anderen Bedeutung dieses Satzes als »Ist es das, was Sie *wirklich* meinen?« Prosodie verleiht emotionale Töne und ermöglicht feine Schattierungen der Bedeutung. Andere Komponenten der

Häufige Fragen zum Gehirn

Frage: Gibt es eine Ernährung, die die Leistung des Gehirns verbessert?
Antwort: Gewisse Aminosäuren in der Ernährung sind Vorläufer der Neurotransmitter – der Substanzen, die von einer Nervenzelle bei Entladung freigesetzt werden. Einige Gehirnzellen wandeln Tryptophan in Serotonin um. Andere verbinden Cholin mit Acetylcholin. In wieder anderen Gehirnzellen ist Tyrosin der Vorläufer von Dopamin, Noradrenalin und Adrenalin (die man zusammenfassend als »Katecholamintransmitter« bezeichnet). Bei manchen Patienten, die an Krankheiten leiden, die das Gedächtnis beeinträchtigen, erwies sich die Verabreichung von Cholin als hilfreich. Cholin kann in Form von Lezithin (das zum Beispiel in Sojabohnen vorkommt) eingenommen werden. Leider enthalten die meisten Lezithinpräparate, die man in Reformhäusern erhält, wenig Phosphatidyl-Cholin, die einzig wirksame Cholinquelle.

Derzeit spielen die Aminosäuren lediglich eine Rolle bei der Behandlung von Patienten, die an Krankheiten leiden, die mit einem Mangel an verfügbaren Neurotransmittern in Verbindung gebracht werden (ein niederer Acetylcholinspiegel hängt mit manchen Gedächtnisstörungen zusammen, verringerte Dopaminmenge spielt bei der Parkinson'schen Krankheit eine Rolle). Im allgemeinen gibt es wenig Hinweise, daß die geistige Leistung gesunder Menschen durch Zusätze in der täglichen Nahrung gesteigert werden kann.

Frage: Ist es wahr, daß es mit zunehmendem Alter schwieriger wird, neue Aufgaben zu erlernen?
Antwort: Das menschliche Gehirn weist eine bemerkenswerte Leistungsflexibilität auf, die jedoch mit zunehmenden Alter abnimmt. Ein Kind kann sich beispielsweise von einer schweren Gehirnverletzung erholen, die bei einem Erwachsenen zu dauerhafter Behinderung führen würde. Das junge Gehirn ist anpassungsfähiger und lernt zum Beispiel Sprachen leichter. Aber die Anpassungsfähigkeit des Gehirns wird durch den normalen Alterungsprozeß beeinträchtigt. Computertomographien von älteren Menschen zeigen Veränderungen auf, die mit der Ansicht übereinstimmen, daß sogar normales Altern von einem meßbaren Verlust von Gehirnzellen begleitet ist. Es ist wahrscheinlich, daß die bei älteren Menschen festgestellten Lernschwierigkeiten die Folge von weniger Gehirnzellen und weniger wirksamen Synapsen sind. Das gleiche Phänomen können wir im Tierreich beobachten. Wie der Volksmund schon sagt, ist es schwierig, einem alten Hund neue Kunststückchen beizubringen.

Prosodie beinhalten Stimmtöne, die Ironie, Unglauben oder Sarkasmus übermitteln. »Ist es das, was *Sie* wirklich meinen?« kann auch ausdrücken, daß Sie ganz einfach jemandes Idee nachplappern.

Von diesen Überlegungen ausgehend fühlten sich gewissenhafte Neurologen stets etwas unwohl bei der Behauptung, nur die linke Hemisphäre sei für die Sprache von Bedeutung. Wie wird die Prosodie der Sprache verschlüsselt? Sind die beiden Sprachelemente – Semantik und Prosodie – möglicherweise auf unterschiedliche Art im Gehirn verschlüsselt?

Jüngste Untersuchungen von Neurologen des Gesundheitszentrums der Universität von Texas in Dallas sowie der Harvard Universität ergaben, daß Störungen der rechten Gehirnhemisphäre eine Person ihrer Fähigkeit berauben kann, wichtige Nuancen beim tagtäglichen Sprechen zu unterscheiden. Normalerweise ist rechteckig bei allgemeiner Unterhaltung leicht zu unterscheiden von recht eckig.

Ebensowenig verwechselt man wahrscheinlich selbständig mit selbst ständig ... aber Menschen, die an Störungen der rechten Hemisphäre leiden, sind unfähig, derartige Unterscheidungen leicht zu treffen.

Bei einer typischen Versuchsanordnung zeigt man Patienten mit Schädigung der rechten Hemisphäre vier Bilder und bittet sie, dasjenige auszuwählen, das einem bestimmten gesprochenen Wort oder Satz entspricht. So mag der »rote Rock« unter Betonung des Wortes »rot« das Bild von britischen Soldaten aus dem 18. Jahrhundert, die Rotröcke genannt wurden, erwecken. Wird die Modulation von rot leicht geändert, könnte das Bild eher einem aus rotem Stoff gefertigten Rock entsprechen.

Die Schädigung der rechten Gehirnhemisphäre beeinträchtigt die Fähigkeit, so subtile, aber bedeutende Unterscheidungen zu treffen.

Aufgrund derartiger Versuche ändern die Neurologen viele traditionelle Vorstellungen über die menschliche Kommunikation, insbesondere die Sprache. Offensichtlich beinhaltet der Zweck der Sprache wesentlich mehr als nur in Grammatik verpackte Informationen. Zusätzliche Botschaften werden durch Veränderung der Stimm-Modulation und durch unterschiedliche Prosodie weitergegeben. »Er ist absolut unglaublich« – dieser Satz, wenn er für sich allein steht, beinhaltet zahlreiche Bedeutungen. Wird er jedoch ausgesprochen, so wird sehr schnell klar, ob der Redner Bewunderung oder Sarkasmus ausdrückt.

Wir alle kennen Menschen, die die Pointe eines Witzes erst dann verstehen, wenn man sie ihnen erklärt. Andere kann man direkt ins Angesicht verspotten, auch wenn man nicht so subtile Formen der Ironie gebraucht. Ist es möglich, daß solche Menschen an ähnlichen Störungen im Umgang mit den prosodischen Bestandteilen der Sprache leiden?

Wir können darüber zwar nur Mutmaßungen anstellen, es gibt jedoch wenig Zweifel, daß es wesentliche Unterschiede bei sonst normalen Menschen in ihrem Umgang mit den Feinheiten der Sprache gibt. Das Erfinden und Erkennen von Wortspielen beispielsweise erfordert die Fähigkeit, auf spielerische Weise die Bedeutung eines Satzes durch verschiedene Modulationen zu ändern.

Die rechte Hemisphäre scheint dem normalen Gespräch Farbigkeit, Lebendigkeit, »Feuer« zu verleihen. Zusätzlich zu Wortspielen ermöglicht sie, Begeisterung, Freude, Traurigkeit und Verzweiflung auszudrükken. Stellen Sie sich für einen Augenblick einen Menschen auf dem Höhepunkt seines Lebens, erfolgreich in Beruf und Gesellschaft, glücklich und in freudiger Erwartung seiner produktivsten Jahre vor. Und nun malen Sie sich die Auswirkungen aus, die ein schwerer Gehirnschlag auf diese Person hätte: völlige Lähmung seiner linken Körperseite, undeutliches Sprechen, so daß er ständig betrunken erscheint. Zweifelsohne erwarten Sie, daß dieser Mensch deprimiert und voll des Grolls sei und sich stark bemitleidet. Tatsächlich jedoch zeigte der Mann, den ich hier beschreibe, ein 47 Jahre alter Wirtschaftsprüfer, wenig Emotionen, oder wie sein behandelnder Neurologe, Dr. Elliott Ross, es ausdrückte: »Seine Stimme wies keinen erkennbaren Unterschied auf, wenn er von seiner Traurigkeit über seine Krankheit oder die lange Trennung von seiner Familie oder die Freude auf den Aufenthalt zu Hause übers Wochenende sprach.« Dr. Ross wurde neugierig auf die Reaktionen seines Patienten und bereitete eine Versuchsreihe mit ihm vor.

Mit Ausnahme seiner undeutlichen Aussprache waren das Verständnis und die Ausdrucksweise des Patienten völlig normal. Bat man ihn jedoch, einen Satz mit ärgerlichem Tonfall zu sagen, war er dazu unfähig. Ebensowenig konnte er seiner Erschöpfung Ausdruck verleihen. (»Könnten Sie bitte mal ans Telefon gehen. Es hat jetzt schon fünfzehnmal geläutet.«) Jedesmal war seine Stimme flach und ausdruckslos. Sein Verständnis der emotionalen Färbung der Sprache jedoch war völlig normal. Er erkannte, wenn andere Leute überrascht, desinteressiert, traurig, freudiger Stimmung oder ärgerlich waren, was sich in ihrem jeweiligen Tonfall widerspiegelte. Da der Patient in der Lage war, Emotionen zu erfassen, diese jedoch nicht ausdrücken konnte, nannte Dr. Ross diese Störung »motorische Aprosodie«. Als Kennzeichen dafür bestimmte er »monotone Sprache; geringe Fähigkeit, Sätze in verschiedenen Varianten zu wiederholen; ausgezeichnetes Verständnis für Gefühlsinhalte in Sprache und Gestik«.

Beläßt man es dabei, so sind Dr. Ross' Beobachtungen zwar interessant, sie besagen jedoch nicht sehr viel. Warum kann der Patient keine Empfindungen ausdrücken, obwohl er eine Vielzahl geistig-seelischer Zustände erfassen und unterscheiden kann? Wie so oft in der Neurologie haben Antworten ihren Preis. In diesem Fall war es der unerwartete Tod des Patienten, der am 23. September 1980 an einem massiven Blutgerinnsel in seinen Lungen starb. Eine Autopsie seines Gehirns ergab eine kleine Infarktbildung (kleiner Schlaganfall) in der rechten Seite des Gehirns unterhalb der zerebralen Hemisphäre.

Auf der Grundlage dieses Resultats sowie Untersuchungen anderer Patienten waren Ross und andere der Meinung, daß die Anpassung von Sprache und Gefühl in den Hemisphären durch kreuzweisen Informationsaustausch im Corpus callosum, der Ausdruck von Emotion jedoch weiter unten im Hirnstamm stattfindet. Anders ausgedrückt, erschwert eine Störung in der rechten Hemisphäre das Erfassen des emotionalen Zusammenhangs eines gesprochenen Satzes. Eine solche Person würde vermutlich unbewegt verharren als Antwort auf den harschen Befehl: »Mach sofort, daß Du hier raus kommst!« Ist die Störung jedoch in einer Zone befindlich, die sich von der rechten Hemisphäre nach unten erstreckende Fasern enthält, wie es bei Dr. Ross' Patienten der Fall war, liegt die Schwierigkeit eher darin, sie auszudrücken statt sie wahrzunehmen. Aber ungeachtet der exakten Lokalisierung ist vorrangiges Thema, daß sich aus all diesen Untersuchungen, die vorherrschende Rolle der rechten Hemisphäre beim Entstehen und Erleben emotionaler Aspekte der Sprache ergibt.

Schädigung der rechten Hemisphäre kann auch eine weitere seltsame Lage herbeiführen. Eine 39 Jahre alte Patientin des berühmten britischen Neurologen MacDonald Critchley war linksseitig gelähmt und konnte an dieser Seite befindliche Gegenstände weder sehen noch fühlen. Nichtsdestotrotz »verneinte sie, daß sie gelähmt sei und bestand darauf, daß ihr linker Arm und ihr linkes Bein ihrer Tochter Ann gehörten, mit der sie, wie sie behauptete, in der letzten Woche das Bett geteilt habe. Als man der Patientin ihren Ehering zeigte, meinte sie, Ann habe ihn vorübergehend zum Tragen ausgeliehen. Ermutigte man die Patientin, mit Ann doch zu reden, sie zu bitten, den Arm zu bewegen, wurde die Patientin verwirrt und sprach vage davon, daß Ann nun schlafe und nicht gestört werden solle. Bat man sie, ihren eigenen linken Arm zu zeigen, drehte sie ihren Kopf und suchte verwirrt oberhalb ihrer linken Schulter.«

Ein weiterer Patient von Dr. Critchley »wanderte im Dunkeln ... des halben Sehfelds umher. Schrieb der Patient, bewegte sich die linke Hand übers Papier, ergriff die rechte Hand und blieb auf ihr ruhen. Da er sie nicht als seine eigene Hand erkannte, rief er aus: ›Laß sofort meine Hand los!‹ und verfluchte sie in ohmächtigem Zorn. ›Hurensohn! Jetzt hat sie ihre dämliche Seele verloren, jetzt folgt sie mir und stellt sich mir in den Weg wenn ich lese.‹«

Trotz derart phantastischer Darstellungen ist ein Abstreiten linksseitiger Lähmungen von Patienten mit Schädigung der rechten Hemisphäre nicht selten. Patienten, die ihre linksseitigen Probleme abstreiten oder herunterspielen, kann man in jeder neurologischen Abteilung eines halbwegs gut ausgelasteten Krankenhauses finden. In der Tat, findet man sie nicht, so liegt das daran, daß das Personal sich des Zustands der Anasognosie (Nichtwahrnehmung der eigenen Krankheit) nicht bewußt ist und entsprechend nicht auf die Idee kommt, dies zu testen, oder daß die mangelnde Sorge des Patienten wegen eines schweren behindernden Gehirnschlags für Tapferkeit gehalten wird.

Zwar sind sich die Neurologen über die genauen Ursachen der Verleugnung linksseitiger Lähmung nicht einig, sie stimmen jedoch in ihrer Lokalisierung überein, die fast immer von einer Erkrankung in der rechten Hemisphäre, insbesondere der parietalen Region herrührt, die man inzwischen für verantwortlich für unseren Körperplan hält.

Gleichfalls Folge der Schädigung der rechten Hemisphäre sind verschiedene geistige Eigenarten, die die rechte Hemisphäre bei unseren emotionalen Reaktionen mit einbeziehen. Erinnern Sie sich bitte an die Reaktion der erstgenannten Patientin von Dr. Critchley, als man ihr ihren Ehering an ihrer eigenen Hand zeigte. In diesem Augenblick war der Beweis, die auf dem Bett ruhende Hand gehöre einzig und allein zu ihr, überwältigend. Und dennoch stritt sie es weiterhin ab und behauptete, der Ring gehöre zu ihrer Tochter Ann, die aber gerade schlafe und deshalb nicht gestört werden solle. In einer derartigen Situation spielt sich viel mehr ab als bloßes Abstreiten. Es erscheint eher so, als sei ein Patient mit Schädigung der rechten Hemisphäre unfähig, angemessene emotionale Orientierung zu empfinden, als glaube er, das Problem sei jemand anderes Sache und sei nicht von unmittelbarer Bedeutung. Oft erstreckt sich dieser Mangel an offensichtlicher Sorge über die unmittelbare Krankheit oder Behinderung hinaus und beinhaltet eine »Was geht denn das mich an?«-Einstellung gegenüber finanziellen Schwierigkeiten und persönlichen Konflikten.

David M. Bear, Psychiater an der Harvard Universität, drückte es folgendermaßen aus: »Der wesentliche Mangel, von dem Verleugnen der Krankheit nur ein spezielles Beispiel sein kann, scheint mir das Fehlen emotionaler Überwachung zu sein. Der Patient nimmt keinerlei wichtige Bedrohung wahr und paßt deshalb nicht auf oder sorgt sich oder ergreift entsprechende Maßnahmen.« Hat Dr. Bear recht, dann sollte es möglich sein, erhöhte emotionale Reaktion der *intakten* rechten Hemisphäre bei normalen Menschen aufzuzeigen.

1977 führten Dr. Stewart Dimond und Dr. Linda Farrington eine Studie mit dem Titel »Emotionale Reaktion auf Filme, die der rechten oder linken Gehirnhemisphäre vorgeführt wurden, gemessen am Herzschlag« durch. Als ersten Schritt statteten Dr. Dimond und Dr. Farrington ihre Versuchspersonen mit besonders gefertigten Kontaktlinsen aus, die die Sicht entweder auf das rechte oder auf das linke Sehfeld beschränkten (erinnern Sie sich, daß das linke Sehfeld auf die rechte Hemisphäre projiziert und umgekehrt).

Medizinisch unbefangene Versuchspersonen empfanden Filme, in denen chirurgische Eingriffe gezeigt wurden, als beunruhigender, wenn sie auf die rechte Hemisphäre projiziert wurden. Auch beschleunigte sich ihr Herzschlag, wurden auf die rechte Hemisphäre im Vergleich zur linken Bilder einer verstümmelnden Operation projiziert.

Die Dimond und Farrington-Untersuchung gab anderen Neurologen Anregung zur Erprobung folgender Hypothese: Die rechte Hemisphäre beschäftigt sich mit negativen Emotionen (wie Traurigkeit oder Furcht), während die linke Hemisphäre für positivere Stimmungen und deren Ausdruck zuständig ist (Glücklichsein, Freude, Lachen usw.).

Wenn Sie eine Reihe Portraitaufnahmen sorgfältig studieren, werden Sie feststellen, daß die linke Gesichtshälfte Emotionen viel intensiver aufzeigt. Dies gilt ganz besonders für Traurigkeit und Depression. Messungen der elektrischen Aktivität in Gesichtsmuskeln zeigen ein ähnliches Muster: Deutlichere Beteiligung der linken Gesichtsseite, wenn sich ein Mensch traurig fühlt, größere Aktivität der rechten Seite bei positiven Emotionen.

Der Psychologe Gary Schwartz von der Yale Universität stellte fest, daß sogar bloßes Befragen einer Person über negative Gefühle eine Erhöhung der elektrischen Aktivität in der linken Gesichtsseite hervorruft. Wechseln die Fragen zu positiven Gefühlen über (Erzählen Sie mir, wie Sie sich an dem Tag gefühlt haben, als Sie erfuhren, daß man Sie in Yale aufgenommen hat), verändert sich die Balance und die rechten Gesichtsmuskeln werden aktiver. Die Reaktionen von Dr. Critchley's Patienten und die Ergebnisse von Dr. Elliott Ross zur Prosodie erhalten dadurch allmählich einen tieferen Sinn. Ist die rechte Hemisphäre damit beschäftigt, unseren Erfahrungen negative emotionale Färbung zu verleihen, dann könnte ihre Beschädigung zu einem Abstreiten, daß überhaupt ein Unglück geschehen sei, führen. Ist die rechte Hemisphäre andererseits übererregt, wie beispielsweise bei einem epileptischen Anfall, der dort seinen Ursprung hat, dann ist eine starke negative Emotion zu erwarten. Und tatsächlich geschieht folgendes: Unkontrolliertes Weinen, scheinbar ohne Anlaß, ist die Begleiterscheinung epileptischer Anfälle, die von der rechten Hemisphäre ausgehen. Dies trifft aber nicht zu bei Anfällen, die in der linken Hemisphäre ihren Ursprung haben.

Stellen Sie sich dies so vor: In bezug auf Emotionen sind die rechte und die linke Hemisphäre zwei ausgeglichene Waagschalen. Die linke Hemisphäre beschäftigt sich mit positiven Emotionen, die rechte mit negativen. Und nun nehmen Sie das Gewicht von der rechten Schale weg. Sofort schlägt die Waage nach links aus. Das Entfernen der Gewichte entspricht einer Schädigung des Gehirns, bei der Gewebe verloren geht. Da die rechte Hemisphäre normalerweise die Seite ist, die die entsprechende Traurigkeit und Sorge hervorrufen würde, ergibt sich durch Schädigung ihrer Nervenzellen mangelnde Sorge, ja sogar Abstreiten eines gegebenen Anlasses.

Ein epileptischer Anfall, der eine Erhöhung der Aktivität verursacht, entspricht in etwa dem Vergleich, mehr Gewichte auf eine Seite der fiktiven Waage zu legen. In dem Moment beginnt der epileptische Patient, dessen Anfälle in der rechten Hemisphäre ihren Ursprung haben, ohne ersichtlichen Grund zu weinen. Geht der Anfall jedoch von der linken Hemisphäre aus, schlägt unsere Waage nach links aus, und wir zeigen unkontrollierbare emotionale Ausbrüche wie Lachen ohne erkennbaren Anlaß. Sogar der Patient kann nicht erklären, warum er in plötzliches Lachen ausbricht.

Zwar bildet die Waage einen guten Vergleich für die Emotionskomponenten der rechten und linken Gehirnhemisphäre, es wäre jedochein Fehler anzunehmen, daß Emotionen ausschließlich dort lokalisiert sind. Wie auch bei Dr. Elliott Ross' Patienten kann der Schaden tiefer in der Hirnsubstanz auftreten. Wenn Sie einen Fächer öffnen und seinen Aufbau einen Augenblick lang betrachten, erhalten Sie eine Vorstellung darüber, wie die Gehirnfasern ineinander übergehen, je tiefer sie ins Gehirn hinabreichen. Die zerebralen Hemisphären entsprechen dem breiteren oberen Teil des Fächers. Dieser verjüngt sich zum Griff hin, was annähernd den subkortikalen (wörtlich: unter der Hirnrinde befindlich) und Hirnstammzonen entspricht. Ein kleinerer Gehirnschlag in dieser Zone kann einen großen Teil der Zellen im Cortex zerstören. Tritt dieser Gehirnschlag mit ähnlichem Ausmaß dagegen peripher auf, am Rande des Fächers, wird nur ein kleiner Teil aller nach unten reichenden Fasern beschädigt.

Ähnlich ist die Situation bei Gehirnzellen, die sensorische Informationen aus dem Körper enthalten, welche nach oben zu den zerebralen Hemisphären wandern. Die Fasern treten im engen Ende des Fächers ein und breiten sich auf ihrem Weg hinauf zur Hirnrinde aus. Dieses Fächerbeispiel dient auch noch dazu, uns daran zu erinnern, daß die zerebralen Hemisphären nicht in einer Art »herausragender Isolierung« existieren, sondern mit Zonen innerhalb des Subcortex und des Hirnstamms verbunden sind.

Es ist immer nützlich, sich vor Augen zu halten, daß Vorgänge im Gehirn nicht nach logischen Gesetzen ablaufen. So erwähnte ich bereits mehrere Male, daß Stimulierung der rechten Körperseite letztendlich in der linken Seite des Gehirns vermerkt wird und umgekehrt. Dies geschieht, da die sensorischen Botschaften die Mittellinie des Körpers an verschiedenen Stellen – je nach Ursprung des Stimulus – queren. Wenn Sie sich in der Dunkelheit Ihren Zeh anstoßen, wechseln die Schmerzsignale des Fußes die Seite viel weiter unten als die Schmerzsignale der Hand. Schmerzsignale des Gesichts, Zahnweh beispielsweise, queren noch weiter oben im Hirnstamm. Das Endergebnis all dieser Kreuzungspunkte von einer Körperseite zur anderen ist ein verwirrendes Netzwerk ineinander verflochtener Nervenfasern, die sich über die gesamte Länge der menschlichen Wirbelsäule erstrecken. Die Schlüsselfrage ist natürlich, was für einem Zweck diese ganze Anordnung dient. Derzeit müssen die Neurologen noch eine wirklich überzeugende Antwort formulieren. Anders ausgedrückt: Das menschliche Gehirn muß diesen rätselhaften Aspekt seines eigenen Funktionierens noch entdecken. Es besteht jedoch wenig Zweifel, daß wir beide Seiten unseres Gehirns benötigen. Tatsächlich kann man mit ebensolcher Gültigkeit behaupten, daß wir nicht nur aus der rechten und der linken Seite unseres Gehirns bestehen, sondern daß *wir* ganz einfach *unser Gehirn sind* und wir nicht einen Teil davon missen wollen, hätten wir die Wahl.

Das Gehirn eines Affen wurde mit radioaktiviertem Phencyclidin behandelt. Das mesolimbische System, die Zone unseres Gehirns, die den Nährboden für unsere Emotionen bildet, wird intensiv aktiviert. Würde man Phencyclidin dem Menschen verabreichen (ein undenkbares Laborexperiment, das leider täglich auf den Straßen der Städte Amerikas stattfindet), könnte man eine ähnliche Aktivierung feststellen. Bei diesem gewagten Experiment besteht keinen Augenblick lang Zweifel darüber, daß Verhalten und Neurochemie äußerst eng miteinander verbun-

Das japanische Gehirn

Ist die Sprachspezialisierung in der linken Gehirnhemisphäre universell? Bevor wir annehmen, die Antwort sei »ja«, lassen Sie uns einen Blick auf die beachtenswerte Ausdrucksunterschiedlichkeit, die durch die verschiedenen Sprachen ermöglicht wird, werfen. Die englische Sprache zum Beispiel ist stark von Konsonanten abhängig. Versuchen Sie einmal, einen Satz zu bilden, auch wenn er noch so kurz ist, der nicht einen oder mehrere Konsonanten enthält. Es ist einfach nicht möglich. Japaner hingegen können äußerst schwierige Inhalte in Sätzen ausdrücken, die nur Vokale beinhalten: »Ue o ui, oi o ooi, ai o ou, aiueo« heißt zu Deutsch »Ein liebeshungriger Mann, der sich um seinen Hunger sorgt, verbirgt sein hohes Alter mit Jagd nach Liebe.«

Dr. Tadanobu Tsunoda, ein Spezialist für Sprach- und Gehörstörungen an der Universität für Medizin und Zahnmedizin in Tokio, untersuchte Patienten, die linksseitig und vermutlich in den sprachdominanten Hemisphären einen Gehirnschlag erlitten hatten. Während er die Versuchspersonen testete, beobachtete Dr. Tsunoda, daß ein isoliertes Vokal wie zum Beispiel der Klang »ah« vornehmlich in der linken Hemisphäre statt erwartungsgemäß in der rechten verarbeitet wurde. Im weiteren Verlauf seiner Forschungen begann er eine die verschiedenen Kulturkreise übergreifende Studie und verglich gebürtige Japaner mit Nicht-Japanern, die in Tokio lebten, unter ihnen Nord- und Südamerikaner, Europäer, Menschen aus dem Nahen Osten und Ostindien, Polynesier, Australier, Chinesen, Philippinos und Koreaner. Er fand heraus, daß alle diese Menschen isolierte Vokallaute hauptsächlich in der rechten Hemisphäre verarbeiteten, ausgenommen lediglich die Japaner. Am interessantesten jedoch war, daß Amerikaner und Europäer, die in Japan aufgewachsen waren und von frühem Alter an mit der japanischen Sprache konfrontiert waren, die gleiche Hemisphärenspezialisierung aufwiesen wie in Japan geborene Japaner. Dieses Resultat, eine enorme Überraschung für Dr. Tsunoda, hob sofort eine der beiden möglichen Erklärungen für dieses Ergebnis auf: die Erbanlage. Denn sollte das Verarbeiten von Vokalen in der linken Hemisphäre ererbt sein, dann müßten Amerikaner und Europäer, die in Japan aufgewachsen waren, ihre westliche Dominanz der rechten Hemisphäre für isolierte Vokallaute beibehalten. Statt dessen glichen sie in dieser Hinsicht den Japanern.

Über die Jahre beschäftigten sich die Anthropologen mit der einzigartigen Weise, in der die Japaner über Raum und Individualität denken, und mit der Wichtigkeit, die sie der Intuition zuerkennen. Ferner sind tiefgreifende philosophische Unterschiede vorhanden. Es ist wahrscheinlich nicht zufällig, daß »Zen« mit seiner Betonung der Leere und dem willentlichen Verzicht auf das »Ich« während der Meditation eher eine japanische als eine westliche Erscheinung ist. Gewisse Zen-Laute sind unübersetzbar, so beispielsweise »ka« oder »ga«, was ein spontaner Ausruf ist in dem Moment, wo man satori, Erleuchtung, erlangt.

Dr. Tsunoda's Untersuchungsergebnisse liefern ausreichende Begründung, warum Zen und andere Aspekte des »japanischen Geistes« so verwirrend und frustrierend für Angehörige des westlichen Kulturkreises sind. Das japanische Gehirn ist möglicherweise ganz einfach unterschiedlich aufgebaut. Dr. Tsunoda vermutet, daß die japanische Vorliebe für indirekte, intuitive Wege zur Problemlösung auf der Tatsache beruht, daß beide Fähigkeiten in der gleichen Hemisphäre angesiedelt sind.

Ist Dr. Tsunoda's Forschung richtig, beschäftigt sich die linke Hemisphäre des japanischen Gehirns mit Dingen, die so bedeutsam sind wie Logik für einen Angehörigen des westlichen Kulturkreises: Intuition, Mittelbarkeit und die kreative Verwendung von Raum und Klang. Die Empfindsamkeit für diese zahlreichen Einzelbestandteile menschlicher Kommunikation erleichtert das Beurteilen von Menschen und Ereignissen, was einer Person, die sich nur auf »Logik« verläßt, unmöglich wäre.

Mittelpunkt von Dr. Tsunoda's These ist die Bedeutung der Sprache als Determinante des Gehirnaufbaus, der Denkweisen und letztendlich der Kultur. Während Angehörige des westlichen Kulturkreises sowohl ihre Sprache als auch die logische Funktion der linken Hemisphäre und den nicht verbalen Kommunikationsbestandteil der rechten Hemisphäre zuweisen, verarbeitet das japanische Gehirn im Gegensatz dazu Geräusche und Erfahrungen, die für Emotionen von Bedeutung sind, in der linken Hemisphäre. Stimulus für die Zuweisung an die eine oder andere Hemisphäre ist nach Dr. Tsunoda nichts weiter als die Sprache selbst.

»Ich glaube, daß die Muttersprache die Art und Weise, wie Menschen Geräusche der äußeren Umwelt aufnehmen, verarbeiten, fühlen und verstehen, genau unterscheidet«, sagt Dr. Tsunoda. »Die Muttersprache ist mit der Entwicklung emotionaler Mechanismen im Gehirn eng verbunden. Ich vermute, daß die in der Kindheit erlernte Muttersprache eng verknüpft ist mit der Bildung einer einzigartigen Kultur und Mentalität jeder ethnischen Gruppe.«

den sind. Die Wissenschaftler glauben, daß einige den Verstand verändernde Drogen ihre hauptsächliche Wirkung auf das limbische System ausüben, das mit den zerebralen Hemisphären verbunden ist, wo die durch diese chemischen Stoffe hervorgerufenen Veränderungen symbolisch ausgearbeitet werden: Visuelle Halluzinationen, Gefühle von Grandiosität oder Paranoia, sich mit dem Kosmos in Einheit befinden usw. Wahrscheinlich beruht die heftige Wirkung von Drogen wie Phencyclidin auf den starken Verbindungen, die diese Drogen mit den Neuronenrezeptoren innerhalb des limbischen Systems und der zerebralen Hemisphären eingehen.

Das von Phencyclidin beeinflußte Affengehirn macht die durchdringende Wirkung der chemischen Substanz auf das Gehirn deutlich. Es gibt gleichzeitig einen lebhaften Eindruck von der Einheit zwischen Ich und Gehirn wieder. Wenn sich der chemische Stoff auf den Gehirnrezeptoren festsetzt, werden die wichtigsten Aspekte individueller Persönlichkeit betroffen, meistens auf Dauer. Daß eine chemische Substanz derartig weitreichende Veränderungen der Persönlichkeit bewirken kann, bestätigt, was die Neurologen sagen. *Wir sind unser Gehirn.* Denken nun die Neurologen so? Rudyard Kipling erfaßte das Wesentliche, als er in folgendem Gedicht aus seinem Werk »Kim« schrieb:

Ich danke dem Boden, der mich gebar,
Und dem Leben, das mich genährt –
Doch am meisten Allah, der meinem Kopf
Zwei verschiedene Seiten beschert.

Lieber verlöre ich Hemd und Schuh
Und Freunde und Tabak und Topf
Als nur für einen Augenblick
Eine Seite von meinem Kopf

(Deutsch von Hans Reisinger)

7. Geistesstörungen

An einem späten Oktobermorgen versammelten sich die Ärzte, Krankenschwestern und Psychosozialarbeiter im St. Elizabeth Krankenhaus in Washington D. C. zur sogenannten großen Runde, einer wöchentlich stattfindenden Konferenz, um den Fortschritt ausgewählter, in verschiedenen Abteilungen untergebrachter Patienten zu besprechen.

Das St. Elizabeth ist eine der ältesten Nervenheilanstalten in den Vereinigten Staaten. Über die Jahre nahmen seine Stationen Menschen jeder Rasse, jeden Glaubens und jeden Berufs auf. Einmal beherbergte es sogar den Dichter Ezra Pound. An diesem Morgen jedoch kam der Krankenhausstab zusammen, um den Fall eines weit weniger bekannten Patienten zu besprechen. Es ist Jerry, ein früherer Polizist, und seine Diagnose lautet »schizophren«.

Als sich die Seitentür öffnet, legt sich sofortiges Schweigen über den Raum. Einige der Ärzte beugen sich in ihren Stühlen nach vorne, um ja kein Wort des Dialogs zwischen Jerry und Dr. Llewellyn Bigelow zu versäumen. Jerry ist ein dunkelhaariger, muskulöser junger Mann. Er grüßt Dr. Bigelow mit einem durchdringenden, starren Blick. Innerhalb von Sekunden wandert Jerry's Blick jedoch durch den Raum und gelegentlich zu den anderen dort versammelten Zuhörern. Während des Gesprächs dreht Jerry sein Haar mit den Fingern der rechten Hand zu Locken und entwirrt sie dann wieder.

»Wie geht es Ihnen denn heute?«, fragt Dr. Bigelow.

»Ich fühle mich, als hätte man mich heute hierherbestellt, um mich auf den elektrischen Stuhl zu binden ... um mich zu verurteilen ... um mich einzusperren. Und das alles wegen ein paar Sünden, die ich begangen habe.«

»Ist dies ein neues Gefühl für Sie?«

»Nein, es ist kein neues Gefühl. Ich fürchte mich vor Menschen. Ich fürchte mich so sehr, daß ich Ihnen sagen kann, das Bild dort drüben hat Kopfschmerzen.«

»Erzählen Sie mir mehr darüber, ›daß das Bild Kopfschmerzen hat‹.«

»Wenn ein Sperma und ein Ei sich zusammentun, um ein Baby zu machen, geht ein Sperma sofort los, und wenn sie sich an zwei Kontaktstellen berühren, verschmelzen sie miteinander. Es ist wie eine atomare Kernfusion, nur handelt es sich um eine menschliche Verschmelzung. Es gibt einen Protonenmasseverlust in Form von Hitzeabsonderung. Eine

Hitzeabsonderung geht in die Luft, das Elektron dreht sich um sich selbst und läßt sich dann im Proton nieder, um den Verstand zu bilden, und der Verstand kann auf ein Atom reduziert werden.«

Einige Tage später wird Jerry noch einmal interviewt, diesmal in Dr. Bigelow's Büro. Anwesend sind Jerry, Dr. Bigelow, Dr. Darrell Kirch, ein weiterer Psychiater, und Jerry's Mutter. Anlaß dieser Zusammenkunft ist, Jerry davon zu überzeugen, daß er einen längeren Krankenhausaufenthalt und weitere Behandlung benötigt. Jerry ist ein freiwilliger Patient, der von sich aus ins Krankenhaus ging und sich aus diesem Grund auch selbst »entlassen« kann. Im Augenblick möchte Jerry sehr gerne das St. Elizabeth verlassen. Er hat jedoch noch keinerlei Vorstellungen, wo er hingehen und was er tun will.

Nach einem anfänglichen Kampf zwischen Jerry und Dr. Bigelow darüber, daß Jerry weitere Behandlung benötigt, erklärt sich Jerry damit einverstanden zu bleiben, wenn seine Mutter ebenfalls in Washington verweilt statt nach Hause zurückzukehren. Hier unterbricht ihn seine Mutter:

»Jerry hör mir mal eine Minute zu. Meinst du nicht, daß ein Besuch pro Monat genügt?«

»Da kommt dieser Typ mit den grünen Zähnen herein. Ich wußte nicht, was tun. Also schwang ich mich hoch und versetzte dem alten Grünzahn einen Tritt in die Knie . . . Wenn ich keine Angst habe, bring ich Dich nicht um«, sagt Jerry.

»Jerry, hör mir einen Augenblick zu«, darauf die Mutter.

»Warum? Erzählst Du mir nun, daß Snoopy tot sei?«

»Sprich nicht über etwas anderes, wenn ich mir Dir rede«, bittet ihn seine Mutter.

»Ich spreche überhaupt nicht mit Dir.«

Wenige Augenblicke später schaltet sich Dr. Bigelow ins Gespräch ein, um Jerry mitzuteilen, daß er weiterhin im Krankenhaus bleiben müsse. »Sie sind verwirrt und verängstigt genug. Ich fürchte sogar, Sie könnten sich selbst etwas antun.«

»Lassen Sie es mich Ihnen anders sagen«, sagt Jerry und starrt dabei fest auf Dr. Bigelow. »Wie lang ist es her, seit ich entdeckte, daß ich dort im Hillbilly Himmel war? Wie lang ist es her seit *Stadt ohne Mitleid*? Wie lang ist es her seit *Der Mann, der Liberty Valance erschoß*?«

Für einen flüchtigen Zuhörer mögen Jerry's Antworten »verrückt« klingen, völlig ohne Bedeutung, ohne Zusammenhang zu den Bemerkungen und Fragen seiner Mutter. Für einen ausgebildeten Psychiater wie Dr. Darrell Kirch jedoch sind Jerry's Antworten typische Anzeichen einer bestimmten Krankheit: Schizophrenie.

»Wenn Sie Jerry sehen, glaube ich, reagieren Sie, als hätten Sie das totale Chaos gesehen«, sagt Dr. Kirch. »Aber wenn Sie sich etwas Zeit nehmen, können Sie einige der Hauptsymptome der Schizophrenie erkennen. Sein Denken ist desorganisiert. Er hat Wahnvorstellungen. Einige dieser Wahnideen sind großartig, andere paranoid. Seine Stimmung ist schwankend. Manchmal ist er fast abwesend, dann wieder ist seine Laune völlig unangebracht. Sein Verhalten ist verwirrt ... es ist ungewöhnlich ... seine Gewohnheiten (sein ständiges Ziehen und Drehen der Haare) sind unerklärlich. Auf der Station weist er ein sinn- und zielloses Verhalten auf. Er ist ein klassischer Fall von Schizophrenie.«

Zu einer anderen Zeit und an einem anderen Ort befände sich Jerry wahrscheinlich nicht in einem Nervenkrankenhaus. Sein seltsames Benehmen würde ihn als Medizinmann oder Schamane kennzeichnen. Seine Bemerkungen hätten ihn im Mittelalter oder in Salem, Massachusetts, als »von den Mächten der Dunkelheit abstammend« gekennzeichnet, und er wäre entsprechend behandelt worden.

Über die Jahrhunderte hinweg wurden schizophrene Menschen auf dem Scheiterhaufen verbrannt, in dunkle Gewölbe gekettet, zu Tode gehungert und ertränkt. Alle diese Exzesse waren die Reaktion auf eine Störung, die bis zum heutigen Tag die Menschen, die damit in Berührung kommen, verwirrt, verängstigt und mystifiziert. Glücklicherweise bessert sich die Lage für Jerry und die zwei Millionen Amerikaner, die an dieser Krankheit leiden.

In den vergangenen zwei Jahrzehnten lernten die Neurologen ziemlich viel über das, was in den Gehirnen von schizophrenen Menschen wie Jerry vor sich geht. Bevor wir jedoch diese Fortschritte erforschen, lassen Sie uns erst einmal ein paar der Dinge festhalten, die wir über diese Krankheit wissen, die etwa zwei Prozent der amerikanischen Bevölkerung befällt.

Schizophrenie ist eine ausschließlich auf den Menschen beschränkte Krankheit. Zwar hatte man sich intensiv bemüht, »Tiermodelle« für diese Störung zu finden, man entdeckte jedoch kein wirklich überzeugendes Beispiel von Schizophrenie bei anderen Organismen außer dem Menschen. Dies kommt nicht völlig überraschend. Schizophrenie ist von Wahnvorstellungen, Halluzinationen und Gedankenstörungen gekennzeichnet. Sie befällt den Willen, die Klarheit des Denkens und die Emotionen, kurz gesagt alle jenen geistigen Vorgänge, die uns von den anderen Organismen unserer Umwelt unterscheiden.

Zwar stammt der Begriff Schizophrenie aus dem 20. Jahrhundert (er datiert 1911, als Eugen Bleuler, ein Schweizer Psychiater, das inzwischen klasssiche Werk *Dementia praecox oder die Gruppe der Schizophrenien* schrieb), es ist aber wahrscheinlich, daß die Krankheit seit Bestehen der Menschheitsgeschichte existiert. Es dauerte jedoch bis zur Mitte des 18. Jahrhunderts, bis man »Wahnsinn« als medizinisches und nicht als religiöses oder politisches Problem erkannte. Als Ergebnis dieser Erkenntnis wurden Verbrennungen auf dem Scheiterhaufen und Inhaftierung allmählich durch menschlichere Behandlung ersetzt.

Seit Mitte des 19. Jahrhunderts wurden Geisteskranke – von denen die meisten an Krankheiten litten, über die wir heute ohne Zögern die Diagnose Schizophrenie stellen würden – von ihren Ketten befreit, aus dem Kerker entlassen und allgemein mit einer Sorgfalt gepflegt, die sich eher an medizinischen als an strafrechtlichen Standpunkten orientierte. Trotz dieser allgemeinen Verbesserung haben schizophrene Menschen immer noch Schwierigkeiten, einen Arbeitsplatz zu finden, und die Leute meiden sie, als sei ihre Krankheit ansteckend. Überall im Amerika von heute ist Schizophrenie die am meisten mißverstandene und nicht anerkannte Geisteskrankheit. Dies mag seine Ursache darin haben, daß zur Erforschung der Schizophrenie nur ein Bruchteil der Gelder ausgegeben werden, die für Krebs, eine Krankheit, die kostenmäßig der Schizophrenie gleichzusetzen ist, denkt man in Begriffen wie verlorene Arbeitstage, Krankenhausaufenthalt, Kosten für Medikamente usw., aufgewendet werden.

Das Mißtrauen der Menschen beruht zumindest teilweise auf der bizarren und aus der Fassung bringenden Art der Krankheit. Ein Mensch mit Krebs oder einer Herzkrankheit handelt oder redet nicht anders als der Rest von uns, während die Aussagen eines Schizophrenen häufig keinen »Sinn« ergeben. Jerry's Eröffnungsrede über das Bild, das an Kopfweh leidet, ist typisch. Hinzu kommt, daß ein Schizophrener in furchterregender oder sogar bedrohlicher Weise agieren kann. Er scheint in einer »anderen Realität« als der Rest von uns zu leben.

Es gab eine Zeit, in der die Psychiater zuversichtlich waren, daß Schizophrenie auf der Basis dessen, was sie halb scherzend die vier A's nannten, diagnostiziert werden könne. Ambivalenz, Autismus, lose Assoziationen und geänderter Affekt.

Ambivalenz. Die Psychiater stellten fest, daß Schizophrene oft gleichzeitig sowohl positive wie auch negative Gefühle über andere Menschen und Ereignisse um sie herum ausdrücken, fast so, als könnten sie sich nicht entscheiden. Jerry's Wunsch, im Krankenhaus zu verweilen, ist gleichzeitig mit einem ebenso starken Drang, es zu verlassen, vorhanden. Er kann nicht wählen und bricht in Wut aus über seine Mutter und die Ärzte, die versuchen, ihm zu helfen, die beste Entscheidung zu treffen.

Autismus. Schizophrene neigen dazu, sich von anderen zurückzuziehen. Häufig sind sie ihr Leben lang introvertriert und menschenscheu. Später, im fortschreitenden Stadium, intensiviert sich diese Zurückgezogenheit, und die psychischen Energien konzentrieren sich auf ein zunehmend verwirrendes inneres Erleben.

Lose Assoziationen. Die Aussagen eines Schizophrenen ergeben häufig keinen Sinn. Es ist, als seien einige unzusammenhängende oder lose zusammenhängende Dinge irgendwie durcheinandergeraten. Jerry's Bemerkungen zum Tod von Snoopy und zu den Filmen »Liberty Valance« und »Stadt ohne Mitleid« entsprechen der Definition loser Assoziationen. In seiner Psychose kann er andeuten, daß er wie Liberty Valance erschossen werden kann und daß weder seine Mutter noch Dr. Bigelow irgendwelche Mitgefühle (»Mitleid«) empfinden würden für das, was er durchmache. Aber solche losen Assoziationen können auch viele andere Bedeutungen haben. Die Unverständlichkeit dieser Kommunikation bietet jeglicher Analyse Widerstand.

Ein Schizophrener bemerkte einmal über seinen Denkprozeß: »Die Hälfte der Zeit rede ich über eine Sache und denke gleichzeitig an ein halbes Dutzend anderer Dinge. Es muß auf andere Menschen verrückt wirken, wenn ich über etwas lache, das überhaupt nichts mit dem zu tun hat, worüber ich gerade spreche, aber sie wissen ja nicht, was in mir vorgeht und wieviel mir durch den Kopf geht. Sehen Sie, ich kann mit Ihnen ernsthaft über ein Thema reden, und dabei kommen mir gleichzeitig andere komische Dinge in den Sinn, und dann muß ich lachen. Könnte ich mich nur auf eine Sache konzentrieren, würde ich nicht halb so närrisch erscheinen.«

Geänderter Affekt. Die Reaktion eines an Schizophrenie erkrankten Menschen auf seine gestörten Wahrnehmungen kann von einem rasenden Emotionsfluß bis zu flacher Monotonie reichen. Im einen Moment kann der Schizophrene seine Freunde und Verwandten durch die Intensität seiner eingebildeten Furcht erschrecken und dann wenige Augenblicke später mit emotionsloser Stimme Angelegenheiten besprechen, die für die meisten Menschen qualvoll wären, wie zum Beispiel der Tod eines Verwandten oder die Erkrankung eines kleinen Kindes.

Der Schizophrene zeigt häufig Angst vor der Welt um ihn herum. Dinge wie auch Menschen erscheinen ihm bedrohlich. Die Welt ist verwirrend und unberechenbar. Möglicherweise ruft die Furcht des Schizophrenen in Verbindung mit seiner Unfähigkeit, seine Denkprozesse zu lenken und zu kontrollieren, das plötzliche Zurückziehen von der Gesellschaft hervor. Diese Zurückgezogenheit kann zwar vorübergehend das Gefühl der Bedrohung durch die Umwelt für den Schizophrenen verringern, sie führt jedoch auch dazu, seine Isolation und Einsamkeit zu verstärken. Die Gedanken werden zunehmend ungeordnet und verwirrt. »Meine Gedanken geraten alle durcheinander«, beschrieb ein Schizophrener seine Erfahrungen. »Die Menschen, die mir zuhören, verirren sich mehr darin als ich selbst.«

Die oben aufgeführten Beschreibungen typischer schizophrener Erfahrungen stellen am Schluß nicht mehr als eine lange Liste verschiedener Dinge, die alle schiefgehen können, dar. Die spezifischen Störungen eines ganz bestimmten Schizophreniepatienten sind ebenso individuell wie seine Fingerabdrücke. Es gibt kein einziges Muster. Diese Ungleichförmigkeit liefert einen Hinweis darauf, daß Schizophrenie nicht eine einzige Krankheit, sondern ein ganzes Spektrum von Störungen, eine »Gruppe von Schizophrenien«, wie sie der Psychiater Eugen Bleuler 1911 beschrieb, sein kann.

Nach Untersuchungen an Hunderten von Patienten fand Eugen Bleuler gewisse Symptome (die vier A's) heraus, die regelmäßig in Zusammenhang mit dieser langen, normalerweise endlosen Krankheit standen. Bleuler's Vorgänger Emil Kraepelin hatte behauptet, diese Krankheit sei völlig unheilbar und nehme einen sich ständig verschlechternden Verlauf. Bleuler hingegen zeigte etwas mehr Optimismus. Er hatte festgestellt, daß die Krankheit gelegentlich spontan zu einem Ende komme. Seine Beobachtungen an Patienten in einem großen Nervenkrankenhaus in Zürich veranlaßten ihn, den schwerfälligen und im Grunde unangemessenen Begriff Dementia preaecox zugunsten des Ausdrucks Schizophrenie, Aufspaltung des Verstandes, aufzugeben. Diese Aufspaltung hat nichts mit der sogenannten gespaltenen Persönlichkeit, auf die wir im achten Kapitel zu sprechen kommen werden, zu tun. Sie bezieht sich statt dessen auf die Unfähigkeit des Opfers, Gefühle und Gedanken in Einklang zu bringen. Sie beeinträchtigt die Fähigkeit, menschliche Kontakte zu pflegen und als Folge davon, sich über andere liebevolle Gedanken und ernste Sorgen zu machen. Wenn, wie vorangegangene Kapitel dies folgerten, unser Menschsein von der Fähigkeit zu denken und in komplexen symbolischen Formen zu kommunizieren, abhängt, dann ist

Schizophrenie die für unser Menschsein am meisten zerstörerisch wirkende Erkrankung des Gehirns. Der Schizophrene ist von seinen Gefühlen und den Gefühlen der Menschen um ihn herum abgespalten. Diese Dissonanz kann andere Menschen in Alarm oder durch die Unangemessenheit der Reaktion des Schizophrenen in Furcht versetzen.

Jerry und sein 68 Jahre alter Vater saßen während eines Besuchs Jerry's zuhause im Wohnzimmer.

»Ich weiß nicht, ob Du mich töten wirst, und es ist mir egal ... genug ist genug«, sagte Jerry.

»Warum glaubst Du denn, daß ich Dich töten will?«

»Da wir eines Nachts etwa 20 Gewehrschüsse hatten, und ich nicht feststellen konnte, woher sie kamen. Deshalb ging ich ja hinaus, um's festzustellen. Jeder schoß auf jeden ... Diese Stadt war sehr anstrengend ... Papa, weißt Du überhaupt, wie mir zumute ist? Ja, mir geht's sogar noch schlechter. Dieser Mann (er zeigt auf seinen Vater) ist ein Vaterkomplex. Er ist kein Wischiwaschi-Vaterkomplex. Er ist 68 Jahre alt, und er kann mir immer noch einen Tritt in den Hintern versetzen ... Mir macht überhaupt nichts mehr Spaß (dies sagt er mit gequältem Tonfall). Die Polizeiabteilung hatte mir Spaß gemacht.«

In diesem kurzen Dialog sind verschiedene Elemente durcheinandergeraten. Jerry's Angst vor seinem Vater, dieser könne ihn töten; die Erinnerung an den Streß bei seiner Tätigkeit als Polizist; einige Einzelheiten von einer Schießerei. Dann bricht Jerry's Einsamkeit und Schmerz durch, als er seinem Vater in leidendem Tonfall erzählt, er könne überhaupt keinen Spaß mehr empfinden. Man braucht gar keine Worte darüber verlieren, daß für die so angesprochene Person derartige Mitteilungen extrem aufregend wirken. Jedenfalls ausreichend aufregend, um in manchen Fällen sogar den behandelnden Psychiater in Furcht und Ärger zu versetzen. Die Isolierung des Schizophrenen von Freunden und Verwandten, sogar seine Isolierung innerhalb der Nervenheilanstalt, beruht teilweise auf den Schwierigkeiten, die andere Menschen beim Umgang mit einem »verstandesmäßig aufgespaltenen« Geisteskranken empfinden.

Jerry's Mutter beschrieb ihre Eindrücke von ihrem Sohn mit folgenden Worten: »Mir kommt vor, sein Verstand rase wie ein Motor ... rast ununterbrochen ... und dies setzt sich fort, auch wenn er schläft ... Wenn er schlafen geht, hat er Alpträume, daraus schließe ich, daß sein Verstand stets gleich arbeitet, egal, ob er schläft oder wach ist. Er fühlt sich wie in der Hölle, wenn er schläft oder wenn er wach ist. Man zögert natürlich, die eigene Situation mit der Hölle zu vergleichen, da niemand

Jerry, ein klassischer Fall von Schizophrenie: links mit seinem Vater, rechts mit seiner Mutter.

wirklich weiß, wie die Hölle eigentlich ist, obwohl ich bei ihm oft die Bemerkung hörte: ›Ich muß nicht erst sterben, um in die Hölle zu gelangen‹.«

Die Eltern und Verwandten von Schizophrenen leben gleichfalls in ihrer ganz eigenen besonderen Hölle.

»Ein Kind zu ertragen, das so verschieden ist, ist eine enorme Belastung für eine Familie«, sagt der Psychiater Arnold Scheibel vom Gehirnforschungsinstitut der Universität von Kalifornien in Los Angeles. »Und von einem Psychiater dann zu erfahren, daß diese schreckliche Verschiedenheit möglicherweise von der Art der Erziehung der Kinder herrührt – eine Erziehungskrankheit, wenn Sie so wollen – schafft ein heftiges Schuldgefühl. Die Eltern fühlen sich schon schuldig genug. Kinder aufzuziehen ist eine sehr schwierige Angelegenheit. Ein schwieriges oder schizophrenes Kind aufzuziehen, ist noch schlimmer. Und dann die Bestätigung durch Dritte zu erhalten, ›daß das Kind schizophren ist aufgrund bestimmter Vorkommnisse in der Familie‹, ist eine wahrhaft schreckliche Last. Ich fürchte, daß meine Kollegen in der Vergangenheit oft so gedacht haben, da dies der Bezugsrahmen war, in dem sie ausgebildet worden sind.«

Glücklicherweise haben die Psychiater weitgehend die fruchtlosen, schmerzlichen und oft grausamen Bemühungen aufgegeben, einen Sündenbock für Schizophrenie zu finden. Als Ergebnis des neuen Interesses bei der Suche nach molekularen und chemischen Begleiterscheinungen der Störung denkt heute keiner mehr ernsthaft, daß Schizophrenie eine Krankheit als Folge »schlechter Bemutterung« oder »unfähiger Eltern« sei. Aber lange Zeit vertraten sie diese Meinung.

Dr. Daniel Weinberger

»Zur Jahrhundertwende war jeder Neurologe, der sich für Schizophrenie interessierte, davon uberzeugt, sie sei eine Gehirnstorung«, sagt der Psychiater Daniel Weinberger vom Nationalen Institut für geistige Gesundheit. »Erst als sie aus ihren Untersuchungen keinen Sinn ableiten konnten, stellten sie die Frage nach einer psychogenen Ursache. Dann fingen sie an zu glauben, daß ein schlechtes Elternhaus oder schlechte Nachbarschaft oder Drogen oder ein bestimmtes Schulerlebnis oder ein sonstiges bedeutendes psychisches Trauma die Schizophrenie verursacht habe. Es gibt absolut keinen wissenschaftlichen Beweis für diese Theorie.«

Die Suche nach einer »psychologischen« Erklärung für Schizophrenie wird ironisch angesichts Sigmund Freud's Meinung dazu. »Freud glaubte, daß Schizophrenie keine Krankheit sei, die man durch Psychoanalyse angemessen behandeln könne«, sagt der Psychiater E. Fuller Torrey, ebenfalls vom Nationalen Institut für geistige Gesundheit. »Aber einige seiner Anhänger versuchten es dennoch. Sie wiesen eine bemerkenswert geringe Erfolgsquote auf. Ihrer Ansicht nach war Schizophrenie durch frühe Kindheitserlebnisse verursacht worden. Es gibt jedoch überhaupt keinen Beweis dafür, und tatsächlich sprechen alle bisher erzielten Forschungsergebnisse gegen eine derartige Ansicht.«

Aber was *sind* die Ursachen für Schizophrenie? Was kann im Gehirn eines Schizophrenen fehllaufen, um eine derartig herzzerreißende Auflösung der normalen Persönlichkeit hervorzurufen?

Die Suche nach einer biochemischen Ursache für Schizophrenie reicht 100 Jahre zurück. Der Biochemiker Johann Ludwig Wilhelm Thudicum deutete erstmals 1884 an, daß Schizophrenie (»Wahnsinn«, wie sie damals genannt wurde) das Resultat von »Giften« sei. Aber trotz verschiedener, anfänglich vielversprechender Entwicklungen wurde niemals eine einzige Substanz im Gehirn von Schizophrenen isoliert. Die Suche nach einer biochemischen »Ursache« erbrachte jedoch einige sehr interessante Spuren.

Es wurde berichtet, daß ein Verabreichen von *Gluten,* einem Bestandteil von Weizenkörnern, ein Aufflammen der Symptome bei Patienten, die seit mehreren Jahren an Schizophrenie litten, hervorrief. Es wirkt jedoch nicht bei allen Schizophrenen auf diese Weise, sondern nur bei einer Untergruppe. Dies deutet darauf hin, daß es unter der Vielzahl von Schizophrenen eine bestimmte Untergruppe geben kann, der mit einer glutenfreien Diät geholfen werden kann.

Es gibt auch bestimmte Arten von Schizophrenie, die mit Veränderungen im Immunsystem in Verbindung gebracht werden (Asthma und Allergien sind bei Schizophrenen weit weniger verbreitet als in der sonstigen Bevölkerung). Manche Schizophrene weisen größere Ventrikel auf (Hirn-Rückenmarksflüssigkeit enthaltende Vertiefungen), während andere mit leicht unterschiedlichen Symptomen Ventrikel haben, die sich in ihrer Größe in nichts von denen bei Menschen ohne Schizophrenie unterscheiden. Insgesamt ist die Situation mit Smörgåsbord vergleichbar: Zahlreiche Möglichkeiten für alle Arten von Gaumen und Geschmäcker. Jeder Forscher greift sich ein besonderes Thema heraus, das seiner vorausgegangenen Ausbildung, Erfahrung und theoretischen Orientierung entspricht. Es gibt absolut keine Übereinstimmung über die wahrscheinlichste Erklärung dieser Krankheit.

Für einen Genetiker ist Schizophrenie eine »ererbte Krankheit« und seine Bemühungen gehen dahin, das Erbmuster aufzudecken. Für den Psychiater mit biochemischen Neigungen ist die Krankheit das Ergebnis einer bisher unentdeckten chemischen Substanz im Nervengewebe des Gehirns. Für Psychiater, die hauptsächlich nach psychoanalytischen Richtlinien ausgebildet wurden, ist die Schizophrenie ein mit »Schurken« besetztes Drama (Mütter, Väter usw.), deren Fehlverhalten und Versagen der Störung den Weg bereiteten.

Ist Schizophrenie ererbt? Für die längste Zeit schien ein derartiger Vorschlag unwahrscheinlich, ja sogar absurd. Philosophen und Psychologen glaubten traditionsgemäß, daß Verhalten von einem Vorgang im Gehirn hervorgerufen werde. Und für Jahrhunderte galt der Verstand gleich der »Seele« als eine ätherische Substanz, die für immer außerhalb der Grenzen der Wissenschaft verweilte. Aber heute sind die meisten Neurologen der Ansicht, daß Verstand tatsächlich ein Begriff sei, der sich auf eine Anzahl im Gehirn ausgeführter Funktionen beziehe. Wenn wir sprechen, sind unsere Sprache und unsere Kommunikation eine Aktivität unseres Verstandes. Wenn wir denken, uns erinnern und Emotionen ausdrücken, sind diese auf in dem Gehirn basierenden Aktivitäten auch »Verstand«. Verstand ist im wesentlichen all das, was das Gehirn tut. Nach einem »Verstand« zu suchen, der irgendwo außerhalb des Gehirns existiert, ist vergleichbar den Beobachtungen eines olympischen Schwimmers, um dann die Frage zu stellen, wo im Körper des Athleten »Schwimmen« angesiedelt sei. Schwimmen ist die Bezeichnung, die wir zur Beschreibung der Aktivität wählten, sich durch koordinierte Bewegungen der Arme und Beine durchs Wasser zu rudern. Verstand ist der Begriff, den wir für gewisse Gedanken, Verhaltensweisen und Emotionen, die als Ergebnis des Funktionierens unseres Gehirns ermöglicht werden, bevorzugen. Wenn Verstand und Verhaltensweisen als Funktionen des Gehirns verstanden werden, wird es leichter, danach zu suchen, ob ein Verhalten durch genetische Faktoren gleich einem Körperorgan beeinflußt werden kann.

1938 veröffentlichte der Psychiater Franz Kalbmann eine Studie mit dem Titel »Die Genetik der Schizophrenie«. Er fand heraus, daß das Vorkommen der Krankheit in Familien mit Schizophrenie stark zunehme. Obzwar Kallmann vermutete, daß dies aufgrund einer Erbanlage bedingt sei, konnte er es nicht beweisen. Offensichtlich ist nicht alles, was sich bei bestimmten Familien »verfolgen läßt«, erbbedingt. Reichtum, die Neigung nachfolgender Generationen, stets den gleichen Beruf zu ergreifen, Unterernährung als Folge von Armut – diese Dinge sind nicht genetisch ererbt.

Der springendste Beweis für einen Erbeinfluß bei Schizophrenie stammt aus der Studie von Zwillingen. Unter eineiigen Zwillingen (Zwillinge mit denselben Genen) beträgt die Wahrscheinlichkeit, daß die Krankheit beim einen Zwilling auftritt und auch der andere Schizophrenie entwickelt, 50 %. Bei zweieiigen Zwillingen (sie haben nur die Hälfte ihrer Gene gemeinsam, da zwei Eier befruchtet wurden statt nur einem, wie bei den eineiigen Zwillingen) sinkt das Risiko für Schizophrenie beim zweiten Zwilling auf etwa zehn Prozent und entspricht so dem Risikofaktor für ein Geschwisterteil oder Kind eines Schizophrenen. In der allgemeinen Bevölkerung, bei der kein Familienmitglied oder Vorfahre Schizophrenie aufweist, liegt der Risikofaktor bei etwa einem Prozent.

Bevor man behauptet, daß ein gewisser Charakterzug oder ein gewisses Verhalten erblich sei, ist es notwendig, die Umweltfaktoren zu kontrollieren. Ein Vater mit boshafter Laune erzeugt wahrscheinlich einen Sohn mit ähnlichen Impulsen aufgrund des von ihm vorgegebenen Beispiels und nicht durch genetische Anlagen zu häßlichem Verhalten. Aber wie können Umweltfaktoren unter Kontrolle gebracht werden? Kinder können schließlich nicht von ihren Eltern getrennt werden, nur um die Jahrhunderte alte Frage des Natur/Erziehungs-Problems zu beantworten. Oder kann man das?

In den späten sechziger Jahren reisten die Psychiater Dr. Seymour Kety, Dr. Paul Wender und Dr. David Rosenthal nach Dänemark, um eine Reihe Untersuchungen durchzuführen; die darauf ausgerichtet waren, ein für alle Mal die Frage, ob bei der Schizophrenie eine wichtige genetische Komponente vorhanden sei, zu lösen. Sie wählten Dänemark, da es zu den fortschrittlichsten Ländern der Welt im Hinblick auf Aufzeichnungen gehört. Von Geburt an wird für jeden Bürger eine Akte angelegt, und diese Akte wird bis zum Zeitpunkt des Todes auf dem laufenden Stand gehalten. Unter den aufgeführten Eintragungen befinden sich auch Einweisungen in psychiatrische Krankenhäuser und Diagnosen zur Entlassung.

Dr. Kety und seine Kollegen suchten in den Unterlagen in Dänemark nach Erwachsenen, die kurz nach der Geburt adoptiert worden waren und später Schizophrenie entwickelt hatten. Ihre Überlegungen gingen dahin, daß adoptierte Personen, die mit ihren biologischen Verwandten das genetische Erbgut und mit ihrer Adoptivfamilie die Umwelt teilten, eine Trennung der genetischen und der Umwelteinflüsse, die bei der Schizophrenie zur Geltung kommen, und damit eine unabhängige Bewertung dieser gesonderten Einflüsse ermöglichen würden. Nach dem

Sammeln des Informationsmaterials aus den Unterlagen und aufgrund von Interviews stellten sie fest, daß die biologischen Verwandten der schizophrenen Adoptierten eine Schizophreniehäufigkeit von zehn Prozent aufwiesen. Die Adoptivverwandten, bei denen sie aufwuchsen, zeigten keine größere Häufigkeit von Schizophrenie als die allgemeine Bevölkerung. Diese Forschungsergebnisse zur Schizophrenie, die im letzten Jahrzehnt veröffentlicht wurden, liefern überzeugende Beweise für die Bedeutung von Erbanlagen statt der Umwelt, und revolutionieren unsere Vorstellungen über die Krankheit.

Allerdings schließt keine der Studien zur Bedeutung der genetischen Anlagen die Möglichkeit aus, daß auch Umweltfaktoren eine Rolle spielen. So können zum Beispiel Komplikationen bei der Geburt das Risiko für Schizophrenie im späteren Leben erhöhen. Einige Formen von Schizophrenie können durch Virusinfektionen verursacht sein. Genetische Faktoren allein können die Ätiologie, die Entwicklung und den Verlauf der Krankheit nicht erklären. Wie steht es nun um die 50 % eineiiger Zwillinge, die nicht den Weg ihrer Geschwister einschlagen? Wie entkommen sie der Krankheit?

Da die Gene von eineiigen Zwillingen die gleichen sind, jedoch nur ein Zwilling von Schizophrenie befallen wird, müssen Umweltfaktoren eine wichtige Rolle spielen. So ist beispielsweise in vielen Fällen der »normale« Zwilling ausgesprochen scheu und zurückgezogen, ein Tagträumer, und neigt dazu, Verdacht gegen andere Menschen zu hegen. Bei anderen biologischen Verwandten schizophrener Patienten können auch Züge entdeckt werden, die denen der Schizophrenie ähneln. Früher nannte man sie »latente« Schizophrene, heute bezeichnet man sie als »schizoide« Persönlichkeiten.

Man muß sich auch ins Gedächtnis rufen, daß der Ausbruch einer Krankheit fast immer von Umweltfaktoren abhängt. Streß und Unterernährung beispielsweise fördern Lungenentzündung und häufige Erkältungskrankheiten. Jemand aus einer Familie mit häufigen Magengeschwüren ist selbst viel empfänglicher für Magengeschwüre, wenn er übermäßig raucht oder trinkt. Die Wissenschaftler vermuten, daß auf ähnliche Weise das schizoide Syndrom eine milde Form von Schizophrenie darstellt, die bei ausreichendem Streß zu einer voll entwickelten Psychose werden kann. Andererseits können unter günstigen Umständen solche Menschen anderen vielleicht als etwas eigenartig, als »Stadtexzentriker« erscheinen.

»Der Umweltstreß ist ein Faktor dafür, wie ernst das Auftreten der Krankheit bei einigen Patienten sein kann«, sagt Dr. Weinberger vom

Nationalen Institut für geistige Gesundheit. »Er bestimmt, ob sie außerhalb eines Krankenhauses leben können oder dorthin zurückkehren müssen, weil die Umwelt draußen zu stressig ist. Der Streß bestimmt auch, wie weit jemand gehen kann, bis er die Aufmerksamkeit der Psychiater erweckt. Haben sie eine Familie, die ihnen hilft sich zurechtzufinden, kann bis zur Diagnose einer Schizophrenie viel mehr Zeit verstreichen.«

Weinberger's Bemerkungen zur unterstützenden Rolle der Familie bei der Streßverringerung für Schizophrene sind es wert, näher darauf einzugehen. Insgesamt kamen andere Familienmitglieder von Schizophrenen nicht allzugut davon, wenn ein Psychiater versuchte, den Zusammenbruch eines Schizophrenen zu verstehen oder zu erklären. Das Urteil der Psychiater dazu erstreckte sich vom ausgesprochenen Sündenbock (die schizophrenogene Mutter, die die Krankheit bei ihrem Kind durch ihr »kaltes und abweisendes« Verhalten offensichtlich hervorrief) bis zur Behauptung einer ungesunden Wechselwirkung, einer doppelt verknüpften Situation, bei der dem Schizophrenen eine sich widersprechende Botschaft übermittelt wird: »Wir wünschen nichts mehr, als daß es Dir gut geht, aber, ehrlich gesagt, weiß ich aufgrund Deines derzeitigen Verhaltens, daß Du wieder einen Rückfall erleidest.«

In den letzten Jahren jedoch gewährten die Psychiater der Familie eines Schizophrenen eine zweite Chance. Dr. Ian Falloon und seine Kollegen von der USC und von der UCLA zeigten, daß die Aussichten eines Schizophrenen auf dauerhaftes Wohlergehen bei einem Leben außerhalb des Krankenhauses günstig beeinflußt werden, wenn der Umweltstreß innerhalb der Familie durch Familientherapie verringert wird.

Als Teil von Dr. Falloon's Behandlung führen die Therapeuten informelle Sitzungen in der Wohnung der Familie durch. Während des ersten Treffens werden die Familienmitglieder darüber informiert, daß die Familie die Schizophrenie nicht verursacht, aber eine wichtige Rolle zur Verbesserung des Krankheitsverlaufs annehmen kann. Die darauffolgenden Sitzungen sind einer Verringerung der Spannung innerhalb der Familie gewidmet, wobei man sie gleichzeitig zu einem Ausdruck von Gefühlen und Emotionen, jedoch ohne den Aufruhr, der oft in Familien von Schizophrenen stattfindet, ermutigt. Wie sie selbst zugeben, finden sich die Familienmitglieder häufig nicht zurecht mit dem »Chaos« und der »Verwirrung«, die durch die Tatsache hervorgerufen werden, daß ein Mitglied der Familie schizophren ist. Man lehrt sie, aufmerksam zuzuhören und Änderungen im Verhalten zu fordern, ohne dabei auf Drohungen oder Zuneigungsentzug zurückzugreifen.

Die Ergebnisse von Dr. Falloon's Untersuchung sind sehr überzeugend. Bei der familienorientierten Therapie beträgt die streßbezogene Rückfallquote nur etwa sechs Prozent. Im Gegensatz dazu erlitten 44 Prozent von Schizophrenen, die in herkömmlichen Einzeltherapien behandelt wurden, einen Rückfall. Bei den sechs Prozent schizophrener Patienten, die trotz familienbezogener Therapie einen Rückfall erlitten, waren diese Rückschläge weniger schwer und dauerten nicht so lange an.

Ein ganz besonders wichtiger Faktor bei Dr. Falloon's Behandlung ist die Verringerung der Kontakte des Patienten mit »äußerst stressigen« Verwandten, das heißt Personen, die feindselige negative Bemerkungen über den Patienten machen. Dies wurde erreicht, indem man den Patienten ermutigte, während des Tages die häusliche Umgebung zu verlassen und vielleicht eine Arbeit anzunehmen. Alle diese Maßnahmen zielten darauf ab, eine Streßverringerung herbeizuführen. Das Gehirn eines Schizophrenen, so scheint es, hat außerordentliche Schwierigkeiten, mit zwischenmenschlichen Beziehungen zurechtzukommen, und er erleidet häufig einen Zusammenbruch aufgrund des durch gesellschaftliche Kontakte verursachten Stresses.

»Dies hängt möglicherweise mit der Tatsache zusammen, daß das Nervensystem eines Schizophrenen den feinen Angleichungen zwischenmenschlichen Austauschs, die die meisten Menschen vornehmen, wenn sie einem Fremden begegnen und ihre zukünftige Zuversicht inspirieren, nicht angepaßt ist«, bemerkte Dr. C. Christian Beels vom Psychiatrischen Institut des Staates New York.

Kombiniert man Familientherapie mit den genetischen Untersuchungen von Dr. Kety, Dr. Wender und Dr. Rosenthal, so weisen sie auf eine Erbanlage für Schizophrenie, die modifiziert und vielleicht sogar verhindert werden kann, indem man den Streß verringert, insbesondere den, der in der Familie des Schizophrenen seinen Ursprung hat. Die Natur ist so mit der Erziehung verknüpft. Schwere genetische »Vorbelastung« schafft bei einigen Menschen die Voraussetzung zu einem möglichen schizophrenen Zusammenbruch irgendwann in ihrem Leben, ungeachtet all ihrer Umfelderfahrungen. Andere mit geringerer genetischer Vorbelastung für eine derartige Krankheit benötigen eine extrem streßbelastete Umgebung, um die Störung hervorzurufen. Der Erfolg von Dr. Falloon's Familientherapie betont die Wichtigkeit, eine zu fatalistische Einstellung gegenüber dem Betroffenen zu vermeiden. Wir reagieren nicht passiv auf die Umwelt; viel eher benützen wir unsere Umwelt zu gegenseitiger dynamischer Beeinflussung. Die Ergebnisse dieser Wechselwirkung werden teilweise von unserem genetischen Erbe beeinflußt. Aber dies ist nur die Hälfte der Geschichte. Die andere Hälfte hängt vom Ausmaß der Unterstützung und der Hilfe ab, die wir von anderen erfahren. Insofern sind wir alle sehr der »Hüter unseres Bruders« in bezug auf geistige Gesundheit, insbesondere die geistige Gesundheit eines Menschen mit Anlagen zur Schizophrenie.

Trotz Dr. Falloon's eindrucksvollen Ergebnissen wird die größte Hoffnung für eine mögliche Heilung der Schizophrenie wahrscheinlich aus Erkenntnissen herrühren, die in den letzten drei Jahrzehnten hinsichtlich der Psychobiologie dieser Störung gewonnen wurden.

1950 interessierte sich Dr. Henri Laborit, ein Chirurg aus Paris, für die Entwicklung einer Methode zur Gegensteuerung bei operativen Schocks. Wie andere Chirurgen auch, begegnete Dr. Laborit routinemäßig Patienten, die schwere Rückfälle aufgrund eines »Schocks« erlitten oder sogar daran starben. Er begann, nach einer Möglichkeit zu suchen, um die Notwendigkeit eines starken Anästhetikums, den »Hammerschlag auf den Schädel«, wie Dr. Laborit es heute bezeichnet, zu verringern oder völlig auszuschalten.

Aus früheren Berichten wußte Dr. Laborit, daß Schock aus der Freisetzung chemischer Vermittler, die wir heute Neurotransmitter nennen, resultierte. Er suchte nach etwas, das die Wirkung dieser Neurotransmitter umkehren würde und richtete seine Aufmerksamkeit dabei auf die Antihistamine, die normalerweise als Gegenmittel für Allergien und Asthma angewendet werden.

Bei seiner Arbeit mit mehreren handelsüblichen Antihistaminen stellte Dr. Laborit fest, daß die Substanzen »meine Patienten in einen ganz besonderen psychischen Zustand versetzten. Sie wurden der Umwelt gegenüber gleichgültig ... sie fürchteten sich nicht länger, sie erlebten kein Angstgefühl mehr«. Nebst diesen Veränderungen ihrer geistigen Haltung zeigte sich auch, daß Dr. Laborit's Patienten eine bemerkenswert geringere Dosis von Anästhetika und in manchen Fällen sogar überhaupt kein Betäubungsmittel benötigten. »Wir gelangten zu einem Studium der Anästhesie ohne Anästhetikum«, erinnert sich Dr. Laborit. »Über die Indifferenz der Patienten zu ihrer Umgebung bemerkte ich gegenüber meinen Kollegen: ›Es muß dafür eine Verwendung in der Psychiatrie geben ... um Indifferenz bei manchen Menschen gegenüber ihrem sozialen Umfeld hervorzurufen‹.«

Aber Dr. Laborit stieß auf Schwierigkeiten beim Testen seiner Vermutungen, daß Antihistamine, insbesondere eine Chlorpromazin genannte Substanz, sich für die Psychiater als hilfreich erweisen würde. »Die Psychiater glaubten nicht, daß chemische Moleküle auf das menschliche

Gehirn einwirken würden, insbesondere nicht im Hinblick auf geistige Pathologie.«

Dr. Laborit ließ sich jedoch vom ursprünglichen Mangel an Begeisterung seitens der psychiatrischen Kapazitäten nicht abschrecken und lud die ortsansässigen Psychiater ein, nur seine Patienten zu besuchen und ihr fast völliges Fehlen von Angst zu beobachten. Die Psychiater waren zwar beeindruckt, aber immer noch unsicher, ob das Mittel bei einem Psychiatriepatienten eingesetzt werden könne. Dadurch ermutigt, gab Dr. Laborit nicht nach – er gab Erklärungen und Instruktionen, er debattierte und sprach eindringlich mit jedem, der ihm nur zuhören wollte. Die Wende trat ein, als ein Chirurg, der eine von Dr. Laborit's chirurgischen Versammlungen beigewohnt hatte, nach Hause zurückkehrte und seinem Schwager, einem Psychiater, von Dr. Laborit's Ergebnissen berichtete. Dieser Psychiater, Dr. Pierre Deniker, war genügend beeindruckt, um einen Vorrat an Chlorpromazin zu bestellen und es zehn erregten, unkontrollierbaren Patienten zu injizieren.

»Man konnte sehr schnell fühlen, daß ihre Erregung sich verlangsamte«, erinnert sich Dr. Deniker während eines Interviews im St. Anne-Nervenkrankenhaus, wo das »Experiment« zum erstenmal durchgeführt worden war. »Sie waren allmählich wieder fähig zu schlafen, und sie wurden eher weniger denn mehr erregt.« Bald erprobten auch andere Psychiater dieses neue Mittel, was prompt zu der Namensgebung »chemische Zwangsjacke« führte. Ihre Ergebnisse waren alle gleich ermutigend. Patienten, die vormals isolierte Räume oder Zwangsjacken benötigten, konnten nun unbeobachtet gelassen werden.

In den seither vergangenen 25 Jahren verringerten antischizophrene Medikamente auf der Basis von Chlorpromazin erheblich die Anzahl Insassen in den Nervenheilanstalten der ganzen Welt. Die Medikamente beseitigten manche Arten von Psychosen sogar völlig: extreme Erregung und In-sich-Zurückgezogensein bei Patienten, die so schwerwiegende Auswirkungen hatten, daß sich diese für Wochen nicht mehr bewegten. Nachfolgend geben wir Dr. Deniker's Beschreibung der Patienten wieder, die vormals in allen Nervenkrankenhäusern der Welt gefunden werden konnten und heute fast nicht mehr in Erscheinung treten:

»Wir hatten unbewegliche Patienten, die für Tage, Wochen, Monate ohne Unterbrechung in derselben Haltung verharrten. Wir hatten Patienten, die sich an Heizkörpern verbrannten, da sie wie angewurzelt davorsaßen, ohne die Hitze zu fühlen. Man kann sich das heute schwer vorstellen. Die normalsten unter ihnen entsprechen der allgemeinen Normalvorstellung von Napoleon und Johanna von Orleans.«

Dr. Arnold Scheibel von der UCLA erinnert sich an eine ähnliche Situation: »Ich kann mich sehr gut an Patienten erinnern, denen wir Zwangsjacken verordnen mußten. Sie wurden in eine mit kaltem Wasser gefüllte Badewanne gesetzt, und über die Wanne wurde ein Segeltuchdeckel befestigt, damit die Patienten darin verweilten. Man tat dies, da man festgestellt hatte, daß diese Art Bäder eine beruhigende Wirkung hatten. Durch die Einführung der antischizophrenen Medikamente jedoch war diese Prozedur nicht mehr länger erforderlich. Zum erstenmal konnten wir etwas Grundlegendes für diese Patienten tun. Zum erstenmal konnten wir sehen, daß sie kranke Menschen waren, zu denen wir jetzt sprechen konnten.«

Die Fälle von akuter Erregung, Halluzination, langanhaltender Unbeweglichkeit, plötzlicher Aggressionsausbrüche – all diese konnten mit Hilfe der antischizophrenen Medikamente drastisch verbessert werden. Dabei stellten sich nachdenkliche Psychiater mehrere Schlüsselfragen. Wie wirken diese Mittel? Welcher biochemische Mechanismus liefert eine Erklärung dafür, wie Wahnsinn auf so spektakuläre Weise gebessert werden kann?

Der erste Hinweis über den zellulären Vorgang antischizophrener Medikamente ergab sich aus der Beobachtung der Wirkung der Medikamente auf das motorische Verhalten. So behandelte Patienten bewegten sich langsam; sie neigten dazu, gelegentlich mit den Augenlidern zu zucken; ihre Arme bewegten sich nicht normal, wenn sie gingen. Verabreichte man ihnen eine zu starke Menge des Medikaments – eine leichte Überdosis – fingen die Patienten an, sich wie Karikaturen alter Menschen zu benehmen. Genauer gesagt, glichen sie Patienten mit Parkinson.

1817 beschrieb James Parkinson, ein englischer Arzt, der in London praktizierte, zum erstenmal die Krankheit, die nun seinen Namen trägt. Die Patienten, die er beobachtete, wiesen alle eine allgemeine Körperstarre auf, eine Langsamkeit im Beginn und bei der Ausführung von Bewegungen, sowie ein rhythmisches Zittern im Ruhezustand. Dies entsprach genau dem Bild schizophrener Patienten, die mit Antipsychotika behandelt worden waren. Gab es möglicherweise eine Verbindung zwischen natürlich auftretender Parkinson'scher Krankheit und medikamentös verursachten Zuständen?

Dies war eine der wesentlichsten Fragen in der Geschichte der Neurologie. Wenn antischizophrene Medikamente das Krankenbild von Parkinson ergaben, konnte dies darauf hinweisen, daß dieselbe Substanz, die bei Parkinson'scher Krankheit eine Rolle spielt, nämlich der Neurotransmitter Dopamin, bei beiden Störungen involviert ist.

Gegen Ende der fünfziger Jahre entdeckten drei schwedische Pharmakologen zum erstenmal, daß 80 % des Dopamins des Gehirns in den Basalganglien, einer Zone, die etwa 0,5 % des gesamten Gewichts des Gehirns ausmacht, vorkommt. Aufgrund von Autopsieuntersuchungen menschlicher Gehirne bemerkte ein weiterer Forscher, daß einige seiner Proben geringe Dopaminmengen aufwiesen. Alle diese Patienten hatten ebenfalls an Parkinson gelitten. Außerdem schien die Substantia nigra (ein Gehirnabschnitt), eine normalerweise pigmentierte Zone des Gehirns, ungesättigt – das Dopamin war offensichtlich ausgebleicht. Da beim normalen Gehirn die Substantia nigra einen großen Anteil Dopamin produzierender Zellen enthält, deuteten die Forschungsergebnisse an, daß eine Verringerung von Dopamin innerhalb eines Teils der Basalganglien (dem Striatum) aus einer Degenerierung der Dopamin produzierenden Zellen innerhalb der Substantia nigra resultierte. Aber was *ist* unter normalen Bedingungen die Funktion von Dopamin? Ist es ein hemmender oder ein erregender Neurotransmitter?

Werden Neuronen der Basalganglien chirurgisch entfernt und in einer Dopaminlösung gebadet, so *verringert* sich ihre Aktivität, was darauf hinweist, daß Dopamin als hemmender Neurotransmitter fungiert.

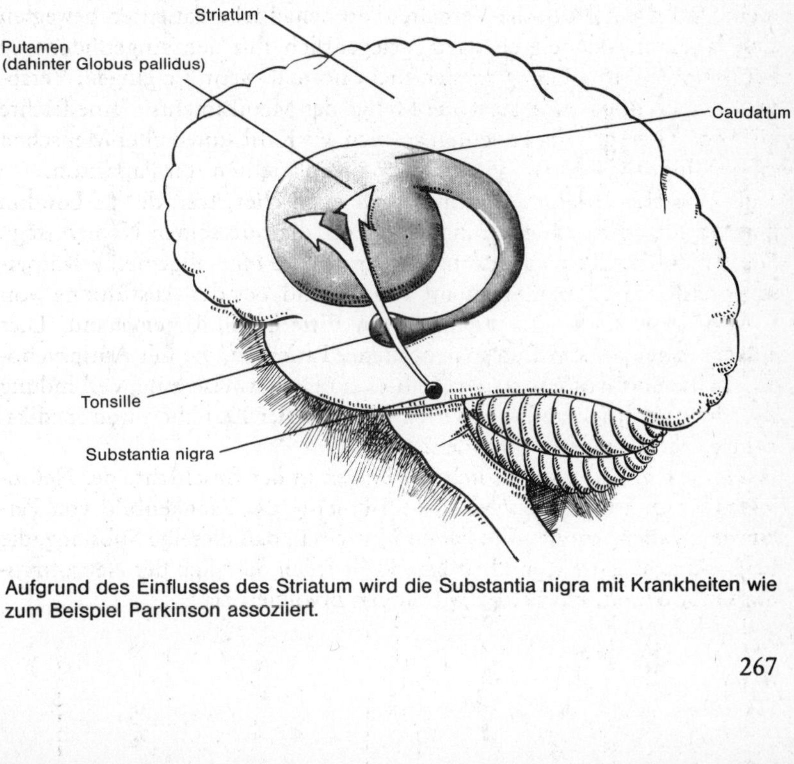

Aufgrund des Einflusses des Striatum wird die Substantia nigra mit Krankheiten wie zum Beispiel Parkinson assoziiert.

Verringerung der Dopaminmenge führt deshalb zu einem Hemmungsverlust und einer abnormalen Zellentladung in den Zonen der Basalganglien, die einen Impuls von der Substantia nigra erhalten. Die Entdekkung der Bedeutung von Dopamin und seiner hemmenden Wirkung bildete den Ausgangspunkt für Mutmaßungen über die Neurobiologie der Schizophrenie.

Avid Carlsson – derselbe schwedische Forscher, der 1959 zum erstenmal Dopaminvorkommen in den Basalganglien feststellte – stellte zehn Jahre später die Behauptung auf, daß antischizophrene Medikamente die dopaminerge Übertragung beeinträchtigen, und zwar hauptsächlich durch Blockieren der Dopaminrezeptoren.

Beim Patienten mit Parkinson verringert sich Dopamin durch den Verlust dopaminerger (Dopamin produzierender) Zellen. Zusammengefaßt deuten diese Ergebnisse darauf hin, daß Schizophrenie durch eine übermäßige Dopaminübertragung hervorgerufen wird. Mehrere Punkte sprechen für diese Hypothese.

Wie schon oben erwähnt, verbinden sich die antischizophrenen Medikamente mit den Dopaminrezeptoren. Hinzu kommt, daß die Wirksamkeit antischizophrener Medikamente sich direkt mit ihrer Fähigkeit verändert, andere, schwächere Medikamente von den Dopaminrezeptoren zu verdrängen.

Darüber hinaus verschlechtern Medikamente, die die Dopaminwirkung steigern (Kokain, Amphetamine, sogar L-dopa selbst) die Schizophrenie. Bei normalen Menschen können schizophrenieartige Episoden durch diese Mittel herbeigeführt werden. Selbst für den geübten Psychiater können sie Zustände hervorrufen, die nicht unterscheidbar sind von einer angenommenen schizophrenen Psychose.

Drittens zeigt das mesokortikale System, obgleich drei wesentliche Dopamin produzierende Systeme im Gehirn vorhanden sind, die höchste Wahrscheinlichkeit auf, die Störungen zu verursachen, und zwar aufgrund seiner anatomischen Verbindungen. Diese Dopamin-Zellkörper, die sich etwas oberhalb der Substantia nigra befinden, erstrecken sich zum limbischen System, einer Zone, deren Schlüsselrolle bei emotionalem Erlebnis und Ausdruck wir bereits früher erwähnt hatten. Insbesondere eine Zone, der Nucleus accumbens, der herausragendste aller limbischen Nuklei, empfängt Übertragungen vom Hippocampus, der Tonsille, dem Septum, dem Hypothalamus und den Stirnlappen des zerebralen Kortex – alles Zonen, die sehr eng mit unseren Emotionen verbunden sind und bei Fehlfunktion verständlicherweise zur Schizophrenie beitragen können.

Untersuchungen von Epileptikern, deren Anfälle in den mesokortikalen Zonen ihren Ursprung haben, unterstützen diese Hypothese zusätzlich. Eine so entstandene psychomotorische Epilepsie kann gelegentlich akute Schizophrenie bis ins kleinste Detail nachahmen. Einige Forscher, die Schizophrenie mittels implantierter Elektroenzephalogramm-Elektroden untersucht hatten, berichteten von abnormalen Zackenentladungen in diesen Zonen, was ein elektroenzephalographisches Erkennungsmerkmal für Epilepsie ist.

Aufgrund all unserer Beobachtungen scheint Schizophrenie die verhaltensmäßige Manifestation eines Überschusses dopaminerger Übertragung zu sein. Beachten Sie dabei, daß ich nicht sagte, daß Schizophrenie durch eine Überschußaktivität dopaminerger Zellen *verursacht* sei. Diese Unterscheidung ist zwar subtil, aber sehr wichtig. Derzeit suchen die Neurologen immer noch nach den Faktoren, die eine überschüssige Dopaminaktivität im Gehirn hervorrufen. Gedanken, Gespräche oder Phantasien könnten dabei einen Einfluß ausüben. Könnte jemals eine Beziehung zwischen geistigen Ereignissen und der Neurochemie hergestellt werden, so würde dies natürlich ein für allemal die künstliche Trennung beenden, die derzeit alle quält, die sich um ein Verständnis des menschlichen Gehirns bemühen: »Verstand und Gemüt« wären nicht länger vom Gehirn abgesondert. Bis jetzt wurden diese Zusammenhänge jedoch nicht gefunden, und die Wissenschaftler forschen weiterhin nach Abnormalitäten im schizophrenen Gehirn, die dem Syndrom Rechnung tragen.

Derzeit gibt es vier Möglichkeiten, die gründlich erforscht werden. Erstens können die Dopamin erzeugenden Neuronen zuviel davon freisetzen. Zweitens können die Dopaminrezeptoren überempfindlich auf normale Mengen freigesetzten Dopamins werden. Drittens kann, da Dopamin nur einer von mehreren miteinander im Wettbeweb stehenden Neurotransmittern ist, die wahre Schuldursache eine Unteraktivität eines widerstreitenden Neurotransmitters sein. Und schließlich kann es ein Versagen des Rückkoppelungsmechanismus sein, wobei unter normalen Bedingungen die Dopaminrezeptoren an die Dopaminzellen signalisieren, zusätzliche Dopaminerzeugung zu beenden, sobald die Rezeptoren voll belegt sind.

Im Augenblick sind die Neurologen nicht in der Lage, unter diesen Möglichkeiten ihre Wahl zu treffen. Die Situation kann noch komplizierter sein, und es können auch noch andere Möglichkeiten auftauchen. Eine Vielzahl zellulärer Mechanismen ist fähig, die Neuronenfunktion abzuändern, und es ist gefährlich, sich vorzeitig auf eine »Lieblingstheorie« festzulegen. Hinzu kommt die Schwierigkeit, von *der* neurochemischen Störung bei Schizophrenie zu sprechen, wenn mindestens vier mögliche molekulare Mechanismen beteiligt sein können.

»In den vergangenen zehn Jahren beschäftigten wir uns hauptsächlich mit dem Hippocampus«, sagt Dr. Arnold Scheibel vom Gehirnforschungsinstitut der UCLA. »Er ist ein tieferer, älterer Teil des Gehirns, der sehr viel damit zu tun hat, wie wir fühlen und wie wir uns zur Welt um uns herum verhalten.« Dr. Scheibel hatte ungewöhnliche Nervenzellenmuster im Hippocampus schizophrener Menschen entdeckt.

»Beim normalen Menschen sehen wir im Wesentlichen eine Anzahl von Nervenzellen, die fast wie Soldaten in einer Linie aufgestellt sind. Beim Schizophrenen hingegen benehmen sich diese Zellen wie Soldaten mit disziplinwidrigem Verhalten. Sie weisen viele verschiedene Stellungen auf, sie und ihre Vorgänge sind völlig durcheinander geraten. Wir nehmen auch an, daß ihre Verbindungen ziemlich unterschiedlich sind, und unsere Hypothese läuft darauf hinaus, daß der Schizophrene die Welt völlig anders als Menschen ohne Schizophrenie erlebt.«

Trotz vielversprechender, aber kontroverser Behauptungen wie dieser bleiben noch größere Begriffshürden zu überwinden, bis wir zu einem Verständnis der Schizophrenie gelangen. Wenn der Dopaminspiegel im schizophrenen Gehirn ansteigt, wo richtet er den größten Schaden an? Verständlicherweise reicht eine Störung in einer kleinen Zone des Gehirns aus, um die Krankheit hervorzurufen – eine Zone des Gehirns, die vielleicht so winzig ist, daß wir sie noch gar nicht entdeckten. Es hat auch den Anschein, daß die antischizophrenen Mittel selbst dauerhafte Veränderungen im Gehirn eines Schizophrenen verursachen: eine Erhöhung der Verbindungsfähigkeit der Dopaminrezeptoren mit der Nervenzellmembran. So kann das »schizophrene Gehirn«, sollte es eine derartige Einheit überhaupt geben, nur durch Untersuchung von Patienten, die niemals mit antischizophrenen Medikamenten behandelt worden waren, gefunden werden. Und da erheben sich ernsthafte ethische Fragen. Dem an Schizophrenie Erkrankten antischizophrene Medikamente vorzuenthalten, wäre genau so, wie wenn man einem Patienten mit einer schweren Viruserkrankung Antibiotika oder einem Herzkranken Digitalis vorenthalten wollte.

Irreführend ist auch, daraus zu schließen, daß die Dopaminhypothese und die daraus resultierende derzeitige Forschungstätigkeit eine voll zufriedenstellende Erklärung der Schizophrenie liefern. Antischizophrene Medikamente wirken bei akuten Schizophrenieanfällen, sind aber fast nutzlos in der Anwendung gegen Zurückgezogensein von der Umwelt, mangelnde Motivation und unangemessene Emotionen, die ja sämtlich Kennzeichen der Störung sind. Wie bereits früher erwähnt, können Menschen mit einer milden Form der Schizophrenie ihr ganzes Leben ohne einen »Zusammenbruch« verbringen. Offensichtlich beinhaltet Schizophrenie mehr als nur den Ausbruch gestörten und störenden Verhaltens. Anfänglich hat Schizophrenie den Anschein einer Art Ungesättigtheit, einem Ausbleichen von Farbe und Wärme, die ja Grundinhalt einer »Persönlichkeit« sind. Weder die Dopaminhypothese noch irgendeine andere derzeitige Theorie können diese Veränderungen ausreichend erklären.

Zu guter Letzt gibt es logische Rätsel. Nehmen Sie beispielsweise an, daß Schizophrenie auf einer Störung des Neuronengleichgewichts beruhen kann, das normalerweise durch die Kombination hemmender und erregender Neurotransmitter aufrechterhalten wird. Nehmen Sie weiter an, daß Dopamin zusammen mit drei oder vier anderen Neurotransmittern (um diese Dinge einfacher zu gestalten, halten wir uns an eine geringe Anzahl), für eine gewisse Gehirnregion einen hemmenden Impuls vorsieht. Wird diese Hemmung durch eine Überreaktion eines von mehreren hemmenden Neurotransmittern, jedoch nicht Dopamin, verstärkt, so kann das dadurch herbeigeführte Ungleichgewicht zu Schizophrenie führen. Eine Behandlung durch Verringerung der Dopaminwirkung (durch Verringerung der gesamten Hemm-Menge) kann erfolgreich sein trotz der Tatsache, daß der tatsächliche Erreger der Störung, ein anderer, vielleicht bisher noch nicht entdeckter Neurotransmitter ist.

Die Situation ist vergleichbar der, allein anhand der Spielergebnisse zu erraten, welcher Spieler in einer Fußballmannschaft ausgewechselt wird. Gewinnt die Mannschaft plötzlich mehr Spiele, weil der Angriff verstärkt oder weil die Verteidigung aufgebessert wurde und so die gegnerischen Tore besser abwehren konnte? Die Leistung einer Mannschaft hängt von der Kombination Angriff und Verteidigung ab. Auch die Leistung des Gehirns hängt von einer Kombination positiver und negativer sowie erleichternder und abändernder Einflüsse ab. Ein Transmitter kann weder positiv noch negativ sein, sondern statt dessen die Tätigkeit erregender oder hemmender Neuronen erleichtern. Beim Fußball tragen auch die Trainer und Mannschaftsärzte zur Leistung ihrer Spieler bei.

Hinzu kommt, daß Verhaltensstörungen sich manchmal als unbedeutend für das Verständnis und die Behandlung der zugrundeliegenden Krankheit erweisen. So sind zum Beispiel Psychosen, die mit Vitamin B_6, Syphilis und Entzündungen im Gehirn zusammenhängen, aufgrund des Verhaltens allein nicht unterscheidbar. Ein Patient sieht wie der andere aus und klingt auch so. Eine spezielle Diagnose kann nur durch Beobachtung der Reaktion des Patienten (ein Antibiotikum gegen die Entzündung oder Vitamin B_6 gegen einen bestimmten Mangel) oder der Reaktion auf gewisse Tests (ein positiver Bluttest bei Syphilis) erlangt werden. In jedem Fall gewähren die biologischen Maßnahmen bessere Einsicht in die Natur der Krankheit als Verhaltensbeobachtung allein.

Das größte Hindernis für das Verständnis, die Behandlung und mögliche Heilung der Schizophrenie ist Ungenauigkeit bei der Diagnose der Störung. Eine genaue Diagnose in der Psychiatrie ist allgemein viel schwieriger als in anderen medizinischen Fachgebieten, da die Symptome einer Geisteskrankheit sich hauptsächlich im Verhalten, in den Gefühlen, Gedanken und Wahrnehmungen darstellen. Offensichtlich können sie nicht so leicht gemessen werden wie Puls, Blutdruck oder Temperatur. Die gegenwärtige Situation im Hinblick auf die Schizophrenie ist sehr ähnlich der geistiger Retardierung um die Jahrhundertwende. Damals wurde die Errichtung von Leistungsverzeichnissen sehr betont. Als Ergebnis davon wurden Menschen mit allen möglichen Gehirnerkrankungen in die künstlichen Kategorien von Dummköpfen, Schwachsinnigen und Idioten gezwängt. Erst sehr viel später realisierten die Neurologen, daß das Verständnis der Gehirnstörungen, die für geistiges Zurückbleiben verantwortlich waren, weit wichtiger war, als das Abzählen der erzielten Punkte bei standardisierten Tests. Bei der Schizophrenie ist die Lage ähnlich. Einige Untergruppen können sehr leicht festgestellt werden (Schizophrene mit Gehirnatrophie und vergrößerten Ventrikeln als Begleiterscheinung, ererbte Formen der Krankheit usw.), während bei anderen Untergruppen ein neurochemisches Ungleichgewicht von so geringem Ausmaß vorhanden sein kann, daß es Jahrzehnte zu ihrer Feststellung bedarf.

Jede Erklärung in der Neurobiologie ist mit einer russischen Matrioschka vergleichbar. Öffnet man die Puppe, enthält sie eine weitere, kleinere. Nimmt man diese auseinander, kommt eine noch kleinere zum Vorschein. Die Preisfrage zielt darauf ab, ob es eine allerletzte winzig kleine Puppe gibt, oder ob es eine immer noch kleinere Puppe gibt, die letztendlich unserer Wahrnehmungsfähigkeit entgeht. Dies ist genau das, was am Ende des 19. Jahrhunderts passierte. Mikroskope und spezielle Färbungsmethoden erwiesen sich irgendwann als unbrauchbar, das normale Gehirn von einem verletzten zu unterscheiden, was zu dem unglücklichen Ergebnis führte, daß die Untersuchungen geistiger Krankheiten in der Neurobiologie eingestellt wurden. Heute, wo wir PET-Scanner und BEAM-Untersuchungen zur Verfügung haben, erscheint die Situation aussichtsreicher, aber auch diese Techniken verhelfen uns zu keiner Lösung im Hinblick auf die molekulare Skala. »Um Unterschiede im Gehirn von Schizophrenen aufzudecken, benötigen wir ein Mikroskop, das so stark ist, daß es bis heute noch nicht entwickelt wurde«, sagt der Psychiater Dr. Daniel Weinberger vom Nationalen Institut für geistige Gesundheit.

Die Neurologen sind jedoch weiterhin zuversichtlich, daß wir bei ausreichender Zeit, ausreichenden Bemühungen und ausreichender Erforschung des Gehirns wichtige Neuigkeiten über die Biologie der Schizophrenie lernen werden. Ob eine derartige Forschung *die* Ursache der Schizophrenie aufhellen wird, ist eine Frage, die über die Wissenschaft der Neurologie hinausreicht. Gibt es einen einzigen Anlaß für Krieg? Was ist *der* Grund für eine Inflation? Was ist *die* Ursache für Rassenkonflikte und -feindseligkeiten? Offensichtlich können bei einem gewissen Ausmaß der Komplexität die Probleme nicht mehr durch eine einzige allumfassende »Erklärung« gelöst werden. Aber zum großen Teil geben sich die Gehirnforscher damit zufrieden, derartige philosophische Aspekte außer acht zu lassen zugunsten der Gebiete der Gehirnforschung, die ihnen noch Rätsel aufgeben.

Traditionell unterteilten die Psychiater Geisteskrankheiten in Störungen des Denkens und Störungen des Empfindens. Heute wissen wir, daß diese Unterscheidungen zum großen Teil künstlich sind, daß das Gehirn nicht so genau geordnet aufgeteilt werden kann. Gestörtes Denken erzeugt gestörte Gefühle und umgekehrt. Aber zur besseren Unterscheidung überdenken Sie bitte noch einmal Jerry's Wahnvorstellungen und unzusammenhängende Assoziationen, die Kennzeichen einer Störung im Denken. Und nun wollen wir versuchen, *emotionale Störungen* zu erklären.

Etwa vier Prozent der Bevölkerung sind unfähig, eine ausgeglichene Stimmung aufrechtzuerhalten. Die Symptome ihrer Störung können aber variieren. Bei Depressionen können sie ein durchdringendes Gefühl von Hoffnungslosigkeit und Langeweile sowie mangelnden Enthusiasmus beinhalten. Der Schlaf kann gestört sein (normalerweise neigen depressive Menschen zu Erwachen am frühen Morgen). Der Appetit sowie der Sexualtrieb und das allgemeine Energieniveau verringern sich. Ein depressiver Mensch fühlt sich schuldig, erschöpft und fühlt sich auch nach einer Nacht tiefen Schlafs wie zerschlagen. Auch die Gedankenmuster verlangsamen sich, Antworten auf Routinefragen verzögern sich bis zu einem beschämenden Ausmaß, das Verwandte und Freunde denken läßt, der Verstand des Depressiven lasse nach. Ein depressiver Mensch kann sich nicht konzentrieren. Vertieft sich die Depression, können Selbstmordgedanken aufkommen und im schlechtesten Fall ausgeführt werden. Nimmt die Depression noch mehr zu, werden die Gedanken ungeordnet, aber normalerweise nicht in dem Ausmaß wie bei Schizophrenen wie Jerry.

Das durchschnittliche Alter für ein Auftreten von Depressionen liegt bei 40 Jahren, wobei Frauen zwei- bis dreimal häufiger davon betroffen werden als Männer. Im Gegensatz zur allgemeinen Ansicht ist Depression nicht das Ergebnis von Entbehrungen oder unglücklichen Erfahrungen im Leben. Bei mehr als der Hälfte der Patienten, die wegen schwerer Depressionen in Nervenkrankenhäusern aufgenommen werden, kann keine auslösende Ursache festgestellt werden.

Trotz der Unterschiede zwischen Schizophrenie und Depression weisen sie wichtige gemeinsame Merkmale auf. Bei beiden Krankheiten spielen genetische Faktoren eine wichtige Rolle. In manchen Familien kann die Neigung zu Depressionen über mehrere Generationen zurückverfolgt werden. Entwickelt ein eineiiger Zwilling Depressionen, so besteht für den zweiten Zwilling eine 70prozentige Wahrscheinlichkeit, ebenfalls von der Krankheit befallen zu werden. Bei zweieiigen Zwillingen sinkt die Wahrscheinlichkeit auf 13 Prozent und entspricht damit in etwa der Rate bei Geschwistern.

Abgesehen von dem Selbstmordrisiko kann Depression die allgemeine Gesundheit ernstlich gefährden. Unter Depressiven gibt es eine hohe Anfälligkeitsrate für Alkoholismus und Drogenabhängigkeit. Psychiater mutmaßen auch, daß gewisse impulsive »waghalsige« Unternehmungen (wie Drachenfliegen) Versuche seien, Anzeichen von Depression abzuwehren oder zu überwinden.

Bei schwer depressiven Menschen können auf Zeiträume gedrückter Stimmung Perioden mit übermäßigem Redefluß, Hyperaktivität, rasenden Gedanken, impulsiven Verhaltens, Zerstreutheit und einem verringerten Bedürfnis nach Ruhe und Schlaf folgen. Dies sind die Anzeichen für Manie. Früher hielt man manische Depression für eine gesonderte Krankheit im Vergleich zu einfacher Depression oder Manie. Die Auswertungen jüngerer Untersuchungen deuten eher darauf hin, daß Depression manchmal kontinuierlich verläuft mit milderen Formen von Depression am einen Ende der Skala, die am anderen Ende in ernstere manisch-depressive Störungen übergehen.

Forschungsergebnisse ergaben auch eine starke genetische Vorbelastung für diese Stimmungsstörungen. Bei Menschen, die manisch-depressive Krankheit entwickeln, besteht eine höhere Krankheitshäufigkeit bei den biologischen Eltern als bei den Adoptiveltern. Die Selbstmordrate unter biologischen Verwandten von manisch-depressiven Patienten ist sechs- bis zehnmal größer als die der allgemeinen Bevölkerung.

Im Gegensatz zu vielen sehr frühen Vorstellungen der Menschheit zur Schizophrenie wurden die ältesten Gedanken zur Depression in Begriffen formuliert, die auch heute noch einigermaßen sinnvoll erscheinen. Der griechische Arzt Hippokrates meinte, daß normale Stimmungen von einem Gleichgewicht im Körper von vier seiner Flüssigkeiten abhängig sei: Blut, Phlegma (Schleim), gelbe und schwarze Galle. Zwar ließ die wissenschaftliche Verwertbarkeit von Hippokrates' eher illustren Begriffen über die Jahre nach, so sind sie doch in unserer Sprache heute noch verwurzelt. Eine Person mit wenig Enthusiasmus wird allgemein als Phlegmatiker bezeichnet. Üble Laune ist das Kennzeichen für eine gallebittere Stimmung. In jedem Fall nahm eine Körperflüssigkeit gegenüber den anderen eine vorherrschende Stellung ein und schaffte somit ein Ungleichgewicht.

Obwohl die Wissenschaftler nicht länger der Ansicht sind, daß die Glut eines Liebhabers oder die Ursache einer Laune auf der Basis von Körperflüssigkeiten angemessen erklärt werden können, unterstützen sie weiterhin Hippokrates' Meinung – in moderne neurochemische Begriffe entsprechend umformuliert –, daß Stimmung ein Verhaltensausdruck aufgrund einer Verschiebung des Gleichgewichts unter verschiedenen Neurotransmittern im Gehirn sei.

In Indien wurde die natürlich vorkommende Substanz *Rauwolfia* über Jahrhunderte als Beruhigungsmittel verwendet. Erst kürzlich entdeckte man, daß das Medikament *Reserpin,* das aus *Rauwolfia* hergestellt wird, den Blutdruck bei Patienten mit Hypertonie senken kann. Aber dies wird mit einem besorgniserregenden und unerklärlichen Nebeneffekt erreicht: 15 % der mit Reserpin behandelten Patienten wurden tief depressiv. In vielen Fällen war die Depression so stark, daß, ließ man die frühesten Anzeichen unbeachtet, sie zum Selbstmord führte. Die Feststellung reserpinverursachter Depression konnte auch bei Tierversuchen beobachtet werden. Mit dem Medikament behandelte Tiere wurden sediert, lethargisch und wenig motiviert, als litten sie an demselben Verlust des Interesses an ihrer Umwelt wie depressive Patienten.

Am Nationalen Institut für geistige Gesundheit durchgeführte neurochemische Untersuchungen lieferten die ersten Hinweise darauf, was bei einer durch Reserpin verursachten Depression vorging. Dr. Bernard Brodie und seine Kollegen entdeckten, daß Reserpin das Serotonin und Noradrenalin im Gehirn durch Loslösung dieser Neurotransmitter aus ihren Speicherkörnerzellen, wo sie unter normalen Umständen auf ihre Freisetzung durch Nervenstimulation warten, erschöpft. Durch den Einfluß einer reserpinverursachten Loslösung werden diese beiden Neurotransmitter durch das Enzym Monoamin Oxidase aufgespalten und sind daher zum Zeitpunkt der normalen Nervenstimulation nicht verfügbar, was darauf schließen läßt, daß Depression aus einem Mangel eines dieser Neurotransmitter oder beider herrühren kann.

Ein zweiter Hinweis auf die Bedeutung von Noradrenalin und Serotonin stammte aus der Beobachtung der Wirkung eines antituberkulären Medikaments. Iproniazid wurde ursprünglich künstlich hergestellt, um die Behandlung von Tuberkulose zu verbessern und einige störende Nebenwirkungen auszuschalten, die häufig bei antituberkulären Medikamenten auftraten. Unabhängig von dieser Verwendung jedoch zeigte das Medikament eine Stimmungsanhebung. Viele Patienten, von denen einige an fortgeschrittenen Formen der TB litten, berichteten von einem gesteigerten Gefühl des Wohlbefindens. Sie begannen wieder, normal zu essen und zu schlafen. Die chemische Untersuchung von Iproniazid ergab, daß das Medikament hemmend auf Monoamin Oxidase wirke. Da unter normalen Bedingungen Monoamin Oxidase Noradrenalin und Serotonin aufspaltet, führte eine Hemmung des Enzyms zu einem Anstieg der beiden Neurotransmitter.

Zusammengefaßt deuten diese voneinander unabhängigen Beobachtungen auf eine testfähige Hypothese: Depression beruht auf einer Verringerung der Neurotransmitter Noradrenalin und Serotonin. Deshalb könnte eine Stimmungsverbesserung durch Verabreichung von Medikamenten erzielt werden, die die Konzentration dieser beiden Neurotransmitter erhöhen. Diese Hypothese wurde zum ersten Mal geprüft, als Iproniazid depressiven, nicht an TB erkrankten Patienten eingegeben wurde. Die Wirkung war beachtlich. Ein Stimmungsanstieg dauerte mehrere Wochen.

Bald trug ein weiterer Beweis zur wachsenden Bedeutung von *noradrenergen* (Noradrenalin erzeugenden) und *serotonergen* (Seronin erzeugenden) Neuronen bei Depressionen bei. Wurde Iproniazid mit Reserpin behandelten Tieren verabreicht, dann wirkte es ihrer Sedierung und ihrer Stumpfheit entgegen. Ähnlich war die Situation beim Menschen: Reserpin verursachte Depression, reagierte positiv auf Iproniazid.

Derzeit hält man Noradrenalin und Serotonin für die wesentlichen Neurotransmitter in bezug auf Depression. Beide werden durch spezielle Neuronen künstlich hergestellt und besitzen Aminosäure-Vorläufer (Tyrosin bzw. Tryptophan). Sie sind in Speicherkörnerzellen gelagert.

Die Blut-Hirn-Schranke

Das Gehirn ragt unter den anderen Körperorganen hervor aufgrund seiner Blut-Hirn-Schranke. Im Gegensatz zur Leber oder zur Milz, zum Beispiel, werden dem Gehirn nur einige der zahlreichen Substanzen des zirkulierenden Blutplasmas zugeführt. Anderen Substanzen wird der Zutritt nicht gestattet. So können viele große Proteine den Zugang vom allgemeinen Kreislauf in das Gehirn nicht passieren, während anderen Substanzen, wie beispielsweise Nikotin, freier Zugang erlaubt ist. (Das ist einer der Gründe, weshalb Rauchen zur Sucht wird.) Diese Anordnung, wobei sich das Gehirn in einem Zustand herausragender Isolierung befindet, wird durch spezielle Strukturierung in den Kapillargefäßen (Blutgefäßen), die die Gehirnzellen umgeben, ermöglicht. Diese Gehirnkapillargefäße sind ganz besonders gestaltet, so daß Substanzen, wollen sie ins Gehirn vordringen, direkt die Zellmembranen statt schmale »Spalten« in den Wänden der Kapillargefäße wie im übrigen Körper passieren müssen.

Im allgemeinen dringen Substanzen ins Gehirn im Verhältnis zu ihrer Löslichkeit mit der lipiden (fettigen) äußeren Membran, obgleich andere biochemische und biophysikalische Eigenschaften der Substanzen (wie Ionenladung, Molekülgröße usw.) genauso wichtig sind. Dank der Blut-Hirn-Schranke ist das Gehirn vor unvorhersehbaren und häufig unkontrollierbaren Schwankungen des Inhalts vieler Blutplasmabestandteile geschützt.

(Siehe Abbildung Seite 278.)

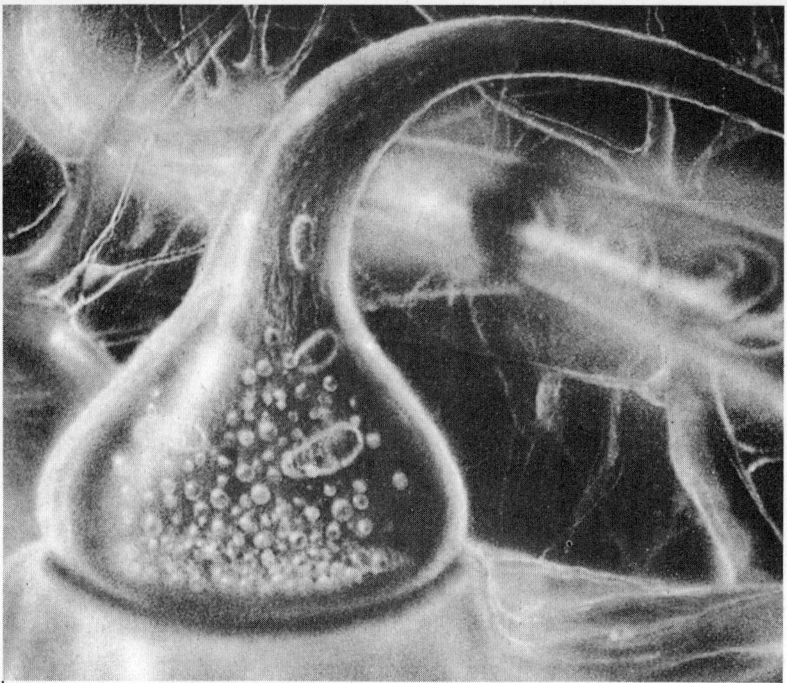

Ein Medikament tritt ins Neuronennetzwerk, indem es die besonders strukturierte äußere Membran eines Kapillargefäßes passiert. Es wird seinen Weg fortsetzen und die chemische Botschaft ändern, die über die nicht weit entfernt liegende Synapse übermittelt wird.

Nach Stimulierung werden diese Neurotransmitter im synaptischen Spalt freigesetzt, wo sie mit Rezeptoren auf die Zellmembran anderer Neuronen interagieren. Dann werden sowohl Noradrenalin wie auch Serotonin von der Nervenzelle aufgenommen, »eingefangen«, bevor sie durch Monoamin Oxidase aufgespalten werden. Die Hemmung der Monoamin Oxidase ist nur ein Weg zur Erhöhung der Verfügbarkeit von Serotonin und Noradrenalin. Sollte die Wiederaufnahme dieser Neurotransmitter blockiert und dadurch die Aktivitätsperiode verlängert sein, hätte dies dieselbe Wirkung wie ein Hemmen des Enzyms Monoamin Oxidase vor der Aufspaltung der Neurotransmitter in ihre Bestandteile.

Untersuchungen nach diesen Gedankengängen führten zu einer zweiten Klasse von Antidepressiva: den Tricykliden, die dem Neurotransmitter mehr Zeit lassen, innerhalb des synaptischen Spalts zu agieren.

Da weder Serotonin noch Noradrenalin vom Blutstrom ins Gehirn übergehen (sie werden beide von der Blut-Hirn-Schranke aufgehalten), können diese Substanzen den Patienten nicht direkt verabreicht werden. Statt dessen wurde L-tryptophan (der Vorläufer von Serotonin) auf seine antidepressive Wirkung, wenn er mit einem Monoamin Oxidase-Hemmer kombiniert wurde, getestet. Die Depression verbesserte sich.

Auch andere Medikamente üben auf die Depression je nach ihrer Tendenz, die Verfügbarkeit der Neurotransmitter zu erhöhen oder zu verringern, Wirkung aus. Amphetamine (»Speed«) fördern die Freisetzungen und blockieren die Wiederaufnahme gewisser Neurotransmitter, wobei sie vorübergehend die Stimmung sowohl normaler Menschen wie auch bei einigen depressiven Patienten heben. Kokain, eine andere Droge, die für ihren vorübergehenden, stimmungsanhebenden Effekt weit bekannt ist, blockiert ebenfalls den Wiederaufnahmemechanismus. Auf der anderen Seite führen Mittel, die die Serotoninsynthese hemmen, zu einer Verschlechterung der Stimmung und zu plötzlichen Rückfällen bei Patienten, die vormals positiv auf antidepressive Medikamente reagiert hatten.

Warum und wie hebt die Veränderung des Spiegels eines Neurotransmitters die Stimmung eines Menschen? Bisher wurde noch keine Antwort auf diese wichtige Frage gefunden. Eine Hypothese bezieht sich auf die Rolle der Neurotransmitter in den sogenannten »Vergnügungszentren« im Gehirn. Wie bereits im 4. Kapitel dargestellt, gibt es Wege im Gehirn, insbesondere im Hypothalamus und im limbischen System, die bei der Wahrnehmung von Vergnügen und Freude eine Rolle spielen. Versuchstiere werden sich wiederholt selbst stimulieren, sind Elektroden in diesen Zonen eingepflanzt. Diese Vergnügungs- oder Belohnungszentren sind stark »verkabelt« mit Neuronen, die Neurotransmitter erzeugen. Es ist vorstellbar, daß depressive Patienten einen Verlust von Vergnügen oder Freude als Ergebnis von Abnormalitäten des Noradrenalins und Serotonins oder anderen Neurotransmittern erfahren.

Die Bildung von Neurotransmittern ist Teil des Abstufungsprozesses, der Aufspaltung dieser Moleküle in einfachere Substanzen, die sogenannte Endprodukte bewirken. Noradrenalin, zum Beispiel, wird in die Komponente MHPG [(Metoxyhydroxyphenyl) Ethylenglykol] aufgespalten, die im Urin ausgeschieden wird. Das Aufspaltungsprodukt von Serotonin ist 5HIAA (5Hydroxindolearische Säure). In Fällen, wo weder Noradrenalin noch Serotonin im Gehirn herabgesetzt wird, verringert sich die Konzentration der Aufspaltungsprodukte ebenso. Dieses simple Meßergebnis bildet die Basis für einen »Selbstmordtest«.

Patienten mit schweren Depressionen weisen häufig eine Verringerung der 5HIAA-Menge in der Rückenmarksflüssigkeit auf. Bei Patienten mit Selbstmordversuchen ist die Verringerung besonders auffallend. Die Messungen sind verläßlich genug, um schwer depressive Patienten einer periodischen Überprüfung ihrer 5HIAA-Werte in der Rückenmarksflüssigkeit zu unterziehen, und Patienten mit besonders deutlicher Verringerung werden gründlich beobachtet, um Versuche der Selbstzerstörung zu verhindern.

Die Hypothese der sogenannten Biogen-Amine (Noradrenalin und Serotonin) war insgesamt recht hilfreich. Sie ermöglichte es den Neurologen, eine subtile Emotionsstörung mit Unterbrechungen gewisser Schlüssel-Neurotransmitter im Gehirn in Verbindung zu bringen. Aber in der zu wörtlichen Anwendung der Hypothese liegen Gefahren verborgen. Eine Verringerung eines gewissen Neutrotransmitters im Gehirn, Serotonin zum Beispiel, kann mehrere Ursachen haben. Vielleicht wird diese Substanz nicht in ausreichender Menge hergestellt. Oder vielleicht wird zuviel davon aufgespalten. Oder sie wird von den Lagerbläschen nicht freigegeben. Oder der Wiederaufnahmemechanismus arbeitet zu intensiv. Jede dieser verschiedenen Ursachen eröffnet ein ganzes Spektrum möglicher Erklärungen.

Ferner ist das Messen der Aufspaltungsprodukte eines Neurotransmitters ein Maß für die Durchdringung des Neurotransmitters im ganzen Gehirn oder zumindest in weiten Zonen des Gehirns. Der Wirkungsbereich des Neurotransmitters kann jedoch andererseits auf eine winzige Fläche im Gehirn beschränkt sein. Die einzig wirklich nützliche Information bestünde deshalb in einem Bericht, was neurochemisch in einem kleinen Teil des Gehirns vor sich geht. Und diese Art von Information kann nicht durch das Sammeln von Gehirn-Rückenmarksflüssigkeit erworben werden.

Ein zweites Problem der Hypothese der Biogen-Amine ergibt sich aus der Langzeitwirkung psychotroper Drogen auf die Gehirnrezeptoren. Wie bereits früher im Zusammenhang mit medikamentöser Behandlung der Schizophrenie erwähnt, ändern Arzneimittel die Anlage der Rezeptoren. Diese können sich zum Beispiel zahlenmäßig erhöhen oder auf Medikamente übersensibel werden. Die Wirkungen eines Arzneimittels sind weit komplizierter und führen nicht nur zu einer Verringerung oder einem Anstieg eines speziellen Neurotransmitters. Jüngste Entwicklungen in der antidepressiven Therapie geben dem recht. Einige künstlich

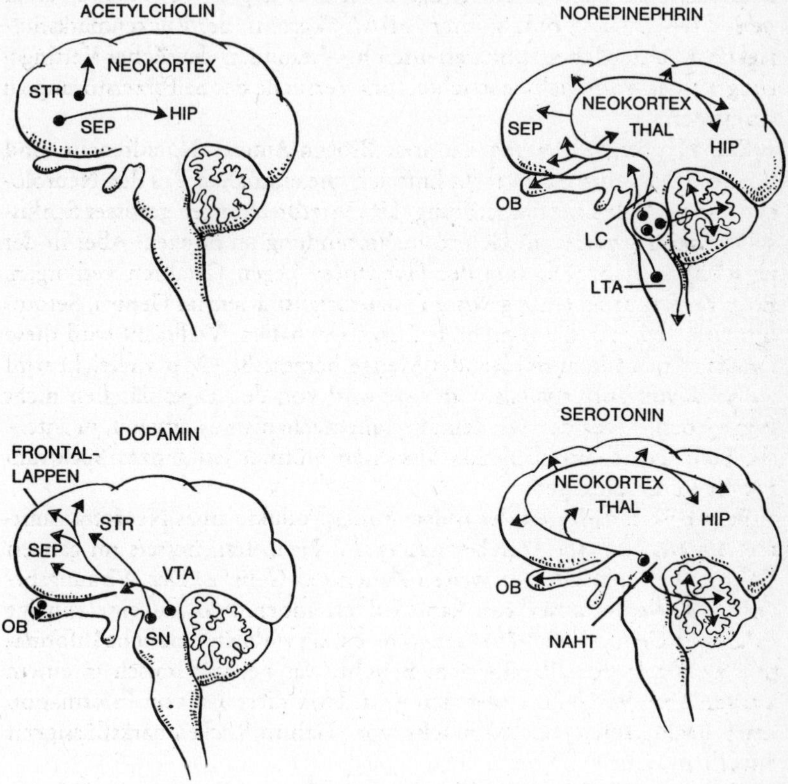

Diese Diagramme zeigen die hauptsächliche Lokalisierung von Neuronen, die gewisse Neurotransmitter beinhalten (links Acetylcholin und Dopamin, rechts Noradrenalin und Serotonin). Fasern erstrecken sich von diesen Nervenzellen in andere Zonen des Gehirns, wie durch die Pfeile gekennzeichnet. Es wurden folgende Abkürzungen verwendet: HIP = Hippocampus; LC = Locus coeruleus; LTA = laterale Tegmenzone; BO = Bulbus olfactorius; SEP = Septum; SN = Substantia nigra; STR = Striatum; THAL = Thalamus; VTA = ventrale Tegmenzone.

erzeugte neue Bestandteile lindern Depressionen wirksam, haben jedoch keine erkennbare Wirkung auf Serotonin oder Noradrenalin.

Ein gewisses Gefühl für die Schwierigkeit, mit der Neurologen beim Herleiten von Beziehungen zwischen Verhalten und Neurochemie konfrontiert sind, kann man durch einen Blick auf die Diagramme dieser beiden Seiten erkennen. Jede der einzelnen Zeichnungen entspricht dem Weg eines speziellen Neurotransmitters. Jede beinhaltet unterschiedliche Gehirnzonen und unterschiedliche Konzentrationen der neuroaktiven Komponenten. Aber der Situation im Gehirn kann überhaupt nicht durch eine starre Zeichnung entsprochen werden. Statt dessen haben wir es mit einem dynamischen Muster zu tun, das ständig aktiv ist und sich gegenseitig in einer Weise beeinflußt, die die Neurologen gerade zu verstehen beginnen.

Jüngste Ergebnisse der Immunchemie deuten darauf hin, daß manche Nervenzellen sowohl einen »klassischen« Neurotransmitter wie Noradrenalin als auch einen Peptidtransmitter (eine kurze Aminosäurenkette) beinhalten. Wahrscheinlich agieren beide miteinander bei der chemischen Übermittlung. Die Peptide müssen die Wirkungen des »klassischen« Neurotransmitters erweitern oder sonstwie ändern. Gelegentlich kann ein Peptid zwei Funktionen dienen: als Neurotransmitter nach eigenen Rechten und als Modulator für die Auswirkung eines anderen Neurotransmitters. Es ist naiv zu glauben, daß etwas so Komplexes wie Emotion und Verhalten des Menschen auf der Basis einer Veränderung der Konzentration von einem oder zwei Neurotransmittern erklärt werden könne. Jeder übt auf den anderen Einfluß aus, um ein ausgezeichnetes Gleichgewicht zu erzeugen, das ein normales Funktionieren des Gehirns möglich macht. Jegliche Änderung dieses Gleichgewichts würde nicht vorhersehbare Störungen in der gesamten Gehirnfunktion hervorrufen. Der vielleicht genaueste Beobachter all dieser minimalen Einzelheiten war der Experimentalphysiologe Sir Charles Sherrington:

»Es ist, als würde die Milchstraße in einen kosmischen Tanz ausbrechen. Rasch verwandelt sich das Gehirn in ein verzaubertes Wesen, und Millionen blitzender Schiffchen weben ein lösbares Muster, ein Muster stets voller Bedeutung, jedoch niemals dauerhaft, eine wechselnde Harmonie von Untermustern.«

Wird das Gleichgewicht der Neurotransmitter gestört, ist dies, als würde die Milchstraße zu einem wirbelnden Strudel; Ordnung und Regelmäßigkeit werden von furchterregendem Chaos ersetzt. Insgesamt ist der Gedanke, daß der Inhalt unseres Verstands und unser geistiges Gleichgewicht so eng und dauerhaft mit der Chemie unseres Gehirns verbunden sind, sehr ernüchternd.

8. Bewußtseinszustände

Unter allen Ritualen und Traditionen bei der Studie des menschlichen Gehirns ist keine überzeugender als das Sezieren. Ein Neuropathologe versammelt um sich eine ausgewählte Gruppe Medizinstudenten, Krankenschwestern, Neurologen und Neurochirurgen, die sich in einem kleinen Sezierraum treffen, der meist im Gewirr der verschiedenen Stockwerke eines Krankenhauses oder der medizinischen Universität verborgen ist. Dort liegt auf dem Seziertisch das Gehirn, das soeben, um es für das chirurgische Messer zu härten, aus einer Formaldehydlösung herausgenommen wurde.

Zu Beginn des Rituals liest einer der Medizinstudenten oder der zugelassenen Ärzte die Fallgeschichte des unglücklichen Menschen vor, dessen Gehirn sich auf dem Tisch befindet. Während der Leser die Liste der Beschwerden, physischen Untersuchungsergebnisse und Laborresultate herunterleiert, beginnt der Neuropathologe, das Gehirn aufzuschneiden. Er sucht nach einem »neuroanatomischen Zusammenhang«, nach einer Erklärung dafür, was in genau diesem Gehirn schiefgelaufen war.

Es gab eine Zeit, in der die Neuropathologen glaubten, das Sezieren perfektionieren zu können, um so das menschliche Gehirn in seiner Komplexität zu verstehen. Keiner glaubt heute ernstlich daran. Das Gehirn sezieren und nach Abnormalitäten suchen kann nur grobe Richtlinien für bestimmte Fälle liefern. So kann beispielsweise ein Patient, der in seiner rechten Körperhälfte plötzlich die Kraft und damit die Fähigkeit verliert, normal zu sprechen, später dem Neuropathologen einen neuroanatomischen Zusammenhang aufzeigen: ein Infarkt (Gehirnschlag) in den Zonen, die der Bewegung und Sprache dienen.

Aber der Nachweis einer Schädigung – einer durch Krankheit verursachten Abnormalität in einem Teil des Gehirns – sagt nicht viel über die normale Gehirnfunktion aus. Bewegungs- und Sprachfähigkeit beanspruchen, wie wir feststellen konnten, viele Zonen im Gehirn. Abgesehen davon ist es schwierig, das normale Funktionieren des Gehirns auf der Basis von Gehirnen, die nicht mehr normal funktionieren, zu verstehen.

Aber auch die Bandbreite der Möglichkeiten ist schmal. Die Gehirnsektion beschränkt sich auf strukturelle Überlegungen: Etwas innerhalb der Gehirnstruktur läuft schief und zerstört einige Bereiche der normalen Gehirntätigkeit. Aber der Aufbau ist nur ein Teil der Gehirnaktivität.

Daneben ist noch der Funktionsablauf: Neuronenimpulse werden entlang den Axonen von einer Nervenzelle zur nächsten übermittelt. Neurochemische Substanzen starten an den Enden der präsynaptischen Neuronen und queren den synaptischen Spalt zur postsynaptischen Membran hin, wo sie von einem zweiten Neuron aufgenommen werden.

Deshalb gaben die Neurologen in den letzten Jahren die lang gehegte Ansicht größtenteils auf, daß ein Verständnis des menschlichen Gehirns jemals allein durch Sezieren erzielt werden kann. Statt dessen konzentrieren sich die Neurologen auf die chemischen Schlüssel des Gehirns. Werden die Neurotransmitter des Gehirns sowie ihre Rezeptoren voll aufgedeckt, könnte es dadurch ermöglicht werden zu begreifen, wie die Nervenzellen miteinander kommunizieren. Aber darauf ausgerichtete Versuche machen das Sammeln einer riesigen Anzahl von Gehirnen erforderlich. Einer der Neurologen, der sich darauf spezialisierte, ist Dr. Tom O'Donohue vom Nationalen Institut für neurologische und Kommunikationsstörungen sowie Gehirnschlag. Etwa alle zwei Wochen unternehmen Dr. O'Donohue und sein Assistent eine 45 Meilen-Reise zu einem Schlachthaus in Baltimore.

»Wir fahren dorthin, um Schweinehirne zu sammeln. Wir verwenden diese aus mehreren Gründen. Wir versuchen, die Neurotransmitter zu isolieren, die in nur sehr geringen Mengen im Gehirn vorhanden sind. Um eine ausreichende Menge Neurotransmitter zu isolieren und so ihren chemischen Aufbau zu erfahren, müssen wir mit einer großen Anzahl Gehirnen anfangen. Wir verwenden etwa zweihundert Pfund Schweinehirn und homogenisieren es in zirka 190 Liter Flüssigkeit. Daraus ergeben sich wenige Mikrogramme Peptide.«

Dr. O'Donohue wurde zu seiner Forschung durch eine Entdeckung im Jahr 1979 angeregt. Forscherteams in New York und Paris berichten in diesem Jahr, daß radioaktiviertes Phencyclidin (»Engelsstaub«) sich mit

Dr. Tom O'Donohue

den Rezeptoren im Hippocampus und in der Hirnrinde verbindet. Dies deutet auf ein tatsächliches Vorhandensein von Rezeptoren in der Hirnrinde zur Bindung endogener Phencyclidin ähnlicher Peptide sowie auf die zerstörerischen Verhaltenswirkungen von Phencyclidin durch chemische Trennung des Kortex vom limbischen System.

»Man ist allgemein der Ansicht, daß die Hirnrinde, die in der Geschichte der Evolution einen relativ neuen Teil des Gehirns darstellt, hemmende Kontrolle auf das limbische System ausübt«, sagt Dr. O'Donohue. »Bleibt die kortikale Kontrolle aus, so ist es möglich, daß das limbische System selbständig zu arbeiten beginnt.«

Grausame Mordanschläge, Selbstverstümmelung, bizarre Mord- und Selbstmordbegeisterung, sie alle ergaben sich als Ergebnis einer Phencyclidin-Vergiftung. »Bei einem durch Phencyclidin hervorgerufenen Geisteszustand gehen die Emotionen durch«, stellt Dr. Candace Pert vom Nationalen Institut für geistige Gesundheit fest.

»Phencyclidin verbindet sich wie andere psychoaktive Drogen mit besonderen Rezeptoren, in diesem Fall mit Rezeptoren, die fast ausschließlich auf die Gehirnrinde beschränkt sind«, sagt Dr. Pert. »Wir glauben, daß es ein *endogenes* (natürlich im Gehirn vorhandenes) *Peptid* gibt, das normalerweise diese Rezeptoren aktiviert.« Angesichts extremer Störungen, die durch die Einnahme von Phencyclidin hervorgerufen wurden, stellt sich die Frage, welcher Funktion natürliches Phencyclidin wohl dient.

Populäre Meinung einiger Neurologen ist, daß natürlich vorkommendes Phencyclidin einen veränderten Bewußtseinszustand hervorrufen kann – keine Psychose, sondern einen milderen, vielleicht sogar erfreulichen Zustand. Dies waren in etwa Dr. Pert's Gedanken, als sie ihnen einmal freien Lauf ließ.

»Vielleicht ist natürliches Phencyclidin für einen Wechsel unserer

Dr. Candace Pert

bewußten Wahrnehmung zu subtileren Formen zuständig. Befinden wir uns in einem derartigen Zustand, können wir vielleicht empfindsamer gegenüber anderen Menschen werden, offener für die Entwicklung neuer Ideen, oder wir können in ein träumerisches Stadium eintreten. Derzeit sind wir uns nur nicht darüber sicher.«

Könnte es möglich sein, daß Schizophrenie mit ihren bizarren Halluzinationen und ungeordnetem Gedankeninhalt das Ergebnis von einer Phencyclidin-Überschwemmung im Gehirn herrührt? Die Neurologen sind sich dessen nicht gewiß.

Ein Weg, mehr über Phencyclidin herauszufinden, ist, es zu isolieren, es chemisch zu bestimmen und zu beschreiben, was es im normalen Gehirn bewirkt. Sind diese Ziele einmal erreicht, so kann es möglich sein, Schlußfolgerungen über die Natur der Schizophrenie zu ziehen, über ihre Behandlung und letztendlich über ihre Verhinderung.

»Am Ende unserer Arbeit mit Schweinehirnen landen wir bezeichnenderweise bei einer Phencyclidinprobe, die etwa zehn Mikrogramm wiegt, etwa so viel wie ein menschliches Haar«, berichtet Dr. O'Donohue. »Wir würden gerne seine Bestandteile herausfinden . . . wie es arbeitet und schließlich, warum es überhaupt im Gehirn vorkommt.«

Auf den ersten Blick scheint die Suche nach einem Phencyclidin-Rezeptor – wie auch andere Neuropeptide und Neurotransmitter – nichts mit der vorhin erwähnten Gehirnsezierung zu tun zu haben. Beide Aufklärungsversuche haben jedoch eines gemeinsam: Sie sind verschiedene Experimentiertechniken zur Aufdeckung eines gemeinsamen Mechanismus, wie der Verstand in den Mutterboden des Gehirns eingebettet ist. Ferner sind sie Studien des menschlichen Bewußtseins und seiner Veränderung. Was ist das Ich? Was bedeutet es, sich bewußt zu sein? Was ist der Verstand, der Geist? Überlegen Sie für einen Augenblick den Zusammenhang, aus dem sich solche unbeantworteten und vielleicht unbeantwortbaren Fragen ergeben.

Das auf dem Seziertisch liegende Gehirn ist nichts weiter als eine Protoplasmamasse. Wie war es dieser gallertartigen Masse möglich, zu Lebzeiten des Verstorbenen bewußte Wahrnehmungen hervorzubringen? Wo im Gehirn entsprang die Kreativität? Der Sinn für die Zugehörigkeit zu einer Familie oder Gemeinschaft? Sicherlich dachten die Familienmitglieder des Verstorbenen von dessen Gehirn niemals einfach nur in Begriffen wie »Gehirn«, sondern als Ehemann, Vater, Mensch. In diesem letzten Kapitel wollen wir einige der Wege diskutieren, über die die Neurologen versuchen, unsere Vorstellungen vom Verstand mit unseren aufkeimenden Erkenntnissen über den Aufbau und die Funktion des menschlichen Gehirns in Einklang zu bringen. Eine Möglichkeit, dies zu erreichen, ist, sich darauf zu konzentrieren, wie Veränderungen der Gehirnfunktion zu einem veränderten Bewußtsein führen. Genau genommen ist alles, was wir von der Welt um uns herum wahrnehmen, wie wir darauf reagieren, alle unsere »inneren« Welten in höchst empfindlicher Weise vom Zustand unseres Gehirns von Augenblick zu Augenblick abhängig.

So ist es beispielsweise zu diesem Zeitpunkt offensichtlich, daß nur eine geringe Anzahl Dinge, die geeignet sind, die Aufmerksamkeit des Gehirns zu erwecken, dies auch tatsächlich in einem bestimmten Augenblick tun. Während Sie diese Zeilen lesen (was natürlich davon abhängt, wo Sie sich befinden), nimmt Ihr Gehirn eine große Anzahl von Anblikken, Geräuschen und Aktivitäten in Ihrer Umwelt nicht wahr. In der Tat ist Aufmerksamkeit ein sehr speziell ausgerichteter Vorgang. Wechseln Sie das Ziel Ihrer Aufmerksamkeit, Ihr Interessengebiet, so strömen völlig neue sensorische Daten herein. Dieser Wechsel hängt zum Beispiel von der Wachsamkeit, dem Ausmaß an Konzentration und den Interessengebieten ab. Abgesehen von diesen Überlegungen gibt es Anlaß zu glauben, daß das Gehirn seine Aufmerksamkeit von mehreren Gesetzen abhängig macht, die außerhalb unseres Bewußtseins liegen. Wir wissen: Erleidet das Gehirn in gewissen Zonen eine Verletzung, bricht der normale Vorgang der Aufmerksamkeit zusammen.

Ein Patient mit einer Schädigung auf einer Gehirnhälfte kann möglicherweise Ereignisse auf der entgegengesetzten Körperseite nicht zur Kenntnis nehmen. Eine Frau mag auf der rechten Seite ihres Gesichts Make-up auftragen und die linke Seite dabei übersehen. Ein anderer Patient mag vielleicht nur die rechte Hand hochheben auf den Befehl hin: »Erheben Sie Ihre beiden Hände!« Patienten mit derartigen Defekten ihrer aufmerkenden Kraft (unter dem Namen *Unterlassung* bekannt) können so eigenartige Dinge tun wie das Essen auf der einen Tellerseite unbeachtet lassen oder nur eine Gesichtshälfte rasieren. Schreiben sie etwas, so können sie ihre Sätze auf die eine Hälfte der Seite zwängen und auf der anderen einen ungewöhnlich breiten Rand lassen. Es ist wichtig darauf hinzuweisen, daß in vielen dieser merkwürdigen Fälle die Patienten nicht gelähmt sind. Hilft der Untersuchende dem Patienten, den Anfang zu machen, ist es möglich, die Bewegung des Arms zu bewirken, den der Patient vor wenigen Augenblicken nicht bewegen konnte oder wollte.

In manchen Fällen kann die Unterlassung recht subtil sein, so daß sie ebenso subtiler Methoden zu ihrem Nachweis bedarf. Ein Patient kann zum Beispiel aufgefordert werden, die Augen zu schließen und dann eine Stelle leichter Berührung anzugeben. Wird nur eine Seite des Körpers berührt, wird die Identifizierung durch den Patienten richtig lauten. Berührt man jedoch zwei Seiten des Körpers gleichzeitig (ein leichtes Klopfen mit dem Finger auf beide Wangen des Patienten), so wird nur einer der beiden Stimuli registriert.

Maler mit Beschädigung einer Gehirnseite können ihre Fähigkeit im Lauf der Zeit verlieren, Gegenstände auf einer bestimmten Seite der Leinwand darzustellen. Bei einem Portrait kann die eine Seite des Gesichts verschwommen sein, oder Gegenstände auf dieser einen Seite sind nur schemenhaft wiedergegeben. Nach Erholung von der Gehirnverletzung kann der Künstler seine Fähigkeit wiedererlangen. Häufiger jedoch bleiben gewisse Mängel zurück, die jedoch nur ein geübter Beobachter oder ein Kunstkritiker entdecken wird.

Auf der Basis von Studien zu Unterlassungen von Patienten mit Gehirnverletzungen begannen Neurologen vor einigen Jahren, eine Theorie über die Rolle des normalen Gehirns bei der Aufmerksamkeit zusammenzustellen. Anfangs vermuteten sie das Vorhandensein eines Mechanismus zur Regulierung der Aufmerksamkeit. Aber die Einzelheiten dieses hypothetischen Mechanismus blieben im Dunkeln. Was geschieht zum Beispiel im Gehirn, das es veranlaßt, einige Vorkommnisse in der Umwelt wahrzunehmen, während es andere nicht beachtet?

Der erste Durchbruch zu unserem Verständnis der Gehirnmechanismen für Aufmerksamkeit gelang in den späten fünfziger Jahren, als zwei unabhängige Forschungsteams aufzeigten, daß bei Affen ein Unterlassen durch experimentell plazierte Beschädigungen, die um den unteren Parietallappen zentriert waren, herbeigeführt werden konnte. Stimulierte man die Tiere an zwei Seiten ihres Körpers, so reagierten sie nur auf einen Stimulus und ließen den anderen unbeachtet.

Mit der Entwicklung von Methoden zur Messung lokaler Zonen elektrischer Aktivität wurde es möglich, die Entladungsmuster einzelner Neuronen in den parietalen Zonen aufzuzeichnen. Am interessantesten dabei sind die Stimuli, die eine Aufmerksamkeitsreaktion hervorrufen. Ist ein Tier hungrig, beginnen die Neuronen sich jedesmal dann zu entladen, wenn das Tier Nahrung entdeckt, sie erblickt oder versucht, sie zu ergreifen. Ist das Tier durstig, ruft eine Flüssigkeit anstelle von Nahrung einen kleineren Neuronensturm hervor. Kurz gesagt ist der »Motivierungszustand« des Tieres in einem bestimmten Augenblick von wesentlicher Bedeutung. Da sich dieser verändern kann (das Tier kann entweder hungrig oder durstig oder beides oder keines von beiden sein), ändert sich

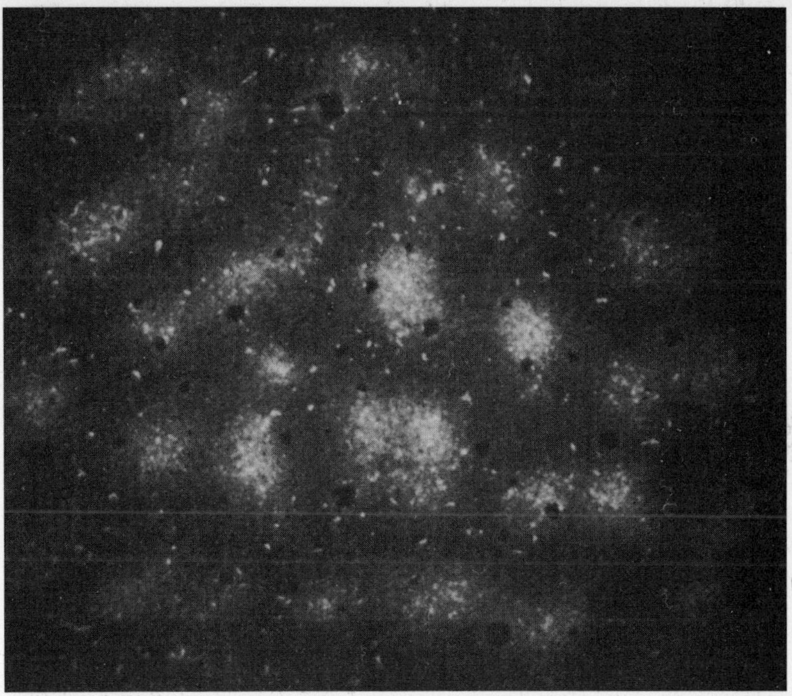

Mit Meerrettich-Peroxidase gekennzeichnete Zellen ermöglichen es den Wissenschaftlern, die Neuronenverbindungen im Gehirn aufzuspüren.

auch der verursachende Wert der einzelnen Stimuli entsprechend der jeweiligen Zeit und Umstände. Es ist deshalb angebracht anzunehmen, daß diese Komplexität interner psychischer Zustände eine gleichartige Komplexität der Neuronenprozesse erfordert: Nicht nur eine Zone, sondern viele miteinander verbundene Zonen des Gehirns werden für die Aufmerksamkeit beansprucht. Ein Weg zur Erprobung dieser Hypothese beinhaltet das Aufspüren von inneren Verbindungen zwischen dem Parietallappen, um festzustellen, welche sonstigen Gehirnzonen möglicherweise Mängel bei der Aufmerksamkeit aufweisen.

Eine Methode zur Markierung von Zellen und zum Aufspüren ihrer gegenseitigen Verbindungen verwendet ein großes pflanzliches Enzym, Meerrettich-Peroxidase. Dieses Enzym wird von den Nervenenden aufgenommen und zum Zellkörper, wo die Neuronenenden ihren Ursprung haben, zurücktransportiert. Auf diese Weise ist es möglich, eine

Nervenfaser im Parietallappen zu bezeichnen und durch Meerrettich-Peroxidase festzustellen, woher die Nervenzelle kommt. Wurde Meerrettich-Peroxidase in den parietale Kortex injiziert, so konnte man Nervenzellen entdecken, die sich viel weiter erstreckten, als je ein Forscher ursprünglich angenommen hatte. Es gab Verbindungen mit den motorischen Zonen, besonders den für die Bewegungen der Augen zuständigen Zonen (auf das Objekt der Aufmerksamkeit blicken); es bestehen ausgedehnte zweibahnige Verbindungen, die Teile des limbischen Systems verknüpfen (erforderlich zur Schaffung angemessener emotionaler Triebe). Und dann sind da Zellen, die sich sogar bis in den Hirnstamm erstrecken, insbesondere in das retikulare System. Alle diese Strukturen können die notwendige Wachsamkeit hervorrufen, da Aufmerksamkeit bei schlafenden oder schläfrigen Menschen unmöglich ist.

Der Neurologe M. Marsel Mesulam von der Harvard-Universität, der diese Meerrettich-Peroxidase-Experimente durchführte, stellte eine Hypothese darüber auf, wie das Gehirn bei direkter Aufmerksamkeit arbeitet. Zuerst üben die retikularen Strukturen eine in Alarm versetzende Wirkung aus. Dann gehen die Ereignisse in ein eng verknüpftes System über, das Wahrnehmung, Bewegung und Gefühl mit einbezieht. Nach Dr. Mesulam kann ein Unterlassen in einer Gehirnschädigung irgendwo in diesem Netzwerk seine Ursache haben. Dr. Mesulam mutmaßt, daß das Ausmaß des Unterlassens vom Ausmaß des Schadens ab-

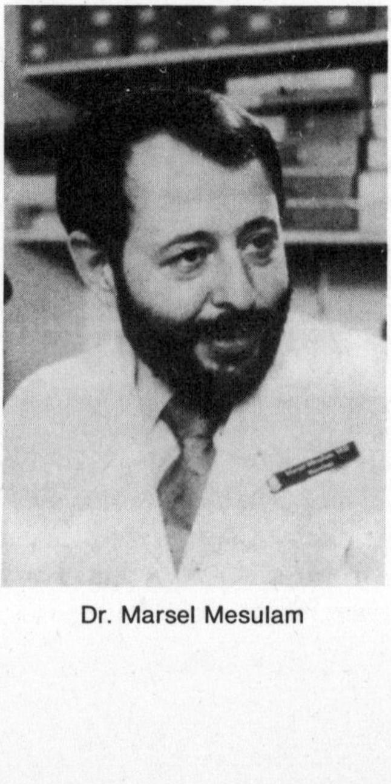

Dr. Marsel Mesulam

hängt. Sind alle drei Zonen betroffen, können ernstere Formen der Unterlassung folgen (z. B. das Auftragen von Make-up auf nur einer Gesichtsseite). Ist der Schaden weniger weitreichend, kann man subtileren Formen der Unterlassung begegnen (das Auslöschen eins von zwei Stimuli).

Dr. Mesulam untermauerte die Vermutung anderer Neurologen mit einer festen experimentellen Basis: Aufmerksamkeit ist ein aufgeteilter Prozeß, der große Zonen des Gehirns mit einbezieht. Des weiteren leistet jede bei der Aufmerksamkeit involvierte Gehirnzone ihren eigenen speziellen Beitrag. Insgesamt stimmen die Ergebnisse mit Beobachtungen überein, die sowohl auf Laborforschungen mit Versuchstieren wie auch alltäglicher Wahrnehmung unserer eigenen, sich ändernden Aufmerksamkeitsstufen stammen. Unsere Interessen wie auch unsere inneren Zustände (Hunger, Neugier usw.) bestimmen zum großen Teil die Stimuli aus der Umwelt, die unsere Aufmerksamkeit erwecken. Der Geruch frisch gebackenen Brots wird uns ansprechen, wenn wir hungrig sind, er kann uns entgehen oder nach einem üppigen Mahl sogar abstoßen. Auch beinhaltet die Aufmerksamkeit mehr als bloße Berechnung: Wir neigen dazu, unsere Aufmerksamkeit Dingen zuzuwenden, die für uns emotional von Bedeutung sind. Alle diese Faktoren stehen in Beziehung untereinander innerhalb des Netzwerks der Neuronenverbindungen, die sich über große Flächen unseres Gehirns erstrecken. Auch wenn einige Teile des Gehirns (insbesondere die rechte Hemisphäre) in Bezug auf Aufmerksamkeit für bedeutsamer erachtet werden als andere, gibt es zweifelsohne ein »Aufmerksamkeitszentrum«. In der Tat betont diesbezügliche Forschung, worauf in diesem Buch schon vielfach hingewiesen wurde, daß komplexe Verhaltensweisen selten in einer einzigen Zone des Gehirns ihren Ursprung haben. Dies sollte auch nicht überraschen. Das Gehirn funktioniert als Ganzes, jede Zone beeinflußt andere Zonen, sogar weit voneinander entfernte Zonen. Bei unserem Bemühen, das Gehirn zu verstehen, neigen wir dazu, gewisse Vorgänge in einer Weise abzusondern, die dem Abschalten eines Filmprojektors gleicht, um den Spielfilm in Einzelbildaufnahmen anzusehen. Aber durch derartig vereinfachende Bemühungen ist mehr verloren als gewonnen! Eine Analyse separater Bilder eines Films kann niemals die Dynamik eines Films, der in der beabsichtigten schnellen Bilderfolge abgespielt wird, erfassen. »Stillstände« des Gehirns übermitteln uns einen ähnlichen Verlust der Perspektive. Ist es nicht ebenso einfältig, unsere Aufmerksamkeit auf nur einen Aspekt eines unendlich komplexen Vorgangs zu richten?

Alle 24 Stunden, wenn wir schlafen und insbesondere dann, wenn wir träumen, findet eine tiefgreifende Veränderung in unserem Bewußtseinszustand statt. Wie bereits im 3. Kapitel erwähnt, treten Schlaf und Traum in regelmäßig wiederkehrenden rhythmischen Folgen auf, die nur geringfügig durch unser eigenes Bemühen abgeändert werden können. In der Tat, versteift sich jemand zu sehr auf die Fähigkeit des Menschen, das eigene Schicksal zu kontrollieren, sollte er dieses einfache Experiment ausprobieren: 48 Stunden wachbleiben. Die meisten Menschen, es sei denn, sie sind ungewöhnlichem Streß oder außerordentlicher Erregung ausgesetzt, werden nicht in der Lage sein, dieser Herausforderung zu entsprechen. Die Freiheit unseres Bewußtseins ist ganz deutlich an die Zyklen von Wachen und Schlafen gebunden.

Es gibt reichlich Uneinigkeit über die Natur des Schlafs. Im achten Jahrhundert vor Christus charakterisierte der griechische Dichter Hesiod den Schlaf als »den Bruder des Todes«. Shakespeare, der möglicherweise an Schlafstörungen gelitten hatte, war mehr von den Begleiterscheinungen beeindruckt, die den friedlichen Schläfer stören können:

»Zum Schlaf: die Chance des Traums; ah, hier das Hindernis; denn nun im Todesschlaf – welch' Träume gibt's?«

Sigmund Freud begründete einen ganzen Berufsstand zur Bedeutung der Träume. Heute können all die, die sich keinen Psychologen leisten können, mehr über ihre Träume durch Bücher zu diesem Thema oder durch Erfahrungsaustausch mit Freunden erfahren.

Eine der interessantesten Beobachtungen zum Schlaf und Traum wurde im Altertum gemacht, wahrscheinlich von Ägyptern oder Mesopotamiern. Damals bemerkte jemand zum erstenmal, daß auch Tiere träumen. Ein Hund kann aus tiefem Schlaf aufspringen und die Phantome anbellen, die vor wenigen Augenblicken seinen Schlaf bevölkerten.

Bei Tieren beobachtete man ein dem Mensch gegenüber unterschiedliches Schlafmuster. Wenn wir nur wenige Minuten dösen, machen wir ein »Katzennickerchen«.

In den dreißiger Jahren dieses Jahrhunderts begann der belgische Neurologe Frederick Bremer, sich für diese »Katzennickerchen« zu interessieren. Mit dem Entdeckergeist eines kleinen Jungen, der herausfinden will, welcher Ziegelstein im Turm dafür verantwortlich ist, die Mauern aufrechtzuerhalten, begann er zu suchen, welcher Teil im Gehirn einer Katze für Schlaf verantwortlich sei. Dr. Bremer durchschnitt den Hirnstamm in verschiedenen Höhen. Dabei stellte er fest, daß ein Schnitt zwischen der Medulla oder der Pons wenig Wirkung auf den Schlaf/Wachzyklus ausübe. Ein etwas höher angesetzter Schnitt durchs Mittelhirn bewirkte ein ständig schläfriges, wenn nicht schlafendes Tier.

Dr. Bremer war der erste Neurologe, der andeutete, daß der Hirnstamm den Kortex aufweckt – daß Schlaf eintreten würde, gäbe es nicht von unten her erzeugten Einfluß. Auf den ersten Blick war dies eine eigenartige Feststellung. Dr. Bremer war der Ansicht, daß, beraube man die Hirnrinde ihrer Verbindung mit dem »unteren« Hirnstamm, Schlaf eintreten würde. Dr. Bremer's Forschung lieferte die Grundlage für eine andere Reihe von Experimenten, die in den späten vierziger Jahren durchgeführt wurde und die Vorstellung weiter ausarbeitete, daß Schlaf ein passiver Vorgang sei, der auf einem Mangel an Erregung beruhe.

Giuseppe Moruzzi aus Italien und Horace W. Magoun aus Los Angeles verabreichten einer Versuchskatze eine Serie Elektroschocks tief in ihrem Hirnstamm. Das Ergebnis war Erregung: Die Katze setzte sich auf, wollte spielen, und wurde durch Milch angelockt. Bei der Stelle, an der diese Schocks plaziert wurden, handelte es sich um die retikulare Formation, ein Nervenfasersystem, das sich von der Medulla zum Thalamus erstreckt. Dr. Magoun und Dr. Moruzzi stellten fest, daß die Stimulierung das Tier aufweckte, wohingegen Verletzungen, Schnitte oder Elektrokoagulierung in dieser Zone einen tiefen Schlaf hervorriefen. Tiere mit experimentell verursachten Verletzungen an der retikularen Formation wurden nicht aufgerüttelt, wenn sie ihren Namen hörten, mit einer Nadel gestochen wurden oder sogar einen Elektroschock verabreicht bekamen. Diese Forschung untermauerte Dr. Bremer's frühere Arbeit, gaben ihr nun einen spezifischeren, einen mehr wissenschaftlichen Anstrich. Vereinfacht gesagt hielt man Wachsamkeit für ein Stimulationsprodukt, das durch die retikulare Formation auf seinem Weg vom unteren Hirnstamm zum Thalamus weitergeleitet wurde. Es schien alles sehr einfach zu sein.

Aber wie so oft in der Gehirnforschung hatten äußerst esoterische Verfahren vor offensichtlichen, alltäglichen Beobachtungen Vorrang. Wie jeder weiß, der einmal eine Nacht mit einem Bettgefährten verbrachte, steigen die Menschen nicht einfach in einen Zustand tiefen Schlafs hinab, wie sich eine Taucherglocke auf den Grund des Ozeans hinabsenkt. Sie drehen und wenden sich, rollen herum und geben manchmal Laute von sich. Offensichtlich verbrachten die Herren Bremer, Moruzzi und Magoun mehr Zeit damit, ihre Katzen zu beobachten als ihre Ehefrauen.

1953 beseitigten zwei Schlafforscher endgültig die Ansicht, daß Schlaf einfach aus einem Mangel von Erregung resultiere. Eugene Aserinsky und Nathaniel Kleitman waren die ersten, die gewissen Beobachtungen, die bis zu den Hindus zurückverfolgt werden konnten, eine solide wissenschaftliche Grundlage verschafften: Ebenso wie es verschiedene Stufen der Wachsamkeit gibt, gibt es verschiedene Stufen des Schlafs.

Zum Beweis dafür zeichneten Dr. Aserinsky und Dr. Kleitman die Augenbewegungen von Kindern auf. Ihre Gründe zur Durchführung dieses unorthodoxen Experiments stammten aus einer Kombination von Intuition und einer festen Vorstellung des Gehirnaufbaus. Eine unverhältnismäßig große Zone der Hirnrinde trägt zu den Bewegungen der Augen bei. Zusätzlich involviert die für eine strenge motorische Kontrolle der Augenbewegungen erforderliche Genauigkeit eine große Nervenanzahl, die mit den Muskeln zur Augenbewegung verbunden sind. Und schließlich sind die Schädelnerven, die für die Augenbewegungen verantwortlich sind, in den Fasern der retikularen Formation angesiedelt, die sich auf ihrem Weg zum Thalamus um diese Formation erstrecken.

»Es kommt der Verdacht auf, daß die Aktivität der extraokularen Muskulatur und der Lider besonders sensible Indikatoren der Veränderungen des zentralen Nervensystems, das mit dem Schlaf/Wach-Zyklus verbunden ist, sein können«, meinten Aserinsky und Kleitman in ihrer die Musterbeispiele für nichtig erklärenden Schrift »Zwei Arten okularer Bewegungsfähigkeit während des Schlafs«.

Die Beobachtungen von Dr. Aserinsky und Dr. Kleitman waren keinesfalls neu. Mütter und neugierige Verwandte hatten seit Jahrhunderten beobachtet, daß die Augen eines Babies während des Schlafs nach oben und nach außen rollen. Es hatte jedoch niemand diese Bewegungen sorgfältig studiert, noch hatte jemals jemand einen Zusammenhang mit der Tiefe des Schlafs während der Nacht hergestellt. Dies gehörte zu der Reihe von Experimenten, die ebensogut von ägyptischen oder römischen Hausfrauen beim Beobachten ihrer Babies während des Nachmittagsschlafs hätten durchgeführt werden können. Aber keiner vor Dr. Aserinsky und Dr. Kleitman dachte daran. Ihre Arbeit leitete eine Periode beispielloser Forschungsaktivität über Gehirnprozesse, die so alt wie die Menschheit waren, ein.

Schlafforscher fanden heraus, daß die Menschen, nachdem sie in eine anfängliche Periode tiefen Schlafs fallen, abwechselnde Zyklen leichten und tiefen Schlafs durchwandern. Leichter Schlaf ist mit schnellen Augenbewegungen verbunden und normalerweise von Träumen begleitet. Bald hängten Forscher auf der ganzen Welt Menschen an Monitore, die die ganze Nacht hindurch in Betrieb waren. Gleichzeitig gaben sie Anzeigen in wissenschaftlichen Zeitschriften auf und suchten darin nach Technikern, die die ganze Nacht aufbleiben konnten, um andere Menschen im Schlaf zu beobachten und deren exakte Gehirnströme aufzuzeichnen, ohne selbst dabei einzuschlafen. Diese Schlaftechniker mußten nicht nur die Aufzeichnungsgeräte bedienen, sondern die Elektroenzephalogramme in Beziehung zu schnellen Augenbewegungen, Körperbewegungen und Träumen setzen.

Da mehrere unterschiedliche Prozesse gleichzeitig beobachtet wurden, ist die sich daraus ergebende Schlafterminologie verwirrend. Im wesentlichen beinhaltet sie folgendes: Tiefer Schlaf zeigt eine langsame EEG-Wellenaktivität und wird deshalb mit S-Sleep (slow sleep = langsamer Schlaf) bezeichnet. Während des leichten Schlafs ist das EEG desynchronisiert (ähnlich dem, was wir beim Wachzustand sehen), und es treten Träume auf – daher die Bezeichnung D-Sleep (desynchronized sleep). Da die schnellen Augenbewegungen nur während des leichten Schlafs auftreten, wird dieser REM-Schlaf genannt.

Die wichtigste von den frühen Schlafforschern bewirkte Veränderung war die Erkenntnis, daß Schlaf ein aktiver Prozeß mit regelmäßig alternierenden Episoden leichten und tiefen Schlafs während der Nacht ist. Die Anerkennung dieses Schlafmusters steckte jedoch noch in ihren Kinderschuhen.Wichtigere, schwierigere Fragen tauchten auf: Welchem Zweck dienen derart regelmäßige Zyklen der Schlafstadien? Warum träumen wir?

Mit derartigen Fragen konfrontiert, richteten die Schlafforscher ihr Augenmerk auf das Herausfinden der Gehirnmechanismen, die diesen Schlafschwankungen zugrunde lagen. Was geht im Gehirn vor, wenn ein Mensch von tiefem Schlaf mit einem langsamen, synchronisierten Elektroenzephalogramm in ein REM-Stadium, das durch eine Reihe lebhafter Träume und einem EEG ähnlich dem beim wachen Menschen gekennzeichnet ist, überwechselt.

Beim Erwachsenen dauert die erste REM-Phase nur etwa zehn Minuten an. Im Laufe der Nacht verlängern sich die REM-Perioden, bis sie gegen frühen Morgen etwa eine Stunde währen. Kinder folgen einem deutlich anderen Muster – sie scheinen Träume offensichtlich interessanter zu finden (oder zumindest die REM-Phasen) als irgendetwas sonst um sie herum. Ein Kind verbringt die Hälfte seiner Schlafzeit in REM-Stadien. Könnten die Kinder sprechen, was würden sie uns über ihre Träume erzählen? Manche Forscher glauben, sie hätten uns wenig zu berichten, da ihre REM-Phasen möglicherweise einem anderen Zweck dienen als beim Erwachsenen, die nur etwa zwanzig Prozent ihrer Schlafzeit in REM-Stadien verbringen. Bei Kindern könnten REM-Phasen einen Stimulus für das Gehirn bedeuten, einen elektrophysiologischen Anstoß zu Wachstum und Entwicklung des Gehirns.

Gleichzeitig mit den REM-Unterschieden weichen die Menschen in ihrem Bedürfnis nach Schlaf sehr voneinander ab. Babies scheinen am meisten Schlaf zu benötigen, durchschnittlich etwa 16 Stunden. Im Alter von drei Jahren braucht das Kind dann nur mehr 12 Stunden Schlaf, und im Alter zwischen fünf und sechs Jahren streiten Kinder mit ihren Müttern bereits über die Notwendigkeit eines Nachmittagsschlafs. Bei Kindern über zehn Jahren entwickelt sich allmählich das Schlafmuster Erwachsener und pendelt sich auf zwischen sieben und acht Stunden ein, wobei manchen Menschen fünf oder fünfeinhalb Stunden ausreichen, während andere nicht recht in Bewegung kommen, wenn sie nicht mindestens 12 Stunden Schlaf hatten. Diese Unterschiede können einige der kulturellen Unterschiede in bezug auf Schlaf erklären. Wir gaben zwar die offizielle Nachmittagsruhe, die berühmte Siesta, auf, aber es lag doch einige Weisheit in der Tradition eines Nachmittagsschlafs. Vielleicht ist dies der Grund, warum Kinder am Nachmittag quengelig werden, Schüler glasige Augen bekommen und große Unternehmen einen Rückgang der Produktivität am späten Nachmittag verzeichnen.

Zwar schlafen alle Primaten, aber es gibt große Unterschiede in ihren Schlafmustern. Der Schlaf von Nagetieren, kleineren Säugetieren und Vögeln weist nur zwei unterschiedliche Stadien auf: Schlaf mit langsamen Wellenbewegungen (entspricht Stadium vier, Nicht-REM) und REM-Schlaf. Nicht alle Reptilien oder Amphibien haben REM-Schlafphasen. Dies mag vielleicht ein Hinweis auf die Bedeutung der Hirnrinde beim REM-Schlaf sein. Der französische Schlafforscher Michel Jouvet schlägt eine andere Auslegung vor: Da REM nicht bei Kaltblütlern vorkommt, scheinen Träume zum Leben nicht erforderlich zu sein. Hat Jouvet recht, dann können wir aufhören, darüber Vermutungen anzustellen, welche Phantasien den Schlaf von Krokodilen, die am Rande eines Sumpfs ein Sonnenbad nehmen, stören. Sie träumen ganz einfach von gar nichts.

Da REM-Schlaf sehr leicht durch das EEG aufgezeichnet werden kann, können die Versuchspersonen geweckt und die Wirkung gemessen werden. Experimente, bei denen REM-Phasen ausgeschaltet werden, verursachen einen Wechsel im Schlafmuster der Versuchspersonen. Werden sie im Laufe mehrerer Nächte während des REM-Schlafs geweckt, verweilen sie später, wenn dieser »Versuch« beendet ist, länger in diesen Phasen. Längere REM-Verlustperioden erzeugen immer länger werdende REM-Nachholphasen. Freud würde über diese Entdeckung jubeln. Sie würde ihm in vielem recht geben.

In seinem Monumentalwerk »Die Traumdeutung« behauptete Freud, daß wir unsere Träume benötigten. Sie helfen uns, einen Sinn in unserer alltäglichen Welt zu finden, sie erfüllen einige unserer Wünsche und liefern Hinweise auf unsere Beweggründe. Berauben wir uns des REM-Schlafs (oder einige bösartige Schlafforscher erledigen dies für uns), kehren wir umgehend in dem Augenblick, zu dem wir wieder einschlafen, in unsere Phantasiewelten zurück.

Träume sind aktiv. Wir lernen aus ihnen, wir freuen uns darauf, und manchmal reagieren wir darauf mit Furcht. Über Jahrhunderte legten Hexenmeister die Träume von Königen aus, und auf der Basis dieser Interpretationen wurden Expeditionen ausgestattet und Kriege ausgefochten. Gelegentlich bestimmten Träume über Leben und Tod. Träume können uns kreative Einsichten nicht nur in unsere eigenen psychischen Abläufe gewähren, sondern uns auch gelegentlich einige der Geheimnisse der Natur enthüllen. Berühmtes Beispiel dafür ist ein Traum, der ein Geheimnis über das menschliche Gehirn aufdeckte.

1903 entwickelte Otto Loewi, ein deutscher Physiologe, eine Theorie über die Rolle chemischer Substanzen bei der Übermittlung von Nervimpulsen. Trotz seiner Zuversicht über die Richtigkeit seiner Theorie wußte Loewi keinen Weg, sie zu beweisen. So legte er sie einstweilen gedanklich beiseite, bis er in der Nacht vor dem Osterfest 1921 einen Traum hatte:

»Ich erwachte, schaltete das Licht an und schrieb eilig ein paar Anmerkungen auf ein kleines Stückchen Papier. Dann schlief ich wieder ein. Gegen sechs Uhr morgens fiel mir plötzlich ein, daß ich ja etwas äußerst Wichtiges aufgeschrieben hatte, aber es gelang mir nicht, das Gekritzel zu entziffern. In der nächsten Nacht gegen drei Uhr kehrte der Einfall zurück. Es war die Aufzeichnung einer Versuchsanordnung zur Erprobung der Richtigkeit einer Hypothese zur chemischen Übertragung, die ich vor 17 Jahren aufgestellt hatte. Ich stand unverzüglich auf, begab mich ins Labor und führte ein einfaches Experiment an einem Froschherzen durch, wie es mir der nächtliche Traum vorgegeben hatte.« Der Versuch war ein überwältigender Erfolg (wie auf den Seiten 146 und 147 näher beschrieben).

Zwar hatten viele Kulturen angenommen, daß Träume eine Bedeutung haben, es bestand jedoch keine Einigung über die Auslegung eines speziellen Traums. Sigmund Freud glaubte, die Träume stellten zensierte Fassungen unbewußter Wünsche dar. Nach Freud sind in den Träumen die Gedanken und Emotionen verborgen, die der bewußte Verstand nicht gewillt oder nicht fähig ist, im Wachzustand aufrechtzuerhalten. Im Schlaf jedoch vollbringt der Verstand seine Traumarbeit und deckt die verborgenen Impulse auf, die in Form von Symbolen und unglaubwürdigen Erzählungen wieder hoch kommen. Freud's Theorie liefert auch eine in sich geschlossene, aber, wie wir sehen werden, nicht zutreffende Erklärung dafür, warum wir die Träume vergessen: Ist der Schläfer einmal wach, senkt sich der Vorhang der Unterdrückung wieder über ihn herab.

Für Freud übernahmen die Träume die Funktion einer Art Sicherheitsventil. Durch den Aufbau unbewußter Kräfte benötigte der Verstand eine Möglichkeit der Entladung. Der Traum stellte einen Kompromiß dar: Dem Impuls wurde eine teilweise Ausdrucksmöglichkeit gewährt, jedoch außerhalb des Bewußtseins. Vermutlich verhinderte dies weiteren Energieaufbau aus dem Unbewußten, was dank des Traums einen geistigen Zusammenbruch verhindern konnte.

Bemerkenswert dabei ist, daß Freud's Theorie in etwa der medizinischen Wissenschaft des 19. Jahrhunderts folgte, wobei das Gehirn als eine Art Dampfmaschine, in der starke Kräfte erzeugt werden, arbeitete. Werden diese Kräfte nicht irgendwie gezügelt, ergeben sich möglicherweise »schreckliche« Explosionen: Wahnsinn, Gewalttätigkeit usw. Nichts in Freud's Traumtheorie deutet darauf hin, daß die Traumbildung eine physische Grundlage aufweise. Alles ist rein psychologisch.

Heute glauben die Neurologen nicht länger daran, daß Träume lediglich eine Umwandlung alltäglicher Konflikte, eine Art Kostümfest darstellen, in der das Ungewollte und Besorgnis erregende in annehmbare symbolische Darstellungen gekleidet werde. Zwei Harvard-Wissenschaftler, Dr. Allan Hobson und Dr. Robert McCarley, sind der Ansicht, daß das Gehirn ein »Traumzustandsgenerator« sei. Nach ihren Versuchsergebnissen stammen die Träume aus Basisprozessen des Gehirns und nicht aus verhüllten Ängsten und verborgenen Wünschen. Tatsächlich sind die Träume der Versuch des Gehirns, eine Reihe elektrischer Signale, die aus dem unteren Hirnstamm während REM-Phasen in den Kortex angelangen, einen Sinn zu verleihen.

Dr. Hobson und Dr. McCarley hatten Zellen in der Pons isoliert, die im Schlaf eine größere Aktivität aufweisen als im Wachzustand. Setzt die REM-Periode ein, beginnen diese Zellen, sich zu entladen und Informationen an die höher gelegenen Hirnrindenzentren weiterzuleiten. Dann versucht das Gehirn, den Inhalt dieser Angaben zu ermitteln und unternimmt Anstrengungen, eine plausible Erklärung dafür, was vor sich geht, zu erstellen. Die Art, in der das Gehirn den Ausbruch der Neuronenimpulse auf der Pons aufnimmt und integriert, hängt von der jeweiligen speziellen Lebenserfahrung und der Persönlichkeit des Träumers ab. Dieses Nichtzusammenpassen unvereinbarer Signale aus der Pons mit den vorangegangenen Erfahrungen des Gehirns im Wachzustand ist

Ursache für den bizarren Inhalt vieler Träume. Diese Träume stellen die bestmögliche Auslegung des Gehirns unter den gegebenen Umständen dar. Beachten Sie bitte, daß hier nichts verkleidet oder unterdrückt wird. Statt dessen versucht das Gehirn, eine zusammenhängende Geschichte aus unvereinbaren und nicht zusammenhängenden Daten zu konstruieren.

Die Theorie von Dr. Hobson und Dr. McCarley ist zwar sehr interessant, sie ist jedoch wahrscheinlich noch nicht das letzte Wort, das über die Natur der Träume gesprochen werden wird. Was immer jemand entgegnen wird, gibt es doch Freud'sche Träume in ihrem Aufbau und ihrer Bedeutung. Wer hat noch nicht einen zukunftweisenden Traum erlebt, über einen anderen Menschen wichtige Einsicht im Traum gewonnen oder plötzlich über den Traum eine Lösung zu einem verwirrenden Tagesdilemma gefunden? Es ist schwierig sich vorzustellen, wie ein derartiger Vorgang aus dem Versuch des Gehirns resultiert, den Verlauf einer Geschichte aus Randbemerkungen zu improvisieren.

Weckt man hundert Personen während ihrer REM-Phasen auf, werden sich 84 davon eines Traums erinnern. Die Hälfte davon wird von einer Emotion, die den Traum begleitete, berichten. Neunzig Prozent werden von einer visuellen Handlung erzählen. Wichtiger als all dies ist jedoch, daß die Hälfte der aus dem Schlaf Gerissenen in der Lage sein wird, ihren Träumen durch Begriffe jüngster Erlebnisse Sinn zu verleihen. Diese Statistiken stützen nicht nur Freud's Vermutung der Bedeutsamkeit der Träume, sie erwecken auch weiterreichende Fragen: Warum können wir uns nur an so wenige Träume erinnern? Wäre es nicht schön, wenn wir fähig wären, unsere Träume mehr zu nützen?

Der Schlafforscher William C. Dement glaubt, daß kreative Menchen ihre Träume dazu verwenden können, Probleme zu lösen und neue Rätsellösungen zu finden.

Während eines Experiments gab er 500 Studenten an der Stanford Universität ein Problem auf, über das sie träumen sollten. Es lautete: »Die Buchstaben e, z, d, v, f bilden den Anfang einer unendlichen Reihe. Finden Sie eine einfache Regel zur Bestimmung sämtlicher Folgebuchstaben. Was wären demnach die nächsten beiden Buchstaben?« Zwei Studenten konnten das Rätsel im Wachzustand lösen, sieben während eines Traums. Hier ist einer davon: »Ich befand mich in einer Kunstgalerie und betrachtete die Gemälde an der Wand. Während ich den Gang entlangging, zählte ich die Bilder: eins, zwei, drei, vier, fünf. Als ich jedoch zum sechsten und siebten Bild gelangte, waren sie aus ihren Rahmen gerissen worden. Ich starrte auf die leeren Rahmen mit dem eigenartigen Gefühl, daß irgendein Rätsel kurz vor seiner Lösung stand. Plötzlich erkannte ich, daß der sechste und siebte Freiraum die Lösung des Problems waren.«

Haben Sie das Rätsel schon gelöst? Dazu müssen Sie vielleicht davon träumen. Die Lösung ist verblüffend einfach: e, z, d, v, f sind die Anfangsbuchstaben von eins, zwei, drei, vier, fünf; die nächsten beiden Buchstaben sind also s und nochmals s für sechs und sieben, die von Dement erfragten Buchstaben. Der Träumer, der die Bilder in der Kunstgalerie zählte, war der Lösung schon sehr nahe gekommen. Er mußte nur noch umsetzen, was im Traum bereits aufgezeigt war: Zählen ist der Schlüssel zur Lösung.

Ein derartiges Experiment macht die der Traumdeutung anhaftenden Schwierigkeiten deutlich. Kennt der Student die Lösung des Problems, warum kann er sie dann nicht im Wachzustand formulieren? Wenn der Student sie aber nicht weiß, wie kann er dann in unbewußtem Zustand darauf kommen? Wer löste das Rätsel? Sicherlich nicht der wache Student, da er sogar beim Überprüfen des Traums am Morgen die Antwort nicht wußte, sondern lediglich einen Hinweis darauf erhalten hatte: Zählen. Insofern wußte der Träumer des Rätsels Lösung und wußte sie auch wieder nicht. Dies erinnert an Samuel Taylor Coleridge's gespenstige Frage: »Was wäre, wenn man im Traum träumt, und im Traum in den Himmel gelangt und dort eine seltsame, wunderschöne Blume pflückt, und dann beim Aufwachen diese Blume in der Hand hält?«

Trotz unserer gegenteiligen Überzeugung läßt sich, ob jemand zu einer bestimmten Zeit wach ist oder schläft, nicht so eindeutig bestimmen, wie es anfänglich den Anschein hat. Der Philosoph Ernest Mach, der im 19. Jahrhundert lebte, hatte einmal festgestellt, daß er während einer Träumerei eingeschlafen war, und er hatte dies lediglich aufgrund der Tatsache bemerkt, daß er eine ungewöhnliche Bewegung einiger Zweige in seinem Traum wahrgenommen hatte. Manche Träumer haben regelmäßig »klarsichtige« Träume, bei denen sie sich während des Schlafs voll des Träumens bewußt sind. In einem gewissen Maß können sie sogar den Inhalt ihrer Träume kontrollieren und können wie ein Filmregisseur Anweisungen zur Erzählung, dem Dialog und zur Handlung geben. Manche Traumforscher behaupten sogar, daß Menschen lernen könnten, ihre Träume zu kontrollieren; daß sie lernen könnten, die Wahrscheinlichkeit, daß ihre Träume zur Erforschung ihrer eigenen inneren Welt (wozu sie im normalen Wachzustand nicht fähig sind) beitragen, zu erhöhen.

Keiner weiß genau, warum wir schlafen und wofür dies gut ist. Schlaf scheint für die Gesundheit nicht von wesentlicher Bedeutung zu sein. Jedes Schlafzentrum hat auf seiner Namensliste einen oder mehrere Menschen, die nur etwa ein bis zwei Stunden schlafen, denen es jedoch trotz ihrer kurzen Schlafdauer nicht schlechter zu gehen scheint. Schlaf lädt auch nicht einfach die im Laufe des Tages verlorengegangene Energie wieder auf. Bleibt ein Mensch lange wach, so wird er gegen drei oder vier Uhr morgens (der genaue Zeitpunkt ist von Mensch zu Mensch unterschiedlich) feststellen, daß er weniger schläfrig ist als zwei oder drei Stunden vorher.

»Da die Schläfrigkeit sich verringert, je näher der frühe Morgen kurz vor der Dämmerung des Tageslichts rückt, deutet dies darauf hin, daß die Menschen nicht einfach aufgrund versäumten Schlafs schläfrig werden. Würde dies zutreffen, würde man, je länger man aufbleibt, um so schläfriger werden. Statt dessen ist dieses Muster kennzeichnend für ein zyklisch auftretendes inneres Programm«, stellt Dr. Thomas Wehr, Chef der klinisch-psychobiologischen Abteilung des Nationalen Instituts für geistige Gesundheit und Erforscher der biologischen Rhythmen und des Schlafs, fest.

Untersuchungen während der letzten zwanzig Jahre offenbarten eine komplizierte innere Struktur für Schlaf und Traum. Wie bereits früher erwähnt, beinhaltet der Schlaf Perioden teilweiser Erregung (REM), die manche Gemeinsamkeit mit dem Angeregtsein in wachem Zustand teilen. Heute ist man sich ziemlich sicher, daß diese Erregung von koordinierenden Zentren im Hirnstamm erzeugt wird. Zuerst kehren die Gehirnmuster die normalen aktiven Muster des Schlafstadiums eins um (Stadium eins REM-Schlaf kann vom Stadium eins Nicht-REM-Schlaf nur durch Aufzeichnungen der Augenbewegungen und Muskelspannung unterschieden werden). Dieses aktive Gehirnmuster ist mit gesteigerter Herzfrequenz, höherem Blutdruck und schnellerem Atem verbunden. Nacken- und Schultermuskeln sind aktiv gehemmt. Lediglich die Muskeln im Mittelohr und in den Augen (REM) weisen eine Tätigkeit auf. Offensichtlich findet eine derartige »Orchestrierung« nicht einfach nur so statt. Es muß ein koordinierender Mechanismus im Gehirn vorhanden sein, der fähig ist, unseren Blutdruck bei gleichzeitiger Entspannung unserer Nackenmuskeln zu verändern.

Aufzeichnungen im Hirnstamm von Tieren zeigen einen phasenartigen Ausbruch elektrischer Aktivität der Pons, der Nervennuklei, die ebenfalls zu den Augenbewegungen beitragen (Okulomotorius) und der zweibahnigen Stationen entlang des visuellen Trakts (die lateralen Nuclei geniculi des Thalamus und des visuellen Kortex). Diese großamplitudigen Wellen – man nennt sie Pons-Geniculus-Okzipital-Zacken (PGO) – sind der hauptsächlich auslösende Mechanismus für die schnellen Augenbewegungen im REM-Schlaf. Bewiesen wurde die Bedeutsamkeit der PGO-Zacken durch den experimentell hervorgerufenen »Zackenverlust«.

Weckt man Katzen bei den ersten Anzeichen von PGO-Zacken auf, benötigen sie während der darauffolgenden Nächte mehr REM-Schlaf (REM-Rückfall). Das Gleiche, jedoch in geringerem Ausmaß, geschieht, wenn sie wenige Augenblicke vor Auftreten der PGO-Zacken bei Einsetzen der ersten schnellen Augenbewegungen geweckt werden. PGO-Zacken können REM-Schlaf gleichzeitig mit der Hemmung der motorischen Aktivität überall sonst im Körper herbeiführen.

Die Erkenntnis, daß Schlaf ein aktiver Vorgang und keine bloße Verringerung der Wachsamkeit sei, veranlaßte die Schlafforscher sowohl nach »Wachsamkeits«- wie auch nach »Schlaf«-Zentren zu suchen. 1958 wurde ein Wachsamkeitszentrum nur wenige Millimeter unterhalb der Zone des Mittelhirns entdeckt, die von Dr. Bremer 25 Jahre vorher während eines Experiments durchschnitten worden war. Statt jedoch in permanenten Schlaf zu verfallen, konnten diese Katzen überhaupt nicht schlafen. Dies ebnete den Weg für die Theorie, daß Schlaf und Wachsamkeit aus dem Zusammenspiel von Nervenzellen, die am Zustand der Wachsamkeit beteiligt sind, sowie anderer Neuronen, die sich etwas unterhalb des Hirnstamms befinden und für ein Herbeiführen des Schlafs von Bedeutung sind, resultiere.

Die Suche nach »Schlaf verursachenden Zonen« führte zur Entdekkung einer Ansammlung Serotonin erzeugender Zellen auf der Mittellinie der Medulla. Eine Zerstörung dieser Zellen ruft eine vorübergehende Schlaflosigkeit bei den Versuchskatzen hervor, gefolgt von fast vollständiger Ausschaltung des REM-Schlafs. Eine derartige Verletzung senkt auch den Serotoninspiegel im Gehirn auf ein Maß, das genau mit der Dauer der Schlaflosigkeit übereinstimmt. Für eine Weile schien es, als rühre die Herbeiführung von Schlaf von einem Anstieg des Serotoninspiegels im Gehirn her, während Wachsamkeit genau vom Gegenteil abhinge: einer Verringerung der verfügbaren Serotoninmenge. Aber die Dinge sind nicht so einfach. Wiederholte chemisch herbeigeführte Hemmung der Serotoninbildung führt zu einer anfänglichen Periode der Schlaflosigkeit, gefolgt von der Wiederkehr eines fast normalen Schlafmusters. Diese Erholung tritt trotz der Tatsache, daß der Serotoninspiegel im Gehirn unter seinem normalen Niveau bleibt, ein.

Häufige Fragen zum Gehirn

Frage: Wie wirkt eine Droge wie Kokain auf das Gehirn?

Antwort: Allgemein gilt, daß alle Drogen, die sich auf das Verhalten und die Stimmung auswirken, dies durch Änderung der Neurotransmitter im Gehirn bewirken. In der unvorhersehbaren Auswirkung dieser Änderungen liegt jedoch die Gefahr verborgen.

Kokain ist ein Lokalanaesthetikum, das die Durchlässigkeit der Nervenzellmembranen ändert. Aus diesem Grund wurde es viele Jahre bei chirurgischen Eingriffen in der Nase und auf den Schleimhäuten verwendet. Außerdem verlängert es die Lebensdauer der Neurotransmitter innerhalb des Spaltes (»Synapse«) zwischen den Nervenzellen. Jedoch hält man keine dieser Wirkungsweisen für die Ursache der durch Kokain hervorgerufenen Euphorie. Wahrscheinlich steht diese Wirkung in direktem Zusammenhang mit der Konzentration der Droge im Gehirn. Raucht oder spritzt man Kokain, führt dies zu einem schnelleren Anstieg der Kokainkonzentration im Gehirn als Schlucken oder Schnupfen der Droge. Dieser Unterschied ist wahrscheinlich verantwortlich für den hohen Verbrauch und das Suchtverlangen, das sich so zerstörerisch auf die normale Lebensroutine auswirkt. Zwar wird Kokain nicht offiziell als suchterregende Substanz bezeichnet, seine Einnahme über längere Zeit, besonders durch schnupfen oder oral, führt jedoch zu schwerer Abhängigkeit. Aufgrund vorübergehender Anhebung des Blutdrucks durch die Droge traten auch plötzlicher Tod und Gehirnblutungen auf.

Frage: Warum erholen sich einige Patienten von einem Gehirnschlag und andere nicht?

Antwort: Ein Gehirn bricht nicht wie ein mechanisches Gerät zusammen. Statt dessen hängt das Endergebnis eines »Gehirnschlags« von der Fähigkeit des Gehirns, sich nach Erleidung des Schadens zu regenerieren, ab.

Ein »Schlaganfall« ist ein vaskulärer Unfall im Gehirn: eine Schädigung des Gehirns aufgrund einer Störung der Blutzufuhr in einem Teil des Gehirns. Einige Blutgefäße versorgen wichtige Gehirnzonen, die für Bewegung, Sehen und Sprache zuständig sind. Eine Zerstörung dieser Zonen führt zu ernster, häufig dauerhafter Behinderung. Andere Blutgefäße beliefern weniger kritische Zonen, sodaß werden sie von einem Gehirnschlag »getroffen«, der Schaden weniger behindernd ist. Hinzu kommt ein unterschiedlicher Gehirnaufbau bei alten und jungen Menschen, Männern und Frauen, Rechts- und Linkshändern. Frauen erholen sich meist schneller als Männer von einem Gehirnschlag innerhalb der zerebralen Hemisphären und – das weibliche Gehirn und das Gehirn eines Linkshänders weisen weniger einseitige Ausrichtung auf: Beide Hemisphären können sich sprachliche und räumliche Aufgaben teilen im Unterschied zur Spezialisierung einer Hemisphäre unter Ausschluß der anderen.

Auch andere Schlafkomponenten weichen vom Normalzustand ab. Vorkommen während des REM-Schlafs, insbesondere Träume und schnelle Augenbewegungen, wechseln in die Perioden des Nicht-REM-Schlafs über. Katzen springen plötzlich auf, machen einen Buckel und fauchen spukartige Besucher an, die lediglich in ihren Träumen vorkommen. Serotonin mag dabei eine Rolle spielen, die PGO-Zacken auf den REM-Schlaf zu beschränken. Bei Verringerung des verfügbaren Serotonins können die PGO-Zacken in die Nicht-REM-Perioden überwechseln und so eine Reihe »aufweckender Träume« hervorrufen.

Insgesamt sind die Neurologen heute der Ansicht, daß Schlaf und Wachsamkeit aus dem Zusammenwirken eines im Gehirn verteilten Systems verschiedener Zentren resultiert. Unterschiede in der anatomischen Lokalisierung und der neurochemischen Absonderung bestimmen, ob ein spezielles Zentrum zur Wachsamkeit oder zum Schlaf beiträgt. Einige Forscher deuten an, daß Erregung mit der Ausscheidung von Noradrenalin zusammenhängen und tiefer Schlaf vom Einfluß des Serotonins hervorgerufen würde. Diese verschiedenen, Wachsamkeit und Schlaf verursachenden Zentren und Neurotransmitter interagieren vermutlich in Einklang mit einem inneren Uhrwerk. Nach einer Periode der Wachsamkeit schalten sich verschiedene, für Schlaf zuständige Zonen ein. Schlaf und Wachsamkeit neigen dazu, in regelmäßigen Zyklen aufzutreten, wobei diese Zyklen jedoch nicht unveränderlich sind. Manchmal gerät die Schläfrigkeit außer Kontrolle, und man kann ihr trotz größter Anstrengung nicht widerstehen.

Etwa 250 000 Amerikaner leiden an Narkolepsie (Schlafsucht), einer verwirrenden, rätselhaften und gelegentlich gefährlichen Schlafstörung. Narkoleptiker können während des Tages nicht wach bleiben, gleichgültig wie lange sie die vorangegangene Nacht geschlafen hatten. Trotz größter Bemühungen bleibt der Narkoleptiker für »Schlafanfälle« empfänglich: das plötzliche, überwältigende Bedürfnis, für fünf bis zwanzig Minuten zu schlafen. Für einen Außenstehenden verhalten sich solche Menschen wie Schlafsüchtige: Man kann sie nicht zu Wachsamkeit überreden, verführen oder durch Drohungen zwingen. Sie können mitten im Gespräch mit ihrem Vorgesetzten, ja sogar während des Geschlechtsverkehrs einschlafen. Bei einer Untersuchung gaben über vierzig Prozent der Narkoleptiker zu, sie seien zumindest einmal bereits am Steuer ihres Autos eingeschlafen.

Zugleich mit diesen Schlafanfällen leiden Narkoleptiker an einem plötzlichen, abrupten Verlust der Muskelspannkraft. Sie können plötzlich zusammenbrechen, besonders aufgrund emotionaler Erregung. (In der Medizin ist ein derartiges Verhalten als Kataplexie bekannt.) Deshalb sind Narkoleptiker häufig das Ziel dummer Streiche von Lausbuben, die ihr Vergnügen darin finden, hinter einem Narkoleptiker herzuschleichen und ihn mit plötzlichem Gebrüll zu erschrecken. Durch den Schreck stürzt der Narkoleptiker zu Boden und bricht sich dabei manchmal sogar einen Arm oder ein Bein. Zwei weitere Kennzeichen der Narkolepsie sind Lähmung im Schlaf (ein kurzzeitiger Verlust der Muskelspannung in der Periode zwischen Wachzustand und Schlaf) und Halluzinationen, traumartige Vorstellungen (ebenfalls in diesem Zeitabschnitt).

Bis heute existiert nur eine teilweise Kenntnis der Ursachen der Narkolepsie. Während der ersten Minuten nach dem Einschlafen tritt der Narkoleptiker direkt ins REM-Stadium ein. Normalerweise dauert der Übergang vom Wachzustand in REM mehr als eine Stunde. Ferner können Narkoleptiker schneller einschlafen als normale Menschen, sogar bei Abwesenheit von Schlafanfällen. Normalerweise benötigt ein Mensch, der beschloß, zu einer ungewöhnlichen Stunde ein Nickerchen zu halten, etwa fünfzehn Minuten, um einzuschlafen. Nicht so der Narkoleptiker. Er schläft innerhalb von zwei Minuten ein, ungeachtet der Tageszeit oder der Schlafmenge in der vorangegangenen Nacht.

Die narkoleptischen Symptome – unpassendes Einsetzen des Schlafs, Kataplexie, Halluzinationen und Lähmungserscheinungen im Schlaf – unterstützen die Theorie, daß Schlaf mit Muskelspannung und visueller Einbildungskraft zusammenhängen. Lassen sie uns kurzfristig spekulieren: Die Lähmung im Schlaf bei Kataplexie kann durch die Einwirkung der Muskelspannungshemmung auf die Wachsamkeit, die nur bei REM-Schlaf auftritt, verursacht sein. Die Halluzinationen können Träumen im Dämmerzustand zwischen Wachen und Schlafen entsprechen.

»Gegenwärtig sind wir uns darin einig, daß Kataplexie, Lähmungserscheinungen im Schlaf und Halluzinationen abgesonderte Manifestationen des REM-Schlafs sind«, meint der Schlafforscher William Dement von der Stanford-Universität. Dr. Dement's Arbeit über die Narkolepsie erhielt eine neue Dimension durch die Entdeckung eines Tiermodellfalls mit dieser Störung. Bei manchen Dobermannzüchtungen wird Narkolepsie genetisch übertragen. Eine Analyse der Gehirnrinde dieser narkoleptischen Hunde zeigt das Einwirken mehrerer Neurotransmitter, was die Theorie untermauert, daß REM-Schlaf aus dem Zusammenwirken gewisser Neurotransmitter resultiert.

»Unsere Ergebnisse unterstützen eine Theorie, die das Auslösen und Aufrechterhalten des REM-Schlafs mit einem kritischen Gleichgewicht zwischen dem serotonergen, adrenergen und cholinergen Neuronennetzwerk in der Ponszone des Hirnstamms verknüpft«, sagen Dr. Dement und seine Kollegen.

Diese Hypothese erhält auch Unterstützung durch eine Untersuchung des Gegenstücks zur Narkolepsie: chronische Insomnie. Neue Beweise deuten darauf hin, daß auch sie durch eine Störung der normalen Schlafmuster des Körpers verursacht wird. Viele Jahre wurde Schlaflosigkeit mit Barbituraten behandelt. Nach der Entwicklung der Aufzeichnungsmöglichkeiten des Schlafverlaufs einer ganzen Nacht wurde es möglich, die Wirkung dieser Abhängigkeit verursachenden Medikamente zu überwachen. Wie sich herausstellte, unterdrücken Barbiturate den REM-Schlaf statt ihn zu fördern. Bereits nach wenigen Nächten der Einnahme von Barbituraten werden sie selbst Teil des Problems der Schlaflosigkeit, statt zu seiner Lösung beizutragen.

Alternative Behandlungsmethoden basieren auf der Überlegung, daß Schlaflosigkeit eine Störung des biologischen Uhrwerks des Körpers sei. Patienten mit Schlaflosigkeit entgleiten den Phasen ihrer eigenen Schlaf/Wach-Zyklen. Entsprechend drehen sie sich für Stunden rastlos im Bett herum, bis sie endlich einschlafen, und fühlen sich am nächsten Morgen beim Aufwachen ziemlich zerschlagen. Charles Czeisler von der Harvard-Universität führte zur Behandlung der Schlaflosigkeit die Chronotherapie ein: Der Tag-Nacht-Rhythmus des Patienten wird stufenweise verschoben, bis die innere Uhr mit den Rhythmen der Außenwelt übereinstimmt. Tätigkeiten, die grundlegende Änderungen des Schlaf/Wachmusters erfordern, gelten als auslösende Ursache, um manche Menschen für verzögerte Einschlaf-Schlaflosigkeit empfänglich zu machen.

Die Wissenschaftler änderten auch ihre Ansicht über Schlaflosigkeit. So wird sie heute nicht mehr als eigenständige Krankheit, sondern vielmehr als Symptom einer anderen Krankheit gesehen. Bei einer vor mehreren Jahren durchgeführten Untersuchung von Menschen mit Schlaflosigkeit stellte man fest, daß mehr als siebzig Prozent an emotionalen Problemen, insbesondere an Depressionen litten. Manche depressive Menschen können ihr Befinden verbessern, indem sie den Schlaf einer Nacht auslassen. Andere reagieren positiv, wenn man sie jedesmal dann aufweckt, wenn sie in die REM-Phase eintreten. Bei diesen Patienten ist es wahrscheinlich, eine Verbesserung durch Einnahme eines Antidepressivums, das ebenfalls REM unterdrückt, zu erzielen. Eine Möglichkeit, Verbesserungen bei Depressionen aufzuzeigen, ist die Beobachtung des Schlafmusters des Patienten. Möglicherweise erweisen sich Medikamente als wirksam, die anfänglich den normalen Schlafrhythmus wiederherstellen.

Überall in den Schlafzentren in den USA verwenden Forscher ein breites Sortiment elektronischer Geräte zur Verbesserung des Schlafs, der geistigen Gesundheit und des Wohlbefindens einer Vielzahl Menschen mit Schlafstörungen. Eine Analyse der einzelnen Zeitabschnitte, der Länge, der Aufeinanderfolge und der internen Regelung der Schlafzyklen ermöglicht eine bessere Diagnose und Behandlung vieler Schlaf/Wachstörungen.

Aus Untersuchungen von Schlafen und Träumen wurde klar, daß das Gehirn viele Fähigkeiten aufweist, alternative Wege einzuschlagen. Im einen Augenblick kann das Gehirn in einem Zustand tiefen Schlafs sein, um ein paar Minuten später in REM-Phasen mit Träumen einzutreten, gefolgt von Perioden voll bewußter Wachsamkeit. Dieser Wechsel zu bewußter Wahrnehmung wird von unterschiedlichen Strategien des Gehirns zur Erreichung seiner Ziele widergespiegelt. Ich kann meine rechte oder meine linke Hand gebrauchen, um Ihnen ein Exemplar dieses Buchs auszuhändigen. Ich kann auch meine Muskelaktivität auf eine Bewegung meiner Lippen und meiner Zunge beschränken und einen Freund bitten, Ihnen das Buch zu übergeben. Die Aufgabe ist die gleiche (das Buch von mir an Sie weiterzureichen), aber die Methoden unterscheiden sich deutlich – soviel als Beispiel zum Zustand voll bewußter Wahrnehmung.

Jüngste Untersuchungsergebnisse deuten darauf hin, daß unterschiedliche Gehirnspezialisierung eine Erklärung für eine Störung liefern kann, die Psychiater über Jahrhunderte hinweg beschäftigt hatte, sogenannte multiple Persönlichkeiten – zwei oder mehr getrennte Persönlichkeiten in einem einzigen Menschen – können zwei oder mehrere und für sich getrennte Geisteszustände bedeuten.

Dr. Frank Putnam, Psychiater am Nationalen Institut für geistige Gesundheit, hatte entdeckt, daß Aufzeichnungen der Gehirnwellen – insbesondere der erzeugten Energie – in vielen Fällen dazu verwendet werden können, die einzelnen Persönlichkeiten, die in einer multiplen Persönlichkeit eine Koexistenz führen, zu unterscheiden. Multiple Persönlichkeit-Patienten können in jeder ihrer abgespaltenen Persönlichkeiten in einzigartige neurophysiologische Stadien eintreten. In einem gewissen Maß leben verschiedene Persönlichkeiten in Koexistenz in einem Gehirn: Wechselt die Gehirnfunktion auf ein anderes Muster über, ändert sich die Persönlichkeit entsprechend.

Seit Jahren schon hatten Psychiater, die Untersuchungen an Patienten mit multiplen Persönlichkeiten durchgeführt hatten, festgestellt, daß der Wechsel der Persönlichkeit häufig von subtilen Veränderungen der

Die multiple Persönlichkeit

Ich möchte Ihnen Tony, einen 58 Jahre alten Schreiner mit mindestens 30 verschiedenen Persönlichkeiten vorstellen. Viele dieser verschiedenen Persönlichkeiten sehen und erleben Dinge, von denen die anderen Persönlichkeiten überhaupt nichts wissen. Wie andere multiple Persönlichkeiten auf der ganzen Welt leidet Tony an häufigen Gedächtnislücken. »Ich besitze kein Gedächtnis. Wenn mir meine verschiedenen Ichs nicht erzählen, ›wir haben das oder jenes getan‹, bin ich völlig verloren. Ich besitze keinerlei Erinnerung an das, was geschehen ist.« Einmal wohnte Tony einer Hochzeit bei – oder, um es genauer zu sagen, eine von Tony's Persönlichkeiten, die er den »Kämpfer« nennt, nahm daran teil. »Ich hatte keinerlei Erinnerung daran. Der Kämpfer hatte die Rolle übernommen, er hatte die ganze Nacht ausgelöscht. Und ein paar Tage später ging ich herum und fragte die Leute ›Haben Sie mich dort gesehen?‹ «

Aus dem Bemühen heraus, seine zahlreichen Ichs zu verstehen, reiste Tony zum Nationalen Institut für geistige Gesundheit, um von dem Psychiater Frank Putnam untersucht zu werden. Dieser maß Tony's erzeugte Energie (die elektrische Reaktion des Gehirns auf eine Reihe wiederholter Töne oder Blitzlichter) und stellte dabei fest, daß Tony drei völlig unterschiedliche Persönlichkeiten verkörperte, wobei jede ihr eigenes Energiepotential aufwies. Diese Unterschiede in der Energieerzeugung bei drei oder mehr verschiedenen Persönlichkeiten in Tony deuten darauf hin, daß in der Tat wirkliche Veränderungen im Körper auftreten können, wenn eine Persönlichkeit aufgibt und eine andere an ihre Stelle tritt. Wir vermuten ferner, daß wir hier einen psychischen Zustand sehen, der sich auch auf den Körper auswirkt«, sagt Frank Putnam. Durch Testen weiterer Menschen mit multiplen Persönlichkeiten bestätigte Dr. Putnam seine Untersuchungsergebnisse in bezug auf die erzeugte Energie. Als Gruppe gesehen weisen sie unterschiedlich Energiepotentiales auf, je nachdem, welche Persönlichkeit im jeweiligen Augenblick dominiert.

Tony

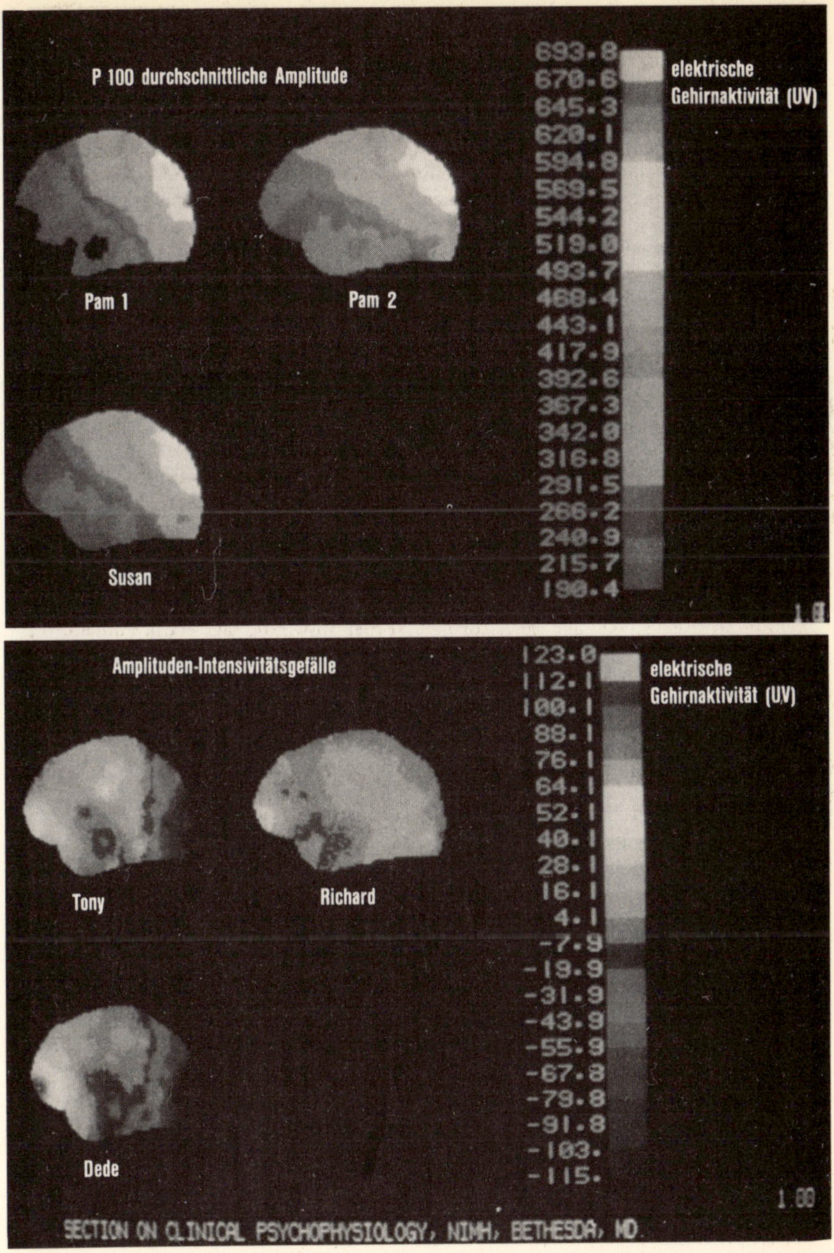

Menschen, die vorgeben, multiple Persönlichkeiten darzustellen, weisen nicht derartige Unterschiede in ihrer Positronenemissions-Tomographie auf wie Tony und Pam (eine weitere Patientin).

Körperhaltung und des Klangs der Stimme begleitet ist. Innerhalb von einer oder zwei Minuten ist die Umwandlung komplett. Die neue Persönlichkeit redet und geht und hält sich unterschiedlich. Es können sogar Änderungen der persönlichen Werteinschätzungen, des Verhaltens und im Ausdruck von Ideen auftreten. Der Redefluß kann schneller werden oder andere Veränderungen im Tonfall oder der Betonung aufweisen.

Zwar können auch Berufsschauspieler ähnliche Veränderungen darstellen, es gelingt ihnen jedoch nicht mit der Leichtigkeit und Perfektion, die wahrhaft multiplen Persönlichkeiten eigen ist. Hinzu kommt, daß Messungen der erzeugten Energie bei Schauspielern keinerlei Veränderungen des Grundmusters ihres Gehirns aufzeigen. Im Gegensatz dazu können multiple Persönlichkeiten ihre Energieerzeugungsmuster bei jedem Auftreten einer anderen ihrer verschiedenen Persönlichkeiten wechseln.

Aufgrund der Untersuchungen multipler Persönlichkeiten beginnen die Neurologen einige ihrer traditionellen Vorstellungen über veränderte Bewußtseinszustände umzustellen. Multiple Persönlichkeiten können ein extremes Beispiel für etwas sein, was wir alle tagtäglich tun. Sind wir zum Beispiel mit einer schwierigen oder streßreichen Situation konfrontiert, versuchen wir häufig, dies »von unseren Gedanken fernzuhalten«. Langweilen wir uns, so neigen wir dazu, uns Tagträumen hinzugeben. Unsere bewußte Wahrnehmung verändert sich unter dem Einfluß von Drogen, Alkohol, sogar von der Schlafdauer der vorangegangenen Nacht. Dies bedeutet jedoch nicht, daß wir alle multiple Persönlichkeiten sind. Aber es deutet darauf hin, daß unsere alltäglichen Persönlichkeiten bei weitem nicht so zusammenhängend und integriert sind, wie wir gern glauben möchten. Häufig begleiten Veränderungen der Wellenmuster unseres Gehirns diese Veränderungen unseres geistigen Zustands. Schläfrigkeit und Träumerei sind beispielsweise von einer Verlangsamung des Hintergrundrhythmus gekennzeichnet, volle Aufmerksamkeit hingegen von einem wohl aufgebauten, deutlich erkennbaren Hintergrundrhythmus.

Aus Untersuchungen der erzeugten Energie bei multiplen Persönlichkeiten können wir vielleicht schon bald mehr über die Neuroverhaltensmechanismen, die einer normalen Persönlichkeit zugrunde liegen, lernen. Unterscheiden sich die elektrischen Gehirnmuster je nach Laune? Verändern sich diese Muster über längere Zeiträume hinweg – sagen wir, fünf bis zehn Jahre? Bis heute kann keiner diese Fragen beantworten. Standard-EEGs sind nicht empfindlich genug für derartige Untersuchungen. Das EEG mißt zu grob und wird durch zu viele äußere Faktoren beeinflußt. Aufzeichnungen der erzeugten Energie können vielleicht irgendwann einmal subtile Veränderungen im Gehirn einer Person unter verschiedenen psychischen Bedingungen nachweisen. Bis heute jedoch wurden die nötigen Experimente nicht durchgeführt.

Aber andere veränderte Bewußtseinszustände waren bereits Forschungsgegenstand in den Laboratorien auf der ganzen Welt. Bei Zen-Meditierenden stellte man beispielsweise eine Änderung ihrer Alpha-Frequenz je nach der Tiefe ihrer Meditation fest. Erfahrene Meditierende können fast augenblicklich ins Meditationsstadium IV eintreten, das durch ein Verschwinden des normalen Alpha-Rhythmus und durch das Einsetzen langsamerer Theta-Aktivität gekennzeichnet ist.

»Die Tiefe der Meditationserfahrung zeigt sich bis zu einem gewissen Maß in den Gehirn-Wellenmustern«, sagt Dr. Tomio Hirai, ein führender japanischer Forschungsspezialist für Neurophysiologie und Autor des Buches »Zen-Psychophysiologie«. In einigen seiner jüngeren Experimente gelang Dr. Hirai sogar das Erstellen einer Beziehung von Gehirn-Wellenmustern mit dem Erfolg eines Zen-Meditierenden beim Herausfinden von Antworten auf *koans* (metaphysische Rätsel), die ihm von seinem Zen-Meister aufgegeben worden waren.

»Wir fanden heraus, daß Zen-Meister niemals die Antworten von Schülern akzeptierten, die Beta-Wellen zum Zeitpunkt des Erreichens einer Lösung ausgesendet hatten. Um eine für den Meister annehmbare Antwort zu finden, mußte der Schüler Stadium IV oder zumindest Stadium III erreichen.« (Im Meditationsstadium III verlangsamen sich die Alpha-Wellen und die langsamen Theta-Rhythmen treten auf.) Diese Änderung in der Gehirnaktivität ist mehr als ein bloßes Überschwenken auf langsamere Rhythmen wie beispielsweise solche, die Schläfrigkeit oder leichtem Schlaf entsprechen. »Zen-Meditation ist nicht nur ein Stadium zwischen geistiger Stabilität und Schlaf, sondern ein Zustand, in dem der Verstand am besten arbeitet«, schreibt Dr. Hirai. »In diesem Zustand ist der Mensch entspannt, aber bereit, jeden Stimulus, der ihn erreicht, aufzunehmen und positiv darauf zu reagieren. Dies wiederum deutet darauf hin, daß die Tätigkeit des Bewußtseins als eine Veränderung der Gehirnwellen ausgelegt werden kann.«

Aber nicht jede Veränderung der Bewußtseinszustände ist von einem Wechsel in der elektrischen Aktivität des Gehirns begleitet. Hypnotisierte Personen beispielsweise zeigen normale Gehirn-Wellenmuster während des Trancezustands auf. Auch normale Formen von autogenem Training und transzendentaler Meditation rufen bezeichnenderweise EEGs wie bei normaler Schläfrigkeit hervor. Insgesamt deutet die derzeitige neurologische Forschung an, daß die elektrische Aktivität des Gehirns sowie seine Reaktionen auf interne und externe Stimulation durch ganz bestimmte Praktiken modifiziert werden kann. Es ist nicht klar, warum manche Praktiken eine Änderung der Gehirnaktivität hervorrufen können und andere, scheinbar ähnliche, nicht. Wir wissen, daß völlig normale Menschen regelmäßig dramatische Veränderungen in ihrem Bewußtsein erfahren. Dr. Frank Putnam drückte es folgendermaßen aus:

»Ich bin der Ansicht, daß ziemlich viel dafür spricht, daß normale Menschen recht deutliche Veränderungen ihres geistigen Zustands aufweisen, und daß diese von physiologischen Veränderungen begleitet sind. Die Schwierigkeit liegt darin, diese Veränderungen nachzuweisen. Ich sehe multiple Persönlichkeiten als eine heftige Manifestation normaler Vorgänge. Multiple Persönlichkeiten sind keine fremden, außerirdischen Wesen, sondern zeigen lediglich eine übertriebene Form eines Vorgangs, der in allen von uns stattfindet.«

Wenn das Gehirn das ist, was uns zum Menschen macht, dann werden wohl Störungen und Unterbrechungen der normalen Gehirnfunktion erwartungsgemäß unser Menschsein beeinträchtigen. Ein beschädigtes Gehirn verursacht je nach der Zone, die beeinträchtigt wurde, einen beschädigten Verstand. Wie wir bereits in vorangegangenen Kapiteln gesehen hatten, wird das Gedächtnis als Folge von Erkrankungen des Hippocampus oder der Tonsille in seiner Leistung beschränkt. Wahrnehmungen auf einer Seite unseres Körpers können fehlgeleitet werden, wenn der Parietallappen auf der entgegengesetzten Gehirnseite verletzt wird.

Die am meisten zerstörerische Wirkung unseres Menschseins rührt von Störungen im Gehirn her, die in ihrer Wirkung breiter gestreut sind. Dementia ist einer der am meisten gefürchteten und verheerenden Aspekte des Alterns. Sie ist die Hauptursache für die Überweisung älterer Menschen in Pflegeheime. Etwa fünf Prozent oder sogar mehr der amerikanischen Bevölkerung über 65 leidet an schweren Formen von Dementia, weitere zehn Prozent an einer abgeschwächten Form oder nur geringer Beeinträchtigung. Insgesamt verursacht die Dementia jährlich etwa sechs Milliarden Dollar Pflegeheimkosten. Noch wichtiger jedoch ist der Tribut, den diese Krankheit vom Menschen fordert.

Im Anfangsstadium bewirkt die Krankheit, daß die Patienten Ereignisse der jüngsten Vergangenheit vergessen. Der Erkrankte kann sich an keine Namen, Adressen und wichtige Informationen erinnern, was vorher wenig bis gar keine Anstrengung erforderte. Allgemein ist das Erinnerungsvermögen eines Betroffenen an Ereignisse der weit zurückliegenden Vergangenheit bedeutend besser als das an Dinge, die vor wenigen Augenblicken geschahen. Bei fortschreitender Krankheit verliert das Opfer seine Fähigkeit zu lesen, zu schreiben, einfache Rechnungen auszuführen oder zusammenhängende Sätze zu sprechen. Diese Verschlechterung ist von einem ganzen Bündel emotionaler Symptome begleitet: Irritierbarkeit, emotionale Instabilität, Halluzinationen, sogar paranoide Angst, Verwandte und Freunde würden ihren Teil zu dieser Krankheit beitragen. Im Endstadium ist der an Dementia erkrankte Patient ein mitleiderweckender Anblick: völlig verwirrt, häufig nicht in der Lage, Blasen- und Darmentleerung zu kontrollieren, oft unfähig, geliebte Menschen und Freunde zu erkennen.

Eine Untersuchung des Gehirns von Menschen mit Dementia, besonders einer Form, der sogenannten Alzheimerschen Krankheit, ergibt, daß der zerebrale Kortex und der Hippocampus verdrehte Knoten und abnormale Neuriten, die sogenannten neuritischen Plaquen, aufweisen. Man hält die Symptome der Alzheimerschen Krankheit für die Folge dieser seltsamen Entwicklungen im Hippocampus und in dem zerebralen Kortex. Tatsächlich verändert sich die Dichte dieser abnormalen Komponenten direkt mit dem Ausmaß der geistigen Störung.

Bis vor kurzem besaßen die Neurologen wenig Hinweise darauf, wie man diese Krankheit verhindern oder behandeln könne. Statt ärztlich versorgt zu werden, wurden die Patienten in Nervenheilanstalten und Pflegeheimen abgeliefert und dort verwahrt. Versuchsergebnisse der letzten zehn Jahre geben jedoch Anlaß zu vorsichtigem Optimismus, daß die Alzheimersche Krankheit eines Tages behandelt oder vielleicht sogar verhindert werden kann. Die derzeit erforschten Therapiemethoden beziehen die Neurotransmitter mit ein, und einer der vielversprechendsten Forschungswege führt zur Auswirkung des Neurotransmitters Azetylcholin auf die Gedächtnisfunktion. Bei freiwilligen, normalen Versuchspersonen verursachen Medikamente, die das Azetylcholin im Gehirn blockieren, eine Amnesie. Diese Amnesie ist jedoch sehr wählerisch: Nur jüngste Erinnerungen werden davon betroffen. Ein weiterer Hinweis für die Bedeutung von Azetylcholin für die Bildung frischer Erinnerungen stammt aus der Untersuchung über die Auswirkung von Medikamenten, die das Azetylcholin im Gehirn vermehren. Eine Änderung des Gleichgewichts der Neurotransmitter zur Erhöhung der Azetylcholinmenge steigert die Gedächtnisleistung eines Menschen. Umgekehrt hebt ein Versagen des Azetylcholinsystems einige der Störungen, die bei der Alzheimerschen Krankheit auftreten, besonders hervor.

Aber die Entdeckung eines speziellen Neurotransmitter-Defekts –

Azetylcholin – gewährt nur teilweisen Einblick in die Mechanismen der Alzheimerschen Krankheit. Was verursacht die Verringerung der Azetylcholinmenge? Liegt die Ursache der Störung bei der Erzeugung von Azetylcholin oder bei seiner Lagerung? Um diese Fragen zu beantworten, untersuchten Neurologen die Gehirne von Patienten, die an Alzheimerscher Krankheit gestorben waren. Sie stellten in der Hirnrinde eine sechzig- bis neunzigprozentige Verringerung der Enzyme, die Azetylcholin synthetisieren, fest. Gleichzeitig richteten sie ihr Augenmerk auf eine Zone im Vorderhirn nahe dem optischen Chiasma (hier quert der optische Nerv), das sich in den zerebralen Kortex erstreckt. Eine Zerstörung dieser Zone, des Nucleus basalis von Meynert (nach seinem Entdekker W. Meynert, der im 19. Jahrhundert lebte, benannt), führt zu einer verringerten cholinergen Aktivität in der Hirnrinde ähnlich der der Alzheimerschen Krankheit.

Derzeit glaubt man, daß die anfängliche Abnormalität der Alzheimerschen Krankheit ein langsames Absterben der Zellen des Nucleus basalis beinhaltet. Dies mag der Grund für die Bildung seniler Plaquen sein, da die Zellen im Nucleus basalis nicht mehr ausreichend Azetylcholin zur Verfügung stellen. Als Ergebnis davon beginnen die Nervenprozesse – die vom Nucleus basalis ausgehen und in der Hirnrinde enden – fehlzufunktionieren. Die Axone verwandeln sich in Plaquen, und die Neurotransmission bricht zusammen. Dies deutet darauf hin, daß der Nucleus basalis die Hirnrinde stimulieren kann, auf Ereignisse der Umwelt zu reagieren. Aufzeichnungen der Zellen im Nucleus basalis stimmen mit dieser Hypothese überein: Bei einem Tier sind die Zellen dann am aktivsten, wenn es auf die Ereignisse der Umwelt aufmerkt oder nach Belohnung strebt.

Beim Menschen vermutet man, das Azetylcholinsystem werde dann tätig, wenn sich eine Person bewußt mit der Umwelt auseinandersetzt: automatisches Merken von Einzelheiten der Gesichtszüge einer neuen Bekanntschaft; Nachvollziehen eines schnellen Witzes eines lebhaften Gesprächpartners. Der an Alzheimerscher Krankheit leidende Patient hingegen kümmert sich relativ wenig um Menschen und Ereignisse in seiner Umgebung. Interesse, Enthusiasmus und Gedächtnis sind weitgehend verkrüppelt.

Die Bedeutung von Azetylcholin bei der Bildung von Erinnerungen regte zu einer Reihe von Gehirngewebeverpflanzungen bei Versuchstieren an, die möglicherweise die Vorläufer ähnlicher Operationen an Patienten mit Alzheimerscher Krankheit sein könnten. Nach Anders Bjorklund von der Universität Lund in Schweden ist es wahrscheinlich, daß Gewebeverpflanzungen von Azetylcholin erzeugenden Gehirnzonen das für die Erhaltung und Wiederherstellung normaler geistiger Funktionen erforderliche Azetylcholin wieder bereitstellen können. Versuche an Ratten erwiesen bereits, daß die Leistung des Tieres bei Irrgartenläufen gesteigert werden kann, wenn man ihm Azetylcholin produzierendes Gehirngewebe einer anderen Ratte einpflanzt.

Dr. Bjorklund's Transplantationsexperimente sind eine Erweiterung der Arbeit, die in einem früheren Kapitel über Patienten mit Parkinson bereits beschrieben wurde: Dopamin erzeugende Zellen der patienteneigenen Adrenaldrüsen wurden in dessen Gehirn verpflanzt, um das fehlende Dopamin zu beschaffen. Gewebeverpflanzungen, bei denen Azetylcholin eine Rolle spielt, sind jedoch viel komplizierter. Zum einen gibt es nichts der Adrenaldrüse Entsprechendes für die Beschaffung von Azetylcholin. Zweitens sind die Neurologen derzeit der Ansicht, daß Dopamin und Azetylcholin völlig unterschiedlichen Funktionen im Gehirn dienen. Dopamin übt seine Wirkung durch eine Verbindung zwischen der Substantia nigra und dem Striatum aus und agiert als eine Art Hormon, das eine Funktion bei ordnungsgemäßem Aktivitätsniveau des Striatum aufrecht erhält. »Man kann die Substantia nigra mit dem Aufgabengebiet eines Thermostats vergleichen ... mit einer allumfassenden Kontrolle der Aktivität des Striatum ... es stellt keine Information von der Art, wie wir sie kennen, dar ... es handelt sich ganz einfach um ein Antreiben des Striatum«, meint der Neurobiologe Miles Herkenham dazu. Azetylcholin hingegen gleicht eher einer Botschaft, die von einem Teil des Gehirns zum anderen gesandt wird. Es spielt bei Symbolik, Information und Bedeutung eine Rolle. Injiziert man Azetylcholin im Gehirn und erwartet eine allgemeine Verbesserung der geistigen Funktion, ist dies vergleichbar mit der Vorstellung, daß man ein Wörterbuch in den Laufstall eines Kindes legt und von dem Dreijährigen dann das Verfassen eines Essays über Kinderpflege erwartet.

Nach Dr. Herkenham stellt diese Information einen wesentlichen Rückschritt von einer erhofften Heilmethode der Alzheimerschen Krankheit dar. »Azetylcholinneuronen, die sich in den Kortex erstrecken, beinhalten eine Botschaft, die sie an die Hirnrinde weitergeben. Bevor wir die Alzheimersche Krankheit heilen können, müssen wir mehr über diese Botschaft erfahren, was sie beinhaltet, wie sie sich zusammensetzt und wie wir sie entschlüsseln können. Erst wenn wir diese Fragen beantworten können, wird Hoffnung bestehen, daß wir irgendwelche wesentlichen Schritte gegen die Alzheimersche Krankheit unternehmen können.

Diese Krankheit, die so verheerende Wirkungen sowohl auf das Gehirn wie auch auf das Verhalten seiner Opfer ausübt, bringt eine Jahrhunderte alte Frage wieder zum Vorschein: Welche Beziehung besteht zwischen Gehirn und Verstand? Ist der Verstand ganz einfach das Gehirn? Gewisse durch die moderne Forschung gewonnene Erkenntnisse nehmen Bezug auf diese Fragen. So verloren zum Beispiel viele philosophische Überlegungen der Vergangenheit ihre Bedeutsamkeit angesichts neuer und innovativer Techniken zur Untersuchung des menschlichen Gehirns. Durch PET-Scanner ist es möglich, den Glukoseverbrauch eines Menschen, während er einer Symphonie lauscht, zu beobachten. Bedeutet das, daß die Symphonie »nichts weiter als« die Aktivität gewisser Neuronen ist? Abgesehen davon, daß sie nicht beweisbar ist, ergibt eine derartige Behauptung überhaupt keinen Sinn. Eine Symphonie ist keine Zusammenballung von Neuronen, sie existiert nach eigenen Regeln und kann nicht »erklärt« oder mit Gehirnaktivität »gleichgesetzt« werden. Es kommt mir so vor, als rühre ein Teil unserer Schwierigkeiten mit dem Mittelhirn aus der Hartnäckigkeit her, mit der sich die Vermutung hält, daß innerhalb der dunklen Stellen unserer geistigen Landschaften noch irgendetwas anderes verborgen sein muß. Gehe ich in ein Konzert, so kann mein Gehirn auf die Musik in einer Art reagieren, die ein Neurologe mit einem PET-Scanner wiedergeben könnte. Aber die Positronenemissions-Tomographie kann nichts anderes feststellen als daß mein-Gehirn-das-auf-ein-Konzert-reagiert. Warum ist die Forderung, es gäbe ein gesondertes Ich, das irgendwie abhängig von der Erfahrung des Zuhörers bei einem Konzert existiert, notwendig? Wenn ich mich im Konzert langweile und den Konzertsaal verlassen möchte, dann ist da ein vom-Konzert-gelangweiltes-Gehirn vorhanden. Und wenn ich gehe, wird es zu einem vom-Konzert-gelangweilten-Gehirn-mit-der-Absicht-zu-gehen.

Während ich diese Worte schreibe, tritt kein gesondertes beaufsichtigendes Ich auf. Es gibt lediglich mich-der-ich-diese-Worte-schreibe. Dieses Ich korrespondiert mit meinem Gehirn, das mit einer fortlaufenden und ständig wechselnden Aktivität beschäftigt ist. Das »Ich« oder der Verstand sind eine Erfindung, die meinen ständig wechselnden Wahrnehmungen das Trugbild der Dauerhaftigkeit vermitteln. Die Verwendung von »mein« und »Verstand« in den vorangegangenen Sätzen sind Teil dieser Erfindung. Es gibt schlichtweg keinerlei Hinweis, daß irgendetwas anderes außer dem Gehirn vorhanden sei, das auf einige Aspekte interner oder externer Realität einwirkt. Aus diesem Grund sollte es nicht überraschen, daß es den Gehirnforschern bis heute nicht gelang, den »Sitz des Verstandes« zu entdecken. Es ist auch nicht wahrscheinlich, daß ihnen das jemals gelingen wird.

Der Begriff »Verstand« entstand ursprünglich, um gewisse Zwecke zu erfüllen. Vor der Entdeckung der elektrochemischen Natur des Gehirns war eine Beschreibung, wie Gedanken und Emotionen auftreten, erforderlich. Da die ersten Gehirnforscher so wenig über die Gehirnaktivität Bescheid wußten, nahmen sie an, daß »irgendetwas anderes« wirksam beteiligt sei – der »Geist in der Maschine«, wie der Philosoph Gilbert Ryle es bezeichnete. Mit dem Herannahen des industriellen Zeitalters wurde das Gehirn mit der Inbetriebnahme einer komplizierten Maschine gleichgesetzt. Das Erbe dieses Vergleichs ist heute noch unter uns lebendig: »Mein Verstand funktioniert heute nicht« oder »mein Verstand ist etwas eingerostet« oder »er stand so unter Streß, daß sein Verstand schließlich zusammenbrach«. Aber dennoch wurde der Verstand für eine rätselhafte tätige Kraft in der Maschinerie des Gehirns gehalten.

Die Wissenschaften der Neurologie und Psychiatrie basieren auf der Zweiteilung eines Gattungsbegriffs, der durch die Metapher »der Verstand unterscheidet sich vom Gehirn« geschaffen worden war. Leiden Sie an einer Störung des Verstands oder des Gemüts, gehen Sie zum Psychiater. Leiden Sie jedoch an einer Erkrankung des Gehirns, konsultieren Sie einen Neurologen. Erst vor kurzem wurden diese beiden Fachrichtungen vereint. Verhaltensneurologie basiert auf der Erkenntnis, daß das Gehirn für jegliches Verhalten verantwortlich sei, und daß das Verhalten seinen Ursprung in einem funktionierenden Gehirn habe. Heutzutage ist eine neue Metapher erforderlich, ein neuer Weg, um der Welt Sinn zu verleihen, ohne auf die veraltete Vorstellung von »Verstand« zurückzugreifen, da dies nichts weiter als ein von uns verwendeter Begriff zur Beschreibung einiger Funktionen des Gehirns ist. Weitere Gehirnforschung führt zu keiner weiteren Definition von »Verstand«, wie wahrscheinlich ein Umgraben sämtlichen Torfbodens in Irland zu keiner Entdeckung einer Kolonie von Erdgeistern führen wird.

Eine Kritik gegen die oben dargestellte Ansicht wurde von dem Gehirnforscher Sir John Eccles vorgebracht. Er nennt sie eine Form »vielversprechenden Materialismus«. Aber wenn man die Neurologie richtigerweise als einen Aspekt biologischer und nicht sozialer Wissenschaften versteht, macht sie keinerlei Versprechungen in bezug auf den Verstand. Der Begriff »Verstand« wird auf die gleiche Art verwendet wie die Begriffe »Inflation«, »Frieden«, »Fortschritt«, die alle Prozesse umfassen und bedeuten. Inflation kann man nicht irgendwo in der Wirtschaft lokalisieren. Man kann auch nicht zum Sitz der UNO reisen, um dort den »Frieden« zu interviewen. Diese Begriffe beinhalten keine *Dinge*; sie beziehen sich auf viel zu komplexe Vorgänge, als daß sie mit wenigen Worten beschrieben werden könnten. Ist unser Gehirn vollkommen aufmerksam, arbeitet es mit höchster Leistungsfähigkeit, und wir sind *voll des Verstandes,* das heißt eingedenk aller wichtigen Umstände. Arbeitet unser Gehirn nicht mit voller Kraft und funktioniert es nicht nach besten Kräften, dann sind wir unbekümmert, geistlos und *ohne Verstand.* Man kann diese Metapher durchaus verwenden. Sie ähnelt einer Variation der Erfindung des Heiligen Nikolaus: Jeder kann seinen Spaß mit ihm haben, solange er nicht anfängt, an seine wirkliche Existenz zu glauben.

Die Wissenschaft beschäftigt sich mit beobachtbaren oder zumindest beschreibbaren Phänomenen. Sie kann jedoch nichts über die Art von Fragen berichten, die das Denken der Menschen über die Jahrhunderte hinweg beschäftigte: Die Frage »Gibt es eine Seele?« zum Beispiel ist nicht vergleichbar mit der Frage nach der Existenz eines Verstands. »Seele« ist ein religiöser Begriff und beinhaltet Dinge wie Rettung, ewiges Leben, Zwiegespräch mit einer Gottheit usw. Verstand hingegen bezieht sich auf Bewußtsein, Gedächtnis, Erinnerung und Verhalten sowie eine Reihe anderer Manifestationen eines funktionierenden Gehirns. Während viele Experten künstlicher Intelligenz behaupten, daß gewisse hochentwickelte Computer einen »Verstand« besäßen, war bis jetzt noch niemand so tollkühn anzudeuten, sie besäßen eine unsterbliche Seele. Etwas anders ausgedrückt bedeutet ein Verneinen des gesonderten Vorhandenseins eines Verstands vom Gehirn noch lange nicht, daß keine Seele, kein Gott, kein Leben nach dem Tode existiere – dies zu entscheiden, gehört zum Aufgabenbereich von Theologen und Gläubigen. Die Neurologie kann und soll diesen Glauben nicht fördern oder untergraben. Es gibt noch einen Grund, ein angemessenes Maß an Demut im Hinblick auf allzu leichtfertiges Abwerten der Vorstellungen religiöser Denker im Lauf der Geschichte beizubehalten: Unser Verständnis ist durch die Organisation unseres Gehirns beschränkt. Ein Mystiker beschrieb es mit den Worten: »Wir sehen durch ein Glas recht dunkel«. Man kann sicherlich nicht abstreiten, daß unser Gehirn uns in dem, was wir können und was wir nicht können, durch Wahrnehmung oder Überlegung Grenzen setzt.

Auf der Grundlage unseres Gehirnaufbaus sind wir in der Lage, gewisse Aspekte der »Realität« wahrzunehmen, während andere unserer Aufmerksamkeit entgehen. Es schleichen sich unvermeidliche Irrtümer ein, die ebenso das Produkt unseres Gehirnaufbaus wie auch unserer Umwelt sind. Aus diesem Grund glaube ich nicht, daß wir jemals die entscheidende Frage »Ist der Verstand das Gehirn?« mit Hilfe unseres Verstands beantworten können.

Um einige der darin enthaltenen Probleme besser verstehen zu können, bitte ich Sie, folgendes Experiment zu durchdenken:

Sie betrachten zusammen mit einem Radiologen, der die Aufzeichnung leitet, eine Positronenemissions-Tomographie. Gemeinsam diskutieren Sie das darauf abgebildete Aktivitätsmuster. Nehmen Sie an, der PET-Scanner ist bereits weiter entwickelt als die gegenwärtig verfügbaren Geräte und kann den tatsächlichen derzeitigen Glukoseverbrauch wiedergeben. Nach heutigem Stand der Technik benötigen PET-Scanner eine Zeitvorgabe zwischen 30 bis 45 Minuten, aber dieser Zeitabstand wird in naher Zukunft sicherlich wesentlich reduziert werden.

Während Sie auf den PET-Bildschirm starren, erklärt der Radiologe, daß die lebhaftesten Rasterzonen die linke Hemisphäre wiedergeben, insbesondere die Sprachzone und die visuellen Zonen weiter hinten im Gehirn. Und nun setzt entspannende Hintergrundmusik ein. Sofort ändert sich das Aktivitätsmuster auf dem Bildschirm. Jetzt weist auch die rechte Hemisphäre Aktivität auf. Sie machen den Radiologen auf die Veränderung aufmerksam.

»Das ist irgendwo in der Zone des Zentrums für Musikgenuß«, antwortet er.

Wenige Minuten später fragt Sie der Radiologe: »Wollen Sie irgendwelche Bemerkungen zu dieser Tomographie machen?«

Darauf Sie: »Was meinen Sie damit?«

Währenddessen verändert sich die Darstellung auf dem Bildschirm wieder. Auf beiden Seiten leuchten die Gehörzonen sowie die Frontalzonen auf. Sie wenden sich dem Radiologen zu und stellen fest, daß er Sie vorsichtig von der Seite beobachtet. Dann brechen sie beide in Lachen aus – endlich bemerken Sie, daß der PET-Scanner *Ihre eigene Gehirnaktivität* abbildet.

Und nun überlegen Sie sich bitte folgende Fragen: Ist dies ein Beispiel dafür, wie Ihr Verstand Ihr Gehirn studiert? Oder können wir es als »das Gehirn, das sich selbst studiert« bezeichnen?

Einige Menschen, die ich zur oben beschriebenen hypothetischen Situation befragte, meinten, daß es einen großen Unterschied mache, ob man wisse, daß man die Wiedergabe des eigenen Gehirns auf dem Bildschirm sehe. Bis zu diesem Punkt waren viele damit einverstanden, daß die Situation eine Momentaufnahme von einem Gehirn, das das Gehirn studiere, sei. Ihr Unwohlsein setzte im Augenblick des Wissens ein, daß der PET-Scanner das eigene Gehirn wiedergab. Sie zogen es vor, dies als Beispiel von Aufmerksamkeit oder Bewußtsein oder auf alle Fälle als »etwas Besonderes«, das das eigene Gehirn betrachtet, zu sehen. Wenn

Sie mit dieser Annahme einverstanden sind, dann habe ich nun eine weitere Frage:

Studieren Sie in dieser hypothetischen Situation ein oder zwei Dinge?

Wenn Sie eine Sache betrachten, so nehme ich an, Sie stimmen mir zu, daß Sie das Gehirn studieren. Wenn nicht, was ist dann dieser bunte Gegenstand auf dem PET-Scanner?

Wenn Sie zwei Dinge betrachten, dann müssen Sie zugeben, daß während der Anfangsphasen des Experiments Ihr Verstand sich der Tatsache nicht bewußt war, daß er sich selbst beobachtete. Er arbeitete unter der Voraussetzung, daß er das Gehirn einer anderen Person betrachtete. Plötzlich realisierte er jedoch, daß, was er für das Gehirn einer anderen Person gehalten hatte, tatsächlich nichts anderes als das eigene Gehirn war. Eine merkwürdige Situation, nicht wahr?

Es hat den Anschein, als ob die Entscheidung, ob man nun das Gehirn oder den Verstand studiere, weitgehend von der eigenen Einstellung abhänge. Nach diesen Überlegungsrichtlinien war Ihre Betrachtung des PET-Scanners die Beobachtung eines Gehirns, bis es Ihnen klar wurde, daß es sich hier um Ihr eigenes Gehirn handelte. Vermutlich wurde sich Ihr Verstand in diesem Augenblick bewußt, daß er Ihr eigenes Gehirn studierte.

Aber nehmen Sie einmal an, daß Sie in dieser hypothetischen Situation an diesem Tag nicht bei klaren Kopf, sondern müde waren und deshalb nicht erkannten, daß Sie Ihre eigene bildliche Wiedergabe auf dem Bildschirm betrachteten. Sie hätten den Raum in der Überzeugung verlassen, daß Sie eine Aufzeichnung des Glukoseverbrauchs des Gehirns einer anderen Person gesehen hätten. Würde dies bedeuten, daß Ihr Verstand Ihr Gehirn studiert hatte, ohne es zu wissen? Oder hatte Ihr Verstand sich selbst studiert, ohne es zu wissen?

Jedesmal, wenn das Gehirn sich seiner selbst bewußt ist (Betrachten der eigenen Positronenemissions-Tomographie über ein visuelles Bild, das über die optischen Nerven übertragen wird), verwenden wir das Wort »Verstand«. Bevor wir wußten, daß die Bildschirmaufzeichnung unser eigenes Gehirn wiedergab, beinhaltete die Betrachtung ganz offensichtlich die Studie eines Gehirns und nicht die eines Verstands. All dies läßt jedoch die Grundfrage, was das »eine« ist, das wir aus zwei verschiedenen Blickwinkeln studieren, unbeantwortet. Betonen wir das Gehirn, dann deuten wir auf die bildliche Darstellung auf dem PET-Scanner. Wollen wir den Verstand betonen, dann müssten wir uns nun entschließen, die Hintergrundmusik abzustellen und dann auf das Verschwinden der Aktivität, die vom Musikgenußzentrum herrührt, aufmerksam machen.

»Sehen Sie, mein Verstand hat eine Veränderung in meiner Gehirnaktivität bewirkt.« Aber eine Lösung des Problems auf diese Art erfordert einen hohen Preis. Eine Betonung der Kontrolle, die der Verstand über das Gehirn ausüben kann (Verändern der Positronenemissions-Tomographie durch Änderung der Gedanken oder Absichten) bringt uns in die Situation eines Idealisten, der behauptet, Verstand und nicht Materie sei die herausragende Realität. Falls dies wahr ist, welche Beziehung hat dann der Verstand zu der auf dem Bildschirm wiedergegebenen Gehirnaktivität? In anderen Worten, wie kann etwas Immaterielles etwas Materielles beeinflussen? Und was meinen wir, wenn wir den Begriff »immateriell« gebrauchen? Eine Kraft?

Lassen Sie mich eine alternative Lösung zum obigen Dilemma vorschlagen. In jedem Fall studieren wir Gehirn. Beim Betrachten des PET-Scanners studierte Ihr Gehirn ganz einfach sich selbst. Nachdem Sie darauf aufmerksam gemacht wurden, änderte sich nichts weiter außer der Tatsache, daß Ihr Gehirn sich nun bewußt war, daß es sich selbst betrachtete. Diese Erkenntnis hatte keine unmittelbare Auswirkung auf die Wiedergabe auf dem Bildschirm. Sie bewirkte keinen Unterschied in der Darstellung, ob Sie nun wußten oder nicht, daß der PET-Scanner Ihr eigenes Gehirn abbildete. Dies führt zu einem anderen Punkt, den wir im Laufe dieses Buches klarstellen wollten: Es gibt kein Zentrum, das für Selbsterkenntnis zuständig ist, keine noch so winzige Zone im Gehirn, in der der Verstand angesiedelt ist. In anderen Worten ist der Verstand nichts weiter als *noch eine andere Eigenschaft des funktionierenden Gehirns.* Manchmal sind Sie sich dessen nicht so sehr bewußt (zu Beginn der fiktiven Szene, als Sie zusammen mit dem Radiologen den PET-Scanner betrachteten), bei anderen Gelegenheiten jedoch um so mehr (in dem Augenblick, als Sie erkannt hatten, daß Sie die Wiedergabe Ihres eigenen Gehirns studierten). Verstand, Bewußtsein und »Bewußtsein seiner selbst« sind höhere Komplexitätsstufen der Struktur und der Wirkungsweise des Gehirns. Manche Gehirne (von Menschen, vielleicht auch von höheren Primaten) sind in ihrem Aufbau ausreichend vielgestaltig, um Verstand und Bewußtsein zu schaffen. Andere sind nicht komplex genug (Gehirne von Bienen oder Eidechsen), während bei wieder anderen (bei Hunden und Katzen beispielsweise) die Frage danach noch nicht endgültig gelöst ist.

Der Anschein eines Dualismus – der Glaube, daß ein Verstand abgesondert vom Gehirn existiere – rührt aus unserem unzureichenden Verständnis für die alltäglichen Bewußtseinszustände her. Bis zur Entwicklung von PET-Scannern und den Untersuchungen der im Gehirn erzeugten Energie war es möglich, die Täuschung aufrechtzuerhalten, daß Gedanken unabhängig von Körperprozessen auftreten können. »Ich denke, deshalb bin ich«, formulierte es der Philosoph Descartes 1637.

Aber seit der Entwicklung entsprechender technologischer Hilfsmittel wurde offensichtlich, daß Gedanken, Emotionen und sogar elementare Gefühle von Veränderungen des Zustands des Gehirns begleitet sind. Je nach den geistigen Zuständen und den Umständen des Augenblicks verändern sich Glykose, Sauerstoff und sonstige Nährstoffe und Metabolite. Insofern ist ein Gedanke ohne entsprechende Veränderung der Gehirnaktivität unmöglich. Gedanken weisen Neuronen-Konsequenzen auf. Häufig trifft auch der Umkehrfall zu.

Schluckt man eine Speed-Tablette, schnupft man Kokain, raucht man einige Züge einer Haschischzigarette – in jedem Fall wird die geistige Aktivität (oder der Verstand) durch eine Veränderung des Chemiehaushalts des Gehirns transformiert. Dank der Forschungsarbeit über das Gedächtnis, über gewisse Formen von Geisteskrankheiten und Dementia nähern sich die Neurologen dem Tag, an dem *sämtliche* geistige Aktivität in Begriffen von Gehirnaktivität ausgedrückt werden kann. Das genaue Ausmaß der Beziehung jedoch bleibt noch zu bestimmen. So ist zum Beispiel nicht wahrscheinlich, daß alle Gedanken jemals in Aktivitätsmuster der Neuronen oder Gezeitenwechsel der Neurotransmitter direkt übersetzt werden können. Aus diesem Grund erscheint »Gedankenlesen« auf der Basis von Gehirnaktivität unwahrscheinlich. Unglücklicherweise wird diese Unfähigkeit, den Verstand mit dem Gehirn auf gleiche Ebene zu setzen, vielleicht die Grundlage für weitere Behauptungen, daß Verstand und Gehirn voneinander unabhängig sind.

Untersuchungen über das Bereitschaftspotential, die vorbereitenden Anpassungen der Zerebellum- und Basalganglien vor einem »Willensakt«, über die präfrontalen Entladungen vor einer motorischen Aktivität, und sei sie noch so gering, veranlassen manche Menschen, diese Entdekkungen als Beweis anzusehen, daß der Verstand unabhängig von einem funktionierenden Gehirn existiere. Aber wo befindet sich der Verstand im Zustand der Bewußtlosigkeit? Wenn das Gehirn sich in epileptischen Anfällen windet? Oder wenn es durch Drogen und Alkohol betäubt ist? Oder wenn es durch ein starkes Anaesthetikum außer Gefecht gesetzt wird? Es bleibt rätselhaft, warum wohlinformierte Menschen weiterhin an der Existenz eines vom Gehirn unabhängigen Verstands festhalten. Lassen Sie mich für einen Augenblick über einige der Gründe spekulieren.

Erstens wird die Beziehung von Verstand und Gehirn des öfteren fälschlicherweise als eine Form der Reduzierung gesehen, als eines dieser

»nichts anderes als«-Argumente, die unser derzeitiges Denken überschwemmen. »Patriotismus ist nichts anderes als ein kaum versteckter Chauvinismus und Imperialismus.« »Die Liebe eines Ehemanns zu seiner Frau ist nichts anderes als Besitzanspruch.« In jeder dieser Behauptungen wird ein ideelles Ziel zu einem primitiven Motiv herabgesetzt. Hinter jeder steckt die Annahme, daß die die Behauptung aufstellende Person von einer höheren Warte aus handelt, das heißt nur diese Person ist durch diese Erkenntnisse wahrhaft erleuchtet. Jeder andere ist verwirrt, leidet an Enttäuschungen, bleibt in seinen Einsichten beschränkt usw. Aber bedenken Sie einmal die Folgen der Erkenntnis, der Verstand sei eine angenehme Kurzfassung des Gehirns: *Alle geistigen Zustände,* die Ekstase der Mystik, der Haß eines Eichmann oder Hitler, der Genius eines Michelangelo oder Dante – alles ist Ausdruck eines funktionierenden Gehirns. »Es gibt keinen einzigen Geisteszustand, großartig oder gering, gesund oder krank, der nicht einen organischen Vorgang zur Bedingung hat«, bemerkte William James um die Jahrhundertwende.

Die Gleichung Verstand = Gehirn stellt überhaupt keine Form der Verringerung dar, da nichts auf etwas anderes reduziert wurde. Statt dessen anerkennt sie den Ursprung geistiger Aktivität im Funktionieren des Gehirns. Um deshalb den Verstand zu verstehen, ist es notwendig, das Gehirn zu verstehen – wie man zu Begriffen gelangt; die den Wahrnehmungen zugrunde liegenden Mechanismen; das Gedächtnis; die Neurochemie unserer Emotionen usw.

Wäre unser Gehirn anders aufgebaut, würden wir eine andere Realität erfahren. Wir würden andere psychische Bedürfnisse haben. Eine leichte Veränderung in unserem Gehirn gewährleistet ziemlich sicher eine Änderung unserer Psychologie und Soziologie. Wir würden durch neue Arten von Argumenten überzeugt werden (oder wir würden eine Überzeugung überhaupt nicht mehr benötigen).

Was werden wir wohl in der nahen Zukunft über das menschliche Gehirn herausfinden? Die Antwort hängt zum großen Teil von der Entwicklung neuer technologischer Mittel sowie neuer Verwendungsmöglichkeiten für die bereits vorhandenen technischen Mittel ab. Eine vielversprechende Entwicklung wurde bereits erforscht: geographische Aufzeichnung der elektrischen Gehirnaktivität (BEAM).

BEAM ist nichts weiter als eine Erweiterung der durch ein Standard-EEG zur Verfügung gestellten Informationsmenge. Normalerweise erfordert das Lesen eines EEGs die Durchführung statistischer und spektraler Analysen der aufgezeichneten Gehirnwellen durch den Arzt. BEAM automatisiert diese Information, und zwar nicht durch Schaffung neuer

Daten, sondern durch Interpretieren des bereits vorhandenen Datenmaterials. Durch Umwandlung der zittrigen Linien des EEGs in eine durch Farben codierte Landkarte erhält die verfügbare Information mehr Bedeutung und Inhalt, sie wird besser vergleichbar und verständlich. Ähnliches geschieht bei der Umwandlung von Zahlenreihen in farbige Graphiken. Auf diese Weise kann das Gehirn intuitiv die Bedeutung der Zahlen erfassen und sie in sinnvolle, leicht erkennbare Muster umwandeln, die man sich auch später noch merken kann.

Eine eng verwandte Technik ist die *Bedeutungswahrscheinlichkeitsaufzeichnung* (SPM). Sie beruht auf einer durch den Computer erstellten statistischen Analyse, die Punkt für Punkt vergleicht, ob das vorgegebene EEG-Muster vom normalen Muster abweicht. Bei jeder Abweichung können Abnormalitäten leicht erkannt und untersucht werden. Sowohl BEAM als auch SPM erweisen sich derzeit in der klinischen Diagnose bereits als sehr verläßlich. Bei der Diagnose von Dyslexie bei Kindern zwischen zehn und zwölf Jahren beträgt die Zuverlässigkeitsrate 80 bis 90 Prozent. Auch Gehirntumore können durch BEAM mit einer Genauigkeit, die zehn Prozent höher liegt als die des EEGs, festgestellt werden.

BEAM verspricht auch eine unaufdringliche und einfühlsame Methode zur Diagnose der Schizophrenie. Schizophrene im Wachzustand mit geöffneten Augen rufen einen BEAM-Anstieg der langsamen Wellenaktivität auf der ganzen kortikalen Oberfläche hervor. Im Wachzustand bei geschlossenen Augen verändert sich das Muster. Die Verlangsamung erstreckt sich über beide frontalen Regionen. In naher Zukunft wird eine differenzierte Diagnose besorgniserregender Fälle durch ein »Anschließen des Patienten« an ein BEAM-Gerät möglich werden. Vielleicht kann sogar eine Diagnose gestellt werden, wenn der Patient nicht aktiv schizophren ist. Es gibt bereits Hinweise, daß Schizophrene in Remission dazu neigen, unterschiedliche BEAM- und PET-Muster in den frontalen Regionen ihres Gehirns aufzuzeigen. Häufig tritt verringerter Metabolismus in der linken Frontalzone weiterhin auf, auch wenn sich die Patienten in klinischer Remission befinden. Dies deutet darauf hin, daß PET- und BEAM-Studien den schizophrenen Verlauf markieren können, und zwar ohne Berücksichtigung der Tatsache, ob der Patient zum Zeitpunkt der Untersuchung aktiv schizophren ist.

Durch Änderung der einzelnen Techniken kann zusätzliche Information erlangt werden. So führt eine Kombination von BEAM und PET zu erhöhter Genauigkeit der Diagnose. Ein Auswechseln des radioaktiven Tracers, des PET-Scanners, gleicht einem Filterwechsel in einer Kamera: Wir erhalten neue, unterschiedliche Bilder des gleichen Ereignisses.

Späteres Wiederholen der PET-Aufzeichnung ist vergleichbar dem Fotographieren des gleichen Objekts aus verschiedenen Blickwinkeln heraus. Ein Kombinieren der Diagnose-Hilfsmittel (BEAM und PET) entspricht der Umwandlung einer Serie von Schwarzweißfotos in einen Farbfilm. Da die Gehirnaktivität erst mit dem Tod endet, kann kein Einzelbild und keine Einzelmessung zu einer Annäherung an das lebende Gehirn führen. Das Gehirn funktioniert jederzeit als Ganzes. Ziel ist natürlich, das Gehirn in seiner ganzen Dynamik zu erfassen. Zukünftige Interpretationen von PET- und BEAM-Untersuchungen werden vermutlich komplex und multidimensional werden.

Beim derzeitigen Stand der technologischen Entwicklung können PET-Scanner die Gehirnaktivität nicht von Augenblick zu Augenblick wiedergeben, sondern benötigen eine Zeitspanne von 30 bis 40 Minuten für die Verarbeitung der Information. Zwar arbeiten BEAM und Messungen der verursachten Energie näher an der wirklichen Zeit, aber auch sie unterliegen Beschränkungen. So ist der Zeitrahmen auf einen Faktor von einer Million (Millisekunden verglichen mit Minuten oder sogar Stunden bei PET-Scannern) komprimiert, jedoch erfolgt keine so genaue Lokalisierung. Sie beschränkt sich auf sieben bis acht Relaisstationen, die vom periphären Nervensystem ausgehen und sich in den zerebrale Kortex erstrecken. Es können Abnormalitäten auf diesem Weg überall festgestellt werden, aber diese Information besagt wenig über die Ursache eines gegebenen Problems oder, was noch wichtiger ist, darüber, was man dagegen unternehmen kann.

Mit der Zeit werden wahrscheinlich neue technologische Fortschritte einige dieser Schwierigkeiten beseitigen. In einem vor kurzem erzielten Schritt nach vorn gelang es, die Verteilung der Dopamin-Rezeptoren durch den PET-Scanner sichtbar zu machen. Das erste Experiment auf diesem Gebiet wurde am 25. Mai 1983 durchgeführt, als Dr. Henry N. Wagner jun. von der medizinischen Fakultät der Johns Hopkins-Universität sich für eine Injektion mit einem Medikament, das für seine hohe Affinität zu Dopamin-Rezeptoren im Gehirn von Versuchstieren bekannt war, zur Verfügung stellte. Bilder etwa 40 bis 50 Minuten nach der Injektion und 70 bis 130 Minuten später zeigten eine hohe Aktivität im Vergleich zum restlichen Gehirn von Dr. Wagner. Dieses Experiment stellte eine Revolution im Studium des menschlichen Gehirns dar: die Lokalisierung eines Neurotransmitter-Rezeptors im Gehirn eines lebenden Menschen.

Auf der Basis dieser Technik wird es bald möglich sein, die Wirkungen psychotroper Medikamente bei Schizophrenie, Parkinson und der Huntingtonschen Chorea – drei Erkrankungen, bei denen Störungen des Dopamins oder seiner Rezeptoren vorliegen – auszuwerten.

Die Neurologen werden bald in der Lage sein, biochemische »Dissektionen« am menschlichen Gehirn durchzuführen. Dank der Möglichkeit der Radioaktivierung wird es möglich werden, ein Medikament zu verabreichen und dann seinen Weg bis zum Ziel auf einem bestimmten Rezeptor zu verfolgen. Aufgrund dieser Informationen wird eine Serie von »Landkarten« mit Rezeptorsitzen der Neurotransmitter entstehen. Die Neurologen hoffen, daß zusätzliche Forschung in dieser Richtung es bald ermöglichen wird, die regionalen biochemischen Abläufe des Gehirns mit Verhaltensbeobachtungen in Beziehung zu setzen, insbesondere gestörtes Verhalten mit biochemischen Veränderungen innerhalb spezifischer lokalisierbarer Zonen im Gehirn. Dies ist eine aufregende und mutige Hypothese, ja, die Neurologen befanden sich noch nie so nahe dem Ziel, gestörte Gedanken auf gestörte Moleküle zu beziehen.

Weitere Fortschritte können die Neurologen möglicherweise befähigen, Schlußfolgerungen über fortschreitende Denkprozesse auf der Basis hochkomplizierter Gehirn-Abbildungstechniken zu ziehen. So gelang zum Beispiel Dr. Niels Lassen und seinen Kollegen im Bispebjerg-Krankenhaus in Kopenhagen, Dänemark, im vergangenen Jahr die erste bildliche Darstellung eines menschlichen Gedankens. In ihrer PET-Studie startete die Versuchsperson das Experiment durch Bewegen der rechten Hand. Dies aktivierte die frontalen und motorischen Zonen der entgegengesetzten Seite des Gehirns. Als nächstes wurde die Person angewiesen, lediglich »daran zu denken, die Hand zu bewegen«. Dabei fielen die motorischen Komponenten heraus, und die PET-Abbildung zeigte das Neuronen-Grundaktivitätsmuster des Gedankens minus der motorischen Komponenten.

In einer weiteren Studie wies Lassen die unterschiedlichen Reaktionen an einer Person, die erst ihre Muttersprache und dann eine ihr fremde Sprache hörte, nach. Die Muttersprache aktivierte die Assoziationszone des Kortex, während die fremde, unverständliche Sprache keinerlei »Erkennungsmuster« auslöste. Solche Studien können uns viele Erkenntnisse über Lernen sowie darüber, warum manche Menschen Lernschwierigkeiten aufweisen, vermitteln. Sie können uns auch auf kürzerem Weg zur Einschätzung und Beurteilung von Funktionsmustern der Gehirnaktivität führen, sogar in Fällen, in denen die zu beobachtende Person nicht mitarbeiten kann oder will. So könnte zum Beispiel ein Spion anhand seiner Gehirn-Wellenmuster entlarvt werden, wenn man ihn mit einer Sprache konfrontiert, die dieser Mensch sehr wohl versteht, auch wenn er vorgibt, sie nicht zu kennen.

Lassen's Untersuchungen nähern sich dem Ziel, wo Techniken der bildlichen Darstellung des Gehirns die traditionellen Methoden des Informationsmaterial Sammelns (Auswertung von Interviews, spontaner Reaktionen des zu Untersuchenden usw.) ersetzen werden. Aber beim derzeitigen Stand der Dinge hängen die äußeren Grenzen derartiger Techniken erstens von dem Scharfsinn und der Erfindungsgabe des Forschers und zweitens von der Fähigkeit des Gehirns, dieselbe Aufgabe über zahlreiche seiner Kanäle auszuführen, ab.

Wie wir in diesem Kapitel wiederholt betonten, ist das Gehirn nicht auf seine Reaktionen beschränkt. Da das Gehirn stets einen gewissen Zweck verfolgt, kann dieselbe Aufgabe auf verschiedene Arten ausgeführt werden und dabei verschiedene Neuronenkanäle mit einbeziehen. Derartige vielfältige Möglichkeiten lassen es äußerst unwahrscheinlich erscheinen, daß die Neurologen jemals in der Lage sein werden, anhand der Analyse von Gehirnwellenmustern »Gedanken zu lesen«. Die Privatsphäre unserer eigenen geistigen Vorgänge wird vermutlich nicht gestört werden. Ein Aufdecken, daß eine Person in Wirklichkeit eine Sprache versteht, von der sie vorgibt, sie nicht zu beherrschen, ist Lichtjahre entfernt von der tatsächlichen Feststellung, was eine Person zu einem gegebenen Augenblick denkt.

Dr. Martin Reivich von der medizinischen Fakultät der Universität von Pennsylvanien in Philadelphia entdeckte die Verwendungsmöglichkeit von PET-Scannern zur Messung von Angst. Bei steigender Furcht verändert sich die Stoffwechselaktivität in der rechten Gehirnhemisphäre im Vergleich zur linken Hemisphäre. Eine weitere Verwendungsmöglichkeit des PET-Scanners durch Dr. Michael Phelps und Lou Baxter von der medizinischen Fakultät der Universität von Kalifornien in Los Angeles bezieht sich auf Veränderungen der Wiedergaben auf dem Bildschirm, die Besserungen des klinischen Zustands des Patienten entsprechen. Verabreicht man einem depressiven Patienten *Ritalin* (ein psychischer Aktivator), steigt die Stoffwechselanzeige auf dem PET-Scanner, was einer Besserung des klinischen Zustands entspricht. Eine weitere Patientin, eine Konzertpianistin mit schnell wechselnden Zyklen manisch-depressiver Krankheit zeigte regelmäßige Veränderungen der Aktivität des PET-Scanners, die ebenfalls mit ihrem klinischen Zustand korrespondierten: geringer Stoffwechsel des Gehirns während der Depression, erhöhte Stoffwechseltätigkeit beim Übergang in die manische Phase. Auf der Grundlage derartiger Studien werden die Psychiater bald in der Lage sein, zuverlässige Diagnosen auf der Basis von bildlichen Darstellungstechniken des Gehirns zu stellen. Dies verspricht einen großen Teil des Rätselratens und Abschätzens bei der psychiatrischen Diagnose zu eliminieren.

Ferner wird es möglich werden, neuropsychiatrische Diagnosen vorherzusagen. Bereits jetzt wiesen Dr. David Kuhl und Dr. Michael Phelps von der Universität von Kalifornien nach, daß an Huntingtonscher Chorea erkrankte Patienten verringerten Glukoseverbrauch in Teilen ihrer Basalganglien aufweisen (im Nucleus caudatus und im Putamen). Dieser Glukoseverlust tritt bereits sehr früh auf, vor einer Veränderung der Gewebemasse. Noch wichtiger jedoch ist der Nachweis der beiden Forscher, daß diese Stoffwechselveränderungen in den Basalganglien vor jeder klinischen Nachweismöglichkeit der Krankheit stattfinden. Diese Methode verspricht nun eine Möglichkeit der Voraussage, welches Mitglied einer Familie mit gleich hohem Risikofaktor von der Krankheit befallen werden wird. Aber hier nun betonen die Neurologen die sozialen Auswirkungen einer Technik, die es ermöglichen kann, den Menschen mehr über sich zu erzählen als sie vielleicht gerne wissen möchten.

Ähnlich ausgerichtete neue Methoden zur Untersuchung von Patienten mit Gehirntumoren werden bereits am Nationalen Institut für geistige Gesundheit eingesetzt. Häufig ist es nach einem chirurgischen Eingriff schwierig, einen wieder auftretenden Tumor von den Nachwirkungen der Operation und der Bestrahlung zu unterscheiden. Eine korrekte Diagnose kann Monate dauern, selbst für Ärzte mit langjähriger klinischer Erfahrung. Heute jedoch kann ein PET-Scanner die Diagnose innerhalb von Minuten stellen. Ein wieder auftretender Gehirntumor verbraucht mehr Glukose als die um ihn befindlichen Zonen; entsprechend leuchtet der Tumor als heller Aktivitätsfleck im Vergleich zu den umliegenden Zonen mit geringem Glukoseverbrauch auf. Anhand dieser Information kann der Neurochirurg einen wieder auftretenden Tumor bereits im frühen Stadium erkennen und entsprechende Maßnahmen vorbereiten.

Auch in bezug auf Epilepsie werden neue chirurgische Methoden dank neu entwickelter Abbildungstechniken möglich. Untersuchungen des neurologischen Untersuchungszentrums Reed der Universität von Kalifornien in Los Angeles zeigen, daß das Gehirn während eines epileptischen Anfalls eine erhöhte Stoffwechselrate innerhalb des epileptischen Zentrums aufweist. Später, nach Beendigung der epileptischen Anfälle, sinkt die Stoffwechselaktivität unter das Normalmaß. Diese Veränderungen leiten eine Ära verbesserter chirurgischer Möglichkeiten bei ausge-

Die Gehirnbilder von Jesse Salb

Die Bildfolge auf der gegenüberliegenden Seite stellt eine Arbeit von Jesse Salb, einem Mitarbeiter der amerikanischen Firma Diasonics Inc., der ein System zur Sichtbarmachung von Gehirnaktivität entwickelte, dar. Jesse Salb beschreibt den Arbeitsvorgang folgendermaßen:

»CAT-Scanner zeigen uns die *Struktur* des Gehirngewebes, PET-Scanner hingegen das Muster der biochemischen und metabolischen Vorgänge, sie liefern jedoch nur ein einziges statisches Bild. Das EEG wiederum verstärkt elektrische Signale des Gehirns und zeichnet sie auf, was die Grundlage der hier verwendeten Methode ist, wobei das EEG jedoch eine vergleichsweise geringe Empfangsmöglichkeit aufweist. In dem auf der gegenüberliegenden Seite dargestellten System wird eine große Anzahl Elektroden auf vorher festgelegten Stellen auf dem ganzen Schädel angebracht. Die elektrische Aktivität wird über einen Monitor aufgezeichnet und dann von einem Computer verarbeitet, indem er bewegliche Bilder auf einer anatomischen Landkarte des Kopfes erstellt. Dies ermöglicht eine genauere Lokalisierung der Gehirnaktivität als bisher durch die Verwendung älterer EEG-Techniken. Hinzu kommt, daß diese Landkarten so angefertigt werden, daß wir die elektrische Spannung des Gehirns in ihrem wahren Zeitablauf wiedergeben können, das heißt, gleichzeitig mit ihrem Auftreten im Gehirn.

Alle sensorischen Stimuli beinhalten dazugehörige elektrische Spannungen. Die unterschiedlichen Farben geben die verschiedenen elektrischen Spannungsladungen wieder, wobei die roten Farben einer positiven und die blauen Farben einer negativen Voltzahl entsprechen. Die hier gezeigte Bilderfolge stellt die Reaktion eines Gehirns auf einen unerwarteten gehörten Ton dar. a bis c und d bis e geben die Anfänglichen sensorischen Prozesse aufgrund des Tonstimulus im Gehirn wieder, f bis h die überlegende Erkennung des ungewöhnlichen Stimulus im Gehirn.

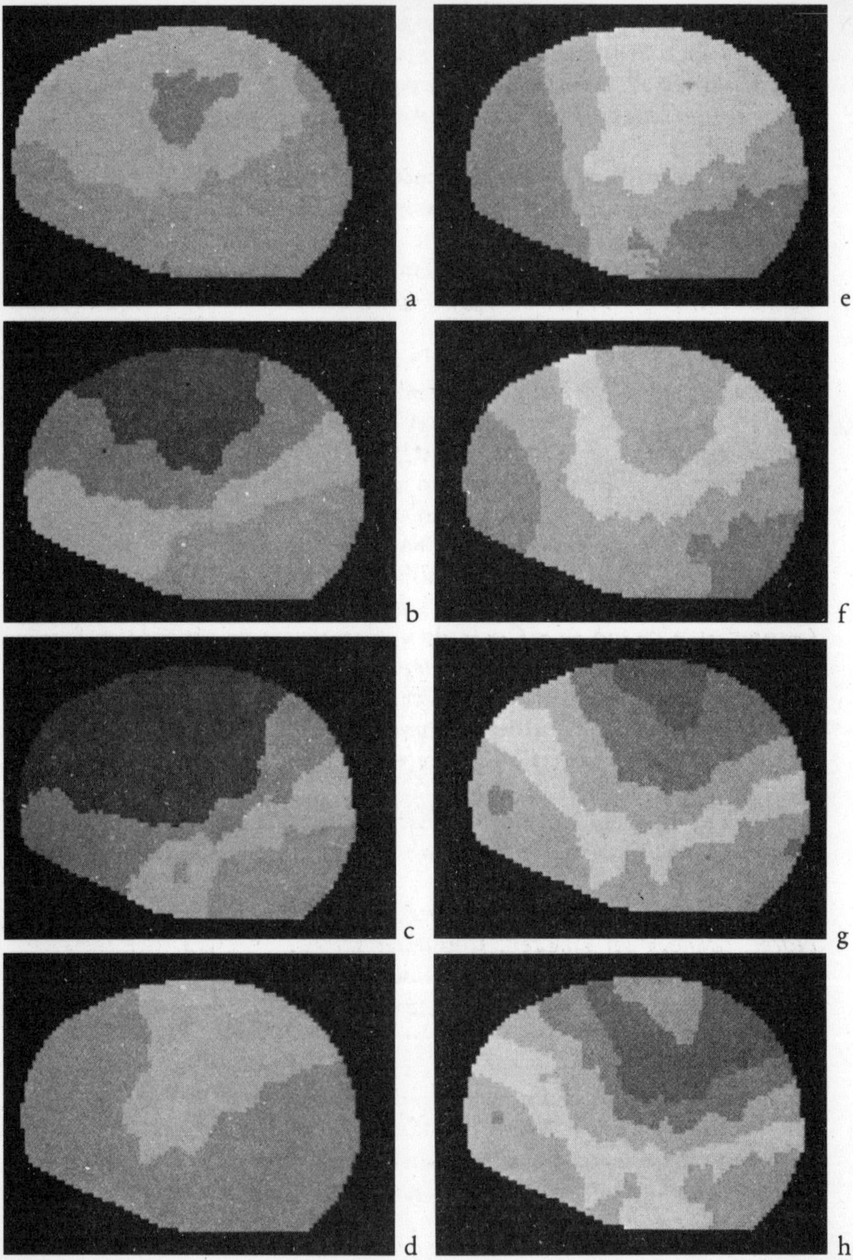
a
e
b
f
c
g
d
h

wählten Epilepsiepatienten ein. Es ist heute möglich, das genaue Ausmaß einer epileptischen Schädigung festzustellen, was eine notwendige Voraussetzung ist, sie operativ zu entfernen. Diese Methode führt auch zu einer Beurteilung medikamentös herbeigeführter Kontrolle der epileptischen Anfälle.

Ein weiteres Hilfsmittel zur Diagnose, nukleare magnetische Resonanz (NMR), mißt die Reaktion von Wasserstoffprotonen im Gehirngewebe auf Radiofrequenzschwingungen hin. Werden Schwingungen in Bewegung gesetzt, senden die Wasserstoffatome elektrische Signale aus. Diese werden dann von einem Computer verarbeitet und in ein farbiges Bild des Gehirns umgewandelt.

Weitere Fortschritte im Verständnis des Gehirns erwartet man von einer zukünftigen Entwicklung angemessener Geräte, die wichtige Gehirnfunktionen nachahmen können. Computer bieten dafür bereits eine beschränkte Antwort. Aber im Verständnis des menschlichen Gehirns durch Computersimulation ergeben sich gewisse Probleme. Wie wir bereits gesehen haben, ist das Gehirn vor allem ein Organ, das sehr von Bedeutung und Zusammenhang abhängig ist. Sogar bei sehr einfachen Wahrnehmungen sortiert ein Ausfilterungsvorgang ständig, was im jeweiligen Augenblick wichtig zu sein scheint. Aus den zahlreichen Gesprächen während einer Cocktailparty konzentrieren wir uns lediglich auf ein Thema einfach aufgrund unseres Interesses an einem Gesprächspartner oder an einem diskutierten Thema. Diese Auswahl hat überhaupt nichts mit linearer Verarbeitung zu tun. Sie bezieht sich lediglich auf die *Bedeutung,* die ein Unterhaltungsthema im Vergleich zu den übrigen für uns hat.

Zwar könnte man Dutzende von Argumenten anführen, warum Computer wahrscheinlich nicht die Arbeit des menschlichen Gehirns übernehmen werden, ich will hier jedoch lediglich meine Lieblingsbegründung wiedergeben in bezug auf die Fähigkeit des Gehirns, *weniger als nach bestem Vermögen* zu arbeiten. Computer können dies im allgemeinen nicht. Sie funktionieren jederzeit auf bestmögliche Weise. Unser Gehirn jedoch ist häufig dann am meisten effizient, wenn es untätig ist. Überlegen Sie nur, wieviele kreative Ideen entstanden sind, während ein Mensch sich entspannte oder Tagträumen hingab. Computer können nicht tagträumen, sie sind nicht unproduktiv, sie sind nicht launisch. Sie tun sich jedoch schwer, Wortspiele oder Scherze zu verstehen. Sie lassen sich auch nicht inspirieren oder geben entmutigt auf oder schlagen eine bessere Verwertung ihrer Zeit vor. Es gab noch niemals einen Computer, der fähig war, sich selbst grundlegend umzuprogrammieren. Dies kann nur durch Auswechseln des Computerprogramms geschehen, während jemand mit einem Gehirn dies selbst erledigen *muß*.

Dies bedeutet nicht, daß Computer keinen wichtigen technologischen Durchbruch darstellen. Auf Gebieten schneller Berechnung, der Informationsspeicherung und des Wiederabrufens werden die Computer erwartungsgemäß die Leistungen des menschlichen Gehirns überbieten. (Ein kleiner Taschenrechner kann bereits die mathematischen Fähigkeiten der Menschen mit Ausnahme einiger Genies auf diesem Gebiet übertreffen.) In Zukunft werden die Computer noch mehr Informationen speichern können und eine noch größere Fertigkeit beim Sammeln und Herausgeben von Daten erreichen. Derzeitige Schachcomputer fordern bereits die Fähigkeit großer Schachmeister heraus einfach aufgrund der Tatsache, daß diese Geräte Hunderttausende von Schachzügen in Mikrosekunden berechnen können. Dennoch hat noch kein Computer die weltbesten Schachmeister geschlagen. Und warum? Da es bei vielen Situationen in einem Schachspiel nur sehr wenige wirklich gute Züge gibt. Die Fähigkeit, Hunderttausende unangebrachter Schachzüge zu berechnen, ist weniger wichtig wie die Auswahl des besten. Und hier kommen wir wieder einmal zur Inspiration, Kreativität auf höchstem Niveau, der Fähigkeit, Bedeutung und Zweck aufzudecken.

Ein weiterer Unterschied zwischen Gehirn und Maschine liegt in der Rolle der Hemmung. Das Gehirn übt einen weitgehenden Teil seiner Macht in Form von Hemmung statt Erregung aus. Dennoch werden weiterhin Instrumente mit Künstlicher Intelligenz entworfen, die die Erregung betonen. Überlegen Sie sich einmal die Auswirkung eines zerstörten Gehirns. Das Ergebnis ist nicht einfach ein totaler Zusammenbruch, sondern vielmehr eine interne Reorganisation des verbleibenden Gehirngewebes. Dieselbe Aktivität wird daraufhin auf unterschiedliche Weise ausgeführt, obgleich im Laufe des Vorgangs Verhaltensfolgen auftreten können, die wir vorher unterdrückt hatten: primitive Reflexe, emotionale Reaktionen usw. Diese Reorganisation wird intern kontrolliert und geht relativ automatisch vonstatten.

Ich glaube, es ist unwahrscheinlich, daß Instrumente mit Künstlicher Intelligenz das menschliche Gehirn entmachten können, da die Basiseinheit des Gehirns, das Neuron, spezifische physikalische und chemische Eigenschaften aufweist. Einfacher ausgedrückt sind Neuronen im Gegensatz zum Computer lebendig. Insoweit unterscheidet sich das Gehirn vom Computer wie ein Filmsternchen vom Himmelsstern. Im Gegensatz zum Computer gleicht keine Gehirnzelle völlig einer anderen. Sie unterscheiden sich in ihrem Reaktionsvermögen. Sie reagieren nicht einfach

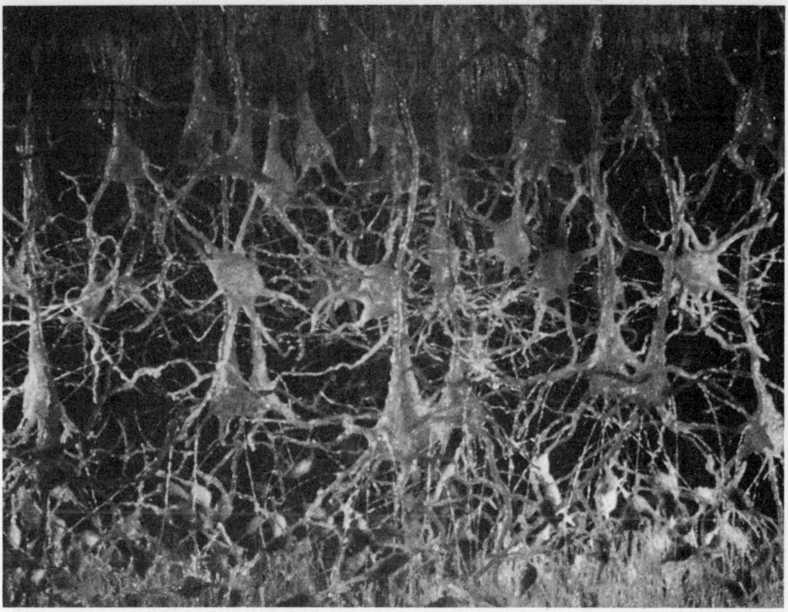

Das Neuronennetzwerk. Innerhalb dieses eng verflochtenen Musters arbeiten chemische und elektrische Signale an einem Wunder: das bewußte Gehirn.

als eingeschaltet/ausgeschaltet, sondern weisen Empfänglichkeitsabstufungen gegenüber den einzelnen neurochemischen Substanzen auf, die auf sie einwirken.

›Das Gehirn ist naß.‹ Hinter dieser einfachen Aussage verbirgt sich ein Universum, das in keiner Weise vergleichbar ist mit irgendetwas entfernt Möglichem in der Welt der Computerkreisläufe«, sagt der Neurologe Miles Herkenham vom Nationalen Institut für geistige Gesundheit. Er fährt fort: »Das Gehirn übermittelt Botschaften über ein nasses Terrain zu Rezeptoren hin, die auf den Zellmembranen schwimmen. Zu jeder Zeit üben Peptide eine regulierende Wirkung auf die Neuronen aus, die relativ unabhängig von der Wirkung der Synapsen, die durch die klassischen Neurotransmitter hervorgerufen wird, ist.« Dr. Herkenham ist der Ansicht, und viele Neurologen pflichten dem bei, daß die komplexe Ordnung im Gehirn so weitreichend ist, daß wir niemals in der Lage sein werden, einen Computer dazu zu verwenden, etwas so kompliziertes wie das menschliche Bewußtsein nochmals zu erschaffen.

Dr. Herkenham fügt noch hinzu: »Wenn Sie all die Milliarden Zellen im menschlichen Gehirn bedenken, wobei jede einzelne von einer unbekannten Anzahl von Neurotransmittern, Peptiden und anderen Nachrichtentransmittern beeinflußt wird, erreicht die Informationsmenge schnell eine Zahl, die sich der Anzahl sämtlicher existierender Einzelteilchen nähert. Es ist schlichtweg unvorstellbar, daß ein Computer mit ähnlichem Innenleben, der dann einen »Verstand« beinhalten würde, gebaut werden kann.

Insofern können wir niemals die volle Wahrheit über das Gehirn erfahren, gleichgültig, wie genau wir es noch kennenlernen werden. Es wird immer etwas geben, das uns erstaunt, verblüfft, das uns Ehrfurcht einflößt, während es uns gleichzeitig zu immer noch größeren Anstrengungen anspornt, uns zu einer allumfassenden Erkenntnis unseres Gehirns treibt. Das menschliche Gehirn ist das wunderbarste Organ im uns bekannten Universum.«

Verstand gegen Gehirn: Die Kehrseite des Arguments

Es wäre ungerecht zu verstehen zu geben, daß sich alle Neurologen darin einig sind, der Verstand existiere nicht unabhängig vom Gehirn. Um auch der alternativen Meinung Gehör zu verschaffen, geben wir folgenden kurzen Essay aus der Sicht eines überzeugten Dualisten wieder. Vergleichen Sie ihn bitte mit meinem Argument auf den Seiten 315 – 324. Welches der beiden Argumente finden Sie überzeugender?

Zwei Jahre vor seinem Tod im Alter von 84 Jahren schrieb der Neurochirurg Wilder Penfield sein letztes Buch »Das Rätsel des Verstands«. Saß er nicht an seinem Schreibtisch, grübelte Penfield weiterhin über das Thema seines Buchs, die Beziehung von Verstand, Gehirn und Wissenschaft, nach.

An einem Wochenende, als er sich auf seinem Bauernhof außerhalb von Montreal aufhielt, holte Penfiel einen kleinen Korb mit alten Farbtöpfen darin und nahm ihn mit auf seinen Spaziergang zu einem nahegelegenen Hügel. Dort begann er, einen großen Felsen am Abhang zu bemalen. Auf die eine Seite pinselte er das griechische Wort für »Geist« und eine dicke Linie, die er mit einem Aesculapstab, dem Sinnbild der medizinischen Wissenschaft, verband. Er führte die Linie um den Felsen weiter bis zur Rückseite, wo er die Umrisse eines menschlichen Kopfs mit einem Gehirn darin aufmalte. In das Gehirn setzte er ein Fragezeichen. Soweit war Penfield zufrieden: Ordentlich durchgeführte Untersuchungen des Gehirns würden unweigerlich zu einem Verständnis des Gehirns führen.

Als Penfield jedoch an seinem Buch weiterarbeitete, wurde er immer unsicherer, ob das Studium des Gehirns, worin er in seiner früheren Laufbahn Pionierarbeit geleistet hatte, jemals zu einem Verstehen und Begreifen des Verstands führen würde. Endlich, sechs Monate vor seinem Tod, kam er zu einem Schluß.

Penfield zog sich sechs Pullover über, um sich gegen den rauhen kanadischen Wind zu schützen, kehrte zu dem Felsen zurück und wandelte mit zitternden Händen die durchgehende Linie, die den Geist mit dem Gehirn verband, in eine unterbrochene Linie um. Diese Änderung drückte in einer für alle sichtbaren Form Penfield's Zweifel darüber aus, daß ein Verständnis des Gehirns jemals zu einer Erklärung des Verstands führen würde.

Penfield war unter den Neurologen nicht der einzige, der im späteren Leben seine Ansicht über die Beziehung zwischen Verstand und Gehirn änderte. Sir John Eccles, ein Nobelpreisträger, tat sich mit dem Philosophen Karl Popper zusammen. Gemeinsam verfaßten sie das Buch »Das Ich und sein Gehirn«, eine auf den neuesten Stand gebrachte Forderung nach Dualismus: die Ansicht, daß Verstand und Gehirn zwei unterschiedliche, voneinander getrennte Einheiten seien. Roger Sperry, Nobelpreisträger für Medizin, beschäftigt sich gründlichst mit Studien über die Natur menschlichen Bewußtseins. Der Gehirnforscher Karl Pribram arbeitet derzeit mit dem Physiker David Bohm zusammen, und gemeinsam versuchen sie, Verstand und Bewußtsein in Theorien aus der Quantenphysik zu integrieren. Sie suchen nach einem Modell, das fähig ist, Materie und Bewußtsein in eine holistische Ansicht der Welt einzufügen.

Warum ändern diese Gehirnforscher am Ende ihrer Karriere ihre Ansicht über die Angemessenheit unserer gegenwärtigen Kenntnisse über das Gehirn, um eine »Erklärung« für Verstand und Bewußtsein zu geben? Was treibt sie in eine mystische Richtung?

Zum einen ist das menschliche Gehirn einzigartig unter den Körperorganen. »Es gibt nichts dem Gehirn Vergleichbares«, schreibt der Neurochirurg Irving Cooper in seiner Autobiographie »Die vitale Probe«. »Erhält jemand die Gelegenheit, das Gewebe zu untersuchen, das sieht, denkt, hört, fühlt, fürchtet, ersehnt, erschafft, wie könnte er sich jemals für etwas anderes entscheiden?«

Interesse am Gehirn und entsprechender Enthusiasmus können nicht die einzigen Erklärungen für die mystischen Neigungen von Neurologen sein, da nur wenige von ihnen sich zu Philosophen entwickeln. Aber die Natur ihrer Forschung und die Art der gestellten Fragen tragen zweifelsohne ihren Teil zu einer späteren »Umwandlung« bei. Penfield's Arbeit beinhaltete die neurochirurgische Erforschung der Stirnlappen. Als Reaktion auf Penfield's elektrische Versuche berichteten die Patienten von wohlbekannten Gefühlen und lebhaften Erinnerungen. Im Wesentlichen erzählten diese Patienten von Erfahrungen, die nicht tatsächlichen Ereignissen im Operationssaal entsprachen, sondern statt dessen das Ergebnis direkter Stimulierung des Neuronengewebes waren. Bedeutet dies, daß bewußte Erfahrung nur in Begriffen elektrischer Impulse verstanden werden kann? Während der nächsten fünfzig Jahre gelangte Penfield durch entsprechende Spekulationen vom Operationsraum des Neurologischen Instituts in Montreal letztendlich zu einem Agnostizismus, den er durch das Bemalen des Felsens deutlich zum Ausdruck brachte.

Wissenschaftler wie Wilder Penfield und Roger Sperry sind Beispiele von Gehirnforschern, die durch die Behauptung, der Verstand könne in Begriffen der Gehirnfunktionen »erklärt« werden, desillusioniert wurden. Sie revoltierten gegen einen »neurologischen Kindergarten«, gegen den »blutleeren Tanz des Aktionspotentials« und gegen die »hin- und hereilenden Moleküle«, wie andere Neurologen dies einmal nannten.

All diesen Gehirnwissenschaftlern gemeinsam ist eine Bereitschaft, eine neue Haltung einzunehmen und unorthodoxe Forschungswege zu beschreiten. Sie waren auch für transzendentale Einflüsse offen. Eccles beispielsweise hatte im Alter von achtzehn Jahren ein »plötzliches, überwältigendes Erlebnis, das in ihm ein starkes Interesse am Verstand-Gehirn-Problem erweckte«. Er führte seine Wahl einer Laufbahn in der Neurologie auf dieses Erlebnis zurück.

Gehirnforscher mit mystischen Neigungen teilten ihre Ergebnisse und Ideen des öfteren mit Spezialisten anderer Fachgebiete. Penfield wurde zu seinem Buch »Das Rätsel des Verstandes« von Charles Hendle, einem Professor für Philosophie, ermutigt. Diese Bestärkung war von großer Notwendigkeit, da andere Neurologen, denen Penfield seinen Entwurf gezeigt hatte, ihm von einer Weiterbearbeitung des Projekts abgeraten hatten. Ihnen erschien Penfield's Wechsel vom Neurophysiologen zum Philosophen als »unwissenschaftlich«. Auf Hendle's Drängen hin fuhr Penfield mit seiner Niederschrift fort, wie er dazu gelangt war, den Glauben ernst zu nehmen, daß das Bewußtsein des Menschen, der Verstand, etwas sei, das nicht auf Gehirnmechanismen reduziert werden könne.

Warum sollte es überraschen, daß das Studium des menschlichen Gehirns häufig zu Mystizismus führt? Denken Sie an das darin enthaltene Paradoxum: Das fragende Organ, das Gehirn, ist selbst das Objekt seiner eigenen Nachfrage. Im uns bekannten Universum ist das Gehirn das einzige Organ, das versucht, sich selbst zu verstehen. Aus dieser Sicht könnte man eigentlich erwarten, daß sich mehr Gehirnwissenschaftler der Mystik zuwenden. Ist nicht unser Gehirn Teil desselben physikalischen Universums, das nach Jahren der Erforschung und Mutmaßung weiterhin in seiner wesentlichen Natur rätselhaft bleibt?

Literatur

Blakemore, Colin. *Mechanics of the Mind.* New York: Cambridge University Press, 1977.

Brown, Hugh. *Brain and Behavior: A Textbook of Physiological Psychology.* New York: Oxford University Press, 1976.

Frisby, John P. *Seeing: Illusion, Brain and Mind.* New York: Oxford University Press, 1980.

Globus, Gordon G., Maxwell, Grover, Savodnik, Irwin, eds. *Consciousness and the Brain. A Scientific and Philosophical Inquiry.* New York: Plenum Press, 1976.

Granit, Ragnar. *The Purposive Brain.* Cambridge: The M.I.T. Press, 1977.

Harth, Erich. *Windows on the Mind: Reflections on the Physical Basis of Consciousness.* New York: William Morrow & Co., Inc., 1982.

Heilman, Kenneth M., Valenstein, Edward, eds. *Clinical Neuropsychology.* New York: Oxford University Press, 1979.

Kandel, Eric R., Schwartz, James H. *Principles of Neural Science.* New York: Elsevier-North Holland, 1981.

Luria, A.R. *The Mind of a Mnemonist: A Little Book About a Vast Memory.* Chicago: Henry Regenery Co., 1968.

Luria, A.R. *The Working Brain: An Introduction to Neuropsychology.* New York: Penguin Press, 1973.

Marks, Lawrence E. *The Unity of the Senses: Interrelations Among the Modalities.* New York: Academic Press, 1978.

Ottoson, David. *Physiology of the Nervous System.* New York: Oxford University Press, 1983.

Restak, Richard M. *The Brain: The Last Frontier: An Exploration of the Human Mind and Our Future.* New York: Doubleday & Co., 1979.

Rose, Steven. *The Conscious Brain.* New York: Alfred Knopf, 1973.

Shepherd, Gordon M. *Neurobiology.* New York: Oxford University Press, 1983.

Spillane, John D. *The Doctrine of the Nerves: Chapters in the History of Neurology.* New York: Oxford University Press, 1981.

Taylor, Gordon Rattray. *The Natural History of the Mind.* New York: E.P. Dutton, 1979.

Yates, Francis A. *The Art of Memory.* Boston: Routledge and Kegan Paul, 1966.

Anmerkungen

Seite 172:
Proust, Marcel. *Auf der Suche nach der verlorenen Zeit,* Bd. 1: In Swanns Welt. Frankfurt: Suhrkamp, ²1980.

Seite 173:
Shakespeare, William. *König Heinrich V., König Heinrich VIII., Titus Andronicus.* Zürich: Diogenes Verlag.

Seite 248:
Kipling, Rudyard. *Kim.* München: Deutscher Taschenbuchverlag, ³1985.

Stichwortverzeichnis

Bildnachweis

Seite 14 – 22: Juanita Gordon (Entwurf), Jowill Woodman (Grafik); Seite 28: Reproduziert von Thomas Willis, *Cerebri Anatome,* London: J. Flesher, 1664, mit freundlicher Genehmigung der Bibliothek der medizinischen Akademie, New York; Seite 30, 42: Juanita Gordon (Entwurf), Jowill Woodman (Grafik); Seite 46 (links): American Journal of Psychology, Bd. 42, S. 444; Seite 46 (rechts): Mit freundlicher Genehmigung von Dr. David Hubel; Seite 53: Juanita Gordon (Entwurf), Jowill Woodman (Grafik); Seite 54: Marr, David, 1976, »Early processing of visual information«, in: Philosophical Transactions of the Royal Society of London, Serie B, Bd. 275, Seiten 483 – 524, und Mrs. David Marr, MIT, Abt. Kognitive Wissenschaft; Seite 74: Mit freundlicher Genehmigung von Dr. Norman Leeds; Seite 92: Juanita Gordon (Entwurf), Jowill Woodman (Grafik); Seite 95: Philippe Pailly; Seite 95 – 111: Peter L. Bull; Seite 114: Entnommen aus der James Arthur Lecture on the Evolution of the Human Brain (1965): Evolution of Physical Control of the Brain, José M. Delgado, S. 33; Seite 118: Mit freundlicher Genehmigung von Dr. Allan Siegal; Seite 122, 123: Mit freundlicher Genehmigung von Dr. Paul MacLean; Seite 132, 135: Warren Museum für Anatomie, Med. Institut, Harvard; Seite 142, 143: Kip Johnson (Modell), John Allison Company, Laura van Dorn Schneider (Fotografie); Seite 153: Mit freundlicher Genehmigung von CIBA, Pharmaceutical Company; Seite 160: Mit freundlicher Genehmigung von Herbert Benson; Seite 189, 191: Juanita Gordon (Entwurf), Jowill Woodman (Grafik); Seite 196, 199: Peter L. Bull; Seite 208: Rosalie Poznachowski; Seite 218, 225: Juanita Gordon (Entwurf), Jowill Woodman (Grafik); Seite 227: Mit freundlicher Genehmigung von Dr. Roger Sperry; Seite 230, 231: Mit freundlicher Genehmigung von Dr. John Mazziotta; Seite 236: BBC; Seite 256: Mit freundlicher Genehmigung von Jerry's Eltern; Seite 257: Mit freundlicher Genehmigung von Dr. Daniel Weinberger; Seite 267: Juanita Gordon (Entwurf), Jowill Woodman (Grafik); Seite 278: Gemälde von John Allison; Seite 281: Juanita Gordon (Entwurf), Jowill Woodman (Grafik); Seite 284, 285: Kerry Herman; Seite 289: Mit freundlicher Genehmigung von Dr. David Hubel; Seite 290, 308: Kerry Herman; Seite 309: Mit freundlicher Genehmigung von Dr. Frank Putnam; Seite 329: Mit freundlicher Genehmigung von Jesse Salb.